総目次

議員必携

第12次改訂新版

全国町村議会議長会［編］

学陽書房

はしがき

―第12次改訂新版の発刊にあたって―

本書は、昭和二十九年五月に発刊され、以来、幾多の法令等の改正をはじめ、本会の調査・研究活動の成果を盛り込み、改訂増補を行って参りました。おかげをもちまして、これまで多くの地方議会人及び関係者の座右の書として親しまれ、大いに活用されてきたところであります。

令和時代を迎え、地方自治を取り巻く環境も変容し、議会の果たすべき役割と責任がますます拡大する中で、町村議会は、深刻化する議員のなり手不足を克服し、政治分野における男女共同参画の推進、議会のデジタル化など新たな課題に対応していくことが求められています。

第12次改訂新版においては、こうした様々な課題にも触れながら、前回の改訂以降の法や「標準」会議規則等の改正、国の通知や判例など最新の内容を踏まえ、所要の見直しを行ったものであります。

本書が、住民の負託に応える責務を負う議員の皆様はもとより、全国の地方議会関係者に広く普及し、清新で活発な議員・議会活動の一助となることを切望してやみません。

令和五年四月

全国町村議会議長会

会長　南　雲　正

はしがき

選ばれて議員となり、住みよい町や村をつくる熱意に燃えながらも、会議の進め方や、議会運営の手続き、或いは予算書の見方や眼のつけどころ等が分らないために、せっかくの識見や抱負がその議会活動の上に生かされないようなことがあっては、住民の期待にそうことができません。ところが、そうした皆様の指針となるような実際のやり方を示した適当な案内書は、資料収集にたいへんな労力と費用を要しますので、長い間望まれながらもいまだ発刊されておりません。

そこで、本会と致しましては、議員研修事業の一つとして、各都道府県町村議会議長会の御熱心な協力と自治庁その他関係識者の御指導のもとに幾多の障害と闘いつつこの画期的な、しかも名実共に完備した〈議員必携〉を刊行することとなった次第です。

この〈議員必携〉は、議員の皆様の議会活動の上に問題となる事例を全国から集め、これを細かく整理し、議員の立場になってその疑問に親切に答えたもので、あくまで実際問題を中心に、あらゆる初歩的な問題から複雑な議案審議の着眼点に至るまで、くまなく網らしたものです。そうして、また、はじめて議員となった人にも分るように、つとめてやさしく、実例をあげて説明しました。

なお、さきに「地方自治小六法」を発行した学陽書房が、その小六法と同じ体裁のポケット判として本書の製作に当ってくれたことも一つの特色でありましょう。

全国町村議会の議員各位が洩れなくこれを手にすることによって進んで議会活動の上に活用し、新しい町や、村づくりに役立つよう、愛用されんことを期待しながら皆様におおくりする次第であります。

昭和二十九年五月

全国町村議会議長会

会長　辻　龍　太　郎

総目次

序　地方自治のしくみと議会の使命

第一編　議会と議員

第一章　議会の組織

凡　例

1　本書のなかで使用した略号は次のとおりである。

法　　地方自治法
令　　地方自治法施行令
標規　「標準」町村議会会議規則
標委　「標準」町村議会委員会条例
運基　町村議会の運営に関する基準

条数を示す場合
　和数字は　　条数を示す
　時計数字は　項数を示す
　算用数字は　号数を示す

〔用例〕
法一七七Ⅱ2　地方自治法第百七十七条第二項第二号の略である。

2　本文中の調査の数字は、令和三年七月一日現在における全国町村議会議長会の実態調査による。

序　地方自治のしくみと議会の使命

一　地方自治とは

地方自治とは、地方のことを自ら治めることを意味し、国から独立して一定の地域を基礎とする地方公共団体が、住民の意思に基づいてその事務を処理することをいう。

地方自治が、本来の自治であるためには、国から独立した地方公共団体がその判断と責任で行う団体自治と、その事務の処理や事業の実施を住民の意思に基づいて行う住民自治との二つの要素がともに満たされることが必要である。

この二つの要素を別の側面からみれば、団体自治は、地方分権の原理を示し、住民自治は、民主主義の精神をあらわすものと考えられるが、一般的には住民自治が地方自治の本質的要素であり、団体自治は、その法制的要素であるといえる。住民自治が地方自治においてその役割を発揮するためには、団体自治が必要であり、逆にまた住民自治のない団体自治は、真の地方自治とはいえない。その意味で、地方自治のこの二つの要素は密接不可分であり、この両者を切り離して地方自治を考えることはできない。

現在、世界の多くの国が地方自治の制度を採用しているが、近代的な地方自治の型として対照的な二つの型がある。その一つはイギリス型であり、他の一つはヨーロッパ大陸型である。そして、イギリス型が、地方的な行政が自然に地方自治行政として発達し、定着した住民自治中心であるのに対して、ヨーロッパ大陸型は、人為的に発達し、地方的な行政は地方公共団体と国の地方官庁の双方で担当し、団体自治中心である。しかし、それぞれの特徴は、次第に混り合う傾向にあるといえる。

二　わが国の地方自治制度

1　沿　革

わが国の地方自治制度は、まずヨーロッパ大陸型から出発し、戦後、イギリスやアメリカ型の地方自治の考え方が、かなり多く取り入れられるようになった。

具体的には、明治二二年に施行された市制町村制、二三年の府県制及び郡制の制定によって、ほぼ今日の形態に近い近代的な自治制度が発足したのであるが、前述のとおりヨーロッパ大陸型、沿革的にはドイツのプロイセンの制度を模範とした関係から、全体的にきわめて中央集権的な色彩の強いものであった。

たとえば、府県知事は地方公共団体の長であると同時に、国の行政機関であり、国の官吏であって、むしろ中央の出先機関としての役割が多く、そのため、市町村に対する府県の指揮監督権は、今日に比べてはるかに強大であった。また、町村議会においては、町村長が議長を兼ねており、議会の自律性・自主性は、きわめて弱いものであった。その上戦前の自治制度は、憲法において保障された強固な基盤を持たなかったので、時の政府の考え方で、容易に改変できるものであった。

その後、市制町村制も府県制もしばしば改正されたが、第二次世界大戦が起こると地方制度も全面的に戦時体制に切り替えられ、地方自治はほとんど姿を消してしまった。たとえば、昭和一八年の制度改正で、当時戦時体制の強化が進む中で、中央集権化がさらに大幅に強化され、議会の権限を中心とする自治権の縮減をみたのは、その典型である。

2　現行憲法と地方自治

このような戦前の地方自治制度に対して、戦後は、わが国全体の政治機構の民主的変革に伴って地方制度も大きく改革された。

その中で、特筆されることは、日本国憲法の中に初めて「地方自治」の一章が設けられ、その基本となるべき事項が規定されたことである。これによって住民の意思を反映した地方自治の確保が明文をもって保障されたのである。

現行制度は、この憲法を基軸として、地方自治法をはじめ地方財政法、地方税法、地方交付税法、地方公務員法、地方教育行政の組織及び運営に関する法律、公職選挙法などによって、地方自治の組織と運営の基本が形づくられている。

そして、地方自治に関する組織と運営については、法律をもって定めることとされ、特に、その法律は、地方自治の本旨に基づいて定めなければならないことを憲法が求めており、ここに一つの特色がある（図参照）。さらに、地方公共団体の長についても議会の議員と同じく直接住民の公選によることとされ、その団体を構成する住民の意思が、十分に行政に反映する仕組みを採用した

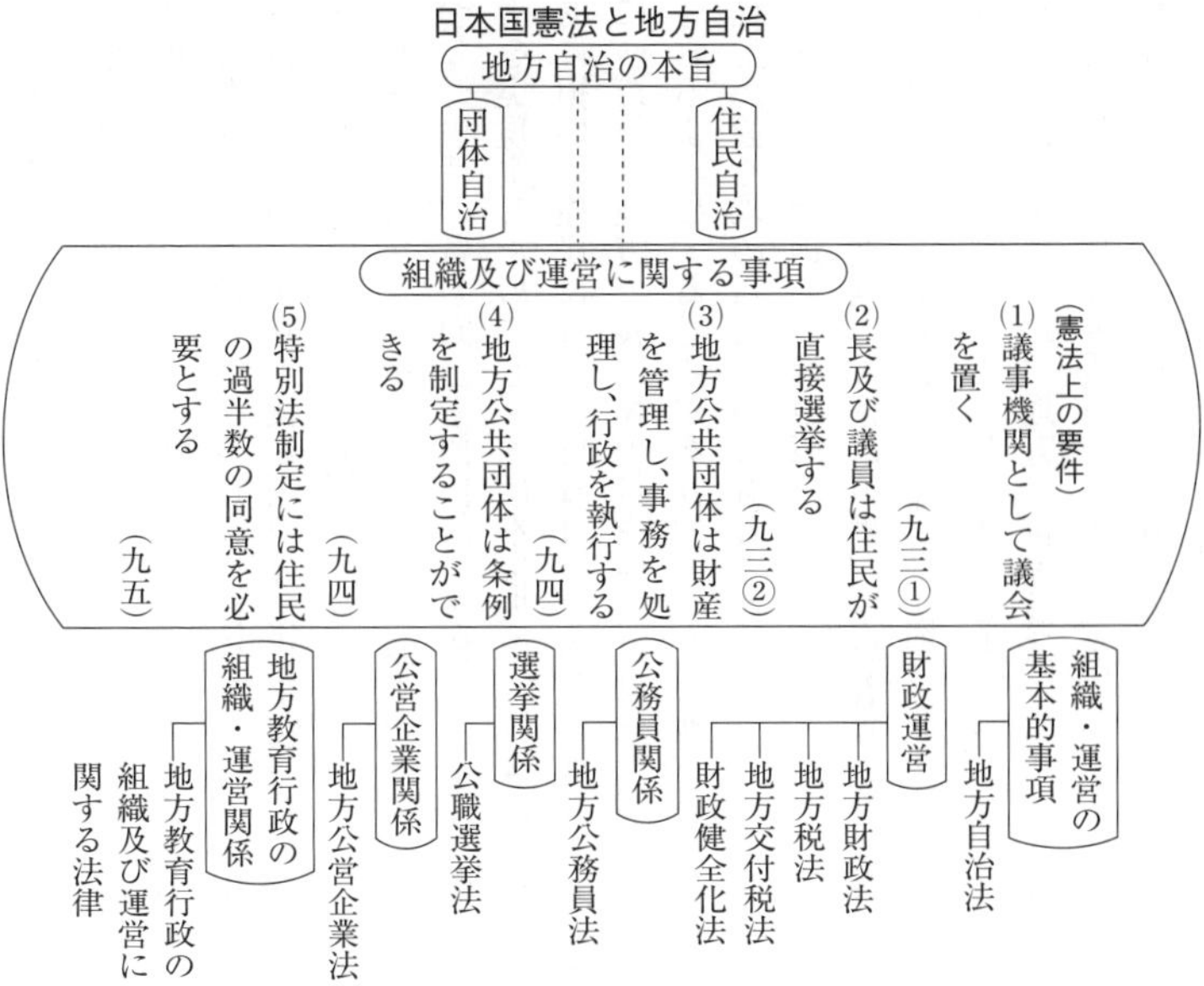

ことも大きな特色といえる。

しかも、長には執行権を、議会には議決権を与え、相互にその権限を均衡させ、それぞれの独断専行を抑制して、適正で効率的な行財政の運営の確保を目指す、いわゆる大統領制（二元代表制）を採用している。たとえば、予算についてみれば、その編成権と提案権、執行権は長に専属しているが、議会の議決がなければ、執行できないのが原則であり、議会は、長が提出した予算案を修正も否決もできることになっている。

このように、長も議会もそれぞれの権限に基づいて役割を果たすのであるが、その根底には、ともに住民の福祉向上という共通の大目的があり、その結果については、双方ともに直接住民に責任を負う制度となっている。

このほか、戦後の地方自治制度にみられる特徴は、地方公共団体の自主性と自律性が著しく強化されたことである。戦前は、中央集権的な自治制度であったため、きわめて限られた権能しか与えられていなかったが、現行制度では、地域の事務は地方公共団体の事務とされ、それを処理するため必要な財源についても、これを保障する建前がとられている。

また、後述のとおり、議会の権能も戦前に比べてはるかに強化、拡充されたのである。

3　地方分権の推進と地方自治・地方議会

地方分権の推進は、二一世紀にふさわしい我が国の基本的な行政システムを構築しようとするものである。

これまでの行政システムは、全国の統一性、公平性を重視したものであり、我が国の近代化や経済成長を達成するために一定の効果を発揮してきた。

しかし、現在、国民の意識や価値観も大きく変化しており、生活の質の向上や個性的で多様性に富んだ国民生活を実現するためにも、国は本来果たすべき役割を重点的に担い、住民に身近な行政はできる限り地方公共団体にゆだね、地方公共団体の自主性及び自立性が十分発揮されるようにする必要があり、そのため地方分権改革の推進が強く求められているものである。

㈠　第一期地方分権改革

まず、第一期地方分権改革は、平成五年六月に衆参両院において憲政史上初の「地方分権の推進に関する決議」が可決されたことに始まる。これを受けて、平成七年五月に制定された「地方分権推進法」に基づき設置された「地方分権推進委員会」から数次にわたる勧告が行われ、平成一〇年五月の「地方分権推進計画」を踏まえ、平成一一年の第一四五回通常国会において、「地方分権の推進を図るための関係法律の整備等に関する法律」が成立し、平成一二年四月一日から施行された。

これにより、機関委任事務制度の廃止及びこれに伴う地方公共団体の事務区分の再構成が次のとおり実施された。

① 都道府県知事や市町村長を国の機関として国の事務を処理させる仕組みである機関委任事務制度を廃止する。

これに伴い、地方公共団体に対する国の包括的な指揮監督権等、機関委任事務に係る根幹的な制度を定めている地方自治法の改正を行う。

② 地方自治法において、地方公共団体の処理する事務を自治事務と法定受託事務に再構成し、関連規定を整備する。

③ ①及び②に伴い、個々の機関委任事務を定めている各省庁所管の個別法の改正を行い、地方公共団体が処理するものについては、当該事務を自治事務と法定受託事務に区分する。

④ 機関委任事務制度の廃止に伴い、同制度を前提として成り立ってきた地方事務官制度についても廃止する。

なお、地方議会（町村）に関し、次のとおり改正が行

図1　機関委任事務制度の廃止に伴う新たな事務の考え方

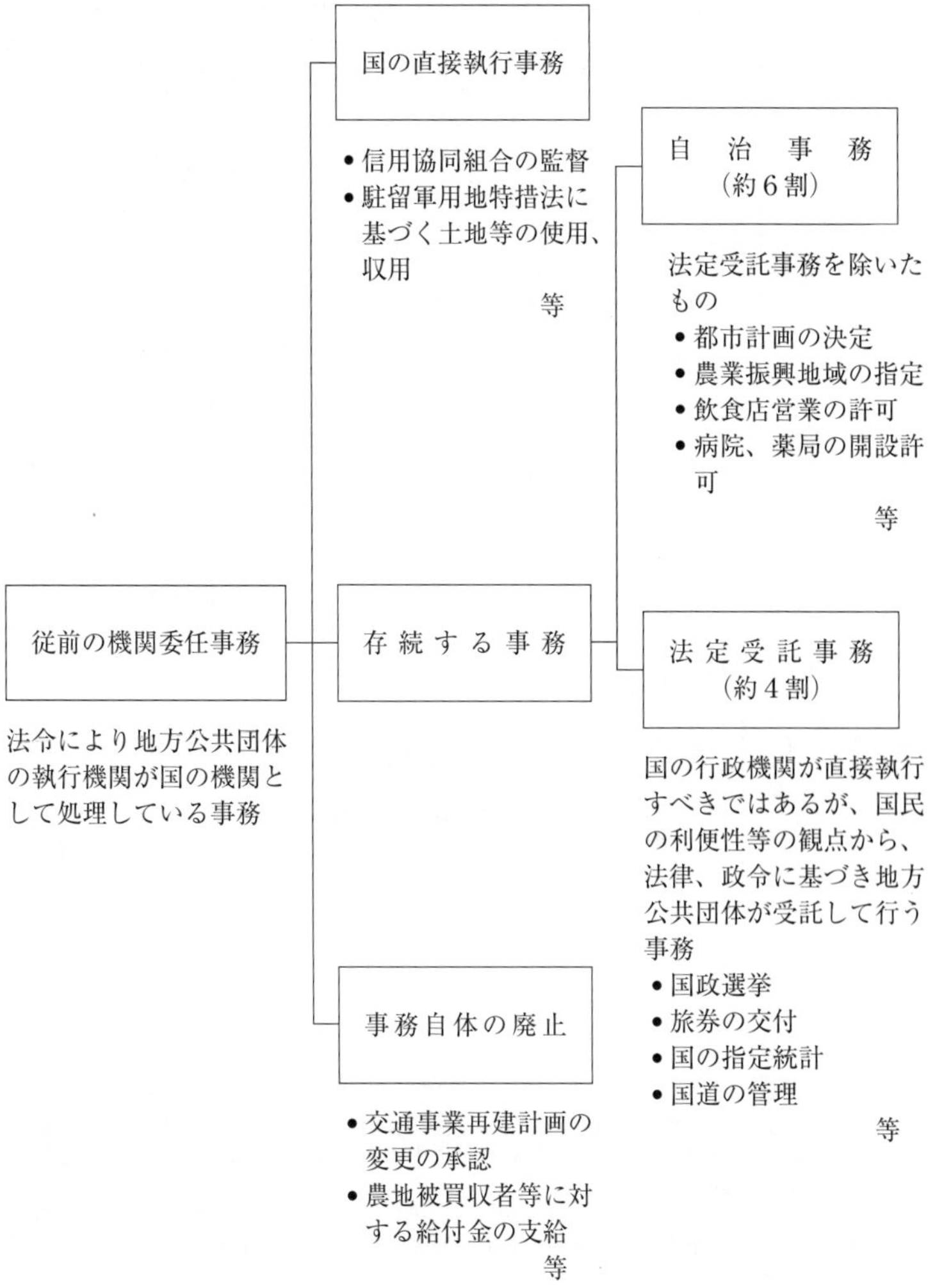
従前の機関委任事務
法令により地方公共団体の執行機関が国の機関として処理している事務
国の直接執行事務
•信用協同組合の監督
•駐留軍用地特措法に基づく土地等の使用、収用
等
存続する事務
自治事務
（約6割）
法定受託事務を除いたもの
•都市計画の決定
•農業振興地域の指定
•飲食店営業の許可
•病院、薬局の開設許可
等
法定受託事務
（約4割）
国の行政機関が直接執行すべきではあるが、国民の利便性等の観点から、法律、政令に基づき地方公共団体が受託して行う事務
•国政選挙
•旅券の交付
•国の指定統計
•国道の管理
等
事務自体の廃止
•交通事業再建計画の変更の承認
•農地被買収者等に対する給付金の支給
等

図２　新たな事務区分の制度上の取扱い

	機関委任事務		自　治　事　務	法定受託事務
条例制定権	不　　可	⇨	法令に反しない限り可	法令に反しない限り可 （法律・政令の明示的な委任が必要）
地方議会の権限	・検閲、検査権等は、自治令で定める一定の事務（国の安全、個人の秘密に係るもの並びに労働委員会及び収用委員会の権限に属するもの）は対象外 ・100条調査権の対象外	⇨	原則及ぶ （労働委員会及び収用委員会の権限に属するものに限り対象外）	原則及ぶ （国の安全に関することその他の事由により、議会の議決、検査及び調査並びに監査委員の監査の対象とすることが適当でないものとして政令で定めるものは対象外）
監査委員の権限	自治令で定める一定の事務は対象外	⇨		
行政不服審査	一般的に、国への審査請求は可	⇨	原則国への審査請求は不可	原則国への審査請求が可
国家賠償責任	国の責任 一定の場合、地方公共団体も責任を負う	⇨	地方公共団体の責任 一定の場合、国も責任を負う	国の責任 地方公共団体も責任を負う
代執行	長の権限に属するものについて、一定の手続きを経た上で可	⇨	不　　可	一定の手続きを経た上で可

1）法第96条第２項（議決事件追加）は、法定受託事務に係るものにあっては、国の安全に関することその他の事由により議会の議決すべきものとすることが適当でないものとして政令で定めるものを除く。
2）法第98条第１項（検閲・検査権）は、法定受託事務にあっては、国の安全を害するおそれがあることその他の事由により議会の検査の対象とすることが適当でないものとして政令で定めるものを除く。
3）法第100条第１項（調査権）は、法定受託事務にあっては、国の安全を害するおそれがあることその他の事由により議会の調査の対象とすることが適当でないものとして政令で定めるものを除く。
4）法第199条第２項（行政監査）は、法定受託事務にあっては、国の安全を害するおそれがあることその他の事由により監査委員の監査の対象とすることが適当でないものとして政令で定めるものを除く。

われた。

① 現行の法定定数制度を廃止し、法定上限数の枠内において、地方公共団体自らが議会の議決を経て条例により議員定数を定めることとする（法九一）。

② 議案の提出要件及び修正動議の発議要件を「八分の一以上の者の賛成」及び「八分の一以上の者の発議」をいずれも「十二分の一以上」に改める。

㈡ 第二期地方分権改革から現在までの地方分権改革

平成一八年には、地方分権改革を総合的かつ計画的に推進するため、地方分権改革の推進に関する基本理念と国及び地方公共団体の責務を明らかにするとともに、地方分権改革の推進に関する施策の基本となる事項を定め、必要な体制を整備するための「地方分権改革推進法」が公布され、第二期地方分権改革がスタートした。同法に基づき、翌年、地方分権改革推進委員会が発足し、平成二二年三月末に地方分権改革推進法が効力を失うまでの間に、四次にわたる勧告と二つの意見が内閣総理大臣に提出された。

その後、権限移譲や義務付け・枠付けの見直し、国と地方の協議の場の法制化などが第一次から第四次までの一括法の成立により実現された。平成二六年五月の第四次一括法の成立で、地方分権改革推進委員会の勧告に基づく制度改正は一区切りを迎えた。

平成二六年以後は、地方公共団体から全国的な制度改正の提案を募る方式（提案募集方式）が導入され、この提案をベースに義務付け・枠付けの見直し等を推進するため、順次、所要の法令整備が行われている。令和四年五月には、国民や地方公共団体等の事務負担の軽減に資するもの、デジタル化等による効率化・利便性向上に資するものなど一二法律を改正する第一二次一括法が成立した。

㈢ 最近の地方自治法の一部改正

地方議会に係る地方自治法の改正は、地方分権改革の流れの中で、数次行われてきており、議会の機能強化と自由度の拡大に向けた動きは、今後も進むものと考えられる。

議会は、住民自治を担う主役であり、その役割はますます重要になっている。議会がその活動をより充実させ、住民の負託に応えていくことが期待される。

① 平成二三年地方自治法改正（平成二三年四月二八日成立、同年五月二日公布）

この法改正は、地方公共団体の自由度の拡大を図るための措置として、議員定数の法定上限の撤廃、議決事件の範囲の拡大、行政機関等の共同設置、全部事務組合等の廃止、地方分権改革推進計画に基づく義務付けの廃止に関する事項のほか、直接請求制度の見直しとして直接請求代表者の資格制限の創設、署名に関する罰則の追加に関する事項が改正された。

② 平成二四年地方自治法改正（平成二四年八月二九日成立、同年九月五日公布）

この法改正は、地方公共団体の議会及び長による適切な権限の行使の確保と住民自治の更なる充実を主な目的として、主として次のような改正内容となっている。

○ 地方議会制度関係
- 定例会・臨時会の区分を設けず通年の会期とする制度の創設
- 臨時会の招集請求に対し、長が招集しない場合の議長への議会招集権の付与
- 委員の選任等、委員会に関する規定の条例への委任
- 本会議における公聴会の開催・参考人招致の制度化
- 政務調査費を政務活動費へ名称変更し、経費の範囲を条例に規定

○ 議会と長との関係
- 再議制度に関し、一般再議の対象の拡大（総合計画等）と収支不能再議の廃止
- 専決処分の対象の見直しと不承認に対する長の対応
- 条例の公布の取り扱いの明確化

○ その他
- 直接請求制度の署名数要件等の緩和
- 国等による違法確認訴訟制度の創設
- 一部事務組合等からの脱退手続きの簡素化と特例一部事務組合の創設
- 広域連合に関して理事会制度を導入

③ 平成二六年地方自治法改正（平成二六年五月二三日成立、同年五月三〇日公布）

今回の改正は、地方公共団体の組織及び運営の合理化を図るため、地方制度調査会の答申（平成二五年六月二五日）を踏まえ、指定都市について区の事務所が分掌する事務を条例で定めることとするほか、中核市制度と特例市制度の統合、地方公共団体が相互に連携する際の基本的な方針等を定める連携協約制度の創設を内容とするものとなっている。

○ 指定都市制度の見直し
- 区の役割の拡充

● 指定都市都道府県調整会議の設置
○ 中核市制度と特例市制度の統合
○ 新たな広域連携の制度の創設
● 「連携協約」制度の創設
● 「事務の代替執行」制度の創設
④ 平成二九年地方自治法改正（平成二九年六月二日成立、同年六月九日公布）
　地方公共団体の事務執行の適正を確保するため、次の取組をパッケージとして実施
○ 内部統制に関する方針の策定等（令和二年四月一日施行）
● 都道府県知事及び指定都市の市長は、内部統制に関する方針を定め、これに基づき必要な体制を整備（その他の市町村長は努力義務）
● 方針を策定した長は、毎会計年度、内部統制評価報告書を作成し、議会に提出
○ 監査制度の充実強化
● 監査委員が監査等を行うに当たっては、監査基準に従うこととし、監査基準は、各地方公共団体の監査委員が定め、公表（監査基準の策定について、国が指針を示し必要な助言を実施）（令和二年四月一日施行）

● 勧告制度の創設（令和二年四月一日施行）
● 監査専門委員の創設（平成三〇年四月一日施行）
● 議選監査委員の選任の義務付けの緩和（平成三〇年四月一日施行）
● 条例により包括外部監査を実施する地方公共団体の実施頻度の緩和（平成三〇年四月一日施行）
○ 決算不認定の場合における長から議会等への報告規定の整備（平成三〇年四月一日施行）
● 地方公共団体の長等は、決算不認定の場合に、当該不認定を踏まえて必要と認める措置を講じたときは、その内容を議会等に報告・公表
○ 損害賠償責任の見直し等（令和二年四月一日施行）
● 条例において、長や職員等の地方公共団体に対する損害賠償責任について、その職務を行うにつき善意でかつ重大な過失がないときは、賠償責任額を限定してそれ以上の額を免責する旨を定めることを可能にする。（条例で定める場合の免責に関する参酌基準及び責任の下限額は国が設定）

・議会は、住民監査請求があった後に、当該請求に関する損害賠償請求権等の放棄に関する議決をしようとするときは、あらかじめ監査委員からの意見を聴かなければならない

⑤　令和四年地方自治法改正（令和四年一二月一〇日成立、同年一二月一六日公布）

今回の改正は、近年の地方議会議員選挙において投票率の低下や無投票当選の増加の傾向が強まり、議員のなり手不足への対応が喫緊の課題となっていることを踏まえ、地方公共団体の議会の議員に係る請負に関する規制における請負の定義の明確化及び議員個人による請負に関する規制の緩和をするほか、災害等の場合の地方公共団体の議会の開会の日の変更に関する規定を整備する内容となっている。

○　議会の議員に係る請負に関する規制の明確化及び緩和（令和五年三月一日施行）

・「請負」の定義の明確化

・議員個人による請負に関する規制の緩和

○　災害等の場合の開会の日の変更に関する規定の整備（令和四年一二月一六日施行）

○　政府の措置等（附則第六条関係）（令和四年一二月一六日施行）

・政府は、事業主に対し地方公共団体の議会の議員の選挙においてその雇用する労働者が容易に立候補をすることができるよう、地方公共団体の議会の議員の選挙における立候補に伴う休暇等に関する事項を就業規則に定めることその他の自主的な取組を促すこと。

・地方公共団体の議会の議員の選挙における労働者の立候補に伴う休暇等に関する法制度については、事業主の負担に配慮しつつ、かつ、他の公職の選挙における労働者の立候補に伴う休暇等に関する制度の在り方についての検討の状況も踏まえ、この法律による改正後の規定の施行の状況、上記の自主的な取組の状況等を勘案して、引き続き検討が加えられるものとすること。

三　議会の使命と議員の職責

1　議会の地位

議会は、住民を代表する公選の議員をもって構成される地方公共団体の意思決定機関である。日本国憲法は、第九三条で「地方公共団体には、法律の定めるところに

より、その議事機関として議会を設置する」と定め、地方議会の設置根拠が憲法で保障されている。

ここで「議事機関」とし、国会のように「立法機関」としなかったのは、議会は条例の制定、改廃にとどまらず、ひろく行財政全般にわたる具体的事務の処理についても、意思決定機関としての権能を持つからである。

このことから明らかなように、地方公共団体の長は、議会の議決を経た上で諸々の事務を執行することとされ、独断専行を許さない建前がとられている。それは、同時に議会の地位の重要性を示すものであり、議会がいかに住民の福祉を考え、住民の立場に立って判断しなければならないかを教えているといえる。

しかし、長、議会ともに住民の直接公選による機関であり、互いに独立し、その権限を侵さず、侵されず、対等の立場と地位にあるということを十分理解しなければならない。

2　議会の使命

このような地位に立つ議会の使命は、果たして何であろうか。それは、二つ挙げられる。その第一は、地方公共団体の具体的政策を最終的に決定することである。

議会は、地方公共団体の政策形成過程及び政策の実施過程に多面的に参画し、その要所で重要な意思決定を行っている。もちろん、現状では多くの政策は執行機関の側で作られ、議会に提案されているが、議員は本会議や委員会での質問、質疑、修正等を通して、政策形成過程に参画し、予算、契約、条例等の審議において最終的な政策の決定、すなわち地方公共団体の意思決定を行っているのである。

議員自身による政策の提案は、具体的には質問、質疑というやや間接的な方法をとる場合が多いが、意見書、決議という形をとったり、時には議員立法で条例を制定したりして直接的に政策形成を行うことができる。

その第二は、議会が決定した政策を中心に行う執行機関の行財政の運営や事務処理ないし事業の実施が、すべて適法・適正に、しかも、公平・効率的に、そして民主的になされているかどうかを批判し監視することである。この批判と監視は、非難でもなければ批評や論評でもなく、あくまでも住民全体の立場に立ってなされる文字どおり正しい意味での批判であり、また、住民の立場に立っての監視であるべきである。

地方議会の構成員である議員は、以上のことを十分理解し、よくその職責をわきまえ、行動することが要求されることをまず認識すべきである。

3　議員の職責

議員は、住民から選ばれ、その代表者として議会の構成員となるのであり、「選良」ということばで呼ばれるように、人格・識見ともにすぐれた代表者である。したがって、議員の一言一句は、とりもなおさず住民の意見であり、住民からの声であるというべきであり、議員が行う質問や質疑・討論は、同時に住民の疑問であり意見であり、表決において投ずる一票は、住民の立場に立っての真剣な一票でなければならない。

また、憲法第一五条で「公務員は、全体の奉仕者であつて、一部の奉仕者ではない」と定められているように、議員は、住民全体の代表者であり、奉仕者であって、これが議員の本質というべきである。このことは、議員が住民の直接の選挙によって選任されることからも当然に導き出される自明の理である。本来、住民が議員を選挙するに当たっては、自分個人の利害のみの立場に立つのではなく、同時に全体としての利害をも考え、町村全体の立場に立って一票を投ずるものであるからである。

しかしながら、現実になされる議員活動の面においては、このことが必ずしも容易に実現できない場合が少なくない。

特に、住民の行政に対する関心が高まる中で特定の施設（じん芥処理場やし尿処理場等）の設置場所や特殊の事業実施をめぐって、あるいは、振興開発計画の策定や推進、企業の立地や誘致などに関して住民の意見が対立して、地域その他関係の議員が、どう判断し、どのように行動したらよいか苦慮させられる場合が多い。

このような場合に、議員という立場ではどのような判断がなされるものであろうか。それには、二つの側面からの判断が働くといわれている。即ち、一面においては議員は全体の代表者であり、奉仕者であるという全体的立場に立っての「一般的な意思」による判断である。また、反面においては、選挙において自らの選挙母体となった地区なり組織の立場に立っての「分化的な意思」による判断であるといわれる。そして、議員としては、この二つの側面から働く「一般的意思」と「分化的意思」が合致するときは何ら問題はないが、それが相反し、矛盾する場合の判断が大事であって、そのような場合、議員たる者は、自己の内部においてこれを調整統合し、昇華する責務を有するのである。

この点については、代表者たる議員は、その地区の福祉に矛盾するからといって、住民の福祉を無視し、住民の福祉に反するからといって、その地区の福祉を無視してよいと主張することができない地位を有するのであり、その意味で代表者たる議員は、二つの義務を有し、二つの機能を行うことを必然的に宿命づけられているといえよう。

代表者たる議員は、まさに、この二つの義務と二つの機能を、一つに統合しなければならない重大な使命を持つものと理解しなければならない。

次に、今日、地域社会は、激動する経済社会情勢の中で、日々進展し、変革しているから、議会も行政もこれに的確に対処しなければならない。そのためには、議員がただ単に、住民の声と心を代表し、代弁するだけの役割に終始するだけではなく、一歩踏み出して、常に住民の中に飛び込み、住民との対話を重ね、住民の悩みと声を汲み取りながら議論を重ねて調査研究を進め、住民全体の福祉向上と地域社会の活力のある発展を目指して時には住民に訴え、時には住民を指導して、その実現に積極的に努力することが大事である。

そして、前述の議会が持つ二つの使命、すなわち「具体的な政策の最終決定」と「行財政運営の批判と監視」を、完全に達成できるよう議会の一員として懸命に努力することが議員の職責であろう。

第一編　議会と議員

第一章　議会の組織

一　概　要

議会は、住民から直接選ばれた一定数の議員で構成される合議体であり、その意思は、会議における議決の形で表わされる。このため、会議を主宰する議長が置かれ、議長に事故等がある場合に備えて副議長が置かれる。また、事務処理等の補助機関として事務局を設置して、事務局長及び書記その他の職員を置くこととされている。

また、議案等の調査、審査をより詳細に、かつ専門的に行う必要性から常任委員会を、また、議会の運営を円滑、効率的に行うため議会運営委員会を、さらに特定の事件について調査、審査するため、特に必要があるときは特別委員会を、それぞれ設置できることとなっている（図参照）。

そして、議員の調査研究のために、議会図書室を設置することが義務づけられている。

議会の組織

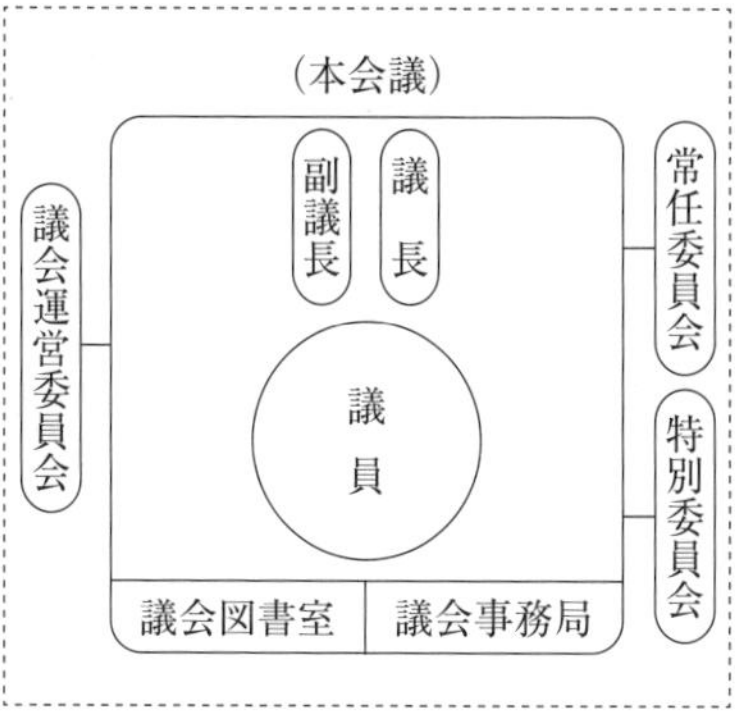

二　議　員

1　議員の地位と身分

議員は、住民の直接選挙によって選ばれ、住民全体の代表者として議会を構成し、議会活動を通じて住民の個別意思を総合して町や村としての意思を形成する任務を有する。これが議員としての地位の本質であるといえる。

また、その身分は、それぞれの町村の特別職の公務員である。特別職の公務員とは、一般の職員と区別して取り扱うこととされている公務員をいう。町村議会の議員は、地方公務員法第三条第三項第一号の「就任について公選又は地方公共団体の議会の選挙、議決若しくは同意によることを必要とする職」に当たる。

議員の身分は、当選の確定（任期満了前の選挙にあっては前任議員の任期満了の翌日）によって生じ、任期の満了の日をもって失われる。この当選の確定というのは、開票が終了したときではなくて、選挙管理委員会が当選人の住所と氏名を告示した時である。

2　議員の定数と任期

(一)　定数の意義とその要素

議会は議員によって構成されるが、その議員の数は議会ごとに条例で定められている。これを議員の定数というう。実際の議員数は、欠員により必ずしも定数とは一致しないことがある。

議員定数を定める要素は、議会が住民の代表機関であることにかんがみ、その選出母体である住民の数を考慮し、また、代表機関としての性格を有する合議体として、議員が一堂に会し、住民を代表しつつ、討論の過程を経て多元的な意思を統合し、町村の意思を決定するのにふさわしい規模であることが必要である。

(二)　議員定数の規定

議員の定数については、従来、人口規模に応じて地方自治法に「法定数」が規定されていたが、分権改革の一環として、地方議会の組織に関する自己決定権を尊重する観点から、この法定定数制度が改められ、それぞれの自治体が条例で定める条例定数制度とされた。

平成一五年一月一日施行の地方自治法の一部改正により条例定数制度となった後も、法律で上限数が規定されていたが、平成二三年の法改正で法定上限数が撤廃され、それぞれの団体において議員定数を条例により自由に定めることができることとなった。（市町村は法第九一条関係）

町村議会における議員定数は、年々減少傾向にあり、本会実態調査（令和三年七月一日調）では、全国平均で一町村当たり一一・八人と、法改正前の上限数の一町村平均一九・五人と比べると七・七人少ない状況にあった。上限数が撤廃されても、多様な民意を反映するためには、一定の議員数が不可欠であることには変わりはなく、今後も、地域の特性などに十分配慮しつつ、慎重に対応していくことが必要である。

参考：平成二三年の法改正前に規定されていた「上限数」は、次のとおり

（町村関係）

一	人口二千未満の町村	十二人
二	人口二千以上五千未満の町村	十四人
三	人口五千以上一万未満の町村	十八人

四　人口一万以上二万未満の町村	二十二人
五　人口二万以上の町村	二十六人

㈢　定数の変更

議員の定数は、町村議会の根幹に触れる重要事項であるから、その変更は、議会制民主主義と民意反映の上から特に慎重を期すべきものであり、どうしても変更しなければならない場合は、議員提案によるべきである。

この場合、条例を制定すれば、いつからでも増減できるというものではない。議員の定数は議会構成の最も基本的な事項であることから、任期中はこれを変更しないこととしているため、必ず次の一般選挙でなければできないものとされている。

①　定数の特例として、廃置分合又は境界変更に基づき、著しく人口に増減があった場合は、議員の任期中でも条例により定数を増減することができることとされている（法九一Ⅲ）が、その際、定数が減少されることとなった場合に、現に議員の職にある者の数が新定数より多いときは、その議員の任期中は、現在議員数をもって定数とすることとされている（法九一Ⅳ）。

②　平成二二年四月一日に市町村の合併の特例等に関する法律の一部を改正する法律が施行された（現在の法律名は、市町村の合併の特例に関する法律）。

改正点としては、国、都道府県による積極的な関与等の合併推進のための措置を廃止すること、自主的な市町村合併を円滑にする措置を中心とした内容に改正の上、令和二年三月まで一〇年間延長された。

さらに、令和二年三月三一日、第三二次地方制度調査会の「市町村合併についての今後の対応方策に関する答申」（令和元年一〇月三〇日）を踏まえ、期限を令和一二年三月三一日までさらに一〇年間延長する「市町村の合併の特例に関する法律の一部を改正する法律」が施行された。

議会の議員の定数又は在任に関する特例（市町村の合併の特例に関する法律第八条・第九条）では、1)人口に応じて合併市町村の議会の議員の定数を増加し、編入される旧市町村の区域ごとに選挙区を設けて定数を配分することができる（編入合併の場合）、2)合併後の一定期間に限り、旧市町村の議員が新市町村の議員でいることができる。（新設合併の場合、最長二年のみ）とされている。

㈣　任　期

議員の任期は四年である（法九三）。任期の計算方法は、一般選挙の行われた日を第一日とし、それから起算して四年後の同じ日の前日までということになる。ただし、議員の任期満了による一般選挙が、任期満了の日前に行われた場合に限り、選挙の日から起算せず、前任者の任期満了の日の翌日を第一日として計算することとされている（公選法二五八）。

なお、補欠選挙による議員の任期は、前任議員の残任期間とされ、また、法第九一条第五項（廃置分合又は境界変更に伴い著しく人口に増減のあった場合の定数変更）に基づく増員選挙による議員の任期は、一般選挙による議員の残存任期と同一である。つまり、補欠選挙による議員も、一般選挙による議員と同時に任期が満了する仕組みとなっている。

任期の特例として、市町村合併を行った場合、①編入合併の場合は編入する合併関係市町村の議員の残任期間、②新設合併の場合は合併後二年を超えない範囲で協議で定めた期間に限り、引き続き合併（後）の市町村の議会の議員として在任することができることとされている。

3　議員の権限と義務

(一)　議員の権限

議員は、住民の代表として、その町村の意思を決定する重大な職責を持っている。その職務を遂行するため主要な権限として次のようなものがある。

(1)　議会招集請求権

議会の招集は、町村長が行う（法一〇一Ⅰ）のであるが、議員定数の四分の一以上の議員から、会議に付すべき事件を示して、臨時会の招集を請求できる（法一〇一Ⅲ）。この請求があった場合は、町村長は、請求のあった日から二〇日以内に臨時会を招集しなければならない（法一〇一Ⅳ）。

(2)　開議請求権

議長が会議を開かないときは、議員定数の半数以上の者から開議を請求することができる（法一一四Ⅰ）。

(3)　議案提出権

議員は、議会に、次の区分による賛成者とともに文書で議案を提出することができる。

①　団体意思を決定するもの　議員定数の一二分の一以上の者の賛成による（法一一二Ⅱ）。

②　機関意思を決定するもの　会議規則に定める一定数以上の者の賛成による（標規一四Ⅰ）。

(4)　動議提出権

議員は、議会に次のような手続きで動議を提出することができる。（①～③は文書による）

①　団体意思を決定する議案に対する修正の動議

議員定数の一二分の一以上の者の発議による（法一一五の三）。

② 機関意思を決定する議案に対する修正の動議　会議規則に定める一定数以上の者の発議による（標規一七Ⅰ）。

③ 懲罰の動議　議員定数の八分の一以上の者の発議による（法一三五Ⅱ）。

④ その他の動議　他に一人以上の賛成による（標規一六）。

(5) 発言権

議員は会議に出席して、議題となった事件等について、議長（委員会においては委員長）の許可を得て質疑・討論・質問・動議の提出等必要な発言をすることができるが、この発言こそ議員活動の中心となるものである（標規五〇）。

(6) 表決権

議員にとって最も重要な基本的権限であり、問題となった案件に対して賛成・反対の意思を表示する権限である。議会が町村の意思決定機関として存在することからいって、その構成員である議員としての存在意義は、この表決権の行使一つに集約できるともいえる。

(7) 侮辱に対する処分要求権

議員は、本会議又は委員会において他の議員から侮辱を受けた場合は、これを議会に訴えて、その議員を懲罰に付すべきことを要求することができる（法一三三）。

(8) 請願紹介権

住民その他の者が議会に対し請願をしようとするときは、議員の紹介を必要とする（法一二四）。議員は、その趣旨に賛同した場合には、その請願の紹介議員となることができる。

(二) 議員の義務

議員には次のような義務があり、これらに違反した場合には懲罰が科せられることがある。

(1) 会議に出席する義務

議会は議事機関であるから、個々の議員が一堂に集まって会議を開き、審議し、表決を行うため、一定数以上の議員が出席しないと会議を開くことができない（法一一三）。議員は、もとよりその職分からいって会議に出席する義務を負うものであるから、正当の理由がなく招集に応ぜず、議長から招状を発せられてもなお故なく出席しない場合は、議決を経て懲罰を科せられることとなっている（法一三七）。

(2) 規律を守る義務

議員は、住民全体の代表者として品位を保持することはもとより、会議においても、合理的、能率的な審議に協力し、秩序維持に努める義務がある（法一三二）。

(3) 懲罰に服する義務

懲罰を受けたときは、これに服さなければならない。たとえば、「出席停止」の懲罰を受け、これに応ぜずなお出席した場合は、新たな規律違反として懲罰の理由となる。

4　議員の資格

議員は、任期満了・死亡等、明白で当然の理由がある場合のほか、次のいずれかに該当したときは、その資格を失う。

(1) 議会の解散請求が成立したとき（法七八）

(2) 議員の解職請求が成立したとき（法八三）

この二つは、いずれも住民の直接請求によるもので、住民投票の結果、過半数の賛成があった場合である。

(3) 兼職禁止の規定に該当したとき（法九二）

議員は、国会議員、他の地方公共団体の議会の議員並びに常勤の職員及び地方公務員法第二八条の五第一項（令和五年四月一日からは第二二条の四第一項）に規定する短時間勤務職員と兼ねることができない。

(4) 兼業禁止の規定に該当したとき（法九二の二）

議員は、当該町村に対し請負をする者（各会計年度において支払を受ける当該請負の対価の総額が普通地方公共団体の議会の適正な運営の確保のための環境の整備を図る観点から政令で定める額を超えない者を除く。）及びその支配人又は主として当該町村に対し請負をする法人の役員等になることができない。具体的には、議会がこれを決定することとされており、法第一二七条第一項の規定により出席議員の三分の二以上の多数により兼業禁止の規定に「該当する」と決定した場合である。

(5) 議員が被選挙権を有しなくなったとき（公選法一一、一一の二、二五二、法一二七）

これには二つの場合がある。公選法に定める被選挙権に関する要件の一に該当することが裁判所の判決等で確定した場合と、議会において被選挙権のないことを決定した場合である。

前者の要件には、①禁錮以上の刑に処せられ執行を終わらない者、②禁錮以上の刑に処せられその刑の執行を受けることがなくなるまでの者、③公職にある間に収賄罪またはあっせん収賄罪の刑に処せられ、実刑期間経過後五年間（被選挙権は一〇年）を経過しない者又は刑の執行猶予中の者、④公選法違反の罪を犯し禁錮以上の刑に処せられ、執行猶予中の者、⑤公選法第一六章に掲げる罪を犯し刑に処せられ一定期間を経過しない者がある。

後者は、住所の変更等によって、その町村議会議員の被選挙権がないと議会が決定した場合である。

(6) 政治資金規正法に違反し又は禁錮以上の刑に処せられたとき

注）(5)・(6)中の「禁錮」については、令和四年六月の刑法等の一部改正により「懲役」とともに廃止し、「拘禁刑」に一元化される。法の施行は公布の日（令和四年六月一七日）から三年以内。

(7) 選挙の無効又は当選無効が確定したとき

公選法による異議の申出、審査の申立て又は訴訟によって、選挙の無効又は当選の無効が確定したときである。なお、これらの不服審査、訴訟が継続中は職を失わない。

(8) 議会の議決で除名処分を受けたとき（法一三五）

(9) 辞職の許可があったとき（法一二六）

(10) 議会が解散されたとき（法一七八、解散特例法）

解散には、

① 議会の不信任議決を受けて、町村長が行う解散

② 議会が何らかの事由で住民の信頼を失ったとき、自らすすんで住民の審判を受けるため行う自主解散

③ (1)に述べた直接請求による解散

の三つがある。①については町村長の解散通知文書の到達した時に、②については、議会の自主解散に関する議決のあった時に、③については選挙管理委員会が解散すべき旨の住民投票の結果を公表した日に、それぞれ失職する。

(一) 議員の兼職禁止

議員は、住民全体の代表として、公共に奉仕する職責をになっているから、その職務に専念するとともに、公正にその義務を果たさなければならない。そこで、議員が他の職を兼ねることによって生じる障害や不都合を排除する必要があることから、兼職禁止規定が定められている。

地方自治法及び各法律で定めている兼職禁止の主な職は、次のとおりである。

①国会議員（法九二Ⅰ）、②裁判官（裁判所法五二）、③地方公共団体の議員並びに常勤の職員及び短時間勤務職員（法九二Ⅱ）、④普通地方公共団体の長、

副知事、副市町村長（法一四一Ⅱ、一六六Ⅱ）、⑤選挙管理委員会の委員（法一八二Ⅶ）、⑥教育委員会の教育長及び委員（地教行法六）、⑦人事委員会又は公平委員会の委員（地公法九の二Ⅸ）、⑧地方公営企業の管理者（地公企法七の二Ⅲ）、⑨固定資産評価審査委員会の委員及び固定資産評価員（地税法四二五、四〇六）

これらの職に在る者は公職の候補者に立候補した時点で、その職を辞したものとみなされる（公選法九〇）。議員となった日以後において、これらの職に就任した場合には、議員としての地位を失うことになる。

兼職が禁じられている「常勤の職員」とは、常時勤務する職員を指し、一般職・特別職を問わない。

(二)　議員の兼業禁止

議員は、当該町村に対し請負をする者（各会計年度において支払を受ける当該請負の対価の総額が普通地方公共団体の議会の適正な運営の確保のための環境の整備を図る観点から政令で定める額を超えない者を除く。）及びその支配人又は主として当該町村に対し請負をする法人の役員等になることができない（法九二の二）。これが議員の兼業禁止（請負禁止）制度であり、住民の代表者である議員が町村と特殊な関係をもつことによる不祥事を未然に防止し、町村の議会運営の公正を保障するとともに、事務執行の客観的公正さを担保しようとするものである。

議員の兼業禁止（請負禁止）については、請負に関する規制の明確化及び緩和を図る観点から、令和四年一二月一〇日、「地方自治法の一部を改正する法律」が議員立法により可決・成立し、同年一二月一六日に公布、令和五年三月一日から施行された。

従前、個人請負の場合は、請負量を基準とする法人の場合と異なり金額の多寡に関係なく一律に禁止されていたため、全国町村議会議長会では、議員のなり手不足解消を図る観点から、兼業禁止の範囲の明確化やこうした規制の緩和を強く求めてきたところであり、これが実現されたものである。

法で禁止されているのは、

(1)　当該地方公共団体（町村）に対し請負をする者及びその支配人となること（町村に対する個人請負）であるが、法改正により、各会計年度において支払を受ける当該請負の対価の総額が普通地方公共団体の議会の適正な運営の確保のための環境の整備を図る観点から政令で定める額を超えない者を除くとされた。

なお、政令で定める額は三百万円とされている。

(2) 主として(1)の請負をする法人の無限責任社員、取締役、執行役若しくは監査役若しくはこれらに準ずべき者、支配人及び清算人たること（当該請負をする法人の役員就職）が禁止されている。

法改正前は、議員が禁止されている当該地方公共団体に対する「請負」は、地方自治法上明確化されておらず専ら解釈に委ねられてきたが、法改正により、「業として行う工事の完成若しくは作業その他の役務の給付又は物件の納入その他の取引で当該普通地方公共団体が対価の支払をすべきものをいう。」とし、その定義が明確化された。

請負が疑われる事例が生じた場合には、議会がこれを決定することとされており、法第一二七条第一項の規定により出席議員の三分の二以上の多数により「該当する」と決定したときは、当該議員はその身分を失う。

なお、令和四年の「地方自治法の一部を改正する法律の公布及び施行について」（令和四年一二月一六日付け総行行第三五一号総務大臣通知）によれば、議会運営の公正、事務執行の適正が損なわれることがないよう、例えば、条例等の定めるところにより、地方公共団体に対し請負をする者である議員が、当該請負の対価として各会計年度に支払を受けた金銭の総額や請負の概要など一定の事項を議長に報告し、当該報告の内容を議長が公表することとするなど、各地方公共団体において、議員個人による請負の状況の透明性を確保するための取組を併せて行うことが適当であるとされている。各町村議会ではこうしたことに十分留意し、住民から疑念を持たれないよう透明性の向上に努めるべきである。

また、兼業禁止規定は議員の身分保持の要件であり、この規定に該当すると決定された場合も、当該請負契約の効力や、請負法人への当該議員の就任行為や、当該法人における地位については何ら影響ない。（第四編第五章「資格の決定」参照）

5　議員の辞職

(一)　議員の辞職

議員の辞職とは、議員が自らの意思によりその身分を離脱することをいう。

議員が辞職しようとするときは、議会の開会中であれば議会の許可を、閉会中においては議長の許可を得なければならない（法一二六）。議員の辞職を議会の許可に係らしめたのは、住民の選挙によって選ばれた議員が自己の恣意によってみだりに辞職することを抑止する趣旨で、議員は議会（閉会中は議長）の許可がなければ辞職し得ないが、議長もまた正当な理由なくして議員の辞職許可願を拒否することはできないとされている。「辞職願」の提出は、議長に事故があるとき又は欠けているときは、副議長に提出することになる（ただし、辞職願の宛名は議長とする）。

　議長が辞職願を受け取ったときは、議会開会中であれば速やかにこれを議会に報告し、討論を用いないで会議に諮り、許可するかどうかを決めることとなる。また、閉会中であるときは、議長が判断処理して、次の議会に報告しなければならない（休会中であっても議会の開会中は議長の許可によることはできず、議会に諮らねばならない）。

　また、議長又は副議長が議員を辞職しようとする場合は、議長は副議長に、副議長は議長に、それぞれ「辞職願」を提出し、右に述べた手続きを踏むこととなる。許可されれば議員の辞職によって当然その身分が失われるから、別に議長又は副議長の辞職願は必要ない。

　なお、議員は、住民の信託を受けて当選した公職者であるから、単に、一身上の個人的理由で辞職することには、特に慎重でなければならない。

(二)　総辞職

　総辞職とは、議員全員が一時に辞職することであり、その日をもって議員が全く存在しないこととなるのであるから、議会は、活動不可能の状態となる。

　総辞職は、いかなる理由によるものであるにせよ、結果的には、地方議会の解散特例法による自主解散と同じである。したがって、総辞職を行うこととなった政治的背景が、特例法の趣旨と同じく、世論の動向にかんがみ自主的に住民意思を問うためのものであれば、この特例法による自主解散の議決によるのが明快である。

　しかし、辞職理由が特例法の趣旨に沿うものでない場合は、同法の適用がないのであるから、次のいずれかの方法によるほかはない。

(1)　辞職の日を翌日以降の一定の日付として一人ずつ除斥して許可する。

(2)　便宜、二組に分けて、交互に許可する。もちろん、議題となった組は除斥されるが、法第一一三条但書により定足数を欠くこととなっても会議を開くことができる（この場合も辞職の日付は、翌日以降の同じ日付とする）。

(3)　あらかじめ、日を定めて、議長の議員辞職願を許可しておき、議会の閉会後に、議長がその日付で他の全議員の辞職を許可する。

6 政務活動費

議会における調査研究に資する経費については、従前、都道府県・市議会を中心に会派に対する交付金として交付されていたものが、平成一二年に政務調査費として法制化された。

政務調査費の取扱いについては、法により、普通地方公共団体は、条例の定めるところにより、議会の議員の調査研究活動に資するため、必要な経費の一部として、議会における会派又は議員に対し、政務調査費を交付することができると規定され、当該政務調査費の交付の対象、額及び交付の方法は、条例で定めなければならないこと、交付を受けた会派又は議員は、条例の定めるところにより、当該政務調査費に係る収入及び支出の報告書を議長に提出するものとされた。

その後、平成二四年の法改正により、政務調査費が政務活動費へ名称変更され、交付の目的についても、これまでの調査研究に「その他の活動」が加えられた。また、経費の範囲については、条例で定めることとされ、さらに、議長はその使途の透明性の確保に努めるものとされた（法一〇〇XIV～XVI）。

「その他の活動」の経費となる例として、議員としての補助金の要請あるいは陳情活動等のための旅費、交通費、更には議員として地域で行う住民相談、意見交換会や会派単位の会議に要する経費のうち調査研究活動と認められなかったものについて条例で対象とすることができるようになった。

なお、政党活動、選挙活動、後援会活動、私人としての活動は、これまで同様に条例によっても認められないものである。

政務活動費を支出するに当たっては、情報公開を徹底し、収支報告書に領収書等の添付を行うことや、住民に分かりやすい報告書の様式に配慮することが必要である。

政務活動費を交付している町村は、一八六町村（二〇・一％）であり、その額は平均して議員一人当たり月額約九、五〇〇円である（令和三年七月一日調）。政務活動費を交付することにより、議員の調査活動基盤が充実強化され、議会・議員の活動量は増し、監視機能・政策立案機能の強化など議会の審議能力の向上につながる。こうしたことから、各町村議会においても、政務活動費の導入と有効活用について検討することが望まれる。

三　議長及び副議長

1　議長・副議長の地位

議長は、議会の活動を主宰し、議会を代表する者で、議会構成上欠くことのできない重要な地位にある。議長は議場の秩序を保持し、議事を整理し、議会の事務を統理し、議会を代表する権限を有している（法一〇四）。

議長の地位は議会自体の権威と結びつくもので、議長の中立性と尊厳性を保つために国会にあっては議長が党籍を離脱することが慣例化している。議長の短期交代制は、議長ひいては議会全体の権限を自ら下すものとして厳に慎まねばならない。

副議長は、議長に事故があるとき（旅行、病気、除斥、用便等により議長が職務を執り得ず又執らない一切の場合）又は議長が欠けたとき（死亡、辞職等）に議長の職務を行う（法一〇六）。議長が欠けた場合は、直近の議会で議長選挙を行う必要がある。議長が選挙されるまでの間に、副議長が議長の職務を行う場合は、対外的な文書は副議長の名で行う。

2　議長・副議長の任期と辞職

議長及び副議長の任期は、議員の任期によるとされているので、四年ということになる（法一〇三Ⅱ）。なお、町村議会によっては、議長交替制をとっている例がみられるが、法定どおり四年とすべきである。

議長及び副議長は、任期いっぱい務めることが当然であるが、現実には病気その他やむを得ない事由によって辞職したいという場合もあり得る。この場合、議長及び副議長の職のみならず議員の職も辞したいときと、議長及び副議長の職だけを辞したいという二つの場合がある。

まず、議員の職を辞したいという場合は、前述のとおり、議員の辞職願を提出し、それが許可になれば、議長及び副議長の職も当然失うこととなる。

次に、議長及び副議長の職だけを辞したいときの取扱いは、議長と副議長で異なる。副議長の場合は、議員の場合と同じく閉会中であれば議長の許可を得ればよく、開会中であれば会議に諮って許可を得なければならない。ところが、議長の場合は、必ず議会の許可を得なければならないものとされている（法一〇八）から、閉会中は議長の辞職はできない（昭二二・一〇・六行実）。

なお、議長の辞職の件は、本人が除斥となるため副議長が会議に諮ることとなるもので、議長自らが諮ることはできない。したがって、もし、その日以前に（閉会中に）、議長が副議長の辞職を許可して、副議長が空席であるときは、まず副議長の選挙を行い、新副議長に議長の辞職願を提出して新副議長が議長の辞職願を会議に諮る取扱いとなる。

なお、辞職願の提出先は、議長にあっては副議長、副議長にあっては議長である（標規九八Ⅰ）。

3　議長の権限

議長は、議会の代表者及び事務統理者としての立場と、会議の主宰者としての立場があり、権限もこの二つの立場に分けて考えることができる。

(1)　会議主宰権に属するもの

①　議場の秩序保持権

議場を混乱させることなく、議事を円滑に運営するよう配慮することが議長の職責である。このため、秩序を保持する上に必要な措置をとる権限が与えられている。もしも、秩序を乱す議員があるときは、これを制止し、又は発言を取り消させ、その命令に従わないときはその日の会議が終わるまで発言を禁止し、又は議場外に退去させることができる（法一二九Ⅰ）。

また、議場が騒然として整理することが困難であると認めるときは、その日の会議を閉じ、又は中止することができる（法一二九Ⅱ）。

また、会議の傍聴に関しては、議長は傍聴規則を定めなければならない（法一三〇Ⅲ）。

②　議事整理権

議会の招集は町村長の権限であるが、招集後の議会の運営は、すべて議長が主宰する。このため、議事を進めるために必要な措置をとる権限を議長に与えている。その主なものは、次のとおりである。

ア　議会の開閉並びに開議、散会、延会、中止及び休憩の宣告（標規一一）

イ　議員の出席催告（法一一三、標規一三）

ウ　議席の指定及び変更（標規四）

エ　会議時間の変更、延会（標規九Ⅱ、一二ⅠⅢ）

オ　動議が競合したときの表決順序の決定（標規一九）

カ　議事日程の作成、変更、追加（標規二一、二二）

キ　秘密会の発議（法一一五Ⅰ）

ク　発言の許可及び発言時間の制限（標規五〇、五

六）

ケ　登壇の許可（標規一〇八）

③　議会の事務の統理権

議長は、事務局長及び事務局職員を指揮監督して議会事務を統轄処理する権限を持っている（法一〇四）。したがって、当然、事務局職員の任免権も議長が有する（法一三八Ｖ）。

④　裁決権

過半数表決において、可否同数となった場合に、その可否を決定する権限である（法一一六）。

(2)　議会の代表（統理）権に属するもの

①　代表権

対外的には、議長は代表権を有する。したがって、国会又は関係行政庁への意見書提出、町村長への報告、公聴会の公示、参考人への出席要求、一〇〇条調査権における関係人の出頭要求、長及び委員長等に対する出席要求、その他対外的に意思表示をする公文書は、議会の代表者たる議長名において発することとなり、それによって法的効果を生ずることとなる（法一〇四）。

②　臨時会招集請求権

平成一八年の法改正により、議長は、議会の意思として臨時会の招集を求める必要がある場合は、議会運営委員会の議決を経て、議会の招集権をもつ町（村）長に対し、会議に付議すべき事件を示して、臨時会の招集を請求することができる（法一〇一Ⅱ）。町（村）長は、請求のあった日から二〇日以内に、臨時会を招集しなければならない（法一〇一Ⅳ）。

また、平成二四年の法改正により、議長の臨時会の招集請求のあった日から二〇日以内に町村長が招集しないときは、議長が臨時会を招集することができる（法一〇一Ｖ）。

さらに、議員定数の四分の一以上の議員による臨時会の招集請求のあった日から二〇日以内に町村長が招集しないときは、議長は、請求をした者の申出に基づき、当該申出のあった日から、都道府県及び市にあっては一〇日以内、町村にあっては六日以内に臨時会を招集しなければならない（法一〇一Ⅵ）。

③　委員会への出席発言権

議員は少なくとも一の常任委員になるものと定められているが、議長は、その職責上、どの委員会にも出席して発言できる（法一〇五）。この委員会での議長の発言については別段の制限は加えられていないので、単に議長の事務統理権、あるいは議事整理権に基づく発言に限るものではなく、議案の内容についての質疑や意見を述べることも差し支えないとの見解（昭二七・六・二一行実）もあるが、あくまでも「議長」としては、個々具体の政策判断までは論及すべきではなく、委員会運営の基本的あり方に限定しての大所高所からの指導的立場の発言にとどめることが望ましい。

4　副議長の権限

議長に事故があるとき、又は議長が欠けたときは、副議長が議長の職務を行うこととされている（法一〇六Ⅰ）。議長に「事故があるとき」とは、法令上又は事実上議長の職務を執り得ない場合をいい、積極的に職務を執り得ない事由ある場合のみに限定されない。

副議長が行うこととなる議長の職務は、原則として議長の職務のすべてに及ぶとされているが、直接の議会運営以外のことで緊急を要しないものは、新たに選挙される議長に委ねるか、又は議長の事故の回復を待つのが適当な場合が多いと思われる。

5　仮議長

仮議長は、議長及び副議長にともに事故があるとき、議長の職務を行う議員をいう（法一〇六Ⅱ）。これは、「ともに事故があるとき」であるから、ともに欠けていて議長の職務を行う者がないときの臨時議長とは異なる。たとえば、議長が出張中であり、副議長が会議を主宰していたが、急病等により職務の執行ができなくなったような場合である。ともに欠けている場合はもちろん、一方が欠けている場合でも、速やかにその補充選挙を行って運営体制に支障のないようにすることが先決であり（昭二五・六・二六行実）、仮議長は、あくまで「ともに事故ある」場合の便法というべきである。

仮議長が職務をとる期間は、議長又は副議長のいずれか一方の事故が止むまでであって、会議の途中でも、議長又は副議長が出席したときは、直ちに交替しなければならない。また、仮議長は、議会の運営に必要な限度を超えて議長の職務を行使すべきではない（昭三二・一二・二四行実）とされている。たとえば、閉会中、仮議長が議員の辞職を許可するとか、事務局職員の任免を行う等は、許されない。

仮議長は、原則として議会において選挙することとされている（法一〇六Ⅱ）。しかし、副議長欠席の会議で、議長が用便等に立ちたいというような場合もあるから、その都度、正式な選挙をするということも煩雑に過ぎるので、議会は、その選任を議決によって議長に委任することができることとなっている（同Ⅲ）。委任を受けた議長は、その指名をいつ行ってもよい。また、指名の仕方により同一会期中、特定の者をあらかじめ指名しておくことも可能であるが、仮議長の性質上必要の都度、指名することが適当であるとされている（昭二二・五・二九行実）。

6　臨時議長

臨時議長は、次のいずれかの場合、議長の職務を行う議員をいい、それぞれの選挙を行う際、議場にいる議員の中の最年長の議員が充てられる（法一〇七）。

(1)　一般選挙後の初議会で、議長の選挙を行う場合
(2)　議長及び副議長ともに事故があるとき、仮議長の選挙を行う場合
(3)　議長及び副議長ともに欠けて議長の選挙を行う場合
(4)　議長、副議長のいずれかが欠け、他方に事故があるときその欠員選挙をする場合

臨時議長には、議長選挙（(4)の場合は副議長の選挙を含む）を行うに当たってのその選挙の職務だけが許されており、例外的に、選挙を行う上に必要最小限度の会期の決定等の職務が許されている。

四　委員会制度

1　委員会制度の意義

社会経済の進展に対応して、行政が著しく多様化し、専門化してくると、本会議のみでは多数の議案を能率的に処理することや議員がそのすべてに通じることが困難となる。委員会制度は、このような欠陥を補完して、審議の実を挙げるため工夫されたもので、それぞれ専門部門別に審査を分担するものであって、戦後、アメリカ民主政治の例にならって、わが国の国会、地方議会にも採用されることとなったものである。

普通地方公共団体の議会は、条例で、常任委員会、議会運営委員会及び特別委員会を置くことができる（法一〇九Ⅰ）とされ、常任委員会は、その部門に属する町村の事務に関する調査を行い、議案、請願等を審査する。また、議会運営委員会は、議会の運営を円滑、効率的に

進めるための委員会であり、委員がその任期中在任する常設の機関であり、特別委員会は、特定の事件に限って設置される臨時的な機関であって、その事件の審査なり調査が終了すれば消滅するものである。

2　常任委員会

常任委員会については、議会の自律的権能を拡大する観点から、まず、設置数について、町村議会では上限数として四以内と定められていたが、平成一二年の法改正により、その数の制限は削除された。

次いで、委員の所属については、これまで一の常任委員会にのみとされていたが、平成一八年の法改正により複数所属が可能となった。

また、平成二四年の法改正において、委員会に関する規定を簡素化し、常任委員会の所属、議会運営委員会・特別委員会を含むそれぞれの委員会の委員の選任及び任期に関する事項を条例に委任することとされ、委員会の構成等を実情に応じ対応できることとなった（本書巻末の「「標準」町村議会委員会条例」参照）。

常任委員は、一般選挙後の初議会において選任されるが、補欠選挙など閉会中に新たに議員になった場合には、条例の定めるところにより議長が選任することができる。

常任委員から所属変更の申し出があるときは、議会の許可を得なければならないが、閉会中は議長の許可により、所属変更をすることができる（標委七Ⅵ）。

この場合は、交替する相手方の委員と合意の上か、又はその委員会に欠員が生じているときに限られる。

なお、条例で任期を規定し、任期満了前でも改選できる旨規定することもできる（標委七Ⅴ）。この場合でも、委員長及び副委員長の互選は、新たな委員の任期が始まってからとなる。

また、常任委員会には、委員長及び副委員長それぞれ一人を置くものとし、委員会においてその常任委員の中から互選することとされている（標委八）。なお、委員長及び副委員長がその職を辞任したいときは、委員会の許可が必要である（標委一二Ⅰ）。

常任委員会の職務権限は、その部門に属する事務の調査及び議案、請願等の審査とされている（法一〇九Ⅱ）。この調査は所管事務の調査と呼ばれ、固有の権限であるから、委員会においてこの調査を実施しようとするときは、あらかじめ議長に通知することでよい。議案等の審査については、町村議会の多くは本会議中心主義を採用しているので、議案等がすべて機械的に委員会へ付託されるのではなく、その必要があると思われる議案のみが、議決によって付託される扱いとなっている（標規三九Ⅰ）。反対に、本会議中心主義でなく、委員会中心主義の町村議会では、議案等は、議長の権限で常任委員会に付託するか、議会の議決で特別委員会に付託されるのが原則である。そして、委員会に付託しない場合は付託省略を諮る必要がある（標規三九Ⅲ参考）。ただし、請願（標規九二）、議員の資格決定の審査（標規一〇二）、懲罰の審査（標規一一二）の場合にあっては、会議規則の定めるところに従って、原則として直ちに委員会に付託することとなっている。このうち、請願については、議決で委員会付託を省略できる（標規九二Ⅱ）。

付託された議案等の審査は、原則としてその会期中に終了しその結論を本会議に報告することとなっている。会期中に審査を終了することができず、なお引き続き審査を必要とする議案については、閉会中もなお継続して審査したい旨を議長に申し出て（標規七五）、議会の議決を得た場合は、引き続き審査することができる。この場合、審査の結果は、次の議会に報告することになる。所管事務の中の特定事務の調査についても必要があるときは、同様の手続きによって閉会中継続して調査することができる。

なお、予算その他重要な議案、請願等については、公聴会を開催して、利害関係者及び学識経験者等の意見を聴くことができる（法一〇九Ⅴ）。重要議案としては分担金条例や、上水道の使用料改定等、住民に新たな義務を課したり、公的負担をさせるような議案など住民生活に重大な影響を及ぼす議案、請願等が考えられる。

さらに、常任委員会は、町村の事務に関する調査又は審査のため必要があると認めるときは、参考人に出席を求め、その意見を聴くことができる（法一〇九Ⅴ）。関係の住民、有識者等の意見を直接聴いて調査や審査に万全を期するための制度である（第二編第七章六「参考人からの意見聴取」参照）。

また、これまで議案の提出は、長又は議員の一二分の一以上の者の賛成を得た場合に限られていたが、平成一八年の法改正により、常任委員会においても、議会の議決すべき事件のうち、その部門に属する事務に関するものにつき、議案の提出ができるようになった（法一〇九Ⅵ、Ⅶ）。

3　議会運営委員会

議会運営委員会は、平成三年の法改正で法定化され、条例で設置できることになったものである。したがって、これを設置するには委員会条例の中に、その設置根拠、定数、任期等を規定しなければならない（標委四の二）。定数については、一常任委員会とほぼ同数の五人から六人程度の町村が多い。

任期や選任方法は、常任委員の場合と同様である（標委四の二Ⅲ、標委七Ⅱ）。

なお、議長は議会運営委員会に諮問する立場にあるので、委員になることは適当ではない。

委員長、副委員長はそれぞれ一名が委員の互選で選ばれ、その辞任については、委員会の許可が必要である（標委一二Ⅰ）。さらに、委員の辞任は、議会の許可がなければならないが、閉会中は議長が許可することができる（標委一二Ⅱ）。

議会運営委員会の権限は、

(1)　議会の運営に関する事項

(2)　議会の会議規則、委員会に関する条例等に関する事項

(3)　議長の諮問に関する事項

について①調査を行うこと、②議案、請願等の審査を行うことである（法一〇九Ⅲ）。

議会運営委員会の担任する事項、いわゆる所掌事件の調査は、常任委員会の所管事務に関する調査、閉会中の特定事件の継続調査と同じ手続き、要領で行われるものである（標規七三）。また、議案等の審査は、標準町村議会会議規則第三九条の規定により、そして、前記(1)～(3)に関する請願、陳情の審査は、標準町村議会会議規則第九二条に規定する手続きによって進められるほか、閉会中の継続審査の手続きも含めて、常任委員会と同じ要領で審査が進められる。この場合、議会運営委員会の担任する事件を特別委員会に付託することはできないものとされている（標規三九Ⅰ）。

特に議長から諮問があった事項についても調査、審査を行い、円滑で効率的な議会運営のための答申を議長に行うことになる。議長は、その答申を最大限尊重して議会運営に当たることになる（第二編第七章一「委員会の権限」2「議会運営委員会の権限」参照）。

閉会中の継続審査（調査）、公聴会、参考人等、議事に関しては、常任委員会における取扱いと全く同様である。

議会運営委員会は、平成一八年の法改正により、常任委員会と同様にその所掌する事項について議案を提出することができるようになった（法一〇九Ⅵ、Ⅶ）。

4　特別委員会

特別委員会は、標準町村議会委員会条例において「必

要がある場合において議会の議決で置く」（標委五）と規定して、必要と認めるときに議決によって設置する方法をとっている。

たとえば、議員の懲罰問題が発生したとき、総務常任委員会で扱ってもかまわないが、委員の数や構成等からみて適当でない場合もあり、また、定例会においては付託議案の審査もあって、これに加えて重要で複雑な懲罰事犯の審査まで行うことは困難であるため、特別委員会が設けられるのが通例である。その他予算、決算、基本構想案等の審査や企業誘致対策や地域開発対策等の調査のために設けている例が多い。

閉会中の継続審査（調査）、公聴会、参考人等、議事に関しては、常任委員会における取扱いと全く同様である。

また、特別委員会は、常任委員会と異なり臨時特定の事件について設置されるものであるから、その事件の審査や調査が終了したときに消滅する。具体的には、委員会審査（調査）報告書を議長に提出後、本会議で議決したときである。なお、調査事件の場合、議決せずに特別委員会の委員長が報告するだけのときは、報告後に議長が調査終了を宣告し、特別委員会の消滅を確認する方法もある。

このほか、特別委員会を廃止する決議案や動議が提出され可決された場合や付託された事件の付託替え、会期の終了、議員の任期満了、議会の解散などの場合も消滅することになる。

また、特別委員会は、平成一八年の法改正により、常任委員会と同様に付託を受けた事件に関する事項について議案の提出ができるようになった（法一〇九Ⅵ、Ⅶ）。

五　議会事務局

1　議会事務局の設置

法第一三八条第二項に「市町村の議会に条例の定めるところにより、事務局を置くことができる」との規定があって、議会の事務処理機構を整えて、その面から議会の機能発揮を支えることになっている。

この規定は、自治法発足当時なかったものを、全国町村議会議長会が、各都道府県町村議会議長会・全国の各町村議会と一丸となって強力に運動を展開して、ようやく昭和三三年四月に実現した経緯のある規定である。

全国町村議会議長会の実態調査によると、事務局設置町村は九二〇（九九・四％）、未設置町村が六（〇・六

%）となっている。

事務局職員の状況は、事務局設置の九二〇議会で二、三三一人となっている（令和三年七月一日調）。

なお、平成二三年の法改正で、普通地方公共団体は協議により規約を定めて、行政機関等について全て共同設置ができることとなり、議会事務局についても、他の議会と共同で設置することができることとなった。改正規定は「置くことができる」とされており、義務規定ではない（法第二五二条の七関係）。

議会事務局の共同設置については、専門性が高まるとの観点から共同設置の対象に含まれることとなっているが、実態として議会の開催時期が共同設置した自治体間で重なる場合が想定され、議会間の調整が困難になること等、共同設置にはなじまないものと思われる。

しかし、所管事務の一部だけの共同設置も可能であり、例えば、町村において充実が求められている調査部門について、共同設置することは検討の余地がある。

2　職員とその職責

㈠　任　免

議会事務局には、法第一三八条第三項によって事務局長、書記その他の職員を必ず置かなければならない。

この事務局職員の任免権は、議長にあるので、辞令は議長名で交付する。

通常、執行部の職員を事務局職員に任命する場合は、町村長の議会事務局への出向命令と、議長の議会事務局職員としての発令があって初めて有効な任命がなされたことになる。逆の場合も同様に、議長の執行部への出向命令と、町村長の執行部職員としての発令がなされて任免手続きが完結するものである。

㈡　職員定数条例

議会事務局の職員の定数は、法第一三八条第六項の規定により条例で定めなければならない。

この定数は、町村の職員定数条例の中に規定するか、あるいは、事務局設置条例で規定するかは任意とされている（昭二六・三・一九行実）が、一般的には、町村の職員定数条例の中に規定されている例が多い。

㈢　職員の身分

議会事務局職員は、一般職の地方公務員であるから、その任用、人事評価、給与、勤務時間その他の勤務条件、分限及び懲戒、服務、退職管理、研修、福祉及び利益の保護その他身分取扱いに関しては、地方自治法、地方公務員法及びその町村の職員に関する各条例の規定が適用される。

㈣　職　責

議会事務局の職員の職責は、法第一三八条第七項で「事務局長及び書記長は議長の命を受け、書記その他の職員は上司の指揮を受けて、議会に関する事務に従事する」とあって、議会に関するすべての事務を処理して、議会のもつ権能が十分に発揮できるように努めることにある。

平成一八年の法改正により、議会事務局の調査能力、政策立案能力、法制能力等において機能強化が求められているため、今までの「庶務」という文言のみでは捉えきれない面もあることから、「事務」と改正された。

また地方公務員法の適用を受ける職員として、住民全体に奉仕する義務を負うもので、直接住民との折衝を持つことは少なく、議会を通じて住民へのサービスを行うこととなる。許認可等の事務を担当する執行部の職員に比較して事務局職員は、あくまでも縁の下の力持ち的存在であって、これに徹する心構えが必要である。

特に、議会の運営については、専門的知識と豊富な経験が必要であることはいうまでもない。会議の運営や審議に当たって問題が生じた場合、事務局職員の迅速で、しかも明快な法的解釈や見解があれば、議事は速やかに軌道に乗り、スムーズな運営が行われることになるが、逆に職員が経験も浅く法令に精通していないような場合は、いたずらに遅疑逡巡して問題の上にさらに問題が起こり、議事が遅延し混乱していくこともある。

したがって、事務局職員は、常に即時即決を旨として円滑な会議運営に心を配り、平素から法律、条例、規則、行政実例、判例、先例はもちろん、自町村及び他町村の行政事務の内容や執行状況を十分調査研究し、会議の運営に当たって起こるあらゆる問題に対処できる知識を修得して、どのような事態にも臨機応変の措置が講ぜられるよう不断の研究努力が必要である。

議長としても、このような重要な職責を持つ事務局職員を任免するに当たっては、その意欲と素質を確かめて任命し、また、どんな事態にも対処し得る能力を備えさせるために、研修の機会を十分に与えるとともに、一定期間在職の配慮が必要である。千変万化の会議運営の補佐を行うに当たっては、いかに優秀な職員でも短期間の経験と知識では、十分な補佐は不可能である。議会運営には複雑な要素があり、専門的知識や経験が要求されるので短期交替の議長改選に従って事務局長を任命がえするとか、執行当局の要請によって、執行部職員の配置転換のための要員として短期で異動をさせるようなことは、議会の権威保持の上からも厳に慎まねばならない。

3　議会事務の内容

議会事務は、極めて広範多岐にわたっている。大別して総務・議事・調査に分けられ、例示すれば、おおむね次のとおりである。

㈠　総務に関する事項

①　議員名簿の作成（履歴書、役員簿、勤務年数調を含む）及び保存に関する事項
②　文書物件の収受、発送、保管に関する事項
③　公印の保管に関する事項
④　議員の出欠に関する事項（出席簿の作成、保管、欠席届の受理）
⑤　議員報酬、費用弁償、期末手当に関する事項
⑥　議会費の予算、決算資料の作成に関する事項
⑦　議会費の予算執行に伴う事項並びに物品の購入、保管、貸与の要求
⑧　会計年度任用職員の任用に関する事項
⑨　儀式及び交際に関する事項
⑩　慶弔に関する事項
⑪　議会の広報資料に関する事項
⑫　議場その他委員会室の管理に関する事項
⑬　議長会に関する事項
⑭　職員の任免、給与、賞罰及び身分に関する事項
⑮　職員の服務及び規律、厚生に関する事項
⑯　議員共済会に関する事項
⑰　議員の公務災害補償等に関する事項

㈡　議事に関する事項

①　議事日程に関する事項
②　議案、請願、陳情の収受、配布、送付に関する事項
③　議会の本会議の議事に関する事項
④　議会における選挙に関する事項
⑤　議事次第書に関する事項
⑥　会議録の調製、保管に関する事項
⑦　議会の傍聴に関する事項
⑧　議会運営委員会に関する事項
⑨　常任委員会に関する事項
⑩　特別委員会に関する事項
⑪　委員会の記録調製、保管に関する事項
⑫　公聴会・参考人に関する事項
⑬　直接請求代表者の意見陳述に関する事項
⑭　会議の議決、決定等の通知、報告に関する事項
⑮　協議・調整の場に関する事項

㈢　調査に関する事項

①　条例、規則の制定、改廃に関する事項
②　議会関係諸規程の制定、改廃に関する事項
③　請願、陳情及び決議、意見書等に関する事項
④　議案審議に必要な資料の調製に関する事項
⑤　事業、事務の調査、検査に関する事項
⑥　統計資料の作成に関する事項
⑦　各種行政に関する世論、情報、資料の収集整理に関する事項
⑧　各種法規の調査、研究に関する事項
⑨　議員派遣、その他調査研究に関する事項
⑩　議会広報の発行に関する事項
⑪　図書室の整備、管理に関する事項

4　会議録

(一)　会議録の意義

会議録については、法第一二三条第一項で、「議長は、事務局長又は書記長（書記長を置かない町村においては書記）に書面又は電磁的記録……により会議録を作成させ、並びに会議の次第及び出席議員の氏名を記載させ、又は記録させなければならない」、また、第二項で「会議録が書面をもつて作成されているときは、議長及び議会において定めた二人以上の議員がこれに署名しなければならない」、第三項で「会議録が電磁的記録をもつて作成されているときは、議長及び議会において定めた二人以上の議員が当該電磁的記録に総務省令で定める署名に代わる措置をとらなければならない」と規定している。

この会議録は、町村議会の公式記録であるとともに会議の顚《てん》末を記録した唯一の証拠書類であり、一面、町村行財政の歴史でもある。したがって、会議録は、数多い町村の書類の中でも最重要な書類として、永久保存の取扱いがなされる。

地方自治法制定当時は、会議録は大半の町村で要点記録で調製されていたが、時代の進展とともに議会の審議も充実、活発化し、現在では、テープレコーダーやＩＣレコーダーを活用して、逐語記録による会議録を調製している。

議会における審議過程で執行部の説明、あるいは答弁と議員の理解が異なり、しばしば問題となることがあるが、議員の発言が収録され、会議録が逐語的に記録されておれば、即座に問題が解決し、議事が円滑に進行することになる。

事務局長は、会議録の調製が終わったら、まず、議長（副議長が議長職を代行した場合、副議長もともに）の署名をとり、次に議長が議会において指名した二人以上

の署名議員の署名をとって会議録の調製は完了する。

会議録の署名は、公正を確保するためのものであり、署名議員は、そのことを確認して署名する責任を有する。ただし、記録が事実と異なるような場合は、訂正を要求して訂正された後、署名することになる。

たとえ、何らかの理由で会議録署名議員のうち署名をしない議員がいたとしても、議決の効力は、失われるものではない。

会議規則の参考規定として、第一二五条で会議録の議員及び関係者への配布と、第一二六条で配布用の会議録には、秘密会の議事と議長が取消しを命じた発言、そして、取消した発言は掲載しないと定められている。

予算や議会事務局の処理能力の関係で、議員及び関係者への配布を実施できない町村では、必要があるときは事務局で閲覧させることになる。本来、会議録は、会議の議事のありのままを記載すべきものであるから、当然に原本には秘密会の議事、取消し、訂正前の発言等もそのまま記載する。そこで、会議規則に前述の参考規定が規定されていなくとも、写しの交付の要求、閲覧の要求があった場合は、秘密会の議事並びに議長が取消しを命じた発言及び議員が取消した発言は削り、発言訂正部分を訂正した閲覧用の会議録によって応ずべきものである。

また、議会活動の透明性向上の観点から、会議録については、速やかに作成するとともに、住民が閲覧しやすい環境に置くことが重要と考えられる。音声認識技術の活用により会議録作成に係る作業の効率化が図られている事例等も参考にしつつ、会議録のホームページ上での公開等に積極的に取り組んでいただきたいとする総務省の通知も発出されている（平成三〇年四月二五日付け総行行第九四号自治行政局行政課長通知）。

(二) 会議録の記載（記録）事項

会議録に記載（記録）すべき事項は、会議規則第一二四条で次のとおり示されている。

一　開会及び閉会に関する事項並びにその年月日時
二　開議、散会、延会、中止及び休憩の日時
三　出席及び欠席議員の氏名
四　職務のため議場に出席した事務局職員の職氏名
五　説明のため出席した者の職氏名
六　議事日程
七　議長の諸報告
八　議員の異動並びに議席の指定及び変更
九　委員会報告書及び少数意見報告書
一〇　会議に付した事件
一一　議案の提出、撤回及び訂正に関する事項

一二　選挙の経過
一三　議事の経過
一四　記名投票における賛否の氏名
一五　その他議長又は議会において必要と認めた事項

会議録は、問題が生じた場合に、唯一の証拠となる重要な公文書であるから、以上の記載（記録）事項を順序よく整理して調製しなければならない。特に会議の運営の状況、議員、説明員の発言の内容、議事の進行については、慎重を期して正確に記載（記録）しなければならない。

㈢　会議録の閲覧

前述のとおり、地方議会には、「会議公開の原則」が適用される。この原則は、「傍聴の自由」、「報道の自由」、「記録の公表」をその内容としている。そして「記録の公表」は、会議の記録つまり会議録を一般住民が閲覧し、必要に応じてその写しを得ることができる状態におくことをいい、会議公開の原則の重要な一角をなすものと考えられている。

このことに関して、最高裁の判決は、「地方自治法は、地方議会について公開の原則を採用し、議事の公開には当然に会議録の閲覧請求権の承認を含むもので、普通地方公共団体の住民は、法令上明文の規定の有無にかかわらず会議録の閲覧請求権を有するものであり、議会は、特段の事由がない限り住民の閲覧請求を拒み得ない」（昭和五〇年四月一五日）との見解を示している。

この判決を受けて、自治省行政課〔現—総務省自治行政課〕は、「議会の会議録の閲覧請求があった場合、特段の事情のない限りその要求に応じなければならない」（昭和五〇年一一月六日決定）としている。以上の趣旨に沿って、会議録の閲覧請求に対しては措置すべきものである。

㈣　電磁的記録

電子政府、電子自治体の推進のため、行政手続等における情報通信の技術の利用に関する法律（いわゆる行政手続オンライン法）が施行されたが、議会は、行政機関等から除外されていたため（オンライン法二１２ハ）、会議録は電磁的記録による作成ができないこととされていた。

しかし、平成一八年の法改正により、会議規則に規定すれば、議会の会議録を電磁的記録方式で作成することが可能となった（法一二三）。

六 議会図書室

1 設置の目的

議会の図書室については、法第一〇〇条第一九項に、「議会は、議員の調査研究に資するため、図書室を附置し前二項の規定により送付を受けた官報、公報及び刊行物を保管して置かなければならない」と規定されており、町村議会においても必ず設置し、議員の調査研究に資するようにしなければならない。現状は、大半の町村では、議会事務局の部屋に少数の議会運営関係の書籍が置かれている程度である。このように未だ図書室を設置していない町村は、できるだけ早い時期に設置して、政府及び都道府県から送付される官報・公報・刊行物等を整理保管し、また議員の調査研究に必要な書籍等を整備して、議会の政策形成機能の充実強化に活用したいものである。

また、行政資料室や公立図書館との連携、インターネットを活用しての情報収集等の方法も考えられる。

2 図書室の管理

図書室の管理については、図書室の管理規程を設けて十分な管理をしなければならない。

管理上必要な事項は、おおむね次のとおりである。

(1) 図書台帳、資料台帳を備え、保管の図書及び資料をそれぞれ登載する。
(2) 図書及び資料には、議会印を押して所蔵を明確にする。
(3) 貸出簿を備え、紛失を防ぐため、その都度、正確に記録する。
(4) 貸し出しは、議員及び町村職員に限り、一般住民は閲覧のみとする。
(5) 転貸は、絶対禁止する。
(6) 貸し出しは、期限を設け、やむを得ない場合のみ延長許可をする扱いとする。
(7) 亡失、き損の場合は、弁償をさせることとする。
(8) 図書、資料の補修に心がけて常に良好な状態で保管しておく。

第二章　議会の権限

一　権限のあらまし

現行の地方自治制度が憲法上の制度として保障され整備充実されたことに伴って、地方議会の権能も大幅に拡充され、その活動は住民自治の原動力として、地域社会の発展に大きく貢献している。

特に、戦後の地方議会の重要な特色は、

(1)　地方公共団体の意思決定機関であることが憲法上明確に保障されたこと、

(2)　議会の議員、長は、住民の直接公選による、いわゆる大統領制を採用して、ともに住民に対して直接に責任を負うものとし、両者の関係は、対立の原理を基本にしながら相互に抑制と均衡によっていずれかの独善と専行を防止する体制がとられていること、

の二点である。これは、戦前の地方自治制度の中にはなかった全く異なる制度で、大変革といえる。

そこで、議会には、これらの権能と責任を果たすため、議決権を中心に多くの権限が与えられている。具体的には、地方自治法の「議会」の章にそれぞれ規定されている基本的なもののほか、その他の章や他の法律において議会の権限として規定されている。

その議会の権限を大別すると、おおむね、次の一二に分けられる。

(1)　議決権
(2)　選挙権
(3)　検査権
(4)　監査の請求権
(5)　意見書提出権
(6)　調査権
(7)　自律権
(8)　同意権
(9)　承認権
(10)　請願、陳情を受理し、処理する権限
(11)　報告、書類の受理権
(12)　議員派遣

それぞれの権限の内容については、以下詳説するが、特に注意すべきことは、これらの権限は、いずれも議会という機関に与えられた権限であって、個々の議員に与えられた権限ではないという点である。たとえば、調査

権があるからといっても、それは、議会で「調査を行う」ことが議決されて、初めてできるものであり、しかも、証人を呼ぶには、議会を代表する議長名で、法令で定められた手続きを経なければならない。

このように、議会の権限は、いずれも議会の意思決定に基づいて発動されるものであることを理解しなければならない。

二　議決権

1　議決の意義とその効果

議決権は、議会の持つ権限の中で、最も本質的、基本的なものであり、議会の存在目的からも第一にあげられる権限である。

議会は、町村長等の執行機関に対して、その町村の議事機関、意思決定機関として存在している。そして、現行地方自治法の建前では、条例、予算は議会が決定し、重要な行政執行についても、あらかじめ議会の議決を経ることを前提としているので、町村長が提案した案件に対して可否を表明することが議会の最も重要な使命であり、職責であるといえる。このような議会の意思決定が「議決」であり、議会の権限の中で最も本質的、基本的なものといわれるわけである。

議決は、「問題」に対する議員個々の賛成・反対の意思表明、すなわち表決の集約である。そこで、表決が満場一致であれば何ら問題はないが、議員の意思が賛否に分かれている場合は、表決を集計した上で、多数決の原理に従って、通常の案件では過半数（出席議員の二分の一の整数部分に一を加えた議員数以上）、特別の案件にあっては特別多数（三分の二以上等それぞれ定められた数以上）の賛成の意思表明があれば議会の意思と定めるものである。

このようにして決定した議会の意思（議決）は、もはや議員個々の意思からは独立したものとなり、議会全体の統一した意思ということになる。たとえ、議決とは反対の意思を表明した議員があったとしても、その議会の構成員である以上、議決の宣告があったときから、成立した議決に従わなければならないことになる。

さらに、議決した事項は、議員を拘束するばかりでなく、町村長等執行機関はもちろん、内容によっては住民に対しても同様であり、さらに、それが内外に宣明されたその町村の意思になるわけである。

ところで、議決は、議会で表決を行い、決定したというだけでは、まだ外部に対して効力を持つには至らない。

もともと議決事件は、

(1) 「町村」という団体の意思を決定するもの

(2) 「議会」という機関の意思を決定するもの

(3) 本来は、町村長の権限に属する事項について、その執行の前提要件又は前提手続きとして議決するもの

の三つに分類できるが、その効力の発生については、それぞれ異なる。

まず、議会の議決があったときは、条例、予算は議決のあった日から三日以内に町村長に議長が送付することになっており（法一六Ⅰ、二一九Ⅰ）、他の議案は会議の結果として報告することになっている（法一二三Ⅳ）。これを受けて町村長は、それぞれ所要の措置をとることになる。たとえば、条例であれば議決の結果通知を受けて公布の手続きがとられ、条例としての効力が発生する。また、副町村長等の選任同意であれば、同意の議決を受けて副町村長等の選任行為（辞令の交付）がなされることになる。このように、一般的には、議決は、町村長の執行行為によって、初めて対外的に効力を生ずることになる（予算については、第三編第二章「予算の審議」参照）。

しかしながら、前記(2)の機関意思として決定した議決においては、議決の宣告と同時に効力を発生するものがある。懲罰の議決、議員の資格決定の議決、解散特例法に基づく自主解散の議決等がその例である。これらは、いずれも議会自体の問題であり、町村長との関係はないから、議会としての意思決定があれば、それと同時に効力が発生することになる。

次に、効力の問題と関連して、瑕疵《かし》のある議決の問題がある。これは、瑕疵の種類や内容によって異なる。たとえば、明らかに定足数を欠く会議でなされた議決とか招集手続きがとられていない会議でなされた議決のように「重大かつ明白」な瑕疵がある場合は、その議決は、当然無効となる。

しかし、除斥すべき議員を除斥しないでなされた議決のように軽易な瑕疵のある議決については、直ちに無効となるかどうか問題がある。このような場合には、町村長が、法第一七六条第四項の規定に基づいて、いわゆる違法議決にかかる再議の手続きをとらなければならないわけで、それまでは、一応有効の推定を受けるものとされている。このように通常は、町村長の再議によって是正されることになる。

注）議会が議決後、瑕疵ある議決であることを発見し、

これを是正するため、自らその取消しを議決することは、一事不再議の原則によりできないと解され、町村長の再議をまって行うべきものとされている。ただし、当然無効の議決については、無効確認の議決をすることはできる。

2　議決を要する事項

議決には、前に述べたように、⑴団体意思の決定にかかるもの、⑵議会という機関としての意思決定にかかるもの、⑶町村長が事務を執行する前提要件又は前提手続きとして議決するものがある。この中の⑵の機関意思を決定するもののうち、議員の懲罰や資格の決定などは、議決の形をとるけれども、議会の権限の分類としては、自律権として分類される。

また、議決の具体的態様としては、可決・修正可決・否決・同意・決定・承認・認定・許可・採択等それぞれの事件によって異なるが、同意権、承認権に分類されるものもあるわけで、ここでいう議決を要する事項は、法第九六条第一項に列挙して規定されている次の一五の事項（必要的議決事件）と、その第二項の規定による条例で定められた事項（任意的議決事件）ということになる。

一　条例を設け又は改廃すること。
二　予算を定めること。
三　決算を認定すること。
四　法律又はこれに基づく政令に規定するものを除くほか、地方税の賦課徴収又は分担金、使用料、加入金若しくは手数料の徴収に関すること。
五　その種類及び金額について政令で定める基準に従い条例で定める契約を締結すること。
六　条例で定める場合を除くほか、財産を交換し、出資の目的とし、若しくは支払手段として使用し、又は適正な対価なくしてこれを譲渡し、若しくは貸し付けること。
七　不動産を信託すること。
八　前二号に定める場合を除くほか、その種類及び金額について政令で定める基準に従い条例で定める財産の取得又は処分をすること。
九　負担付きの寄附又は贈与を受けること。
一〇　法律若しくはこれに基づく政令又は条例に特別の定めがある場合を除くほか、権利を放棄すること。
一一　条例で定める重要な公の施設につき条例で定める長期かつ独占的な利用をさせること。
一二　普通地方公共団体がその当事者である審査請求その他の不服申立て、訴えの提起、和解、あっせん、調停及び仲裁に関すること。
一三　法律上その義務に属する損害賠償の額を定めること。
一四　普通地方公共団体の区域内の公共的団体等の活動の総合調整に関すること。
一五　その他法律又はこれに基づく政令（これらに基づく条例を含む。）により議会の権限に属する事項。

以下、各事項ごとにその概要を述べる。

3　議決事項の内容

(一)　条例の制定又は改廃

条例は、憲法第九四条によって保障された自治立法権に基づいて地方公共団体が制定することのできる法の一つであって、①法令に違反しない限りにおいて、②地方公共団体の事務とされた事項について制定できる（法一四）。

国の法律については、国会を唯一の立法機関であるとして、法律案は、両議院で可決したとき法律となる（憲法五九）とされている。

これは、国民の権利を制限し、義務を規定する法律の制定、改廃については、国民の代表である国会の権限として、戦前における勅令のような非民主的な権力的立法を禁じた趣旨によるものである。自治立法についても、同様の考え方から、条例の制定、改廃については、議会の議決を要することとされたものである。

議会が、条例の制定、改廃の議決をしたときは、議長はその日から三日以内にこれを町村長に送付し、町村長は、その議決に違法その他の瑕疵や異議がなく再議の必要がないときは、送付を受けた日から二〇日以内に公布しなければならないこととされている（法一六）。

なお、条例に関する詳細は、第三編で述べることとする。

(二)　予算の議決

予算とは、その町村の毎年度における収入と支出の見積り計算書であり、同時に住民に対する行政サービスの計画書である。併せて、町村の将来にわたっての財政負担に関する取決めでもある。このように、予算は、住民の納めた税金の使途を定めるものであるので、住民代表の議会の議決をもって確定し、その上で執行できる。

「予算の審議」の項で詳細に述べるが、予算は、歳入歳出予算のほか、継続費、繰越明許費、債務負担行為、地方債、一時借入金及び歳出予算の各項の経費の金額の流用で構成される。

まず、歳入歳出予算のうち、歳入予算は、町村税、補助金、交付金すべて確実に予算額どおり収入されるものではなく、いわゆる見込みに過ぎないが、歳出予算は、その金額の限度でそれぞれの目的に従って支出できるものである。

　そして、これら予算の各項目は、すべて住民の負担にかかわる事項であってその内容については、すべて最終決定をすべき議会が責任を持つべきものである。このために、予算の議決権は、条例の議決権とともに議決権の中でも特に重要な権限であるといえる。

　さらに、予算の提案権は、町村長に専属しており、議会は、これを審議して、原案可決なり、修正可決あるいは否決をする。修正に当たっては、減額修正はもちろん、増額修正もできるが、増額修正する場合は、町村長の提案権を侵すことになるような修正はできないものとされている（第三編第二章「予算の審議」参照）。

㈢　決算の認定

　予算が一会計年度における収入、支出の見積りであるのに対し、決算は、収入、支出の実績であり、結果である。決算の認定とは、予算がどのように使われて、どのような成果をあげたかを住民の立場に立って批判し、判定することであって、予算議決権と対応する議会の大事な権限である。

　決算は、会計管理者が八月三一日までに作成して町村長に提出し、町村長が監査委員の審査に付し、その意見書をつけて議会に提出される（法二三三）。議会は、住民代表の立場で、予算執行の効率性とその成果を検討して、これからの改善点と反省事項を把握して、以後の、特に次年度の予算編成や財政運営そして予算審議や財政運営の批判指導に役立てる役割を果たすべき立場にある。万一、議会が不認定としても法的には決算の効力そのものには影響はないとされているが、町村長にとっては、住民の税金の使い方に問題があるとされた意味での政治的、道義的責任は残るものである（第三編第三章「決算の認定」参照）。

　なお、平成二九年法改正により、町村長は、決算不認定の場合に、当該不認定を踏まえて必要と認める措置を講じたときは、速やかに、当該措置の内容を議会に報告するとともに、これを公表しなければならないと規定された（法第二三三条 平成三〇年四月一日施行）。

㈣　地方税の賦課徴収又は分担金、使用料等の徴収

　地方税の賦課徴収や分担金、使用料その他の公的収入の徴収に関しては、議決が必要であるという規定である。しかし公租公課の徴収方法や料率等については、相当細目にわたり法令又は条例による事項とされているのが通

例であって、特に、議決を要する事例は比較的少ないようである。

㈤　重要な契約の締結

契約の締結は、予算の執行の段階における行為であるから、本来町村長の権限に属するものであるが、政令で定める基準（令一二一の二Ⅰ）に従って、条例で定める重要な契約を結ぶ場合は、その適正を期するため及び議会の意向を反映させるために議決を要することとしたものである。

その「重要な契約」とは、工事の請負又は製造の請負であって、予定価格が条例で定める額（通常の町村は五、〇〇〇万円と定めている）以上の契約をいう。これに該当する契約については、一応請負人を決めて仮契約を結んだ上で、議案（契約の目的、相手方、契約の方法、金額等を記載した契約議案）を議会に提出して議決を求める扱いになる。議会は、これに対して可決か否決かいずれかを議決するもので、その内容を修正して議決することはできない。可決されたら、正式に契約の締結ができるが、議会が否決した場合には、契約の締結はできないわけで、町村長は、否決の理由等を総合的に検討して処理することになる。また、否決された場合、町村は、その相手方に対して損害賠償の責任は負わないのはもちろんである。

さらに、議決を経て締結した契約の内容を、設計変更その他の理由で変更する必要が生じた場合は、契約の変更について必ず議決を経なければならない。なお、議決を要する契約について、議決を経ないで締結した場合は無効とされている。

㈥　財産の交換、不適正対価による譲渡、貸付け等

条例で定める場合を除いて、財産を交換したり、財産を出資の手段や支払いの手段として使用したり、適正な対価（通常の市場価格・時価相当額）なしで譲渡したり、貸し付ける場合は、議決を要するとしたものである。議決というのは、個々の場合に、単独の議案（交換議案、無償又は減額の譲渡議案等）として議決を経るという意味である。

議決を必要とした理由は、財産の交換や出資、支払手段としての使用、不適正対価での譲渡、貸付けは、財産の売買や購入と違って異例のもので、不適正な形でなされるおそれがあることから慎重を期するためである。

ここでいう条例とは、準則に従って大半の町村で制定されている「財産の交換、譲与、無償貸付等に関する条例」をいう。

この条例は、第二条に普通財産の交換、第三条に普通

財産の譲与又は減額譲渡、第四条に普通財産の無償貸付又は減額貸付、第五条に物品の交換、第六条に物品の譲与又は減額譲渡そして第七条に物品の無償貸付又は減額貸付ができる場合を規定している。したがって、この条例が制定されている町村では、それぞれの規定に該当する場合以外は、必ず議決を経なければ、財産の交換その他の処分をすることはできないものである。

㈦　不動産の信託

町村は、普通財産である土地をその土地に建物を建設し又は造成をして、その管理又は処分を行うことを目的とした信託をすることができる。この場合信託の受益者は、その町村に限られ、信託を行うに当たっては議会の議決を要することとされた。議会の議決事項とされた理由は、土地の信託を設定した段階において信託受益権という債権を取得するが、現金の受領はないままで土地の所有権が移転することになる。そこで、議会の予算審議権とのバランスを図るため、一件ごとに議決を要することとしたものである。議案には、①信託の目的、②信託される土地の概要、③信託の受託者（信託銀行等）の氏名及び住所、④信託期間、⑤信託報酬及び信託配当に関する事項等が記載される。議会としては、①信託の事業計画及び資金計画、②信託の収支見込み、③信託の借入限度額等を参考資料として徴して説明を求め、審議することになる。

㈧　重要な財産の取得、処分

財産の取得、処分は、本来、町村長の執行権の中に入るものであるが、契約の場合と同じように、政令で定める基準（令一二一の二Ⅱ）に従って条例で定める重要な財産の取得、処分をする場合は、議決を要するとしたものである。その趣旨は、重要な財産の取得、処分については、町村長のみの判断にまかせないで、議会に関与させて慎重を期そうとするものである。具体的には、不動産若しくは動産の買入れ若しくは売払い又は不動産の信託の受益権の買入れ若しくは売払いで、その金額が七〇〇万円以上の条例で定める額以上の場合である。なお、土地については、面積が五、〇〇〇平方メートル以上の場合に限られるので、面積が五、〇〇〇平方メートル以上であって、しかも金額が七〇〇万円以上である場合に限って議決を要することになる。

議会への提案に当たっては、契約の場合と同様に、相手方を特定した上で、目的、相手方及び金額を議案の内容として提出し、これに対して議会は可決か否決の議決をするのみで、修正議決はできない。

㈨　負担付きの寄附又は贈与

町村が通常の寄附や贈与を受けるのは、町村長の権限である。しかし、寄附又は贈与の申入れに当たって、一定の条件がつけられ、その条件に基づいて、町村が法的な義務を負いその義務を履行しない場合には、その寄附又は贈与の効果に影響を与え、返還義務を生ずるような寄附又は贈与の申入れである場合は、町村の将来の行財政運営に大きな影響を及ぼすことになるので負担付きの寄附又は贈与として議会の議決がなければ、その寄附又は贈与を受け入れることができない。

一方、単に用途のみを指定した指定寄附は、負担付きの寄附等には当たらないため、議決を必要とせず、町村長の判断で受け入れられる。

㈩　権利の放棄

権利の放棄とは、法律、政令又は条例で定める場合を除いて、町村の意思表示によって、権利を他に移転することなく消滅させることをいう。たとえば、町村有地を民間会社に賃貸していたところ、その会社が倒産し、実体も消滅して、その賃貸料が徴収不能となったような場合、これにかかる債権を取り立てるため裁判を起こす手数や費用を考えて、債権を放棄するというような場合である。このように、権利の放棄は、町村の財産である権利を何の対価もなく消滅又は減少させることになるから、議会の議決にかからしめているものである。議会には、その消滅させる債権の内容、相手方等を明らかにした議案が提出されるので、議会は、可決、否決のいずれかを決めるものである。

なお、平成二九年法改正により、議会は、住民監査請求があった後に、損害賠償請求権等の放棄に関する議決をしようとするときは、あらかじめ監査委員の意見を聴かなければならない（平成三二年四月一日施行）。

㈪　重要な公の施設の条例で定める長期かつ独占的な利用

「公の施設」とは、住民の福祉を増進する目的をもって、その利用に供するため、町村が設置する施設（法二四四Ⅰ）をいう。したがって、公の施設は、広く住民一般に利用させるべきものである。そこで、条例で指定する重要な公の施設について、特定の団体や個人に、条例で定める長期にわたって独占的利用に供する場合は、他の一般住民の利用を不可能にすることになるから、その是非を議会の判断にかからしめる意味で議会の議決を要するとしているものである。

この場合も、議会は可決、否決を決めるだけで修正はできない。

㈩　審査請求その他の不服申立て、訴えの提起、和解、あっせん等

町村が、民事上又は行政上の争訟やこれに準ずる紛争の当事者となる場合に、議会の議決を要する。地方公共団体が関係する紛争は、いろいろなものがあって、場合によってはその地方公共団体に多大の財政的負担をもたらすことになりかねないので、紛争解決の手段とその内容について、議会の議決を経なければならないとしたものである。

この中で一番多いのが「訴えの提起」と「和解」である。

「訴えの提起」には、普通地方公共団体の行政庁の処分又は裁決に係る普通地方公共団体を被告とする訴訟に係るものは含まれない。

なお、仮処分・仮差押えの申立てを行う場合は、訴えの提起に該当しないので議決を要しない。

「和解」には、普通地方公共団体の行政庁の処分又は裁決に係る普通地方公共団体を被告とする訴訟に係るものは含まれない。

平成一六年に成立した行政事件訴訟法の改正により、抗告訴訟の被告適格の原則が行政庁から行政庁の所属する国又は公共団体に変更されたことに伴い、従来地方公共団体の行政庁が被告となっていた訴訟及び訴訟に係る和解につき、形式的には行政主体である地方公共団体が被告となることから、このような場合は本条に基づく議決事件となることのないように、法第九六条第一項第一二号の訴えの提起と和解についてカッコ書きの除外規定が、行政事件訴訟法の改正による地方自治法の改正により加えられた。

㈪　損害賠償の額の決定

町村が、国家賠償法の規定により賠償義務を負うような場合、あるいは、町村の公用車による交通事故の事例のように私法的な関係で民法上定められた損害賠償責任を負うような場合に、その額の決定について議会の議決を要するとしたものである。損害賠償をすることは、本来、異例の支出に属するものであるから、その責任の所在を明らかにするとともに、賠償額の適正を期するために、議会の議決を必要としたものといえる。最近、全国的に道路や公共施設の管理上の手落ちや工事に伴う事故にかかる損害賠償の事例が多いが、議会の審議を通じて執行機関に反省を求め将来を戒めることにもなるわけである。

㈫　公共的団体等の活動の綜合調整

「公共的団体等」とは、農協、森林組合、漁協、生活協同組合、商工会等の産業経済団体、青年団、婦人会、

教育会、体育協会等の文化教育事業団体、赤十字社、司法保護士会等の厚生社会事業団体等公共的な活動を行うものはすべて含まれ、法人だけに限定されない。

これらの公共的団体等が、町村の区域内で行う公共的活動について、その綜合調整を図るため町村長に指揮監督する権限が与えられている（法一五七Ⅰ）。その権限を行使するに当たってはその基本方針について、議会の議決を経て決定することとしたものである。

これは、町村長が持つ公共的団体等の活動の綜合調整権の行使に、議会の意向を反映して、慎重を期するためであって、それによって、町村内における産業、経済、文化、社会の各般にわたる事業活動に、その町村の行政との間の適切な調和と協力を保たせて、円滑な行政運営による住民の福祉の向上をはかろうとするものである。

㈤　その他法律、政令による議決権限事項

議会の議決すべき事項には、以上述べた事項のほか、地方自治法、同施行令はもちろん他の法律及びこれに基づく政令によって、議会の議決を要する旨の定めのある事項が含まれる。

若干の例をあげると、町村の廃置分合又は町村の境界変更の申請の議決（法七Ⅵ）、事務の共同処理のための組合設立の協議の議決（法二九〇）、指定金融機関の指定の議決（令一六八Ⅱ）、町村道の認定、廃止（道路法八、一〇）、土地開発公社の定款（公有地の拡大の推進に関する法律一〇Ⅱ）、町村の過疎地域自立促進市町村計画（過疎地域自立促進特別措置法六Ⅰ）等がある。

4　条例で議会の議決を要すると定められた事項

議会の議決権の及ぶ事項は、以上述べた一五の事項が列挙されているが、さらに、法第九六条第二項において、条例で議決事件を追加指定できるとされている。この点、第一期地方分権改革当時の地方分権推進委員会は、第二次勧告（平成九年七月八日）において、「地方議会の活性化」を図るため、地方議会の機能強化措置の一つとして、「地方公共団体は、議決事件の条例による追加を可能とする規定（地方自治法第九六条第二項）の活用に努めること。」を明記している。

一方、市町村の基本構想については、平成二三年の法改正で策定義務がなくなったが、当該団体の将来に関する重要事項であることから、法の規定がなくても策定されるべきものと考える。その場合は、法第九六条第二項の議決事件として追加を検討する必要がある。また、市町村の基本構想については、長及び議員双方に提案権がある。

また、議会の議決事件については、法定受託事務に係るものについては、議決事件として追加することができないとされていたが、平成二三年の法改正で、同事務についても原則として条例で議会の議決事件とすることができることとなった。

ただし、「国の安全に関することその他の事由により議会の議決すべきものとすることが適当でないものとして政令で定めるもの」は、従前どおり除くものとされた。

各団体においては、政令で定めるものを踏まえ、議決事件への追加を検討する必要がある。

議決事件とすべき事項に関する条例（例）は次の通りである。

地方自治法第九十六条第二項の規定による議会の議決すべき事件に関する条例（例）

令和○○年○月○日
条例第○号

地方自治法（昭和二十二年法律第六十七号）第九十六条第二項の規定による議会の議決すべき事件を次のように定める。

(1)　○○町（村）基本構想の策定、変更又は廃止に関すること。

(2)　以降の例

●○○町（村）基本計画の策定、変更又は廃止に関すること。

●○○町（村）都市計画の策定、変更又は廃止に関すること。

●町（村）営住宅建設計画の策定、変更又は廃止に関すること。

附　則

この条例は、公布の日から施行する。

三　選挙権

議会には、議決機関としての権限のほか、選挙機関としての権限もある。議会における選挙とは、議会が特定の地位に就くべき人を選定する行為である。

その議会が持つ選挙権は、法律又は法律に基づく政令に規定されている。現在、議会が行うべき選挙は、

(1)　議長及び副議長の選挙（法一〇三Ⅰ）

(2)　仮議長の選挙（法一〇六Ⅱ）

(3)　選挙管理委員及び補充員の選挙（法一八二Ⅰ、Ⅱ）

また、一部事務組合（広域連合）を設けた町村で、その規約に「組合（広域連合）議会の議員は、組合（広域

連合）を構成している町村の議会において、議会の議員の中から選挙する」と規定されている場合は、法第一一八条第一項の規定が準用され、議会において選挙することになる。

この議会において行う選挙については、公職選挙法第四六条第一項、第四項（投票の記載事項及び投函）、第四七条（点字投票）、第四八条（代理投票）、第六八条第一項（無効投票）、第九五条（当選人―地方議会の議員の部分）の規定が準用されている（法一一八Ⅰ）。また、選挙の方法としては、通常、単記無記名投票の方法によるが、全員に異議のない場合は、指名推選の方法を用いることができる（法一一八Ⅱ）。

議会で行う選挙において、投票の効力に異議のあるときは、議会がこれを決定する。

また、この決定に不服のある者は、知事に審査を申し立て、その裁決に不服のある者は、裁判所に出訴できる（選挙の詳細については、第二編第二章五「議長の選挙」参照）。

四　検査権

検査権は、議会が住民代表の機関としての立場にあることから与えられたもので、町村の事務に関する書類及び計算書を検閲することにより、あるいは、町村長等の執行機関からの報告を請求して、町村の事務の管理、議決の執行及び出納を検査する権限である。

この権限は、議員個々に与えられたものではなく、あくまでも議会に与えられたものであるので、議会の議決によって行使されるものである。

検査の対象となる事務は、町村が処理する事務であり「自治事務」か「法定受託事務」かを問わないが、政令で定める事務は除くこととされている（法九八Ⅰ、令一二一の四）。

また、この検査は、あくまでも書面による検査であって、実地検査は許されないから、実地検査が必要な場合は、五の監査請求権を行使して、監査委員が実地検査を行い、その結果の報告を受けることになる。

町村長や執行機関は、検査権に基づいて、書類等の提出や報告を求められた場合は、正当な理由のない限り、拒否できないものとされている（第四編第一章「事務の検査」参照)。

五　監査の請求権

議会が監査委員に対して、町村の事務に関する監査を求め、その結果の報告を請求する権限である。四で述べたように、検査権が書面を通じての検査に限定されることから、実地検査を必要とする場合において、監査委員の監査結果を議会の監視活動に活かすために与えられた権限といえる。

議会が監査委員に対し監査を求めることができる事務は、前述の検査の対象となる事務と同じ、町村の事務である。

六　意見書の提出権

町村の公益に関する事件について、町村の議決機関としての議会の意思を決定して、国・県等に表明する権限である。

「公益」とは、社会公共の利益をいい、その認定は、事件の内容、性質からみて、議会が個々具体の事件ごとに判断すべきものである。そして、それぞれの町村の公益関連の事件であるかどうか厳密な検討が大事である。

なお、個々の町村の公益に関する事件であれば、それが町村固有の事務であろうと、国政、県政関係の事務であろうとを問わないものである。

意見書の提出先は従前、「関係行政庁」のみであり、意見書の内容について権限のある行政機関とされ、国、県を問わないが、国会や県議会、裁判所、政党は含まれないとされていたが、平成一二年の法改正により、意見書の提出先に「国会」が追加された。また、自町村の執行機関は、意見書提出の対象ではないので、必要な場合には、「決議」として議会の意見を表明することになる。

議会は、本来、団体の意思決定機関として議決を通じてその団体の意思を決定する権能を有するが、唯一、法律に根拠を置いて対外的にその意思を表明して、公共の利益の増進を図る権限がこの意見書提出権である。したがって、この権限を最大限活用し、積極的に行使したいものである（第四編第三章「意見書の提出」参照）。

七　調査権

１　一〇〇条調査権

調査権とは、議会の持つ重要な職責を十分果たすために、町村の事務について調査ができる権限である。そして、単に、町村長やその他の執行機関に対して質問したり、資料の提出を要求したりするだけでなくて、選挙人その他の関係人の出頭や証言や記録の提出を請求することができるとともに、これらの者の虚偽の陳述、証言拒否、不出頭、記録の不提出に対しては、議会が告発することとし、制裁として、六箇月以下の禁錮又は一〇万円以下の罰金、あるいは三箇月以上五年以下の禁錮の刑に処するとされるきわめて強力な権限である（注：「禁錮」については、令和四年六月の刑法等の一部改正により「懲役」とともに廃止し、「拘禁刑」に一元化される。法の施行は公布の日（同年六月一七日）から三年以内。）。一般に「一〇〇条調査権」と呼ばれ、「伝家の宝刀」ともいわれているものである。

調査の対象となる事務は法第二条第三項に定める「町村が処理する事務」である。したがって、町村に関係のない民間団体等の事務、個人的事項は、その対象にならないものである。

また、この権限は、議会に与えられた権限であって、委員会あるいは議員個人に与えられたものではない。通常、特別委員会を設置してこれに付託するか、所管の常任委員会に付託して調査を行う方法がとられている。

この調査権は、強制力を伴う強力な権限であるから、その発動に当たっては、政争の具に供したり、個人的秘密に及んだり、個人攻撃の手段に利用されたりすることのないよう慎重を期すべきである。運用に当たっては、特に次の諸点に留意されなければならない（第四編第四章「一〇〇条調査」参照）。

(1)　議員個人の特権ではなく、議会の権限であること。
(2)　この権限を発動するに当たっては、特別の強権発動であるから、質疑、質問、資料の要求、検査権、監査請求権の行使等の手段を十分尽くした上で判断すべきであること。
(3)　個人の基本的人権やプライバシーに属する事項については、特段の慎重な配慮をすること。
(4)　議会の調査権は、犯罪捜査や検察機関の捜査とは異質のものであることに十分留意すること。

2　専門的知見の活用

議会の審議において、専門的な知見等を要すると判断した場合に活用できる制度として、本会議及び委員会での公聴会、参考人制度があるが、これらの制度は、公述人、参考人の意見を聴取することができるにとどまり、一定の調査研究を踏まえた意見の報告を求めたい場合には、必ずしも適切に対応できるものではなかった。

平成一八年の法改正により、議会における議案の審査及び当該団体の事務の調査に関し専門的知見の活用が必要となった場合に、議会が第三者に一定の調査研究を行った上での報告を求めることができるよう、学識経験者等に専門的事項に係る調査をさせることができるようになった（法一〇〇の二）。

八　自律権

自律権とは、議会が国や県の機関やその町村の執行機関からなんらの干渉や関与を受けないで、自らを規律する権限である。現行地方自治制度においては、国や県等の関与は、可能な限り排除されており、自律権は、最大限に尊重されているといえる。この自律権には、(1)規則の制定、(2)議会の開閉及び会期の決定、(3)規律の維持、(4)懲罰、(5)議員の資格決定等があげられる。

(一)　規則の制定

議会の会議が、合理的でしかも能率的に円滑に運営されなければならないのは、当然である。議会の会議運営については、基本的に会議原則があり、地方自治法の中にもそれを含めて会議運営の基本となる事項が規定されている。しかし、それだけでは十分でないので、法第一二〇条は、「議会は、会議規則を設けなければならない」と規定し、同第一三四条第二項は、「懲罰に関し必要な事項は、会議規則中にこれを定めなければならない」と規定している。

この会議規則は、会議運営のルールであって、議会内部の自主法規であるから、議会の議決を経て定められ、これに違反する議員に対しては、議長が制止や発言取消命令等の秩序保持の措置をとったり、議会の制裁としての懲罰を科することができる。

なお、現在、会議規則の模範として、全国町村議会議長会の「標準」町村議会会議規則（「資料編」参照）が示されている。

(二)　議会の開閉及び会期の決定

議会が、議長・副議長を議員の中から選挙し、常任委員会・議会運営委員会そして特別委員会を自らの判断で設置し、運営するのも、議会の組織運営に関する自律権に属する。さらに、法第一〇二条第七項に、「議会の会期及びその延長並びにその開閉に関する事項は、議会がこれを定める」と規定して、議会運営上、その基本となる会期、開閉を議会の決定事項として、議会の自主性と自律権を明確にしている。

(三) 規律の維持

議会の秩序を維持し、会議を円滑に進行させることは、議長の責務であり、また、町村長等の説明員や傍聴人が議場の秩序維持に協力するのは当然のことである。このため、地方自治法は、議場の秩序保持のための権限を議長に与えている（法一〇四）。

議会の規律の内容は、地方自治法の議会の章の第九節に議場の秩序維持（法一二九）、発言における品位の保持（法一三二）等若干の事項について例示して、その他の事項については、議会の自律権に基づいて議会の判断事項としている。まず、標準町村議会会議規則では、規律に関する事項としてその第一二章で、品位の尊重、携帯品、議事妨害の禁止、離席と喫煙の禁止、新聞等の閲読禁止、許可のない登壇の禁止について定めているほか、「規律に関する問題は、議長が定める。ただし、議長は、必要があると認めるときは、討論を用いないで会議に諮って決める」（標規一〇九）と規定して、地方自治法及び標準町村議会会議規則に定めるほか、何が議会の規律であるかの判断を議長の判断に任せている。

この議会の規律に服するのは、議員、町村長その他の執行機関及び補助職員である。

議長は、会議の傍聴に関し必要な規則を設けなければならないこととされている（法一三〇Ⅲ）。

注）資料編「標準」町村議会傍聴規則参照。

(四) 懲　罰

地方自治法は、議会の自律権の一つとして、議員に対する懲罰権を与えている（法一三四）。

すなわち、議員が議場の秩序を乱す等、地方自治法、会議規則、委員会条例に違反した場合に議会の議決によって懲罰を科することができる。この議会の権限は、議会と議員との間の特別権力関係に基づくもので、懲罰の種類は、(1)公開の議場における戒告、(2)公開の議場における陳謝、(3)一定期間の出席停止、(4)除名である。この制裁によって、関係の議員に反省を与え、秩序の回復を図るものである（第二編第九章「議会の規律、懲罰」参照）。

(五) 議員の資格決定

議員が議員としての身分を継続するためには、資格要件を備えていること及び失職事由に該当しないことが必要である。裁判の判決の確定、除名の議決、任期満了による失職は、明確であるが、それ以外に議員の資格について疑いが生じた場合は、議会が決定する（法一二七）。それは、①住所の変更によってその町村の議会議員となる被選挙権を失う場合、②兼業（請負）禁止規定（法九二の二）に該当して失職する場合である。

決定は、議会の機関意思の決定であるから、発案権は、議員に専属し、出席議員の三分の二以上の特別多数議決が必要である（第四編第五章「資格の決定」参照）。

九　同意権

町村長その他の執行機関の執行行為については、一般的に議会の議決を要しないのであるが、特に重要なものについて、執行の前提手続きとして議会に同意という形で関与する権限を与えている。

議会の同意は、町村長等の執行機関が行う行為について、賛成又は異議がないことの意思を表示するものであるから、町村長に提案権が専属し、議会には修正権はなく、同意か不同意かいずれかの決定しかできないものである。

議会の同意の対象となる事項は、①副町村長、監査委員、教育長、教育委員、農業委員等主要な公務員の選任又は任命、②町村長の法定期日前の退職、③会計管理者その他の職員の過失責任等によらない現金、有価証券又は物品等の亡失又は損傷の損害賠償責任の免除（法二四三の二の二Ⅷ）等がある。

なお、監査委員について町村長は、監査委員が心身の故障のため職務の遂行に堪えないと認めるとき、又は監査委員に職務上の義務違反その他監査委員たるに適しない非行があると認めるときは、議会の同意を得て、これを罷免することができる（法一九七の二）。

この場合、必ず常任委員会又は特別委員会において公聴会を開かなければならないことになっている。

また、平成二七年の農業委員会等に関する法律の改正により、農業委員は議会の同意を得て町村長が任命する（同法八）ものとなるとともに、町村長は、農業委員が心身の故障のため職務の執行ができないと認める場合又は職務上の義務に違反した場合その他委員たるに適しない非行があると認める場合には、議会の同意を得て、これを罷免することができる（同法一一）こととなった。

一〇　承認権

承認権とは、権限を有する執行機関が処理した事項について、事後に承諾を与える権限である。具体的には、法第一七九条の規定によって町村長が専決処分した事項については、次の会議において議会に報告し、その承認を求めることになっているので、これを審議して承認するか、承認を与えないかを決める権限である。本来、議決を要する事項について、町村長の判断で議決に代わる処分をするわけであるから、議会としては、慎重な判断が必要である（詳細は、第五編第三章「専決処分」において述べる。）。

一一　請願・陳情を受理し、処理する権限

議会は、住民の代表機関として、民意を広く行政に反映させるため、単に、議会本来の権限事項を処理するだけでなく、町村の事務や議会の権限に属する事項全般に関する請願を受理し、これを処理する権限を有する。

請願とは、憲法第一六条に規定された国民の権利として、公の機関に対して要望を述べる行為である。

地方議会に対する請願は、請願の趣旨、提出年月日及び請願者の住所（法人の場合にはその所在地）を記載し、請願者（法人の場合にはその名称を記載し、代表者）が署名又は記名押印した文書で行い、議員の紹介が必要となる（法一二四、標規八九）。

請願を議会において審査し、採択又は不採択の決定がなされれば、提出者にその結果を通知することになる。なお、採択と決定したときは、議会の権限に属するものについては、それぞれ必要な措置をとり、また、町村長その他の執行機関の権限に属するものについては、それぞれの機関に送付することになる。

さらに、議会は、町村長等の執行機関に対して、その処理の経過及び結果について期限を付けて報告を請求する権限を有しており、請求を受けた執行機関の長は、議会に対して報告をする義務がある（法一二五）（第三編第四章「請願・陳情の審査」参照）。

一方、請願がこのように憲法上の制度として認められているのに対し、陳情は、事実上の行為として議員の紹介なしで提出されるものである。

地方自治法には、議会に陳情を受理する権限を与えた直接の規定がないことから、陳情の受理については任意とする考え方と、形式を整えていれば必ず受理すべきで

あるとする考え方の両方があるが、陳情も住民の要望の表明であるため、会議規則においては、所定の様式を整えていれば受理をして、その取扱いは議長の判断に委ねる扱いにしている（標規九五）。

一二　報告、書類の受理権

議会は、町村長その他の執行機関の事務処理を住民代表の機関として監視する権限を有するので、地方自治法は、執行機関の処理する事務について、一定の報告をすることを義務付けている。また、議会の審議のためや議会に執行状況を知らせるため一定の書類の提出を義務づけている。

なお、議会は必要があると認めるときは、必要な書類の提出を請求することができる。

議会が受ける報告には、次のようなものがある。

(1)　監査委員の監査の結果報告（法一九九Ⅸ）
(2)　議会の委任による町村長の専決処分の報告（法一八〇Ⅱ）
(3)　議会の請求による監査の結果の報告（法九八Ⅱ）
(4)　請願処理の経過と結果報告（法一二五）
(5)　継続費繰越計算書及び精算報告書（令一四五Ⅰ Ⅱ）
(6)　繰越明許費繰越計算書（令一四六Ⅱ）
(7)　健全化判断比率の報告（地方公共団体の財政の健全化に関する法律三）
(8)　資金不足比率の報告（地方公共団体の財政の健全化に関する法律二二）
(9)　法人の経営状況等の報告（法二四三の三、令一七三）
(10)　教育に関する事務の管理及び執行の状況の点検及び評価の報告（地方教育行政の組織及び運営に関する法律二六）

また、書類の提出を受ける権限として法令に根拠のあるものには、次のようなものがある。

(1)　予算に関する説明書（法二一一Ⅱ）
(2)　町村の事務に関する説明書（法一二二）
(3)　決算と併せて提出する書類（法二三三Ⅴ）
(4)　財政援助をしている法人（土地開発公社その他）の経営状況に関する説明書（法二四三の三Ⅱ）

さらに、議会は、外部から種々の書類を受理する事実上の権限を有していることは当然である。

以上、議会の権限を大別して、その内容についてのあらましを述べたが、そのほかにも次のような権限がある。

㈠　諮問に対する答申権

法令上、町村長がある事項を決定する場合に、公正な第三者としての議会に諮問すべきことを定めているものがある。このような場合の諮問に答える権限である。

その事例としては、給与その他の給付に対する審査請求（法二〇六Ⅲ）、分担金等の徴収に関する処分についての審査請求（法二二九Ⅲ）、行政財産を使用する権利に関する処分についての審査請求（法二三八の七Ⅲ）、公の施設を利用する権利に関する処分についての審査請求（法二四四の四Ⅲ）等に関する諮問に対する答申権がある。

この諮問があったときは、議会は、二〇日以内に意見を述べなければならない。

なお、意見は、議決によって決定するが、この議会の意見に対して、町村長は、尊重すべきは当然であるが、法的には、拘束されない。

㈡　町村長に対する不信任議決権

法第一七八条で、議会に、町村長に対し不信任の議決をする権限が与えられている。それぞれ対等の立場において、相互に抑制し、その均衡の上に立って町村の行政運営に当たるべき町村長と議会であるが、その間に対立が生じ、その均衡が破れた場合には、行財政の運営に支障を生じ、住民にも重大な影響を与えることになる。

このような場合には、民主主義の原理に基づいて、主権者である住民の審判に委ねることによって問題を解決することとして、議会に不信任議決をもって町村長を失職させる権限を与えるとともに、町村長には、対抗して議会を解散する権限を与えて、議会と町村長のいずれが正当であるかについて選挙を通じて住民に判断させることとしているのである（第五編第二章「不信任議決と解散」参照）。

㈢　自主解散権

議会自体として住民に信を問う必要がある場合に、議会が自主的に解散する権限が特別の法律によって認められている。

地方公共団体の議会の解散に関する特例法がそれで、「地方公共団体の議会の解散の請求に関する世論の動向にかんがみ、当該議会が自らすすんでその解散による選挙によってあらたに当該地方公共団体の住民の意思をきく方途を講ずるため」議会の解散についての特例を定めている（解散特例法一）。

この解散は、あくまでも議会の解散を要求する強い世論があることが前提である。そして、議会が、この自ら解散する議決を行う場合は、現在議員数の四分の三以上の者が出席して、出席議員の五分の四以上の特別多数議決が必要である（解散特例法二Ⅱ）。この議決があったときは、その時点において解散するものとされている（解散特例法二Ⅲ）。

㈣　選挙管理委員の罷免権

平成三年四月の地方自治法の改正により、議会は、選挙管理委員が心身の故障のため職務の遂行に堪えないと認めるとき、又は職務上の義務違反その他選挙管理委員たるに適しない非行があると認めるときは、議決によりこれを罷免することができる（法一八四の二）ことになった。

この場合、必ず常任委員会又は特別委員会において公聴会を開かなければならないことになっている。

㈤　財政健全化法

平成一九年六月、地方公共団体の財政の健全化に関する法律（以下「財政健全化法」という。）の成立により、新たに地方公共団体に財政健全化法監査が導入された。詳細については以下のとおり。

Ⅰ　健全化判断比率の公表等

○地方公共団体（都道府県、市町村及び特別区）は、毎年度、以下の健全化判断比率を監査委員の審査に付した上で、議会に報告し、公表しなければならないこととされた。

①　実質赤字比率

②　連結実質赤字比率（全会計の実質赤字等の標準財政規模に対する比率）

③　実質公債費比率

④　将来負担比率（公営企業、出資法人等を含めた普通会計の実質的負債の標準財政規模に対する比率）

Ⅱ　財政の早期健全化

1　財政健全化計画

○健全化判断比率のうちのいずれかが早期健全化基準以上の場合には、財政健全化計画を定めなければならないこととされた。

2　財政健全化計画の策定手続等

○財政健全化計画は、議会の議決を経て定め、速やかに公表するとともに、総務大臣・都道府県知事※への報告、全国的な状況の公表等の規定を設ける。また、財政健全化計画を定めている地方公共団体（財政健全化団体）は、毎年度、その実施状況を議会に報告し、公表することとされた。

※市町村（指定都市を除く）・特別区の財政健全化の場合は、都道府県知事に報告。

3　国等の勧告
○財政健全化計画の実施状況を踏まえ、財政の早期健全化が著しく困難であると認められるときは、総務大臣又は都道府県知事は、必要な勧告をすることができることとされた。

Ⅲ　財政の再生
1　財政再生計画
○再生判断比率（Ⅰ①〜③）のいずれかが財政再生基準以上の場合には、財政再生計画を定めなければならないこととされた。

2　財政再生計画の策定手続、国の同意等
○財政再生計画は、議会の議決を経て定め、速やかに公表することとされた。
○財政再生計画は、総務大臣に協議し、その同意を求めることができる。
○財政再生計画を定めている地方公共団体（財政再生団体）は、毎年度、その実施状況を議会に報告し、公表することとされた。

3　地方債の起債の制限
○再生判断比率のうちのいずれかが財政再生基準以上である地方公共団体は、財政再生計画に総務大臣の同意を得ている場合でなければ、災害復旧事業等を除き、地方債の起債ができないこととされた。

4　地方財政法第五条（地方債の制限）の特例
○財政再生計画に同意を得た財政再生団体は、収支不足額を振り替えるため、地方財政法第五条の規定にかかわらず、総務大臣の許可を受けて、償還年限が財政再生計画の計画期間内である地方債（再生振替特例債）を起こすことができる。

5　国の勧告、配慮等
○財政再生団体の財政の運営が計画に適合しないと認められる場合等においては、総務大臣は、予算の変更等必要な措置を勧告できることとされた。
○再生振替特例債の資金に対する配慮等、財政再生計画の円滑な実施について国及び他の地方公共団体は適切な配慮を行うこととされた。

Ⅳ　公営企業の経営の健全化
○公営企業を経営する地方公共団体は、毎年度、公営企業ごとに資金不足比率を監査委員の審査に付した上で議会に報告し、公表する。これが経営健全化基準以上となった場合には、経営健全化計画を定めなければならないこととされ、Ⅱ2及び3と同様の仕組みを設ける。

Ⅴ　その他

外部監査
○地方公共団体の長は、健全化判断比率のうちのいずれかが早期健全化基準以上となった場合等には、個別外部監査契約に基づく監査を求めなければならないこととされた。

一三　議員派遣

(一)　議員派遣の制度化

分権時代に対応し、より地方議会を活性化していくためには、限られた会期中の議会活動や閉会中の委員会活動に加え、議会として議員を派遣し、調査、研修等の活動を活発に行う必要がある。

国会においては、国会法第一〇三条において、「議員派遣」の明文規定があり、衆・参両院の規則でその手続きが規定され、運用されている。

このため、地方議会においても全国町村議会議長会をはじめ県・市の議会三団体が「議員派遣の制度化」を要望し、その実現に取り組んできたところである。

標準町村議会会議規則は、自治法が「議会は…議員を派遣することができる。」と規定していることから、第一八章第一二九条にその手続き規定として、「法第百条第十三項の規定により議員を派遣しようとするときは、議会の議決でこれを決定する。」と規定したものである。

ただ、閉会中において、例えば災害等が発生し、議員を現地に派遣する必要性が生じた場合、会議において議員の派遣の議決ができないことも想定されることから、このような場合は、ただし書で「緊急を要する場合は、議長において議員の派遣を決定することができる。」と規定された。

また、第二項では、派遣の内容を明確にするため、「議員の派遣を決定するに当たつては、派遣の目的、場所、期間その他必要な事項を明らかにしなければならない。」と規定された。

(二)　議員派遣の運用

〈議員派遣の範囲〉

地方自治法の「議案の審査又は当該普通地方公共団体の事務に関する調査のためその他議会において必要があると認めるとき」とは、文理上は「審査又は…調査のため」と「その他議会において必要があると認めるとき」は、並列の関係であると解されることから、いかなる場合も審査又は調査との関連性が要求されるものではないが、およそ議会の役割と無関係な内容についての議員派遣はあり得ない。

具体的に、どのようなものが議員派遣に該当するかは、それぞれの議会の実態によって判断することになるが、一般的には次のようなものが考えられる。

ア　他団体が主催する地方公共団体の事務及び議会の制度運営に関する研究・研修を目的とした会議への参加（特定の政治団体が主催するものを除く。）

イ　地方行政又は議会の制度運営等に関する他の地方公共団体等に関する調査のための派遣

ウ　他団体が主催する地方公共団体の事務及び議会の制度運営に関するもので地方公共団体が共有して行う要請活動のための会議への参加

エ　議会の議決等に基づく意見書又は要望等の要請のための派遣

オ　県・市・町村又は公益を目的とした関連団体等の主催する式典等で、議会に対して出席要請があるもの（特定の議員との個人的な義務や地域的なつながりに重点がおかれたものは除く。）

カ　地方行政又は議会の制度運営等に関する諸外国の実情調査又は友好都市提携等を行っている外国の議会の招へいによる訪問

〈議員派遣の手続き〉

次頁のような議案例（書式）を議決することが考えられるが、年間（年度）を通じて、あらかじめ議員派遣が計画されている場合には、一覧表にまとめたものを議決することも考えられる。

〈派遣結果の報告〉

①　緊急を要する場合として議長が決定した場合は、次の会議において議長が報告する。

②　派遣された議員は、派遣の結果を議長並びに議会に報告する。

〔例〕　議員派遣（法100 XIII、標規129）

議員派遣の件

令和○年○月○日

本議会は、地方自治法第100条第13項及び会議規則第129条の規定により、次のとおり議員を派遣するものとする。

記

1　件名（研修会・視察名等）
(1)　目　　的
(2)　派遣場所
(3)　期　　間　令和○年○月○日～○月○日の○日間
(4)　派遣議員

2　件名（研修会・視察名等）
(1)　目　　的
(2)　派遣場所
(3)　期　　間　令和○年○月○日～○月○日の○日間
(4)　派遣議員

第二編　議会の運営

第一章　会議の諸原則

一　会議原則の意義

会議原則というのは、すべて「会議はこのように行うべし」とする法則である。これらの法則は、過去の幾多の会議経験から生まれたいわゆる慣習法ともいうべきものので、会議の運営を円滑にし、目的を十分達成するためにはどんな方法が道理にかない、便宜であり、能率的であるかを経験により分析し、系統づけ、そのうちの重要で基本的なものを抽出して、これを法則として、会議を運営する上の基準としたものである。しかし、特定の事情のもとでは当然例外も認めることにしているので、その意味で『原則』と名づけられている。

これらの会議原則の中には、拘束力のきわめて強いものもあれば、また弱いものもある。特に強い拘束力を持つものは、地方自治法の規定として、あるいは委員会条例・会議規則の規定として定められており、それに従うことが義務づけられている。

その他の原則には、法令に規定されていないが、やはり「よるべき原則」として十分尊重すべきものである。要は、議員として「会議の諸原則」をよく理解して、会議にのぞむべきである。会議原則を熟知することにより、いかなる場面においても適切に対応することができる。

二　会議の諸原則

1　議事公開の原則

法第一一五条で「議会の会議は、これを公開する」と規定し、議事公開の原則を明らかにしている。

議事の公開は、議会が住民の代表機関であることからして、住民の意思がいかに議会に反映しているかを広く住民に知らせるとともに、議会を監視させて、常に議会運営が公正に行われるようにすることを目的とするもので、①傍聴の自由、②報道の自由、③会議録の公表の三つの要素からなっている。

①の「傍聴の自由」は、主として住民が議会の会議の状況を直接見聞できる自由をいい、②の「報道の自由」は、会議の状況を報道機関が新聞、テレビ、ラジオ、インターネット等によって、広く一般住民に知らせる自由

（そのための取材の自由も含む）をいい、③の「会議録の公表」は、会議の状況を真正に記録した会議録を一般住民が閲覧できる状態にしておくこと、可能な限り広く配布することをいう。

ただし、法第一一五条ただし書で、この原則の例外として秘密会を開くことができると規定している。

2　定足数の原則

議会は、理想としては議員全員が出席して会議を開くことが望ましいが、現実には、常に全員が出席して開けないこともある。とはいえ、欠席がいくら多くても会議を開くことができるものでもない。そこで、この定足数の原則が生まれたわけである。

「定足数」とは、議会が会議を開き議会の意思決定を行うのに必要な最小限の出席議員数をいい、法第一一三条で「議会は、議員の定数の半数以上の議員が出席しなければ、会議を開くことができない」と定めている。この定足数は、会議の開会の要件であると同時に、会議継続の要件でもある。たとえば、議員定数二〇人の議会においては、議長も含めて最低一〇人の議員が出席していれば、有効に会議を開き、議事を進めることができるが、会議の途中で一〇人を割れば会議を継続することができない。この例外として、法第一一三条ただし書で四つの場合を規定して、これらの場合には定数の半数に達していなくても、会議を開いてもよいことになっている（第二編第三章一３「定足数の例外による開会及び開議」参照）。

3　過半数議決の原則

過半数議決の原則とは、会議で議題となった案件の可否を決めるときは、「半数より多い数で決める」ことをいい、半数を超える賛成があれば、全会一致でなくても、それを全体の意思とみなす原則である。この原則は、民主政治の基本をなす「多数決の原理」に基づいている。なお、多数決の原理には、絶対多数・比較多数及び特別多数の三種があるが、絶対多数は過半数議決であり、会議における一般的な意思決定の方法である。

たとえば、議場に全議員が出席して二二人いる場合は、表決権を有しない議長を除いた二一人が出席議員で、過半数とは、その半数（一〇・五人）を超える数、つまり一一人以上である。過半数計算の基準となる数について、法第一一六条では「出席議員の過半数でこれを決し」として、議員定数でなく、当日の出席議員で適法に表決権のある者を指している。この場合の議事には、選挙は含まないのは当然である。

なお、法第一一六条では、この原則に二つの例外を規定している。一つは、議長には可否同数のときの裁決権を与えて、表決権を与えていない。他の一つは、特別多数議決（秘密会・除名処分・長の不信任等）で法定されたそれぞれの特別多数で議決されるが、このときは議長にも表決権が与えられる。

4　議員平等の原則

議員平等の原則とは、議会の構成員である議員は、法令上完全に平等であり、対等であるというものである。

議員の性別、年齢、信条、社会的地位、議員としての経験年数その他の条件は、議会内においてはすべて関係なく、発言権、表決権、選挙権等議員に認められている権限はすべて平等なものとして取り扱われる。たとえば、表決権は、各議員に平等に一個ずつ与えられ、このことが、前述の過半数議決の意義に通ずるものである。すなわち、過半数議決の原則は、多数が是とするところに道理が存在し、正義があるという前提のもとに成り立っているのであるが、この議員平等の原則がなければ、どこに多数人の意思があるか分からなくなるわけで、この両原則は、表裏一体のものといいえる。

5　一議事一議題の原則

会議においては、すべて一件ずつ議題を限って審議するのを建前とする原則である。一度にあれもこれも議題にすると、会議が混乱するもとになるので、原則として一件ずつ議題に供し、その事件についてのみ発言が許され、効率的な会議の運営がなされるものである。ただし、一括した方が能率的で合理的な場合に限って、この原則の例外として一括議題の取扱いができる。

6　一事不再議の原則

一事不再議の原則とは、一度議会で議決した同一の議題については、同一会期中においては再び議決しないというものである。

もし、同一会期中に同一事件が再び審議されることになれば、審議能率を妨げることはもちろんのこと、時には初めに可決であったものが、後の議決では否決されるということもないとは言えず、その結果、議会の意思がどこにあるのか分からなくなり、議会の権威を失墜してしまうばかりでなく、行政の混乱を招くことにもなりかねないからである。

この原則は、地方自治法には規定されていないが、当然の条理であるので、標準町村議会会議規則で「議会で議決された事件については、同一会期中は、再び提出することができない」（標規一五）と規定している。しかし、この原則は「同一会期中」とされているので、会期が異なればこの原則の適用がなくなる。裁判には「一事不再理」というのがある。裁判の場合は、一度判決が確定すれば、同一事件については再び裁判をしないということで、永久的、絶対的であるのに対し、「一事不再議」は同一会期中に限るものであり、次の会期にわたっては拘束されない。これは、政治の流動性からくるものであって、当然の条理ともいえよう。

なお、会期の長くない町村においては、あまりないことであるが同一会期中で、議案の内容が仮に同一のものでも、その背景となる事情の変化によって、前提条件が異なっていると解される場合には、再提出して審議・決定できるものとされている。これが「事情変更の原則」といわれるものである。

もちろん、この解釈、運用については、一事不再議の原則の主旨を損なわないようにすべきである。

地方自治法は、この原則の例外として、第一七六条第一項、第四項と第一七七条によって、町村長が同一会期中でも同一事件を議題に供する再議権を認めている。

7　会期不継続の原則

「会期不継続の原則」とは、各会期はそれぞれ独立していて、その前後の会期とは関連なく、その会期に議決にならなかった事件は、会期終了とともに審議未了、廃案となり、次の会期には継続しないというものである。

たとえば、三月定例会に提案された議案が、その会期中に議決に至らなかったときは、次の六月定例会には継続されないから審議するわけにはいかない。審議するためには、改めて再提出しなければならない。このことについて、法第一一九条で「会期中に議決に至らなかつた事件は、後会に継続しない」と規定している。この原則の例外として、法第一〇九条第八項の規定によって継続審査の議決のあった事件に限り、委員会は「閉会中も、なお、これを審査することができる」こととなっており、閉会中、そして次の会期で改めて提案されなくても審議することができる。

8　現状維持の原則

すべて人間社会は、急激な変化が起こると、いろいろ支障が起き、共同生活がうまくいかないことがある。そこで、議会において過半数議決を要する場合、賛成、反対が同数で議長が裁決するときは、その条例改正や予算の補正や請願の採択そして人事案件の同意（現状変更に当たる）に積極的に賛成する者がまだ半数を超えていないのであるから、しばらく議決を差しひかえる（現状維持に当たる）ことが望ましいとするものである。

しかし、今日のように国際化・情報化等が急激に進展し、わが国の社会・経済全体が構造的な変革をせまられている中にあっては、必ずしも現状を変えないことが望ましいとはいえない面が多く、現実には、この原則が必ずしも強い拘束力をもって運用されてはいないが、議長としては、心得ておくべき原則の一つである。

9　委員会審査独立の原則

委員会は、本会議の下審査機関であり、予備的審査機関であって、本会議と密接な関係にある。しかしながら、付託された案件の審査については全く独自の立場に立って、独立した見解で審査を行い、本会議からなんらの干渉や制約も受けないというのが、委員会審査独立の原則である。

この原則から、本会議は、委員会に付託した案件について、可決すべきもの、あるいは修正すべきものと結論を出して報告せよというような条件を付けることは許されない。

ただ、この原則に反しているように見受けられるのが、付託案件についての審査期限を本会議で付けることができる規定（標規四六）である。これは、審査の実質には関係のない時間的形式的な制約であって、あくまでも審査能率を確保するためやむを得ないものと理解すべきである。

この原則を逆に本会議の側から考えると、本会議は、委員会の審査結果によって拘束は受けないということになる。したがって、委員会の決定と本会議の議決が相反する結果となることもあり得ることになる。

10　公正指導の原則

議会の議長のあり方に関する原則である。議員の中から選挙される議会の議長は、特定グループ等から推されて競争することが多いが、選挙が終わって議長の当選が確定したら議会全体の議長である。したがって、議長の立場は、基本的には、あくまでも中立的なものでなければならない。そして、議長は、その職務遂行に当たっては、常に冷静に、しかも公平に、地方自治法・会議規則等の関係法規のほか、会議原則に則って議会の運営に万全を期さなければならない。

ことに、会議においては、不偏不党、あくまでも公正に議事を指導すべきであるという原則である。

前述の現状維持の原則は、この公正指導の原則と表裏一体の関係にあるものといえる。すなわち、可否同数の場合の議長の裁決権の行使に当たっては、その案件の成立による現状打破の責任を公正中立であるべき議長に負わせてはいけないという考え方から出たものである。

第二章　一般選挙後の初議会

一　初議会の使命

1　初議会とは

一般選挙によって議員の当選が確定すると、その議員によって議会が構成される。しかし、一定数の議員が存在するだけでは、まだ議会が適法に活動できる状態にあるわけではない。議会が適法に活動するためには、まず議会の内部構成を整えなければならない。そのため、町村長によって議会が招集され、会議を主宰する議長・副議長を決め、議員の議席の指定を行い、各常任委員の選任をし、さらに正副委員長なども選任して、議案が提案されれば、これらの議案を直ちに審議できる体制にしておく必要がある。

このための議会を初議会といい、議員の当選が決定し、議会の開催に必要な準備が整い次第、早い時期に開かれることが望ましい。一般的には、任期の起算日からおおむね一〇日以内に開かれるのが通例である。

〔参考〕　初議会前の議員懇談会

初議会では、初めて会う新人議員や元議員もいるので、お互いに堅苦しい空気になりがちである。したがって、事前に議員全員があらかじめ顔合せをしておくことが、初議会の運営を円滑にする上で役立つものと思われる。その場合は、事務局長（あるいは年長の議員）の名で通知を出して集まり、次の順序によって協議することになる。

(1)　あいさつ（招集者）
(2)　座長の選出
(3)　議員及び事務局職員の自己紹介
(4)　協議懇談
　①　初議会の運営について
　　(ア)　議席の決め方について
　　(イ)　議事日程について
　　(ウ)　議長・副議長の選挙の方法について
　　(エ)　常任委員の選任方法、委員長の互選について
　　(オ)　議会運営委員の選任方法、委員長の互選について
　　(カ)　一部事務組合議会議員の選挙の方法について
　　(キ)　監査委員の選任同意その他について

②　法令・規則・諸制度の説明
(ア)　会議規則・委員会条例・議会運営に関する申し合わせの説明
(イ)　公務災害補償の概要説明
◎当日配付する図書・資料
○地方自治小六法（地方自治関係法令集）
○議員必携
○町村の例規集（条例・規則等）
○議会運営に関する申し合せ、先例集
○予算書（当初・補正予算）
○議員名簿・主要職員名簿
○町村勢要覧その他の資料

2　初議会で処理する事項

初議会で処理するのは、議会がいつでも開けるような体制を整えるための事項である。それは、おおむね次のとおりである。

(1)　議長の選挙
(2)　議席の指定
(3)　会議録署名議員の指名
(4)　会期の決定
(5)　副議長の選挙
(6)　常任委員の選任
(7)　議会運営委員の選任
(8)　一部事務組合の議会議員の選挙
(9)　監査委員選任の同意

注）(9)は町村長の提案による案件であるが、議会の役職の構成上、初議会に町村長から議会議員の監査委員の選任同意についての提案がなされる場合が多いので、ここに記載した。

二　初議会の招集

1　招集とは

議会の会議は、まず、町村長が議会を招集することによって始まる。元来、議会は、会議によって政策その他を決定する合議体であるから、議員を一堂に集めて会議ができるようにすることが必要である。この参集を求めることを「招集」という。

そして、この招集には、法律上定められた一定の手続きがあるので、その法律上の手続きを経ない参集の要求は、招集とはいえない。

2　初議会の招集時期

議員の一般選挙があったときは、任期起算日からおおむね一〇日以内に議会構成のための初議会が招集されるのが通例であり（運基3）、議長選挙をはじめ議会の構成を完了し、町村長の議会招集に即座に対応できる体制を作っておくことが必要である。このため、いずれの町村でも早期に臨時会を招集して議会構成が行われている。

3　招集権者

「議会は、普通地方公共団体の長がこれを招集する」（法一〇一Ⅰ）と定められており、招集権は、町村長のみに与えられた専属権とされている。

地方自治法では議会の代表者である議長に議会を招集する権限を付与していないが、法第一〇一条第二項の規定により、議長は議会運営委員会の議決を経て、又は法第一〇一条第三項の規定により、議員定数の四分の一以上の者から、会議に付すべき事件を示して、町村長に対し臨時会の招集請求をすることができる。これに対し、町村長は法第一〇一条第四項の規定により、招集請求のあった日から二〇日以内に臨時会を招集しなければならない。

なお、平成二四年の法改正により、議長や議員定数の四分の一以上の者からの招集請求に対して、町村長が請求のあった日から二〇日以内に臨時会を招集しないときは、議長が臨時会を招集できることとなった（第一編第一章三「議長及び副議長」参照）。

4　招集の手続き

招集は、町村長が議会の開会の日前、三日までにこれを告示しなければならないことと規定されている（法一〇一Ⅶ）。「開会の日前、三日まで」とは、告示から開会までの間に中二日をおかなければならないということである。しかし、緊急を要する事件を議会に提案する必要がある場合は、例外として、必ずしも三日前に告示しなくてもよいと規定（法一〇一Ⅶただし書）されている。初議会の場合は、期日にも余裕があるので、三日前までには告示されるのが通例である。

なお、令和四年の法改正により、招集の告示をした後に当該招集に係る開会の日に会議を開くことが災害その他やむを得ない事由により困難であると認めるときは、当該告示をした者は、当該招集に係る開会の日の変更をすることができるものとされた。この場合においては、変更後の開会の日及び変更の理由を告示しなければなら

ない（法一〇一Ⅷ）。（第一編　第三章「定例会・臨時会」の「三　災害等の場合の議会招集日の変更」参照）

5　招集告示の方法

議会の招集は、招集告示によってなされる。招集告示は法律上の要件で、議会を招集したことを議員及び一般住民に公式に知らせるもので、それぞれの町村の公告式条例に定める場所に告示文書を掲示してなされる。

6　告示と告知の違い

「告示」は、招集に必要欠くことのできない法律要件であって、議員がこの告示を知らなくても無効になるものではない。つまり、告示は、議員に対する周知徹底よりも、招集という法律上の要件を満たすためのものである。手続きとしては、公告式条例に示す場所に掲示してなされるが、これだけでは議員に議会が招集されたことが徹底しない。そこで、議員各個人に招集の通知をする必要がある。この通知が「告知」である。

この告知は、法律上の手続きではなく、あくまでも事実上の手段に過ぎない。したがって、仮に告知をしなくても、あるいは一人又は数人に招集告知が届いていなかったからといって、法律上招集自体が無効となることはない。

7　告知の方法

告知の方法としては、議長が町村長から告示の写を添えた「招集した旨の通知」を受けて、議員各人に「別紙のとおり議会の招集告示があったから、何月何日何時までに議場に参集してください」という通知を出すのが慣例となっている。初議会の場合は、議長が決まっていないので、事務局長名で通知がなされる。

8　議員の出席通告

招集の告知を受けた議員は、招集当日、開会の定刻前に議場に参集して、議長に応招の通告をするように会議規則で定められている（標規一）。通常は、備え付けの応招簿に押印してなされるが、所定の用紙で届け出たり、名札板をかえすことにより、応招通告とみなす取扱いもある。

また、議員が公務、傷病、出産、育児、看護、介護、配偶者の出産補助その他のやむを得ない事由のため出席できないときは、開議時刻までに、その理由を付けて議長に届け出なければならない（標規二Ⅰ）。この欠席事由に関しては、男女の議員ともに、議員活動と家庭生活との円滑かつ継続的な両立を可能とする観点から、令和三年二月に「標準」町村議会会議規則を改正し、欠席事由を例示したものである（詳細については巻末付録四六七頁参照）。もし、議員が正当な理由もなく欠席し、議長が招状を発しても、なお故なく出席しないときは懲罰を科せられることもある（法一三七）ので注意を要する。

出席通告は、応招日だけでなく、二日目以降の会議のある日にすべて共通し、遅参及び一度は出席して中途退席する場合にも同様に、議長に届け出るようにすることが望ましい。

欠席届の用紙は、議会事務局に備え付けられているので、これを用いればよいが、あらかじめ予想できない場合や、遠距離の場合は、電話等により一応の届出をし、後刻正式の届出を行うこともやむを得ない取扱いである。

出産の場合の届出については、産前・産後の欠席期間を明らかにしてあらかじめ議長に欠席届を提出することができることとし、その欠席期間としては、産前は出産予定日の六週間前（多胎妊娠の場合は一四週間）、産後は出産の翌日から八週間を経過する日までの範囲内としている（標規二Ⅱ）。これは、出産に係る母性の保護は、職業や就業形態により取扱いが変わるものではなく、医学的な知見を踏まえ、すべての母体に適用すべきものと考えられることから、議員に労働基準法は適用されないが、労働基準法第六五条の規定を参酌し、女性の議会への参画を一層促進するための環境整備の一環として、規定しているものである。

三　議員の出席と仮議席

1　出席と応招

議会は、議員定数の半数以上の議員が出席しなければ、会議を開くことができない（法一一三）ことになっているが、ここでいう「出席」と「応招」とは異なる。

たとえば、招集に応じた議員が議事堂若しくは事務局に参集し、応招簿に押印した後、そのまま控室や役場の事務室などにいて、開会のベルが鳴っても議場に出席しないときは、応招議員ではあるが出席議員とはならない。また、応招とは一日目だけをいうのではなく、初日は事故のため欠席しても、二日目から出席したような場合、その議員は二日目に応招したことになる。したがって、議長が法第一一三条の但書の規定により出席催告を行う場合は、この二日目に応招した議員が議席に着いていない場合は、その議員にも催告しないと催告行為の効力が生じないことになるので注意を要する。

2　当選証書の確認

当選した議員が、初めて議事堂に参集すると、まず、受付の議会事務局職員に当選証書を提示し、議員章や議案その他関係書類等議員として必要なものを受領する。国会では、本人である旨の確認が規則に基づいて確実になされているが、町村議会では、実情に応じて弾力的になされている。

3　仮議席とその決め方

議員の議席は、改選後の会議の初めに議長が定める（標規四Ⅰ）ことになっているが、選挙後の初議会においては、まだ議長が決まっていないので、年長の議員が臨時議長となって、議長が決まるまで、各議員が着席している議席を「仮議席」と呼んでいる。

仮議席は、会議前に協議又はくじで定めたとおり、臨時議長が指定するのが一般的である（運基10）。

なお、当選回数を基準としている町村も少なくないようである。

四　開　会

1　議員の自己紹介（議員懇談会が事前に開かれない町村）

初議会においては、議員同士がお互いに顔見知りの町村もあろうが、中には、初対面の人も少なくないこともあるし、また、いろいろな経過を経て議席を持つに至った事情もあるから、良い雰囲気づくりのために、開会前に、自己紹介を行うのも一つの方法であろう。

2　臨時議長の紹介

定刻となって議員が着席したとき、事務局長が年長の議員の紹介を行って、年長の議員が臨時議長の職務を行うことになる。

〔例〕

○事務局長　事務局長の○○です。

本臨時会（定例会）は、一般選挙後、初めての議会です。

議長が選挙されるまでの間、地方自治法第百七条の規定によって、出席議員の中で、年長の議員が臨時に議長の職務を行うことになっています。
年長の○○○○議員を、御紹介します。
（年長の議員○○○○君　議長席に着く）
○臨時議長　ただいま紹介されました○○○○です。
（地方自治法第百七条の）規定によって、臨時に議長の職務を行います。
どうぞ、よろしくお願いいたします。

3　臨時議長とその役割

初議会では、当日議場に出席している議員のうちの最年長の議員が、臨時議長として議長の職務を行う。万一、同じ年齢の最年長者がいるときは、生年月日の早い者が臨時議長になる。また、議事進行中に、さらに年長の議員が出席して来た場合は、直ちに休憩を宣告して、その年長の議員と交替しなければならない。

初議会の臨時議長の役割は、議長選挙を終了するまでの間、臨時に議長の職務を行うもので、議長の選挙が終わると新しい議長と交替することになる。しかし、開会から議長選挙までの間、議員が着席する議席、いわゆる仮議席の指定も臨時議長の職務とされている。また、議長の選挙が難航した場合、必要に応じて会期の決定と延長もできるものとされている。

4　開会の宣告

臨時議長が議長席に着き、議員の自己紹介が終わったところで開会の宣告をする。

議会は、議長の開会の宣告があって初めて有効な議会活動ができることになるので、開会の宣告は、重要な意義を持っている。開会の宣告前の発言は、〝私語〟に過ぎず、何ら法的効力はない。

「開会」という用語のほかに「開議」という用語が用いられるが、この両者は、本質的に異なる。すなわち、「開会」とは「議会の開閉」（法一〇二Ⅶ、標規八）というように、定例会・臨時会の活動の開始を意味し、「開議」は、会議の開閉（標規一一）、つまり、その日その日の会議を始めることを意味する。したがって、前者は、その会期中に一回しかなされないのに対し、後者は、本会議の都度用いられる用語である。初日は、「議会の開会」と当日の会議の「開議」があるので、これを区別するため、まず、議会の開会を宣し、その後、「本日の会議を開きます」と開議を宣告している。この両者は、混同されがちであるから注意を要する。

注）開会の宣告に当たって、出席議員が定足数に達しているか否かの判定は議長の権限とされているので、定

足数に達していることを議長は述べないことになっている（地方議会議事次第書・書式例第五次改訂版参照）。

5　仮議席の指定（八四頁参照）

五　議長の選挙

初議会における臨時議長の職務は、前述のとおり、議長選挙を行うまでであるから、議長の選挙が終わり議長が決定すれば、その議長が副議長の選挙を行うことになる。

議会で行う選挙については（法一一八Ⅰ）、公職選挙法の第四六条第一項・第四項、第四七条、第四八条、第六八条第一項、第九五条の各条文が準用され、さらに標準町村議会会議規則の第二六条から第三五条までに細部にわたって規定されているので、議長・副議長の選挙もこれらの規定に基づいて行わなければならない。

なお、任期中議長・副議長の短期交替の申し合わせを行うことは、法（一〇三Ⅱ）の趣旨に反するので、厳に慎むべきである。

注）公職選挙法の条文の準用の要旨

第四十六条（投票の記載事項及び投函）

①議員は、議席において、議長の当選人とすべき議員一人の氏名を投票用紙に自書して、投票箱に入れなければならない。

④投票用紙には、選挙人の名前を記載してはならない。

第四十七条（点字投票）

投票に関する記載については、政令で定める点字は文字とみなす。

第四十八条（代理投票）

身体の故障によって自ら投票用紙に記載できない議員は、議長に申し出て代理投票ができる。

第六十八条（無効投票）

①所定の投票用紙を用いないもの④二人以上の氏名を記載したもの⑥他事を記載したもの等の投票は、無効とする。

第九十五条（当選人）

有効投票の四分の一以上の得票を得た者のうち、最多数の票を得た者をもって当選人とする。

1　指名推選による議長選挙

臨時議長が議長選挙を行う場合、まず、選挙を行う旨を宣告し、次いで選挙の方法を諮り、指名推選の方法によることの動議が成立し、可決されたとき、又はその議長発議が可決されたときは、指名推選によることができる。しかし、この方法によることができるのは議員全員に異議がないときに限られる。もし、一人でも異議があれば、投票の方法によらなければならない(法一一八Ⅱ)。

次いで、指名者を決定することになるが、この場合も、議長が指名者となる場合と動議により指名者を決定する場合がある。その指名者が誰かを指名し、議会に諮った結果、全員が同意したとき指名された議員が議長の当選人となる(法一一八Ⅲ)。この場合も一人でも異議があるときは、改めて投票による選挙を行わなければならない。

すなわち、

(1)　指名推選の方法によること

(2)　指名者の決定

(3)　その指名者が指名した議員を当選人と決定すること

以上の三段階ともに全議員に異議がない場合に限って指名推選によって選挙できる。

もともと指名推選は、投票を行う手間を省くために行うもので、投票によったのと全く同じ結果が得られるという場合に限って行う便法であるから、選挙前の話し合いで全員の同意が得られるという見通しがついている場合以外には、この方法によることができない。

〔例〕指名推選による議長選挙

●議長発議による場合

○臨時議長　日程第○、「議長の選挙」を行います。

お諮りします。

選挙の方法については、地方自治法第一一八条第二項の規定によって指名推選にしたいと思います。御異議ありませんか。

（異議がないとき）

○臨時議長　「異議なし」と認めます。

（したがって）選挙の方法は、指名推選で行うことに決定しました。

○臨時議長　お諮りします。

指名の方法については、議長が指名することにしたいと思います。

御異議ありませんか。

（異議がないとき）

○臨時議長　「異議なし」と認めます。

（したがって）議長が指名することに決定しました。

○臨時議長　議長に○○○○君を指名します。

お諮りします。

ただいま、議長が指名しました○○○○君を議長の当選人と定めることに御異議ありませんか。

（異議がないとき）

○臨時議長　「異議なし」と認めます。

（したがって）ただいま指名しました○○○○君が

議長に当選されました。

注）当選者が議場にいる場合は直ちに口頭で、いない場合は別途文書で会議規則第三三条第二項の規定による告知を行う。

● 議員の動議による場合

○議員『動議を提出します。

「議長の選挙」の方法については地方自治法第一一八条第二項の規定によって指名推選によることを望みます。』

（賛成）

○臨時議長　ただいま、○○○○君から、「議長の選挙」の方法については指名推選によることとの動議が提出されました。この動議は（○人以上の）賛成者がありますので、成立しました。

指名推選による動議を直ちに議題として、採決します。

お諮りします。

この動議のとおり決することに御異議ありませんか。

（異議がないとき）

○臨時議長　「異議なし」と認めます。

（したがって）「議長の選挙」の方法は指名推選によることとの動議は可決されました。

注）次いで、指名者を誰にするかについて同様動議が提出され、これが決まると議長指名の場合と同様の手続きで議長が決定される。

2　投票による議長選挙

㈠　投票による選挙の規定

議会における投票による選挙について、次のとおり規定されている。

(1)　議場の閉鎖　臨時議長が投票による選挙の宣告を行った後、議場の出入口の閉鎖を命じ、出席議員数を報告する（標規二八）。

この選挙の宣告の際、議場に在席する議員のみが選挙権を有し、閉鎖後は、入場することが許されない。閉鎖が解かれるのは、開票が終わって当選人の宣告後である。

(2)　投票箱　議会で行う選挙は、法令に定められたとおり公正に行って問題を未然に防ぐことが必要である。標準町村議会会議規則では、投票箱を用意させ、これに投票させることになっている。

(3)　投票用紙　投票用紙は、所定の投票用紙を配布させる（標規二九）とある。この所定のものとは、議長が定めたもので、それには議会の印を押しておく。所定の用紙以外の用紙による投票は、無効となる。

(4)　立会人　議会における選挙の開票のときは、議長は出席議員の中から指名した所定の人数（会議規則で定める）の立会人とともに投票を点検する。疑義のある投票については、立会人の意見を聴いて、議長がその効力を決定するが、さらに異議の申出があるときは、議長が会議に諮って決める（標規三四）。

(5)　臨時議長の投票　議長の選挙に際して、臨時議長は選挙に関する事務一切の管理に当たるが、臨時議長も議員としての投票権がある。

(二)　投票の手続き

議長が議場の閉鎖を命じ、出席議員数を報告した後、所定の投票用紙を職員が配ったら、各議員は、単記無記名で議員の氏名を書いて、議長の指示に従って、順次、投票箱に投票する（公選法四六、標規三〇）。ただし、心身の故障その他の事由により、自ら当該選挙の公職の候補者の氏名を記載することができない選挙人については、代理投票が認められている（公選法四八）。議長は、投票が終わったと認めたときは、投票漏れの有無を確かめ投票の終了を宣告する。その宣告のあとは、投票できない。

投票が終われば、議長は、立会人の立会の下で開票し、その結果を報告しなければならない。その報告は投票総数、うち有効投票数、無効投票数、さらに有効投票を得票議員ごとに報告し、その最高得票者が有効投票数の四分の一以上（公選法九五）であるときは、当選が決定する。なお、得票数が有効投票の四分の一以上で同数であるときは、くじで決定する。臨時議長は、選挙の結果を議会に報告した後、当選人に議長当選の旨を口頭又は文書で告知しなければならない。

当選人は、その場で承諾・不承諾の意思表示をしなければならないが、通常、承諾の意思は、演壇、又は自席からの就任のあいさつで表明される。

〔例〕投票による議長選挙

○臨時議長　日程第○、「議長の選挙」を行います。選挙は、投票で行います。
議場の出入口を閉めます。
（議場を閉める）
○臨時議長　ただいまの出席議員数は○○人です。
○臨時議長　次に、立会人を指名します。
会議規則第三二条第二項の規定によって、立会人に○○○君及び△△△君を指名します。
○臨時議長　投票用紙を配ります。
（投票用紙の配布）
（念のため申し上げます）投票は、単記無記名です。
○臨時議長　投票用紙の配布漏れは、ありませんか。
（なし）

初議会

○臨時議長　「配布漏れなし」と認めます。
○臨時議長　投票箱を点検します。
（投票箱の点検）
○臨時議長　「異状なし」と認めます。
ただいまから投票を行います。

事務局長（職員）が議席番号と氏名を呼び上げますので、順番に投票願います。

（点呼）

（○番　○○議員）

（投票）

注）臨時議長が「一番議員から順番に投票願います。」という方法もある。
○臨時議長　投票漏れは、ありませんか。
（なし）
○臨時議長　「投票漏れなし」と認めます。
○臨時議長　投票を終わります。
○臨時議長　開票を行います。
○臨時議長　○○○○君及び△△△△君。開票の立ち会いをお願いします。
（開票）
○臨時議長　選挙の結果を報告します。
投票総数　○○票
有効投票　○○票
無効投票　○○票　です。

有効投票のうち
○○○○君　○○票
△△△△君　○○票
以上のとおりです。

この選挙の法定得票数は、○○票です。

（したがって）○○○○君が議長に当選されました。
○臨時議長　議場の出入口を開きます。
（議場を開く）
○臨時議長　ただいま議長に当選された○○○○君が議場におられます。会議規則第三三条第二項の規定によって当選の告知をします。
（当選人発言を求む）
○臨時議長　○○○○君
（議長当選承諾及びあいさつ）
○臨時議長　○○議長。議長席にお着き願います。
これで臨時議長の職務は全部終了しました。

ご協力ありがとうございました。

（○○議長、議長席に着く）

注1）瑕疵ある票については、立会人の意見を聴いて議長が決める。その決定に対し、なお異議の申出があったときは、会議に諮って決める。また、無効投票については、公選法第六八条の規定が準用される。

注2）当選人が議場にいない場合の告知は文書をもってする。この場合、議長当選人の承諾を確認した上

で、副議長の選挙も臨時議長が引き続いて行うことになる。

議長就任に当たって、就任のあいさつを述べることは当然である。議長たる者は、任期中、議員の信頼を得て議会運営の責任者として重要な職責を果たすべき者であるから、堂々とあいさつをして、議会の代表者・指導者・議会運営の責任者としてふさわしい信頼感を与えることが必要である。

3　議長による日程追加

議長は就任のあいさつを終えたら議長席に着き、まず、議事日程の追加を行う。そして、議席の指定、会議録署名議員の指名、会期の決定、副議長の選挙という順序で議事を進める。

六　議席の指定

議員の議席は、選挙後の最初の会議において議長が定める（標規四Ⅰ）とされているので、議長は、まず、議席の指定を行う。その方法は、仮議席として着席している議席をそのまま指定し、任期中の議席とする例が多い。

なお、仮議席の決め方は、前述のとおり会議前に協議又はくじで決めるのが通例である（運基10）。

七　会議録署名議員の決定

1　会議録とは

会議録とは、議会における会議の内容の一切を正式に記録したものであって、議会の会議の審議経過や結果を知るのに非常に重要なものである。また、後日いろいろな争いが起きた場合に、これが唯一の証拠になる公文書である（第一編第一章五「議会事務局」参照）。

2　会議録の署名

会議録は、議長の責任において議会事務局長又は書記長に作成させるもので、この会議録には、議長と議長が指名した二人以上の議員が署名しなければならないことになっている（法一二三、標規一二七）。

署名とは、氏名を自書することであり、また、法一二三条第三項に規定される総務省令で定める署名に代わる措置とは、電子署名等に係る地方公共団体情報システム機構の認証業務に関する法律第二条第一項又は電子署名

〔例〕　**議事日程**（標規 21）

その１（一般選挙後の初議会における場合）

令和○年 第○回/○　月 ○○町（村）議会 定例会/臨時会 議事日程　〔第１号〕

令和○年○月○日（○曜）午　○時開議

第１　仮議席の指定
第２　議長の選挙

（注）　１　一般選挙後の初議会の議事日程は、臨時議長が作成することになるがこの場合、臨時議長の職務とされている議長選挙までにとどめる。

２　新議長が決定したら、次の追加議事日程を作成する。

令和○年 第○回/○　月 ○○町（村）議会 定例会/臨時会 追加議事日程　〔第１号の追加１〕

令和○年○月○日（○曜）午　○時開議

第１　議席の指定
第２　会議録署名議員の指名
第３　会期の決定
第４　副議長の選挙
第５　常任委員の選任
第６　議会運営委員の選任
第７　一部事務組合議会議員○人の選挙
第８　同意第○号　監査委員の選任同意

（注）　追加議事日程の日程番号は、「第１」から記載する。

その２（その１以外の場合）

令和○年 第○回/○　月 ○○町（村）議会 定例会/臨時会 議事日程　〔第○号〕

令和○年○月○日（○曜）午　○時開議

第１　会議録署名議員の指名
第２　会期の決定
第３　議案第○号　件名　（町（村）長提出）
第４　発議第○号　件名　（○○○○議員ほか○人提出）
第５　議案第○号　件名　（○○ 常任/特別 委員長報告）
第６　請願第○号　件名
第７　陳情第○号　件名

（注）　１　議事日程の号数「第○号」は、定例会、臨時会の別に会議の日ごとに順次号数を付ける。なお、議事が終わらなかったため延会したときは、次回の議事日程は、その号数を新たにする。

２　議事日程は、１議案１日程として記載し、一括議題（関連しているもの等）とする必要がある場合には、会議規則第 37 条により「日程第○及び日程第○を一括議題とします」とすればよい。

３　議事日程は、その日だけのものであるから、議事日程に記載された事件がなんらかの理由で審議されなかったり、審議中途で終わった場合は、次回の議事日程に記載する。このような場合には、原則として次回の議事日程の冒頭に掲げる。

４　日程追加の場合は、日程の最終に追加して、順次日程に従うが、日程の順序を変更して先議する方法もある（標規 22）。

及び認証業務に関する法律第二条第一項に規定する電子署名によることである。その署名の意味は、会議録がその会議の真実の内容のとおりであることを証明するものであるから、もし、事実と相違していれば正しいものに訂正された後署名すべきである。

なお、初議会の場合は、臨時議長が議長の職務を執っているので、新しく就任した議長とともに臨時議長も署名しなければならない。

3　会議録署名議員の決め方

署名議員は、議長が会議において指名する。その方法は、会期中を通じて議席順により指名するか、会議日ごとに議席順により指名する（事故があるときは次の議席にある者を指名する）のが一般的である（運基131）。

どの方法によるかは、各町村の慣例に応じて決めればよい。要は、会議に出席していない者が形式的に署名することのないようにすべきである。

八　会期の決定

1　会期とは

議会は、執行機関と異なり、常時開かれて活動するものではなく、町村長の招集によって議員の定数の半数以上の者が議場に出席して議会活動が始まり、一定の期間が過ぎると活動を終わるもので、この期間を会期という。このように、会期とは、議会が法律上活動できる期間である。

2　会期の決定

会期は、毎会期の初めに議会の議決で決定する（標規五）。手続きとしては、議長からの諮問により議会運営委員会が議案等を勘案した上で会期案を決め、議長が会議に諮って決定することになる。

なお、初議会は、多くの場合、臨時会で議会の構成のみを行うのが通例であり、各町村議会の実態としては、会期を一日としているところが多く見受けられる。

この場合、議長や副議長の役員人事がまとまっていれば問題ないが、初議会にあっても他に議案が多い場合は会期が複数日必要となることや、議長人事をめぐって混乱すると会期の延長もあり得るので、事務局は議会全体の考え方などを把握しておくことも必要となる。

九　副議長の選挙

議長選挙が終わると新議長の下で、議席の指定、会議録署名議員の指名、会期の決定がなされた後に副議長の選挙が行われる。もし、議長選挙をめぐっての話し合いに手間がかかるような場合は、臨時議長が会期のみを決定して延会する措置もやむを得ないものと思われる。

副議長の選挙は、議長の選挙と同じ手続きで行われ、指名推選、投票による選挙いずれかの方法で進められる。

一〇　議会運営の基本的事項の決定

1　会議規則・委員会条例の改正等

議会には、会議運営のルールを定めた会議規則や委員会条例が必要で、全町村ですでに制定されている。したがって、前議員は別として、新議員に対しては、これらの会議規則・委員会条例のほか、傍聴規則・図書室管理規程・議会議員記章規程、議会議員の報酬及び費用弁償等に関する条例、議員としての心構え、あるいは議会運営に関する先例なり、従来の申し合わせが配布される。場合によっては、これらの条例・規則・規程などのうち改正しなければならない点があるか、あるいは取扱いを変えなければならない点があるかどうか等を協議し、早い機会にその措置をとることも必要であろう。

このように初議会においては、これらの基本的事項を新議員に知らせ、また、従来の運営からみて改めるべきものがあるときは、新議会の構成を機会に改めることが必要である。

特に、議会運営に関する申し合わせは、早い時期に協議してこの任期における申し合わせを明確にしておく必要がある。

2　会議規則等の提案者

議会の運営や委員会の組織に関する基本的事項を定めた会議規則・委員会条例は、議会の議決が必要である。

これらの提案は、議会の自律性から議員若しくは議会運営委員会が行う。その原案は議会事務局長が指示を受けて事務的立場で起案することになるので、議会事務局の充実と事務処理能力の向上が要求される。

3　常任委員会設置の必要性

地方自治法は、議会の権能強化と行政の複雑化、専門化に即応するために議会に常任委員会を設置することができる旨定めている（法一〇九Ⅰ）。これは、議会が、合理的かつ能率的な審査や調査をするために設けられたものであるが、自治法は必ず設置しなければならないというものでなく、任意制としている。委員会では、自由な発言ができ、それだけ審査や調査が気軽に徹底してできることになるので、全国の町村議会の約九八・九％（令和三年七月一日調）が常任委員会を設置している。

4　常任委員会の設置

議会は、条例で常任委員会を設置することができる（法一〇九Ⅰ）。

委員会の数については、議員定数との関係から全国では二が五六・六％で最も多く、次いで、三が三二・五％、四が五・三％、一が五・一％、五が〇・四％となっている（令和三年七月一日調）。一委員会の定数については、合議体としての機能を発揮できる人数を確保することが必要であり、町村議会の一常任委員会の全国平均は、六・四人となっている。この委員会条例は、常任委員会が議会の内部機構であるため、議会自体の自らの意思に従って制定すべき条例であるから町村長には提案権はない。

常任委員会は、行政が複雑多岐となり、高度の専門知識を必要とするようになったことに伴い、議会の審議がこれに対応できるよう専門化できるという長所がある反面、委員会ごとに縄張り争いが生じたり、執行機関と馴れ合いになったり、時には、人事権や契約等に介入するなど執行権の侵害を起こしたり、また、あまりに専門的になり過ぎて大局的判断に欠けるなどの批判を浴びることもあり得るから十分な注意を要する。

5　議会運営委員会の設置

議会運営委員会は条例で設置される（法一〇九Ⅰ）。

議会運営委員会を設置するためには、まず、委員会条例の改正、公布施行が必要であり、その手続きをとってから、委員が選任される。初議会前の議員懇談会等で協議がなされ、所要の手続きがとられることになる。なお、議会運営委員会については、第二編第七章一２「議会運営委員会の権限」を参照。

初議会

6　特別委員会の設置

特別委員会は、議会の議決で付議された特定の事件を審査、調査するため、条例で設置される（法一〇九Ⅰ）。特別委員会を設置するには、本来は、個々の条例の制定が必要であるが、標準委員会条例にあるとおり、個々の条例を制定する方法でなく、名称、付議事件と構成人員、必要に応じ閉会中の継続審査（調査）などについて議決をする方法がとられている。また、常任委員会が設置されていない町村は、特別委員会条例を制定しておいて必要に応じて手続きをとればよい。もし、この条例がないと、設置するたびに「〇〇特別委員会条例」の制定が必要となる。

特別委員会の設置を必要とする場合としては、

(1)　複雑で重要な事件で特別の構成による委員会で審査する必要がある場合（懲罰・資格審査等）

(2)　二以上の常任委員会の所管にわたり、一つの委員会に所属させることができない場合

(3)　常任委員会の所属が明確でない場合

が考えられる。

一一　常任委員の選任

1　常任委員の選任方法

常任委員については、これまで議員は、少なくとも一の常任委員となるものとされ、会期の始めに選任することが規定されていたが、平成二四年の法改正でそれぞれ各議会において委員会条例に定めることとなった。また、委員の任期についてもこれまでは、議員の任期中在任すると規定されていたものが同様に条例に委任された。

このうち、まず委員会所属について、議員定数が少ない町村議会で議論を活発に行い、多様な意見を委員会の意思に反映させるためにも委員会の人数は一定数を確保することが望ましいとの考えから、議員は引き続き少なくとも一の常任委員となることを規定している（標委七Ⅰ）。また、選任については「会期の始めに議会において選任する」（標委七Ⅱ）と規定している。この「選任し」とは、議長及び副議長などの選挙とは異なり、一般の議事として、各常任委員会の構成が議会の議決で決められることを意味する。具体的な方法は「議長が会議に諮つて指名する」となっている（標委七Ⅳ）。

実際の取扱いは、事前に議会運営委員会や全員協議会が開かれて、議員の所属希望をとり、その希望にできるだけ沿うよう調整して、各議員の了解を得た上で本会議を開き、議長が会議に諮って指名する方法が一般的である。

なお、全国の町村議会における委員の任期については、二年としている町村が六八・〇%で最も多く、四年は二八・一%、一年・その他は三・九%である（令和三年七月一日調）。

2　常任委員長及び副委員長の選任方法

常任委員会には、委員長及び副委員長一人を置くことが規定（標委八）され、委員会の議事を掌ることになっている。

委員長及び副委員長の選任は、委員会の自主性を重んじてそれぞれの委員会において互選することになっている。互選に際しては、年長の委員が委員長の職務を行う（標委九Ⅱ）。なお、委員長及び副委員長の任期は、委員の任期と同じである。

3　議長の常任委員への就任

前述のとおり、平成二四年の法改正において、委員会に関する規定が簡素化され、委員の委員会への所属及び選任方法、在任期間等については法律で定めていた事項を条例に委任することとされた。これにより議長の常任委員への就任についても、各議会の判断に委ねられることになる。

なお、標準町村議会委員会条例第七条第一項では議長も常任委員となることを原則としている。

一二　一部事務組合議会の議員、監査委員等の選出

1　一部事務組合議会の議員の選挙

一部事務組合は、行政の能率化、効率化を図るため、特定の事務を関係の市町村で共同処理する方式である。特定の事務としては退職手当の事務をはじめ、住民の社会生活圏の広域化による行政の広域性に伴って総合的な処理を要することとなった事務（たとえば、感染病棟、衛生、塵芥処理、水道事業、消防、電算事務等）がある。これらの事務を共同で行うために、法第二八四条の規定によって、特別地方公共団体として、規約を定めて設置し運営するのがこの一部事務組合で、その議決機関として議会が置かれる。そのような一部事務組合の規約に基

づいて関係町村議会の議員の中から選出する組合議会の議員があるときは、その初議会において選挙しなければならない。この選挙については、法第一一八条の規定が準用され議長選挙と同じ方法で行われる。

2　監査委員の選任同意

町村の監査委員の定数については二人とされていたが、平成一八年の法改正により、二人を前提としつつ、監査機能の充実を図る観点から、町村の実情に応じて識見を有する者については、条例によりその数を増加することができるようになった（法一九五Ⅱ）。委員は、町村長が議会の同意を得てこれを選任する（法一九六）。議員から選任する監査委員（以下「議選監査委員」という。）は一人であり、他は識見を有する者のうちから選任する。なお、平成二九年法改正により、議選監査委員の選任の義務付けが緩和された（平成三〇年四月一日施行）。

議選監査委員の任期は議員の任期によるので、町村長は、初議会で監査委員の選任についての同意を求めるのが通例である。この提案権は、町村長に専属し、これに議会が同意して初めて町村長は任命ができるものである。

監査委員の選任同意案件を初議会で提案するかどうかは、町村長の判断によるものであるが、最近ではほとんどの町村で正副議長・常任委員長等の議会の役職の構成の一環として、監査委員の選任同意も初議会に提案されるのが通例になっている。

最近、議選監査委員の人選に当たって、町村長から議会に対し、議会議員の委員は議会で推薦してほしいとの申し出をする町村が相当多くなっている。その場合は、町村長の申し出を受けて全員協議会等で協議し一人を選んで推薦し、これを受けて町村長が提案して同意を求めることになる。

3　選挙管理委員の選挙等

初議会において必ずしも選挙されるものではないが、議会において正副議長等と同様に選挙されるのが、選挙管理委員四人と同数の補充員である。この選挙管理委員と補充員（法一八一Ⅰ、一八二ⅠⅡ）はその任期満了の度に、選挙権を有する者の中から選挙されるものである。

4　各種委員会の委員等の選任同意

その他の委員としては、教育委員会の教育長・委員、公平委員会、農業委員会の委員があり、これも初議会とは限らないが監査委員と同様、議会の同意を得て町村長が任命するものである。

第三章　定例会・臨時会

一　定例会の意義と招集

1　定例会とは

定例会は、定期的に招集される議会のことをいう。地方自治法で「毎年、条例で定める回数これを招集しなければならない」（法一〇二Ⅱ）と規定されている。平成一六年の法改正により、定例会は、通年「四回以内」とする回数制限が撤廃され、回数は、条例で自由に規定することができるようになっている。

定例会は、条例で定められた回数、付議事件の有無にかかわらず必ず招集しなければならない。そこで、定例会開催の月をあらかじめ定めておく方が、町村長としても、また、議員としても、さらに住民にとっても都合がよいので、条例で年四回と規定している場合は、議会の招集権を持つ町村長が、規則又は告示で、三月、六月、九月、一二月と定めているのが通例である。

2　定例会の招集

議会を招集するのは町村長の権限で、町村長は開会の日前、三日までにこれを告示しなければならない（法一〇一Ⅶ）と規定されている。「開会の日前、三日」とは、たとえば、三月一二日を開会日とすれば、開会日の一二日は含めないで三日前ということになり、三月一一日から数えて三日前、すなわち三月九日が告示期限の日となる。

告示があれば、その通知を受けて議長が各議員にその旨告知をすることは、さきの「初議会の招集」のときに述べたとおりである。時刻については、会議規則で定められているが、議長の権限で変更もできるので、議長の招集通知の中に記載されている。

なお、定例会の付議事件は、告示する必要はない。この点臨時会と異なる。

3　定足数の例外による開会及び開議

議会の会議は、議員定数の半数以上の者が出席しなければ開けないこと（法一一三）は、すでに述べたが、例外として、次の場合に限って定足数を欠いても会議を開くことができる（法一一三ただし書）。

(1)　除斥議員が多くて半数に達しない場合

法第一一七条の規定によって半数を超える議員が除斥されて、出席議員が半数に達しない場合、これを認めないと審議ができないことになるので例外として認めている。

(2)　同一事件につき再度招集してもなお半数に達しない場合

臨時会を招集したところ、何らかの理由で半数を超える議員が欠席して流会となった。そこで、再び同一の事件で招集したところ、なお出席議員が半数に達しない場合は、例外として適法に会議を開くことができる。

(3)　応招議員数は半数以上であったが、実際に議場に集まった出席議員（応招議員と出席議員は区別されている）が半数を欠き、議長が応招議員に出席の催告をしてもなお半数に達しない場合

(4)　議長が(3)によって出席催告をしたところ、半数に達したので開議したが、その後、退場者があったため半数を欠くに至った場合

二　臨時会の意義と招集

1　臨時会とは

臨時会は、必要があるとき、特定の事件に限り、これを告示し、その事件を審議するために招集される議会である（法一〇二Ⅲ）。定例会は、条例で定める回数招集されるが、臨時会は必要があれば回数に制限なく開くことができる。

2　臨時会の招集

議会の招集権が、町村長に専属することは前述したとおりである。そこで、議会の議決を要する案件があって、次の定例会まで待つわけにはいかないような場合、臨時会の招集が必要となる。町村長の招集告示は、招集日の三日前（法一〇一Ⅶ）までとなっているが、緊急事件については、その期間が短くても差し支えない（法一〇一Ⅶただし書）。告示の内容は、臨時会の月日、場所、付議事件である。

3　臨時会の招集請求

議長又は議員の定数の四分の一以上の者は、付議事件を示して議会の招集を請求することができる。また、議長が請求するときは、議会運営委員会の議決を経なければならない。この場合、町村長は請求のあった日から二〇日以内に臨時会を招集しなければならない（法一〇一Ⅱ、Ⅲ、Ⅳ）。

臨時会の招集請求を行う場合、付議すべき事件を示さなければならないが、この付議事件には、次の三つの要件が必要と解されている。

(1)　法令により議会の権限に属する事件であること
(2)　議員に発案権のある事件であること
(3)　具体的な事件であること

〔例〕議長の臨時会招集請求（法 101 Ⅱ）

年　月　日

○○町(村)長　　　　殿

○○町(村)議会議長

○○町(村)議会臨時会招集請求書

次の事件について、○○町(村)議会臨時会を速やかに招集されるよう地方自治法第 101 条第 2 項の規定により請求します。

記

会議に付議すべき事件
　1　○○○○　について
　2　△△△△　について

〔例〕議員の臨時会招集請求（法 101 Ⅲ）

年　月　日

○○町(村)長　　　　殿

○○町(村)議会議員
(議員定数の 4 分の 1 以上の者の氏名)

○○町(村)議会臨時会招集請求書

次の事件について、○○町(村)議会臨時会を速やかに招集されるよう地方自治法第 101 条第 3 項の規定により請求します。

記

会議に付議すべき事件
　1　○○○○　について
　2　△△△△　について

また地方分権推進委員会の第二次勧告を受けて、臨時会の招集請求要件は実質的に緩和され、法第九八条第一項の規定に基づき長等の報告を求めて臨時会の招集を請求することが可能となった。

なお、平成二四年の法改正により、臨時会の招集請求が議長等からなされたにもかかわらず、長が二〇日以内に臨時会を招集しないときには、議長が議会運営委員会の議決を経た招集請求の場合は、議長が臨時会を招集できる（法一〇一Ⅴ）とされ、議員定数の四分の一以上の者による招集請求の場合は、請求した者の申し出のあった日から町村にあっては六日以内に議長が臨時会を招集しなければならない（法一〇一Ⅵ）こととなった。

4　付議事件

定例会の招集の告示が行われると、あらかじめ付議される予定の議案書（議案書の写し）が議員に送付される。このような取扱いがなされないと、議員は、事前に、その内容の検討等が一切できないまま議会に臨むことになり、反面、会期中に議案熟読の期間を設ける必要が出てくる。また、執行機関としても、十分準備して定例会に臨むためにも、あらかじめ議案を配布する取扱いが望ましい。

臨時会に付議される事件は、あらかじめ告示された事件に限るのが原則である（法一〇二Ⅳ）。しかも、その告示は、原則として三日前までにしなければならない（法一〇一Ⅶ）。

告示後に付議しなければならない事件が出てきたときは「三日前」を過ぎていても、町村長は事件の追加告示の手続きをとることになる。この「あらかじめ」とは、議会が始まる直前までと解されている。

議会が開会されてから、緊急を要する事件が生じたときは、議事日程を追加して直ちに付議することができる（法一〇二Ⅵ）。

なお、緊急を要する事件についての認定は、一次的には議案等の提出者である町村長あるいは議員が行うが、最終的には議会が認定することになる。

議員提出の案件や継続審査案件等を臨時会に付議するためには、臨時会の招集請求を行い、また長が臨時会の招集告示を行う場合には、議長を通じて告示を依頼する。

なお、正副議長の選挙や辞職の許可、会議規則・委員会条例の制定改正、常任委員、議会運営委員の選任等議会の組織や構成に関する事項は、議会運営の基本的事項であるから、あらかじめ告示がなくても議題とすることができる。

5　臨時会の緊急質問

一般質問は、町村の事務について議長の許可を得て定例会においてのみ許されるものであり、臨時会に付議される事件は、特定の事件のみに限られるので、一般質問は許されない。しかし、臨時会でも緊急を要する事件が起きたとき、あるいは客観的にやむを得ないと認められるときは、議員の申し出を受けて議長は議会に諮り、議会の同意を得たときは質問をすることができる。これを緊急質問と呼んでいる（標規六二Ⅰ）。その質問の内容が緊急でないときは、議長はその発言を直ちに制止しなければならない（標規六二Ⅱ）。

三　災害等の場合の議会招集日の変更

定例会や臨時会の招集の告示をした後に当該招集に係る開会の日に会議を開くことが災害その他やむを得ない事由により困難であると認めるときは、当該告示をした者は、当該招集に係る開会の日の変更をすることができる。この場合においては、変更後の開会の日及び変更の理由を告示しなければならない（法一〇一Ⅷ）。

この規定は、近年、災害の発生や新型コロナウイルス感染症の感染が拡大する中、告示後、議会招集日に議員の応招が困難な事例が見受けられるようになったが、行政実例により告示後の議会招集日の変更は認めないものと解されていたため、全国町村議会議長会など三議長会の改正要望等を踏まえ、令和四年一二月の地方自治法改正（議員立法）により新設されたものである。

なお、改正法の施行に伴い、総務省自治行政局行政課長名により、議会招集告示後の招集期日は変更できないとする行政実例（昭和二六年九月一〇日付け名古屋市議会事務局長宛　行政課長回答）を廃止する旨の通知（令和四年一二月一六日付け総行行第三五五号）が発出された。

四　通年の会期制

地方議会では、これまで定例会・臨時会の区分に応じて、それぞれ議会において会期を定め一定期間に集中して審議が行われてきた。

平成二四年の法改正において、地方公共団体の議会は、条例により、定例会・臨時会の区分を設けず、通年の会期とすることができる（法一〇二の二Ⅰ）として、議会運営の選択肢を広げることとなった。

この制度により議会を運営する場合には、会期は毎年条例で定める日から翌年の当該日の前日までとし、定期的かつ予見可能性のある形で会議を開く「定例日」を規定することとなる（法一〇二の二Ⅰ、Ⅵ）。

地方公共団体の長は、会議に付議すべき事件を示して定例日以外の日において会議を開くことを請求することができる（法一〇二の二Ⅶ）一方で、議会出席義務による長等執行機関の負担を考慮して、「議場に出席できないことについて正当な理由がある場合において、その旨を議長に届け出たとき」は、これまでの定例会・臨時会による議会運営を含め、議会出席義務が免除されるとしている（法一二一Ⅰただし書）。

なお、通年の会期制を導入する場合の条例の例、会議規則等の改正例については、巻末付録四七三頁参照。

また、全国の地方議会の中には、この制度とは別に、招集回数の運用により長期間の会期を設定する、いわゆる「通年議会」も実施されている。

五　会期の決定と議事日程の定め方

1　会期の決定

会期とは、法的に議会が活動できる期間であることは、すでに述べたとおりで、会期の初めに決定しなければならない。具体的には、あらかじめ議会運営委員会において協議し、議長が「本日から〇月〇日までの〇日間とする」という形で会議に諮って決定しているのが通常の取扱いである（運基13）。

なお、会期は、開会の日の午前零時から起算して最終日の午後一二時をもって終了する。

また、会議に付された事件を全部議了したときは会期内であっても閉会できると標準町村議会会議規則に規定されている（標規七）。たとえば、会期を一五日間と定めていたところ、審議が順調に進んで一四日間で審議が完了したときは、議長は、「本定例会の会議に付された事件は、すべて終了しました。会議規則第七条の規定によって本日で閉会したいと思います」と諮って会期内でも閉会することができる。なお、会期内の閉会を議決しないで会期最終日を待って自然閉会とすることもできる。

2　会期日程表の作成

会期を決定する際、その会期内における会議予定表（本会議・委員会を開く日、休会とする日などの会議予定表）を議員に配布している。この予定表は、議事日程とは違うもので会期中のすべての会議予定表で「会期日程」と呼ばれており、「会期」のように議決の対象ではないので、都合により変更する場合も議決は要らない。三月定例会の会期日程の一例を示すと、次のとおりである。

〔例〕会期日程（三月一二日が月曜日の年の事例）

月日	曜	会議・休会その他
3・12	月	本会議（開会）
13	火	休会（議案等検討）
14	水	本会議（一般質問）
15	木	本会議（一般質問）
16	金	本会議（議案審議）
17	土	休日
18	日	休日
19	月	委員会
20	火	休会
21	水	春分の日
22	木	委員会
23	金	委員会
24	土	休日
25	日	休日
26	月	委員会
27	火	委員会
28	水	休会
29	木	休会
30	金	本会議（閉会）

3　休日・夜間議会

標準会議規則第一〇条第三項によれば、議長が、特に必要があると認めるときは、休会の日でも会議を開くことができるとされている。休会には議決休会と休日休会の両方があり、休日でも会議を開くことができる。

また、標準会議規則第九条第二項によれば、議長は必要があると認めるときは会議時間を変更することができるとされているため、午後五時以降に延長して会議を開催することができる。

なお、委員会は、開閉会の時刻の規定がないので、いつでも開催することができる。

4　議事日程とは

議事日程とは、本会議の日ごとに議長が作成するもので、その日ごとの会議に付議する事件とその順序等を記載したものである。

本来、「議事日程のないところに会議なし」といわれ、標準町村議会会議規則では「議長は、開議の日時、会議に付する事件及びその順序等を記載した議事日程を定め、あらかじめ議員に配布する」（標規二一）と定めている。会議に参加する議員に対して、事前に会議次第の予定を知らせて十分な準備をさせるとともに会議運営の能率化を図るためである。

5　議事日程の作成配布と報告

議事日程は、議長が定めてあらかじめ議員に配布する（標規二一）もので議長の権限と責任で作成される。この「あらかじめ」とは、一般的に会議日の前日までと解されている。しかしながら、町村議会においては、現実はほとんどの町村が前日までに配布できないので当日配布している。これは、会議規則の規定（標規二三）に開議の日時だけを通知しておいて、開議までに議事日程を作成して配布することができる規定があるので、この例外規定を一般的に運用しているものといえる。

また、会議を開く場合は、必ず議事日程をあらかじめ印刷配布しておかなければならないが、緊急に開く場合など、やむを得ない場合は、議事日程を作成しないで議長の口頭報告で済ませることができる（標規二一ただし書）。もちろん、この場合でも、議事日程の記載事項とされている「開議の日時、会議に付する事件及びその順序」は明確に示されなければならない。

6　議事日程の作り方

議事日程の作成は、議長の権限であるから、従来の取扱いや慣例、運営上の便宜を考えて、議長が議会運営委員会等の協議を受けて作成するのが一般的である。なお、正副議長の選挙、正副議長・議員の辞職願、常任委員の選任、会議規則の改正など議会の構成に関する事項や町村長の不信任議決などは、先決事項として他の案件に優先して日程に挙げるのが慣例である。

議事日程に記載する事件は、資料編「町村議会の運営に関する基準」の31のとおりで、その標準的様式は、次のとおりである。

〔例〕議事日程

令和○年第○回／○月○○町（村）議会定例会／臨時会議事日程　〔第○号〕

令和○年○月○日（○曜）午　○時開議

第1　会議録署名議員の指名

第2　会期の決定

第3　議案第○号　件名（町（村）長提出）

第4　発議第○号　件名（○○○○議員ほか○人提出）

第5　議案第○号　件名（○○常任／特別委員長報告）

第6　請願第○号　件名

第7　陳情第○号　件名

(注)1　議事日程の号数「第○号」は、定例会、臨時会の別に会議の日ごとに順次号数を付ける。なお、議事が終わらなかったため延会したときは、次回の議事日程は、その号数を新たにする。

2　議事日程は、1議案1日程として記載し、一括議題（関連しているもの等）とする必要がある場合には、会議規則第37条により「日程第○及び日程第○を一括議題とします」とすればよい。

右の例のように、議事日程は記載する順序によって、一件ずつ第一、第二……と順番をつける。また、議案又は発議の番号は、議案が町村長において、あるいは議員において発案されたそれぞれの順序による番号であるから、議案番号と日程番号とは一致しないものである。議案のほか、選挙・報告・承認・認定・請願・陳情それぞれ区分して一連番号がつけられる。その整理区分は、「運営基準」の21、22に示されている。

7　議事日程の変更と追加

いったん配布された議事日程によって開議されたあとは、みだりに日程変更はすべきではないが、どうしても日程の順序を変更又は追加する必要がある場合は、議長の発議なり議員の動議によって、議長が会議に諮って日程を変更又は追加することができる（標規二二）。

「変更」とは、順序を入れ替えることであり、「追加」とは、日程に記載されていない事項を新たに加えることである。

8　延会の場合の議事日程

議事日程は、その日の本会議だけのものであるから、もし、出席議員が半数に達しない等の理由で会議が開けなかったり、議事日程に記載した事件の審議が全部終わらなかったときは、その日程を改めて定めることになっている（標規二四）。

これは、出席議員が定足数に達しないで延会したり（標規一二Ⅰ）、会議の途中で定足数を欠いて延会したり（標規一二Ⅲ）、あるいは、日程に記載した案件が全部終わらないで会議を閉じて延会したような場合の議事日程の取扱いについて定めたものである。その場合、それらの事件は、原則として他の事件に先行して次の議事日程に記載するものとされている（運基35）。

六　議案審議の順序

1　開議の宣告

㈠　開　議

議会が招集されて議員の半数以上が定刻に議場に出席すれば、議長は、開会と開議を宣告し、会議録署名議員の指名、会期の決定を行う。開議の宣告前の議員の発言は許されない。たとえ発言しても、それは私語に過ぎず法的効力はない。このように議長の開議の宣告は、きわめて重要な意義を持つものである。

㈡　開議の請求

開議の宣告は、議長の権限とされている（標規一一）が、その適切な運用をはかるため、議員の側にも開議の請求権を認めている。すなわち、議員定数の半数以上の者から請求があるときは、議長はその日の会議を開かなければならない（法一一四Ⅰ）と規定されている。「その日の会議」とあるが、一回のみに限るものでなく、何回でも正規の手続きによる開議の請求があれば、議長はこれに応じなければならない。なお、会議規則で定めた会議終了時刻（標規第九条では午後五時）の後も午後一二時までは請求ができるものである。

2　議題の宣告

議案を審議する場合は、議長は、まず議題の宣告をしなければならない。標準町村議会会議規則でも「議題とするときは、議長は、その旨を宣告する」（標規三六）とある。「議題とする」とは本会議で「審議の対象」にすることを意味する。また、一般に「議題とすること」に「上程」という用語が使われている。

会議は、議事日程に従って進められるが、日程を進める際は、議題を必ず宣告しなければならない。議事日程に定めただけでは、会議の議題とはならない。もし、一つの議題を数日間審議し続ける場合でも、議長は、毎日その議題を宣告しなければならない。

3　説明から議決まで

通常、議案は印刷されて事前に配布されているので朗読は行わず、議長が特に必要と認めたときだけ、事務局職員に朗読させることになっている（標規三八）。

議案の説明は、標準町村議会会議規則で「提出者の説明を聞き」（標規三九Ⅰ）とあるので、ほとんどの議案について、提案の理由とその内容の説明が行われている。このような説明がなされると、議案の内容と疑義の点が明確になって質疑なども要点をとらえて行われ、審議が能率的に進められる。

なお、提出者の説明は町村長だけが行う場合と、予算や条例のように町村長が大綱を説明し、総務課長又は所管課長が具体的な内容や数字を詳細に説明する場合がある。基本的には、提案者である町村長に大綱説明はさせたいものである。また、内容が明らかであるような議案は、議会に諮って、説明を省略することもできる（標規三九Ⅱ）。

続いて、次の順序によって議事が進められるが、議案の内容によっては、委員会に付託される場合がある。

(1)　質　疑

（委員会付託の場合は）

①　委員会付託
②　委員会審査
③　委員会審査報告書又は少数意見報告書の提出
④　委員長報告又は少数意見報告
⑤　委員長報告等に対する質疑

(2)　討　論

(3)　表　決（議決）

七　会期内の議決が困難な場合

議会の会期は、独立して継続しないものであるから、提案された議案は、その会期中に議決されることを原則としている。しかし、その会期内に議決をすることが困難な状況になったときの取扱いとして一般にとられる方法は、次の三とおりである。

1　会議時間の延長

提案された議案の全部を、会期中に議了することを予定していて、会期最終日の会議終了時刻（会議規則で定める午後五時）近くになっても審議が終わらない場合、とりあえず会議時間を延長する方法がある。この会議時間の延長は議長が会議に宣告することによって、午後一二時までは延長できる。この宣告は、必ず会議終了時刻前でなければならない。

2　会期の延長

会期日程や議事日程に従って議事が順調に進行せず、会期の最終日になっても相当数の議案を残していて、その会期中に議決しないと行財政の運営に重大な支障を来すような場合は、会期の延長が考えられる。その方法としては、議長の発議による方法と議員の動議による方法がある。

3　閉会中の継続審査

委員会に審査を付託した議案に、問題があったり、内容が複雑で会期中委員会が結論を出すことができない場合、閉会中も継続して審査することを決定し、その旨を委員長から議長に申し出る方法がある（標規七五）。議長がこの申し出を会議に諮り、議決を得たときは、委員会は、閉会中も引き続いて審査して結論を出し、次の定例会なり、臨時会に報告して議決することになる。

委員長からの申し出の様式及びそれを受けての議長の口述例は、次のとおりである。

〔例1〕付託事件の継続審査又は調査（標規七五）

○議長　日程第○、「委員会の閉会中の継続審査（調査）の件」を議題とします。

各○○委員長から、目下、委員会において審査（調査）中の事件について、会議規則第七五条の規定によって、お手元に配りました申出書のとおり、閉会中の継続審査（調査）の申し出があります。

お諮りします。

委員長から申し出のとおり、閉会中の継続審査（調査）とすることに御異議ありませんか。

（異議がないとき）

○議長　「異議なし」と認めます。

（したがって）委員長から申し出のとおり、閉会中の継続審査（調査）とすることに決定しました。

〔例2〕特定事件の継続調査（標規七五関連）

●常任委員会の場合

○議長　日程第○、「常任委員会の閉会中の特定事件（所管事務）の調査の件」を議題とします。

各○○常任委員長から所管事務のうち、会議規則第七五条の規定によって、お手元に配りました「特定事件（所管事務）の調査事項」について、閉会中の継続調査の申し出があります。

お諮りします。

委員長から申し出のとおり、閉会中の継続調査とすることに御異議ありませんか。

（異議がないとき）
○議長　「異議なし」と認めます。
（したがって）委員長から申し出のとおり、閉会中の継続調査とすることに決定しました。
●議会運営委員会の場合
○議長　日程第○、「議会運営委員会の閉会中の所掌事務調査の件」を議題とします。
議会運営委員長から、会議規則第七五条の規定によって、お手元に配りました「本会議の会期日程等議会の運営に関する事項」について、閉会中の継続調査の申し出があります。

お諮りします。

委員長から申し出のとおり、閉会中の継続調査とすることに御異議ありませんか。

（異議がないとき）
○議長　「異議なし」と認めます。
（したがって）委員長から申し出のとおり、閉会中の継続調査とすることに決定しました。

八　散会・延会及び閉会の手続き

1　散会

「散会」というのは、その日の議事日程に記載してある事件を全部審議し終わって会議を閉じるとき用いる用語で、「議事日程に記載した事件の議事を終わつたときは、議長は、散会を宣告する」（標規二五Ⅰ）と標準町村議会会議規則に規定されている。

2　延会

「延会」もその日の会議を閉じるときに用いる用語である。「散会」と異なるのは、その日の議事日程に記載された事項が全部終わらないで途中で会議を閉じるとき又は開議時刻後、相当の時間がたっても議員が定足数に達せず、また、達する見込みがないため、さらに、会議中に定足数を欠く状態になったとき会議を翌日以降に延ばすときに用いる用語である。標準町村議会会議規則（二五Ⅱ）では、延会は、議長が必要と認めるとき又は議員の動議によって、会議に諮って延会する。なお、延会のときは「更にその日程を定めなければならない」

（標規二四）とあるので、延会した当日の未了事件は、改めて次の会議の議事日程にあげることになる。

〔例1〕議長の発議による延会の場合

○議長　お諮りします。

本日の会議は、これで延会したいと思います。

御異議ありませんか。

（異議がないとき）

○議長「異議なし」と認めます。

（したがって）本日は、これで延会することに決定しました。

本日は、これで延会します。

〔例2〕動議による延会の場合

○議員『動議を提出します。

本日の会議は、これで延会することを望みます』

（賛　成）

○議長　ただいま、○○○○君から、本日の会議は延会することの動議が提出されました。

この動議は、（○人以上の）賛成者がありますので、成立しました。

延会の動議を議題として、採決します。

この採決は、起立によって行います。

この動議のとおり決定することに賛成の方は、起立願います。

（賛成者起立）

○議長　起立多数です。

（したがって）本日は、これで延会することの動議は、可決されました。

本日は、これで延会します。

〔例3〕定足数に達しない延会の場合

○議長　本日は、会議を開く時刻を相当過ぎています。

しかし、出席議員が定足数に達しません。

（したがって）会議規則第一二条第一項の規定によって延会します。

3　閉　会

散会・延会は、本会議の日ごとに会議を閉じるために用いる用語であるが、この「閉会」という用語は、会期の最終日に用いるもので、「開会」に対する用語である。一般には会期の終了をもって閉会されるが、議会の議決があれば会期中であっても案件をすべて議了したときは閉会することができる（標規七）。

〔例〕会期中の閉会

○議長　お諮りします。

本定例会・臨時会の会議に付された事件は、すべて終了しました。

（したがって）会議規則第七条の規定によって、本日で閉会したいと思います。
御異議ありませんか。
（異議がないとき）
○議長　「異議なし」と認めます。
（したがって）本｛定例会／臨時会｝は、本日で閉会することに決定しました。
これで本日の会議を閉じます。
令和○年｛第○回／○月｝○○町（村）議会｛定例会／臨時会｝を閉会します。

閉会の宣告は、必ず行わなければならないかというと、開会の宣告は必ず行わなければならないが、閉会の宣告は必ずしなければならないものではない。
たとえば、会期を一五日間と定めて、一三日間で全部の議事が終了したのに閉会の手続きをとらなかった場合は、自然休会の形で経過し、一五日の期間の満了によって、閉会を宣しないでも、おのずから議会は閉会となる。これを自然閉会という。

第四章　議案の審議

一　議案

1　議案とは

議案とは、一般的には「議会の議決の対象となる案件」をいう。地方自治法や会議規則等での「議案」という用語は、各条文によってその内容を異にしていて、統一されていない。たとえば、法第一一二条や第一一五条の三においては、団体意思の決定を求める案だけを指して「議案」といい、きわめて狭義に用いている。また、法第一四九条及び第一八〇条の六では、団体意思の決定にかかわるものと、長の執行の前提要件となる副町村長等の選任に対する同意案等を含めて「議案」といっている。さらに標規第一四条にも「議案」の語が用いられているが、ここでは理論上、議員に提案権のあるすべての議案、すなわち、法第一一二条の団体意思決定の議案（条例）と意見書案等の機関意思決定に関するものを総称している。

このように、議案の定義には広義・狭義があって一定でなく、各条文によって用法が異なっていることを念頭において、それぞれの条文ごとに、それぞれの規定の目的・趣旨に従って区別し、解釈することになる。

2　議案の提出

議案は、このようにそれぞれの条文によって種々使い分けがなされているが、いずれにせよ、議会の議決の対象となる案であり、町村長、議員及び委員会から議会に提出できることとなっている。その提出の手続きは地方自治法及び会議規則にそれぞれ規定されている。法第一一二条第三項には、「議案の提出は、文書を以てこれをしなければならない」と定め、団体意思を決定するもの、具体的には条例案については文書で提出することを求めている。さらに標規第一四条第二項では理由をつけ、所定の賛成者（議員定数の一二分の一以上）が連署して議長に提出しなければならないものと定めている。

機関意思を決定する議案提出の要件については、地方自治法には規定されていない。

しかし、議会運営の能率化を図るために、団体意思決定の議案と同様、標規第一四条第一項で〇人以上の賛成者を必要とすること、さらに第二項で所定の賛成者とともに連署して、理由を付し、文書で提出することとしている。この場合の賛成者一二分の一以上又は〇人には、提出者も含むものとされている。

㈠　議案の提出者

議案を議会に提出する権限は、町村長、議員及び委員会に与えられている（法一四九、一一二Ⅰ、一〇九Ⅵ）。そして、教育委員会や選挙管理委員会等の行政委員会には提案権は与えられていないので、それらの委員会に関する事務についての議案の提出は、すべて町村長からなされる。ただし、教育に関する事務についての議案の作成に当たっては、教育委員会の意見を聴くこととされている（地教行法二九）。

議員が議会に議案を提出する場合は、それが団体意思の決定を求めるものであるときは、議員定数の一二分の一以上の賛成が必要とされ（法一一二Ⅱ）、その連署をもって議長へ提出しなければならない。たとえば、定数二〇人の町議会であれば、その一二分の一は一・七人となるから最低二人の賛成者（提出者を含む）が必要となる。しかし、機関意思決定のものにあっては、このような法律の制約はなく、会議規則で定める所定の賛成者（提出者を含む）があればよい（標規一四Ⅰ）。

また、委員会が議案を提出する場合、標規第一四条第三項により、理由をつけ、委員長が議長に提出しなければならない。

㈡　議案の発案権

議案を議会に提出する権限を「発案権」又は「提案権」というが、その権限は、前述のとおり原則として町村長、議員及び委員会にある。

議会の議決する事件は、大別すると次の三つに分けられる。

①　町村の意思（団体意思）を決定するもの

②　議会の意思（機関意思）を決定するもの

③　町村長がその権限に属する事務を執行するに当たり、その前提手続きとして議会の議決を要するもの

①の団体意思を決定する議案は、町村長、議員及び委員会に発案権があるが、そのうち予算については、議員及び委員会に提案権はなく、町村長に専属している。また、条例については、執行機関の部課設置条例、特別会計設置の条例等は町村長に専属し、委員会条例は、議員及び委員会に専属するとされている。

②の機関意思を決定する議案（会議規則、意見書、決議等）の発案権は、議員及び委員会に専属するものである。

③の執行の前提要件としての議決事項は、請負契約の締結、財産の取得処分その他主要公務員の選任同意（副町村長・監査委員等）等がこれに該当するもので、その発案権は町村長に専属している。以上を表で示すと次頁の別表のとおりである。

㈢　議案提出の時期

議案は、議会に提出するものであるから、理論的には会期中に提出されなければならない。しかしながら、実際は、開会前に議長に提出し、あらかじめ議案と同じ内容の印刷物が、いわゆる「議案」として議員の手許に配布されている。

これは、議員としては開会されて初めて議案に目を通すようでは審議の徹底を期せられないからである。

また、議長においても審議の能率化と徹底を図るため、議案や説明資料は、議事日程とともに早く議員に配布して、議案の事前検討ができるよう議会事務局に手配させることが望ましい。

㈣　議案の撤回・訂正

議会に一たん提案された議案を、何らかの理由で取り下げたいという場合がある。これが〝撤回〟であり、また、手直しをしたいという場合が〝訂正〟である。撤回又は訂正については地方自治法には規定がなく、標規第二〇条に、「会議の議題となつた事件を撤回し、又は訂正しようとするとき……は、議会の許可を得なければならない」と規定されている。すなわち、会議の議題となった議案は、すでに発案者の手を離れているので、その撤回・訂正をするには議会の許可を要することとされているわけである。

また、撤回と訂正は、それが数人で発議した議案であれば、発案者全員（賛成者の同意は必要ない）からの、また委員会から発議した議案であれば、委員会の議決を経て委員長からの請求でなければならない。また、町村長の提案した議案でも町村長のみの意思では撤回できず、議会の許可を要する。

なお、委員会に付託されて審議中の場合は、議長はその委員会にその旨通知するとともに、できるだけ速やかに議会の許可の手続きをとり、許可を得たらその旨を委員会に通知することになる。

また、議案が上程前で、まだ議長の手許にあるときに撤回又は訂正の申し出を受けたときは、議長の許可でできることになっている。

議案について、最終的に可決・否決を決定するのは議会である。したがって、撤回又は訂正の申し出があったとき、その申し出の理由が根拠薄弱であったり、町村長

別表　議会の議決事件の分類と提案の要件

分　類	事　例	提案権	備　考
①団体意思を決定するもの	予　算	町村長	
	条　例	町村長	
		議　員	1/12 以上の賛成者 （法 112 条）
		委員会	（委員長が提出） （法 109 条）
②機関意思を決定するもの	会議規則 意 見 書 決　議	議　員	○人以上の賛成者 （標規 14 条 1 項）
		委員会	（委員長が提出） （標規 14 条 3 項）
③町村長の執行の前提手続きとして議決するもの	人事同意案件 契　約 財産の取得処分等 町村道の認定・廃止	町村長	

〔例〕議員の議案提出文例

〔発議第○号〕　　　　年　月　日

○○町（村）議会議長　　　　殿

提出者　○○町（村）議会議員
賛成者　同　　上
（所定数以上の者の連署）

件　　名

上記の議案を、別紙のとおり（地方自治法第 112 条及び会議規則第 14 条第 2 項）会議規則第 14 条第 1 項及び第 2 項の規定により提出します。

（注）1　会議規則第 14 条による所定の賛成を得て連署する。
2　法第 112 条第 1 項の規定によるものは、議員定数の 12 分の 1 以上の賛成者（提出者を含む）が必要である。

〔例〕委員会の議案提出文例

(発委第○号)　　　　　　　　　　　　　　年　　月　　日

○○町(村)議会議長　　　　　　　　殿

提出者
○○委員長

件　　　　名

上記の議案を、別紙のとおり地方自治法第109条第6項及び第7項並びに会議規則第14条第3項の規定により提出します。

の提案したもので、否決又は修正が予想されるため、急きょ、撤回又は訂正を申し出たような事例の場合は、議会として十分検討して自主性のある判断を下すべきである。

なお、単なる印刷の誤りである場合は、いわゆるミスプリントとして正誤表を配布して了解を得ればよい。

二　議案審議の方法

1　審議の順序

議案の審議は、会議規則の定めるところにより、おおむね次の順序により行われるが、簡易なものについては、説明の段階を経ないで表決に付される場合もある。

○本会議のみで審議する場合

上程―(朗読)―説明―質疑―討論―表決

注)　修正案が提出された場合は、質疑が終わった段階で、修正案の説明をし、それに対する質疑を行い、本案と併せて討論を行い表決に付する。

○委員会に付託して審査する場合

上程―(朗読)―説明―質疑―委員会付託―(審査終了後)―委員会報告書提出―本会議に上程―委員長報告―委員長報告に対する質疑―討論―表決

注）少数意見の留保がなされて少数意見報告書が提出された場合は、委員長報告に次いで報告させることができる。報告をした場合は、それに対する質疑をする。

また、修正案が提出された場合は、委員長報告、少数意見報告が終わったあとで説明をさせる。

2　議題の宣告

会議に付する事件を議題とするときは、まず議長は、その旨を宣告しなければならない（標規三六）。これが議題の宣告である。この宣告は、会議において審議する事件を議員に周知させて、秩序よく議事を整理し、進行するためのものである。一般にこれを「上程」といっている。

3　一括議題

議案審議に入る方法として、次の二つの方法がある。

(1)　一議案ずつ上程して審議する方法

(2)　関連する議案を一括して議題とし、説明を行い、それに対して質疑を行う方法（標規三七）

会議に付する事件は、それぞれ独立しているものであるから、本来は、「一議事一議題の原則」に従って、一件ずつ順序よく処理すべきものである。しかし、関連する議案がある場合、また、簡単な議案で一括しても混乱を生じないような場合には、議事の能率化を図る上から一括して議題とすることができる。委員会中心主義の議会では、一括議題による方法が多くとられている。なお、一括議題の場合、討論、採決は別々に行うのが原則である。

4　議案の朗読

議長が議題を宣告した後、議案は朗読しないことを原則とし、議長が必要があると認める場合のみ朗読させることになっている（標規三八）。それは、議案は、すべて事前に配布されることが原則であり、配布によって議員は議案の内容を承知しているものと考えられるからである。なお、朗読する職員とは、事務局長か事務局職員であって、説明のために出席している執行機関の職員ではない。

5　議案の説明

会議の議題とする事件は、会議で提出者から提出の理由及びその内容についての説明を聞くことを原則とし、標準町村議会会議規則第三九条では「会議に付する事件は、……会議において提出者の説明を聞き」と規定されている。議案の内容がきわめて簡単で説明を要しないような場合は、議会の議決で説明を省略することができる。

提出者の説明の呼び方であるが、議員又は委員長が発議して説明する場合は、通常「趣旨説明」と呼び、町村長が提案者として行う説明を「提案理由の説明」と呼んでいる。

なお、説明は議案のほか、各種の報告などについても行われている。

この説明は、委員会に付託を予定している場合と本会議のみで審議することを予定している場合では、その仕方において若干の相違がある。つまり、本会議のみで審議する議案については、詳細な説明をし、委員会付託が予定されるものは大綱的な説明のみに止め、細部については委員会において説明するのが通常一般の方法である。

議案の説明は、議案の審議の途中においても補足することが可能であり、また、発議者が数人の場合は、通常は、そのうちの代表者が趣旨説明をするが、他の議員が補足説明をすることもある。

6　議案に対する質疑

議題とされた事件の提出者の説明が終わったら、その議案に対し質疑があるときは質疑を行う。質疑とは、現に議題となっている議案に対する疑義をただすことをいい、議案審議の段階で最も重要なものである。

質疑は提出者に対して行われるもので、その議案全体に及んで行うことができ、また、提出者の説明で述べられなかったものでもよい。ただ、委員会に付託が予定されているものについては、質疑はあくまで総括的大綱的な質疑にとどめ、詳細は委員会で行うようにすべきである。なお、議員提出議案で発議者が数人あるときは、趣旨説明をした議員以外の発議者に質疑をすることも可能である。

（質疑に対する会議規則上の制約については、第二編第五章二「質疑」を参照）

7　議案の委員会付託

質疑が終わったら、更に詳細な審査を必要とするものや、現地確認をしなければ結論を出せないような議案については、議会の議決によって委員会に付託することができる（標規三九Ⅰ）。

また、委員会中心主義をとっている議会においては、総括的な質疑が終わったあとで議長がそれぞれ所管の委員会に付託することになる（標規三九Ⅰ参考）。

委員会提出の議案は、通常、その委員会において十分な審査、調査の上提出されることから、これをあらためて委員会には付託しない（標規三九Ⅱ参考）。ただし、常任委員会が提出した議案を新たに特別委員会を設置して審議する場合等もあり得るので、議会の議決で委員会に付託することができる。

8　本会議における付託事件の議事手続き

(一)　付託事件を議題とする時期

委員会に付託された議案を本会議で議題とするのは、次の二つの場合である。

(1)　委員会の審査が終わると、その審査結果について委員長から議長の手許へ委員会報告書が提出される（標規七七）。この報告書が提出されたら議長は、これを議事日程にあげ会議の議題とする。報告書の提出のないものを議長が、勝手に議事日程にあげることはできない。

(2)　委員会への議案付託に際し、あるいは、すでに委員会に付託した議案に対して、審査期限を付け、その期限内に委員会が審査を終わらなかったときは、議会は、その付託事件の委員会報告書の提出を待たずに議題とし審議することができる（標規四六Ⅲ）。

(二)　委員長及び少数意見の報告

委員会報告書が議長に提出され、議長がこれを議事日程に掲げて会議の議題としたときは、委員長が審査の経過及び結果について報告をし、次いで少数意見の報告があるときはこれを行うことになる（標規四一）。

ただし、議案の内容がきわめて明瞭であり、委員会において全員一致をもって可決されたようなものについては、会議に諮って委員長報告を省略することができる（標規四一Ⅲ）。

委員長が行う報告は、口頭で委員会における審査の経過と結果について、あくまでも中立公正、客観的立場に立って述べるものであるから、自己の意見を加えることは許されない。少数意見の報告も、留保した意見について報告するもので少数意見者自身の意見を加えることができない（標規四一Ⅳ）。

少数意見は、本来、委員長報告の中に含まれて報告されるものであり、少数意見者が別個にこれを報告しなくても討論の段階において十分その意見を述べることができるものである（昭二六・五・二行実）。したがって、委員長報告の中に少数意見を併せて報告する場合には、少数意見の報告を省略するのが通例である。

(三)　委員長報告等に対する質疑

議員は、委員長及び少数意見を報告した者に対し、委員会における審査の状況や報告の内容について質疑することができる（標規四三）。

（参考）（運基94）
委員長の報告に対する質疑は、審査の経過と結果に対する疑義にとどめ、付託された議案に対し、提出者に質疑することはできない。（標規四三）

9　議案の修正

議案の修正案の提出時期は、標準町村議会会議規則で「提出者の説明又は委員長の報告及び少数意見の報告が終わったときは、議長は、修正案の説明をさせる」（標規四二）と規定していることから、質疑が終わって討論に入る直前までということになる。修正案提出の手続きは、後述のとおりであって、質疑が終わった段階で修正案が提出されたら、その趣旨説明をさせ、さらに修正案に対する質疑があればこれを許すことになる。委員会付託の案件について、委員会で修正案が可決されたときは、委員長報告の中で、その内容について説明される。

10　討　論

以上の一連の過程を経て、質疑が終われば、議長は討論の宣告をする。討論は、議案に対する賛成、反対の旨とその理由を述べて、他の議員を自己の意見に賛同させることを目的とする発言である（第二編第五章三「討論」参照）。

討論が終われば表決に付することになるが、簡易な議案で特に反対者もないような場合でも、討論は省略できないことになっている。それは、議会が言論の府であって、討論を十分尽くすべきであるから、討論そのものを省くということは適当でないからである。

11　表　決

㈠　表決とは

「表決」とは、議会意思を決定するため、議長の要求によって出席議員が問題に対して賛成又は反対の意思を表明することをいう。なお、「採決」とは、議長が表決をとることをいい、「表決」と「採決」は表裏の関係にある用語といえる。

㈡　表決権者

⑴　不在議員の表決権行使の禁止

議員は、平等にそれぞれ一個の表決権を持っているが、表決を行う宣告の際、議場にいない議員は、表決に加わることができない（標規七九）。したがって、委任表決、代理表決は認められない。また、出席していても、議長が表決を宣告した際、所用で議場内にいない者も表決に加わることができないし、除斥議員は、除斥されたその事件については表決に加わることができない。

(2)　議長の表決権と裁決権

議長は、過半数で議決すべき場合には、法第一一六条第二項で「前項の場合においては、議長は、議員として議決に加わる権利を有しない」とされており、表決権を行使することができない。しかし、表決において可否同数となったときは、同条第一項後段の規定により裁決権を行使することになる。また、議長が議員として討論したときは、その議題の表決が終わるまでは、議長席に復することができない（標規五三ただし書）から、議員としての表決権を有することになる。

特別多数議決を要する場合は、可否同数ということはあり得ないので、議長は、当然に表決権を有する。

(3)　表決の棄権

議員は、住民の代表である以上は、議会の会議に出席し、表決権を行使する権利を有すると同時に、その義務がある。それが表決権を行使しないとなれば、住民の信託にこたえないことになり、議員としての職責を果たさないことになるわけで、棄権は厳に慎まなければならない。

㈢　表決の仕方

(1)　表決の対象となる問題

表決に付する問題は、会議に付された議題である場合もあるし、修正動議や委員会付託の動議のように、議題に付随する動議あるいは、議題の審議方法などに関するものもあり、また、その議題の一部分である場合もある。

さらに、表決に付する問題は、原則として一個でなければならない。二個以上の問題を同時に表決に付すると、問題について、賛否の意思が表明できないし、的確な表決を採ることができないからである。ただし、簡単な議題で反対者が全くないと認められるような場合は、一括表決もあり得る。

(2)　表決に付する問題の宣告

議長が表決を採ろうとするときは、表決に付する問題を宣告しなければならない（標規七八）。しかも、議長のこの宣告は、明確にすることが必要である。たとえば、修正案が出た議案の場合は、表決に付するのは、原案か修正案か明確にされていないと、誤って意思表示する議員が出てくるおそれもある。「それならば反対だった」といっても、これを取り消すことは許されないからである。

なお、この表決を行う旨の議長宣告があった後は、発言を求めることができない。しかし、表決の方法についての発言はできる（標規六〇ただし書）。

(3)　表決の条件の禁止

議員は、表決に当たって、その表決に条件を付けることができない（標規八〇）。表決は、各議員が問題に対する賛成か反対かの単純な意思表明であって、仮に、議員が賛意を表するに当たって条件を付けても、それはその議員の単なる希望意見に過ぎず、議長は、その条件を採決することはできない。仮に、それが認められるならば、問題自体には賛成だが、条件には反対だという場合も起こり、採決が容易にできなくなる。また、条件付きで議決されても、条件の成否の判明するまでは議決そのものが確定しないことになる。このように議会全体としての意思が、ある条件のもとに決定されるということはあってはならないわけである。

どうしても条件を付ける必要があれば、修正可能な議題については修正案を提出するか、あるいは、独立した付帯決議又は要望決議を議決し、議会の意思を表明する方法をとるべきである。しかし、この付帯決議又は要望決議も、法的根拠を持つものではなく、事実行為として行われるものであるから、法的効果は生じない。したがって、その議決は町村長を法的に拘束するものではなく、政治的、道義的に尊重されるべき議会意思の表明に過ぎない。

(4)　表決の方法

表決の方法は、標準町村議会会議規則では「起立表決」（標規八一）を原則とし、ほかに記名投票又は無記名投票による表決（標規八二）と簡易表決（標規八七）を定めている。

ア　起立による表決

会議規則の表決方法の最初に、この起立による表決方法が規定されているのは、この方法が原則的なものであるからである。この起立表決は、賛成者を起立させ、議長が、起立者の多少を認定して可否を宣告する方法である。この方法は賛成の数が比較的明瞭となるので多く用いられている。

この場合、起立しない者の中には、反対者、態度保留者、棄権者等も含まれるが、その理由如何にかかわらず実質的には反対とみなされることになる。

起立採決の場合は、可とするものの起立を求めるのであって、否とするものの起立を求めることはできない。

過半数議決の原則は、積極的に賛成する者が出席議員の過半数でなければならない。仮に反対者の起立を求めた場合、議長が「起立者少数」と認定しても「可決」を宣告することができない。なぜならば、着席者には、賛成者のほかに態度保留者、棄権者も含まれている可能性があるからである。そのため、さらに賛成者の起立を求めて、その起立者が多数であることを議長が確認しなければ可決の宣告ができないことになるからである。このように不要の手数を避けるために、「可とすることを諮る」会議原則が生まれたものである。

議長が起立者の多少を認定し難いとき、又は議長の宣告に対して出席議員○人以上から異議があるときは、議長は、記名又は無記名の投票で表決を採らなければならない（標規八一Ⅱ）。

議長の宣告に対する異議の申立ては、議長の起立者の多少の認定に誤りがあるとする場合、議長の可否の結果についての宣告に対して行われる。その申立ての時期は、議長が次の議題を宣告する前でなければならない。

〔例1〕起立による表決の例（通常の場合）

㈠　表決問題の宣告

(1)　通常の場合

○議長　これから議案第○号　○○○○○○○○の件を採決します。

(2)　一括採決の場合

○議長　これから議案第○号　○○○○の件及び○○○○の件／議案第○号　○○○○から議案第○号　○○○○まで○件を一括して採決します。

㈡　起立表決

(1)　本会議のみにおいて審議する場合

○議長　この採決は、起立によって行います。

○議長　議案第○号　○○○○○○○○の件は、原案のとおり決定することに賛成の方は、起立願います。

（賛成者起立）

○議長　起立多数／少数です。

（したがって）議案第○号　○○○○○○○○の件は、原案のとおり可決されました。／否決されました。

(2)　委員会付託の場合

ア　委員長報告可決の場合

○議長　本案／本件に対する委員長の報告は、可決です。

議案第○号　○○○○○○○○の件は、委員長の報告のとおり決定することに賛成の方は、起立願います。

（賛成者起立）

○議長　起立多数／少数です。

（したがって）議案第○号　○○○○／○○○○の件は、委員長の報告のとおり可決されました。／否決されました。

イ　委員長報告否決の場合

○議長　本案／本件に対する委員長の報告は、否決です。

したがって、原案について採決します。

議案第○号　○○○○／○○○○の件は、原案のとおり決定することに賛成の方は、起立願います。

（賛成者起立）

○議長　起立多数／少数です。

（したがって）議案第○号　○○○○／○○○○の件は、原案のとおり可決されました。／否決されました。

注）①委員長報告が修正の場合は、議長はまず委員会の修正部分について諮り、可決されれば、残りの原案について採決することとなる（運基100参照）。

②特別多数議決の場合は、『地方議会議事次第書・書式例』「六一　長の不信任議決」の例による。

㈢　起立者の多少の認定が困難な場合

○議長　ただいまの採決については、起立者の多少の認定が困難です。

（したがって）会議規則第八一条第二項の規定によって、本案／本件については、記名／無記名投票で採決します。

〔例2〕議長の宣告に対し異議がある場合の例

（議長の宣告に対し○人以上から異議があるとき）

○議長　ただいまの議長の宣告に対し○人以上から異議がありますので、会議規則第八一条第二項の規定によって、記名／無記名投票で採決します。

注）議長の宣告に対し異議が○人未満のときは、議長は「ただいまの議長の宣告に対し異議がありますが、○人以上に達しませんので、異議の申し立ては、成立しません。」と宣告する。

イ　投票による表決

(ア)　投票による表決の目的

投票による表決は、表決をより正確にし、議員のより自由な意思表示の機会を保証することを目的とするものである。したがって、問題について賛否が相半ばすることが予想され、起立による表決で採決しても起立者の多少を認定しがたいと考えられる場合、また、重要事件で各議員の賛否を明らかにしなければならないとき、あるいは人事に関する問題等で起立によって表決を採ることが適当でないと認められる場合などに投票による表決が考えられ、次の四つの場合に行われる。

① 議長が必要があると認めるとき（標規八二Ⅰ）
② 起立採決において、議長が起立者の多少を認定しがたいとき（標規八一Ⅱ）
③ 起立表決の結果の宣告に対し、議員○人以上から異議があるとき（標規八一Ⅱ）
④ 出席議員○人以上から要求があるとき（標規八二Ⅰ）

(イ) 記名投票と無記名投票

投票による表決には、「記名投票」と「無記名投票」がある。記名投票とは、投票用紙に「賛成」又は「反対」と記載し、投票者の氏名を併記するものであり、無記名投票とは、投票用紙に「賛成」又は「反対」だけを記載し、投票者の氏名は記載しないものである（標規八三）。

記名投票を用いるか、無記名投票を用いるかは、出席議員からの要求がある場合のほか、議長の裁量による。

無記名投票を用いた方がよいと思われるものには、人事問題、地域的問題等のように個々の議員の賛否を明らかにしない方がより公正な結論が得られるような場合が考えられ、逆に政治的な責任を明らかにした方がより公正な表決が得られるような場合などに記名投票を採用することが考えられる。

なお、議員から無記名投票にするか、記名投票にするか同時に要求されたときは、いずれの方法によるかは無記名投票によって決めることになる。

(ウ) 投票の方法

投票による表決の手続きは、選挙に関する規定が準用（標規八五）され、選挙の手続きと同じ方法で行われる。その手続きは次のとおりである。

〔例1〕記名投票・無記名投票の場合の例

○議長　これから、議案第○号　○○○○ ○○○○の件を採決します。
　この採決は、記名／無記名投票で行います。
　議場の出入口を閉めます。
　（議場を閉める）
○議長　ただいまの出席議員数は、○○人です。
○議長　次に、立会人を指名します。
　会議規則第三二条第二項の規定によって、立会人に○○○○君及び△△△△君を指名します。
○議長　投票用紙を配ります。

（念のため申し上げます）

本案／本件に賛成の方は、「賛成」と、反対の方は、「反対」と記載し、自己の氏名も併せて記載願います。（記名投票の場合）
願います。

なお、賛否を表明しない投票及び賛否が明らかでない投票は、否とみなします。

（投票用紙の配布）

○議長　投票用紙の配布漏れは、ありませんか。

（なし）

○議長　「配布漏れなし」と認めます。

○議長　投票箱を点検します。

（投票箱の点検）

○議長　「異状なし」と認めます。

○議長　ただいまから投票を行います。

事務局長（職員）が議席番号と氏名を呼び上げますので、順番に投票願います。

（点呼）

（○番　○○議員）

注）議長が「一番議員から順番に投票願います」という方法もある。

（投票）

○議長　投票漏れは、ありませんか。

（なし）

○議長　「投票漏れなし」と認めます。

○議長　投票を終わります。

○議長　開票を行います。

○議長　○○○君及び△△△△君。開票の立ち会いをお願いいたします。

（開票）

○議長　投票の結果を報告します。

投票総数　○○票

　有効投票　○○票

　無効投票　○○票　です。

有効投票のうち

賛成　○○票

反対　○○票

以上のとおり賛成／反対が多数です。

（したがって）議案第○号　○○○○は、原案のとおり可決されました。
○○○○の件は、否決されました。

○議長　議場の出入口を開きます。

（議場を開く）

〔例２〕投票の結果、可否同数の場合の例

○議長　投票の結果を報告いたします。

投票総数一八票

有効投票一八票
　無効投票　なし
有効投票のうち
　賛成九票
　反対九票

○議長　以上のとおり投票の結果、賛成・反対が同数です。
（したがって）地方自治法第一一六条第一項の規定によって、議長が本案／本件に対して裁決します。

○議長　議案第○号　○○○○／○○○○の件については、議長は、否／可決と裁決します。

投票表決の結果に対しては、起立表決及び簡易表決と異なり、議員は、原則として異議を申し立てることができない。

(エ)　白票の取扱い

表決に際しては、議員は賛否の意思を明確に表明しなければならないのであるが、投票表決の場合に、賛否いずれも記載しないで白紙のまま投票する場合がある。このように投票による表決において、賛否を表明しない投票や賛否が明らかでない投票を白票と呼んでいる。いやしくも住民を代表する議員である以上は、議案を審議したのに、それに対する賛否を決しかねるということがあってはならない。しかし、実際には起こり得ることであって、その場合の取扱いが問題になる。たとえば、投票総数一九票のうち賛成九票、反対九票、白票一票というような場合にあっては、特に紛争の種になる。

白票の取扱いについて、学説はさまざまに分かれている。白票を無効とする説が多い。行政実例（昭三二・一一・六）では否として扱うことを認めており、そのような行政指導も行われている。もともと白票は、投票表決の場合に限り生ずるものであって、仮に他の表決方法によった場合、たとえば、起立表決においては、積極的賛成者のみの起立であるから、このケースでは、賛成九人という結果になり、当然否決されることになる。本来賛否の数は、表決の方法のいかんによって変わらないのが原則である。したがって、白票の取扱いは「否」とみなすのが妥当である。標準町村議会会議規則第八四条でそのように規定している。

ウ　簡易表決

簡易表決は、議長が問題について異議の有無を会議に諮り、異議がないと認めるときに直ちに可決を宣告する方法である。この方法は、出席議員全員の賛成が見込まれる場合に用いられるもので、あらかじめ反対者があることが分かっているような場合は、この方法によって採決すべきではなく、起立採決によるべきである。

議長の可決の旨の宣告に対して、出席議員○人以上から異議の申立てがあった場合は、議長は起立採決によらなければならない（標規八七ただし書）。この場合の異議の申立ては、当然、次の議題の宣告前でなければならない。

〔例〕簡易表決の例

○議長　これから議案第○号　○○○○を採決します。お諮りします。

本案は原案のとおり決定することに御異議ありませんか。

（異議ないとき）《異議あるときは起立により採決》

○議長「異議なし」と認めます。

（したがって）議案第○号　○○○○は、原案のとおり可決されました。

注）議長の宣告に対し、○人以上から異議があるときは、起立によって採決する。

(5)　表決の順序

表決に付する問題がその事件だけである場合には、表決の順序について何ら問題ないが、修正案が提出された場合は、原案と修正案、修正案と修正案で表決の順序が問題になる。通常次のような順序による。

①　修正案は、原案より先に採決する（標規八八Ⅲ）。すべての修正案は、原案より先に採決しなければならない。これは、修正案が、本案に対しては先決問題であるから当然のことであり、標準町村議会会議規則第八八条第三項にも、修正案がすべて否決されたときは、原案について表決を採ると規定している。

修正案を先に採決して可決されれば、その修正議決した部分を除く原案を採決することになる。

②　議員提出の修正案は、委員会の修正案より先に採決する（標規八八Ⅰ）。

同一議題について、議員提出の修正案と委員会の修正案がある場合は、議員提出の修正案にも表決の機会を与えるために、それを先に表決を採る。

③　議員修正案が数個あるときは、原案に最も遠いものから先に表決を採る（標規八八Ⅱ）。

同一議題について、議員から数個の修正案が提出されたときは、議長が表決の順序を決めるが、その順序は、原案に最も遠いものから先に表決をとる。議長の決めたその順序について出席議員○人以上から異議があるときは、議長は、討論を用いないで会議に諮って決める（標規八八Ⅱただし書）。

④　共通部分とそうでない部分とを分けて採決する。

議員修正案・委員会修正案に共通部分があるときは、一事不再議の原則との関係から、まず、議員修正案のうち、共通部分を除く部分を③の順序で採決し、次に共通部分について採決する。次に、委員会修正案の残りの部分、最後に、修正部分を除く原案について採決する。

〔例1〕議員提出の修正案が否決の場合の例

○議長　これから、議案第○号　○○○○／○○○○の件の採決を行います。

まず、本案／本件に対する○○○○君ほか○人から提出された修正案について、起立によって採決します。

本修正案に賛成の方は、起立願います。

（賛成者起立）

○議長　起立少数です。

（したがって）修正案は、否決されました。

○議長　次に、原案について、起立によって採決します。

原案に賛成の方は、起立願います。

（賛成者起立）

○議長　起立多数／少数です。

（したがって）議案第○号　○○○○／○○○○の件は、原案のとおり可決されました／否決されました。

〔例2〕議員提出修正案否決、委員会報告修正案可決の場合の例

○議長　これから、議案第○号　○○○○／○○○○の件の採決を行います。

まず、本案／本件に対する○○○○君ほか○人から提出された修正案について、起立によって採決します。

この修正案に賛成の方は、起立願います。

（賛成者起立）

○議長　起立少数です。

（したがって）○○○○君ほか○人から提出された修正案は、否決されました。

○議長　次に、本案／本件の委員長の報告は、修正です。

まず、委員会の修正案について、起立によって採決します。

委員会の修正案に賛成の方は、起立願います。

（賛成者起立）

○議長　起立多数です。

（したがって）委員会の修正案は、可決されました。

○議長　次に、ただいま修正議決した部分を除く原案について、起立によって採決します。
修正部分を除く部分を原案のとおり決定することに賛成の方は、起立願います。

（賛成者起立）
○議長　起立多数です。
（したがって）修正部分を除く部分は、原案のとおり可決されました。

〔例３〕議員提出修正案と委員会修正案とが一部共通の場合の例

○議長　これから、議案第○号　○○○○／○○○○の件の採決を行います。
採決の順序について、あらかじめ申し上げます。

本案／本件については、○○○○君ほか○人から提出された修正案のうち、○○○○の点は、委員会の修正案と共通です。

（したがって）初めに○○○○君ほか○人提出の修正案のうち、委員会の修正案と共通する部分を除く部分について採決します。

次に、両修正案の共通する部分について採決します。

次に、委員会の修正案の残りの部分について採決します。

最後に、修正部分を除く原案について採決します。
○議長　まず、○○○○君ほか○人から提出された修正案のうち、委員会の修正案と共通する部分を除く部分について、起立によって採決します。
○○○○君ほか○人から提出された修正案のうち、委員会の修正案と共通する部分を除く部分に賛成の方は、起立願います。
（賛成者起立）
○議長　起立少数です。
（したがって）○○○○君ほか○人から提出された修正案のうち、委員会の修正案と共通する部分を除く部分は、否決されました。
○議長　次に、○○○○君ほか○人から提出された修正案と委員会の修正案との共通部分について、起立によって採決します。
共通部分について賛成の方は、起立願います。

（賛成者起立）
○議長　起立多数です。
（したがって）○○○○君ほか○人から提出された修正案と委員会の修正案との共通部分は、可決されました。
○議長　次に、ただいま議決した部分を除く委員会の修正案の残りの部分について、起立によって採決します。

委員会の修正案の残りの部分に賛成の方は、起立願います。
（賛成者起立）
○議長　起立多数です。
（したがって）委員会の修正案の残りの部分は、可決されました。
○議長　次に、ただいままでに修正議決した部分を除く原案について、起立によって採決します。
修正部分を除く原案に賛成の方は、起立願います。
（賛成者起立）
○議長　起立多数です。
（したがって）修正部分を除く原案は、可決されました。

㈣　表決の訂正

議員は、自己の表決を訂正することができない（標規八六）。表決は、いかなる理由があろうと、又は錯誤に基づくものであっても訂正は許されない。もし、これが許されることになれば、議決の結果が不安定なものとなり、議会の運営を混乱させ、また、議会の権威を失うことにもなる。この意味において、表決は、絶対に訂正できないものである。

第五章　発　言

一　発　言

1　発言の自由と責任

議会は、〝言論の府〟といわれるように、議員活動の基本は言論であって、問題は、すべて言論によって決定されるのが建前である。このため、議会においては、特に言論を尊重し、その自由を保障している。会議原則の基本的なものとして「発言自由の原則」が挙げられるのもそのためである。国会については、憲法において「議員は、議院で行つた演説、討論又は表決について、院外で責任を問はれない」（憲法五一）と定め、特別にそのことを明文で保障している。これを免責特権という。これは、戦時中軍部の言論抑圧によって国会が全く機能を失った苦々しい体験からみても、厳守されるべき当然の規定である。地方議会議員に免責特権はないが、その趣旨や精神は地方議会においても同様であって、もしも言論の自由がなくなれば、議員は、その職責を果たすことは、とうてい不可能である。

しかし、発言が自由であるからといって、どんな内容の発言も許されるというものではない。おのずから節度のある発言でなければならない。たとえば、議場の秩序を乱したり、品位を落とすものであったり、個人のプライバシーに関する発言まで許されるものではない。また、議会は、多数の議員から構成される合議体であり、議長がその会議を主宰しているわけであるから、一定の会議の進行に従った発言が行われなければならない。民主主義を基盤とする議会においては、このように秩序を重んじなければならないことは当然であり、おのずから会議のルールに従った節度ある発言が要求されるわけである。

それと同時に発言者は、自己の発言に責任を持つことが要求される。議会での議員の発言は、いかなる思想、信条に立つものであろうと自由であることは前に述べたとおりであるが、発言の内容によっては自己の政治的、道義的責任を問われることもあり、さらに法令や会議規則に違反した発言は懲罰の対象となることもある（第二編第九章「議会の規律、懲罰」参照）。

2 発言の制限

発言は、このように原則的には自由であるが、会議の能率的運営と平等な発言の保障、そして議会の権威確保のため、これに一定の制約が加えられている。その主なものを述べると次のとおりである。

(1) 発言は、議長が開議を宣告した後、また、休憩、延会、散会、中止の宣告前でなければならない（標規一一Ⅱ）。

(2) 議長が選挙又は表決の宣告をした後は、何人も発言を求めることができない（標規六〇）。

(3) 発言は議長の許可を得た後でなければできない（標規五〇）。

(4) 発言は簡明に行い、議題外にわたり、あるいは許可された趣旨の範囲を超えてはならない（標規五四Ⅰ）。

(5) 無礼な言葉を使用し、又は他人の私生活にわたって発言してはならない（法一三二）。

(6) 議会の品位を落すような発言をしてはならない（標規一〇二）。

(7) 質疑は、同一議員につき、同一の議題について三回を超えてはならない（標規五五）。

(8) 討論は一人一回に限られる。

(9) 発言時間を制限された場合は、その時間内でなければならない（標規五六Ⅰ）。

3 発言の種類

議会の会議における発言には、いろいろの種類があり、しかも、その発言には、それぞれの目的と性格があり、その相手方も異なっている。そのことを十分理解していないと、議事を混乱させるばかりでなく、発言許可の趣旨に反するとして注意されたり、場合によっては中止させられるようなこともあり得る。以下、発言の主なものを挙げる。

(1) 趣旨説明

趣旨説明は、議題となった事件の大綱とそれを議会に提出した理由についての説明である。議員提出の事件としては、主として条例案・会議規則案・意見書案・決議案などがある。そのほかに重要な動議（たとえば、修正動議・懲罰動議）についても提出の理由を説明することがある。

また、請願の紹介議員の説明もこの「趣旨説明」の一種に含められよう。

(2) 質疑

質疑は、本来、議題となっている事件について疑義をただすことであるが、そのほかに各種の報告に対して行われる場合と町村長の施政方針の説明に対して行われる場合がある。

質疑は、議題となっている事件について、その提出者（修正案提出者も含む）に対してなされるのが原則である。しかし、議員提出の事件及び請願、陳情については、その執行の任に当たる執行機関に対しても質疑することができる。たとえば、修正案が提出された場合、原案の提出者である町村長など説明のために出席している者に対しても行い得る（標規四三）。また、請願、陳情については、議会が採択した後における実現の可能性などについて、執行機関に対して質疑することができる。

各種の報告に対して行われる質疑は、委員長の報告（標規四一）、法令に基づく町村長の報告、監査委員の監査結果の報告など、それぞれの報告者に対しなされるものである。

なお、質疑は、議題外にわたったり、自己の意見を述べることはできないし、さらに、回数の制限がある（議題となっている質疑の要領については、第二編第五章二「質疑」を参照）。

(3)　討　論

討論とは、議題となっている問題に対する自己の賛否の意見表明であって、その目的は、自己の意見に反対する者及び賛否の意思を決めていない者を自己の意見に賛同させることである。

なお、討論には、「討論一人一回の原則」があり、お互いに賛否の意見を反復して行うことは絶対にできないことになっている。

(4)　質　問

質問とは、その町村の行財政全般にわたって、執行機関に対し、説明を求め又は所信をただすことであって、議員の固有の権能である。

質問は、一般質問と緊急質問とに区別され、その取扱いを異にしており、質問回数も質疑と同様、回数の制限がある（標規六三）。

(5)　動　議

動議とは、議案以外の議員の単純な提案であって、案を備えなくても、会議の議題とすることができるものである。動議の中には、文書によるもの（たとえば、懲罰動議、修正動議）と、会議進行中、随時、出席している議員から口頭で提出され、所定の賛成者があれば成立し、議題となり得るものとがある。したがって、後者については、発言の一種として取り上げることができるし、実際は、この方の動議が多い。

(6)　議事進行に関する発言

議事進行に関する発言とは、議事進行上の問題について議長に対し、質疑や注意、又は希望を述べるための発言である。たとえば、「議長の議事運営についてお尋ねしたい。○○について○○であるがどういうわけか」や、「本案の審議のため必要があるので教育長の出席を求められたい」というようなもので議事進行の発言であることを述べて発言の許可を求めるものである。

この発言に対しては、議長は必要に応じて答弁をし、又はこれに応ずる適切な措置をとればよい。

議事進行に関する発言は、動議ではないから賛成者は必要なく、また、採決の対象になることはないので、議事進行の動議とは区別して取り扱わなければならない。さらに、この発言は、議題に直接関係のあるもの、又は直ちに処理する必要のあるものでなければならないので、議事進行に関する発言として一たん許可され、発言する中で、その趣旨に反すると議長が判断したときは、直ちに制止されるものである（標規五七）。

(7)　議長の発言

議長は、会議の主宰者として、議会運営上、議事進行上及び秩序保持上必要と認める発言は、いつでもできる。たとえば、開閉の宣告、質疑、討論、採決に入る旨などの審議段階に関する宣告、表決の結果の宣告など表決に関する宣告、発言に対する注意などの秩序保持のための発言、それに動議の提出（議長発議という）その他議会運営上必要と認められる事項の諸報告などが挙げられる。

議長の発議については、会議規則で特に定めているものもある（たとえば、議長発議で議事日程を変更する場合）が、会議規則で別段の規定がない場合でも発議をすることができる。たとえば、「会期の決定に関する発議」などが挙げられる。この議長発議は、賛成者を要しないで、議長は直ちに議題とすることができる。

また、議長は、議員として発言する場合もある。この場合は、議長席を副議長と交替し、自分の議席に着いて発言し、発言が終わった後、議長席に復するのであるが、討論をしたときは、その議題の表決が終わるまでは、議長席に復することができない（標規五三）。

(8)　その他

以上のほか、委員長報告、少数意見の報告、これらに対する質疑についての答弁、議員の一身上の弁明、慶弔に関する発言、正副議長選挙に当たっての就任あいさつ、物故議員に対する追悼演説、事務局職員としての発言などがある。

(9)　執行機関の発言

町村長等が議会の会議において発言できる主なものは、提出した事件についての町村長等の説明、議員からの質問、質疑に対する答弁、さらに、法律で執行機関が議会に報告すべきものとされているものの報告事項、重要な事項に関する行政報告、予算議会における提出案件の説明に先立って行われる町村長の施政方針説明、町村長の改選後最初に招集された議会における町村長の所信表明などがある。

4　発言の取扱い

(一)　発言の通告と許可

会議中に発言しようとする者は、すべて議長の許可を得なければ発言することができない（標規五〇）。

発言を求める方法としては、発言しようとする者が、事前に議長に発言通告をする方法と、通告はしないで、発言希望者が起立して「議長」と呼び、自己の議席番号を告げる方法とがある。標準町村議会会議規則においては、一般質問についてのみ通告制をとっているが、他の発言についてもなるべく事前に申し出る運用が望ましい。

なお、議長の許可を得ない発言は、不規則発言で私語として扱われるものである。ただし、「異議あり」、「異議なし」又は動議に対する「賛成」の発言は、議長の発言許可とはかかわりなく可能である。

(二)　発言中の他の発言の許可

発言は、一人ずつ許可することが建前である。したがって、発言者の質疑、討論中には、議長は、他の発言を許可することは控えなければならない。このことは、議員の発言権の保障という点からも、また、議員の発言を尊重するということからも当然のことである。ただし、議事進行に関する発言（標規五七）で、直ちに処理する必要のある発言の要求があった場合、あるいは議事進行の先決動議（たとえば、質疑終結の動議、休憩動議のようなもの）の発言要求があった場合は、発言が終了しなくとも、議長は発言を中止させ、議事進行の発言、あるいは議事進行の動議を許可することができる。

この場合の発言要求は、一般の発言と区別できるよう「議長、○番、議事進行」あるいは「議長、○番、動議」と告げるようにすべきである。

(三)　発言の順序

(1)　発言順序の決定

発言の順序は、「議員平等の原則」によって、通告の順序によるのが通例である。通告制をとらないで、随時、起立して発言を求める場合には、議長は、先に起立したと認めた者から指名して発言を許可する（標規五一Ⅱ）。この議長の先起立者かどうかの認定は、議長の議事整理権に属するもので、議長のその認定に、たとえ誤りがあったとしても、あるいは議員がその認定に不満があっても、異議の申立てをすることができない。

(2)　討論の発言順序

討論の発言の順序については、特例が設けられている。すなわち、「討論については、議長は、最初に反対者を発言させ、次に賛成者と反対者を、なるべく交互に指名して発言させなければならない」（標規五二）と規定されている。これを「討論交互の原則」という（第二編第五章三討論3「討論の順序」参照）。

㈣　発言の場所

(1)　演壇での発言と議席での発言

発言は、原則として演壇ですることになっている（標規五〇Ⅰ）。これは、発言者の発言内容を徹底させるためと、記録の便宜上からのものである。しかし、議事進行に関する発言、質疑、動議など簡単な発言や、病気や身体上の理由で特に議長が許可した場合は、議席で発言することができる（標規五〇Ⅰただし書）。町村では趣旨説明、一般質問（一回目のみ）、委員長報告、討論のみを演壇で行う慣例をつくっているところが多い（運基78）。

(2)　議席で発言する者への登壇の要求

発言時間が長い場合や発言者の音声が低く、発言が議場に徹底しないと思われるときは、議長は、発言の途中でも発言者に登壇を命ずることができる（標規五〇Ⅱ）。

議長の登壇要求があるのに、これに応じないときは、議長は、議場の秩序を保持するため、その者に発言の中止を命ずることができる（法一二九）。

㈤　発言の継続

発言の途中に、会議の延会、中止、休憩又は休会などのため、発言が中断された場合は、議員の発言権の保障の手段としてその議事再開の会議で、他の発言者に優先して前の発言を継続することができる（標規五八）。

5　発言内容の制限

㈠　簡単明瞭にする

会議における発言は、なるべく簡単明瞭、しかも、要領よくなされなければならない（標規五四Ⅰ）。したがって、内容が複雑で長時間を要するものについては、あらかじめ原稿を用意して無駄や重複がないようにすることが望ましい。特に一般質問については、必ず原稿を準備して、迫力のある内容で充実した質問をしたいものである（運基87）。

また、議会の会議における議員の発言は、その町村の住民の代表として、自分の意見を述べるものであるから、何びとの意見か明らかでない文書の朗読に過ぎないような発言は考えられない。ただし、新聞、雑誌、著書などの一部を参考のため最少限度引用することは差し支えない。

㈡　**議題外にわたらない**

発言の内容が議題外にわたってはならない（標規五四Ⅰ）。ある議案の審議中に、それとは全く関連のない事項について質疑をしたり、討論をしたりするようなことがあっては、議事が混乱し、審議能率が低下するからである。お互いに注意したいものである。

㈢　**範囲を超えない**

議案の審議は、一定の段階に従って行われる。発言もこの段階に応じ、質疑中には質疑を行い、討論その他にわたる発言をしてはならない（標規五四Ⅰ）。また、討論の段階では討論を行い、質疑をむし返すようなことは許されない。特に、町村議会の場合は、発言の通告制をとっていないので、質疑と討論が混同されがちであるから注意すべきである。たとえば、「私は本案については、何々で……あるから賛成するものであるが、しかし、何々について……お尋ねしたい」というような質疑とも討論ともつかない発言は許されないものであって、それぞれの段階に応じた発言をすべきものである。

以上の内容制限に反して、発言が冗長にわたったり、議題を逸脱したり、質疑と討論が混同された発言がある場合は、議長は、まず発言者に注意して反省を促し、その注意に従わない場合は、発言の禁止を命ずることもできることになっている（標規五四Ⅱ）。

6　注意したい発言

品位の保持については、法第一三二条に規定されているように、次にかかげる発言は禁止されている。

⑴　無礼な言葉の使用と他人の私生活にわたる発言

議員は、他の議員、執行機関、その他第三者について、議事に関係のない個人の問題を議論の対象としたり、また、無礼な言葉や私生活にわたる言論になる発言をしてはならない（法一三二）。人事の同意案件について反対討論をするとき、あるいは一般質問などをする場合、特に注意が必要である。

参考までに「無礼の言葉」とは、議員が議会の会議に付された事件について、自己の意見や批判の発表に必要な限度を超えて、議員その他の関係者の正常な感情を反発する言葉をいうものとされている（札幌高裁判決昭二五・一二・二五）。

(2) 議会の品位を落とす発言

みだらな発言や暴言など住民代表としてふさわしくない発言は、議会の品位を落とし、議会の権威を失墜することにもなる。また、発言中、ヤジに対して応酬するようなことは厳に慎まなければならない。また、根拠のない単なる風評などに基づく発言も同様である。

以上のような発言は、場合によれば取消しを命じられることもあり、さらにことの次第によっては、懲罰に付される場合もあり得るから十分注意すべきである。

7 発言の取消し又は訂正

議会の会議における発言を取り消すには、発言者の発意による方法（標規六四）と、議長の職権により取り消す方法（法一二九）とがある。

(一) 議員の発意による取消し又は訂正

議会の会議で行う発言については、発言者は、その内容に責任を持たなければならない。このために、発言後にその発言を取り消したり訂正したりすることは、原則として許されないものである。

しかし、その発言が、不必要な発言であったり、思い違いによる発言であったりする場合、それを取り消したり、訂正を認めないで、その発言についてすべての責任をとれとすることは苛酷に過ぎる。そこで、このような場合には、発言者が議会に申し出て、議会の許可を得て自分の発言の全部又は一部を取り消したり、また、議長の許可を得て訂正することができることを会議規則で定めている（標規六四）。

この場合の取消し、訂正は、その会期中に限られ、訂正は字句に限り、発言の趣旨を変更するようなことはできない。

なお、議員の発言について、他の議員から「発言取消しの動議」が提出され、その動議が可決されても、議長は、これに拘束されるものではなく（昭二七・一〇・八行実）、議会として取消しを要求することを決めたに過ぎないものである。

(二)　議長の職権による発言取消し

議員の発言の中に他人の私生活にわたるような発言、あるいは議会を侮辱するような発言など、不穏当、不適当と認められる発言があった場合、議長は、発言者に発言の取消しを命ずることができる。この議長の発言取消命令は、法第一二九条の規定による議長の秩序保持権によって行われるものであって、その命令に従うのが当然であるが、この命令だけで発言取消しの効果が発生することにはならない。一方、取消しを命じられた発言は、配布用の会議録には掲載されない（標規一二六）。

実際の取扱いとしては、議長が取消命令をするには、まず、議員の自主性を尊重して「取り消してはいかがですか」と促し、なお、この勧告に従わない場合に、取消しを命ずる扱いが適当であるとされている。

また、他の議員からの発言取消しの動議が提出され、可決されたとしても、前述のとおり議長は、これには拘束されないが、議会の意思として尊重して、措置することになる。

なお、この議長の発言取消命令は、議員に対して行われるもので、執行機関に対しては及ばないものであるが、議員の発言取消しが命じられた発言部分に関連する執行機関の発言があれば、その発言部分も取り消されたものとなる。

なお、発言を取り消すと、その発言は始めから全くなかったものとなる。しかし、発言を行った事実に対しては、責任を負わなければならないので、その内容いかんによっては、懲罰の対象とされる場合もある。

二　質　疑

質疑は、議題に供された事件について疑義をただすものと、執行機関の所信表明、報告などに対する質疑とがあるが、ここでは、本会議の議題に供された事件に対する質疑に限定して述べることにする。

1　質疑とは

質疑とは、前述したとおり、議題に供された事件について、疑義をただすものである。したがって、質疑は、提出者に対して行うものであるから、町村長から提出されたものは町村長に、議員から提出されたものは、その議員に対してすることになる。しかし、議員提出議案については、その議案の執行上の問題について執行機関に対しても質疑をすることができる。

質疑は、議題になっている事件に対して行われるものであるから、現に議題になっている事件に対して疑問点を質すものでなければならない。また、自己の意見を述べることができない（標規五四Ⅲ）。この場合の意見とは、討論の段階で述べるような賛成、反対の意見であって、自己の見解を述べないと質疑の意味をなさないようなものについてまで禁止しているものではない。

注）諸般の報告及び行政報告に対する質疑は、原則として行わない（運基57）。

町村議会における議案の審議は、大半の町村において本会議中心主義がとられ、特に重要な議案についてのみ委員会に付託して審査される。

本会議のみで議案を審議する場合は、議題となった議案の説明の後に質疑がなされ、質疑が終われば討論に付される。討論については後述するが、討論は、その事件に対する賛否の意見の表明にとどまり、しかも、反覆して論争を展開することができないものである。したがって、質疑の段階でその議案の目的、内容を十分ただし、その上で、自分の賛否の意見を決めなければならない。このように質疑は、審議に当たって最も重要な段階であるので、あらゆる角度からの十分な質疑が尽くされるように努めるべきである。

委員会に付託して審査する場合は、説明の後に、その議案に対する総括的な質疑を行い、詳細な個別質疑は委員会で行うことになる。

2 修正案に対する質疑

修正案に対する質疑は、修正案の説明の後に行われ、その相手は提出した議員である。また、法第一二一条の規定により説明のため出席を求めた町村長その他の執行機関に対しても質疑することができる（標規四三）。

修正案が二個以上あるときは、一括して質疑をする扱いが適当である。

3 質疑の方法

質疑の仕方には二つの型がある。一つは、質疑をしようとする事項の全部を述べて答弁を求める一括質疑方式、もう一つは一問一答方式である。

(一) 一括質疑方式

標準町村議会会議規則は、この一括質疑方式をとり、しかも「同一議員につき、同一の議題について三回を超えることができない。ただし、特に議長の許可を得たときは、この限りでない」（標規五五）として、発言回数を制限している。制限している理由は、重要な事件は委員会に付託され、委員会で十分な審査が尽くされるという前提に立って、特定の議員に自由に、納得のいくまで無制限に質疑をさせては、他の議員の発言に影響を及ぼすだけでなく、会議の能率的な進行を妨げることにもなるので、これを防止するためである。

この規定による具体的な質疑の仕方は、質疑者が議題について数項目の質疑事項を取り上げ、一括質疑をし（一回目）、答弁を聞き、その答弁のうちの何点かに理解できないものがあった場合、それらについて再質疑（二回目）をする。再質疑に対する答弁がさらに要領を得ず納得できない場合三回目の質疑をする。そして、その三回目の答弁がなお要領を得ず、理解できないときは、議長に対して許可を求め、議長が特に許可した場合は、四回目の質疑ができ、さらに同じ要領でそれ以上の質疑をする制度である。

この議長の特別の許可による質疑は、大半の町村議会で、本会議中心主義がとられている関係上、弾力的な運用によって、十分な質疑が尽くされるようにすべきであろう。

㈡　一問一答方式

一問一答方式による質疑は、案件に対する疑問点を一つずつ取り上げ、納得いくまで質疑、答弁を繰り返す方法である。この方法による質疑は、微に入り細にわたるので、議案の審議を十分深めることができ、委員会審査や議員定数の少ない町村の、本会議中心で運営している議会に適している。

また、一括質疑方式の回数制限をどうするかは、それぞれ町村の実態に応じて会議規則で定めればよい。たとえば、議員数が少数の議会では、回数制限をしなくともよいかもしれないし、もし、制限を設けたとしても、議案の内容によっては委員会付託を活用したり、十分な会期をとるなどをして、慎重な審議が行われるような運営がなされるべきである。

4　関連質疑

質疑に通告制をとっている場合の、関連質疑は理論上あり得ないことになるが、町村の場合は通告制をとっていないので、関連質疑を許すことはやむを得ない。ただ、この関連質疑を無制限に許すとすれば、質疑が際限なく続く場合も予想され、また、最初質疑をした議員の立場からみても好ましくないので、当然、関連質疑も質疑回数制限の枠内で取り扱うことになる。

その運用に当たっては、一括質疑方式の場合、関連質疑を許す時期は、質疑者がしようとする何点かの質疑が全部終了したあとに引き続いて許すことにし、主たる質疑者の質疑の途中においては関連質疑を許さない扱いにするのが適当であろう。

5 質疑の終結

質疑が次から次と続いていつ終わるか分からないような場合、また、質疑によって問題に対する疑義が解明し尽くされたと認められるような場合、議員は質疑終結の動議を提出することができる（標規五九Ⅱ）。この動議が成立すれば、この動議は先決動議であるから直ちに採決され、そして可決されれば、以後の質疑は許されない。この動議を通常、質疑打切りの動議ともいっているが、運用いかんによっては、紛争の原因となることがよくあるので慎重な取扱いが望まれる。

なお、質疑が終わったとき、又は質疑終結の動議が可決されたときは、議長は、質疑の終結を宣告する（標規五九Ⅰ）。また、質疑が全くない場合もあるが、この場合は、議長は「質疑なしと認めます」と宣告して討論に入ることになる。

6 許されない質疑

質疑に対する質疑は許されないし、また、委員長の報告に対する質疑は、審査（調査）の経過と結果に対する疑義に限られ、付託事件の内容について提出者に質疑することはできない（運基94）。また、諸般の報告及び行政報告に対する質疑は、原則として行わないことになっている（運基57）。

三 討 論

1 討論とは

事件に対する質疑、委員長報告あるいは少数意見報告に対する質疑又は修正案に対する質疑が終わったときは、討論に入る。

討論とは、前述したとおり、現に議題になっている事件に対して、自己の賛成又は反対の意見を表明することである。しかも、その目的は、自己の意見に反対する者及び賛否の意思を決めていない者を自己の意見に賛同させることにある。したがって、簡単な「賛成」、「反対」の意思表示は討論とはいえないわけで、賛成又は反対についての理由を明確に述べながら賛否を論議すべきものである。なお、討論する場合は、冒頭に「賛成」又は「反対」を明らかにし、続いてその理由を明確に述べるのが望ましい（運基96）。

また、討論は議題に対する自己の賛否の意見表明であるから、原案に対する修正案が提出されている場合は、原案に併せて討論を行うことが建前である。もちろん、自己の意見表明であるから代理討論は許されない。また、「何々であるから何々の部分を除いて賛成である」とか、「何々であるから、何々の部分を何々に直せば賛成である」というような条件付討論はあり得ない。このような意見は、質疑の段階で十分論議し、必要によっては修正案を提出するなどの措置をとるべきものである。

2　討論一人一回の原則

討論の回数については、標準町村議会会議規則には何らの規定もないが、「討論一人一回の原則」という会議原則がある。同一議員が同一議題について、一回に限り賛否の意見を述べることができるという原則で、反覆討論は許されないとするものである。

この原則は、二回以上の討論を重ねると、理論を離れて感情論に流れるおそれが強く、必ずしも賛成、反対の意見を徹底させることにもならないし、議事整理の上からも適当でないところから生まれた原則である。

3　討論の順序

討論の順序は、いわゆる「討論交互の原則」に従って行うことになる。この原則の由来は、たとえば、委員長報告が可決であるときに、それに続いて賛成の討論をさせることは、結局、賛成論を重ねることになり、また、本会議のみで審議する場合、提案理由の説明と質疑に対する答弁は原案を可とされたいとする発言であるから、質疑後、討論に入って直ちに賛成者の発言すなわち賛成論を許すことは、説明者の賛成論と重なることになって賛成論が強調され、賛否の討論が公平に行われないことになるからである。そこで、このようなことをなくし、討論を公平に行わせるために生れたのが、討論交互の原則である。

標準町村議会会議規則第五二条では、この原則を踏まえ「議長は、最初に反対者を発言させ、次に賛成者と反対者を、なるべく交互に指名して発言させなければならない」と規定し、最初に反対者を発言させることになるが、この反対者とは、原案に対する反対を意味するものではない。討論の前の段階の発言の趣旨に反対という意味である。実際の運用に当たっては、討論交互の原則の精神に沿って行われるべきである。その運用の主な事例を挙げると、次のようなものがある（運基95）。

(1) 討論の順序

委員会に付託しない場合

① 修正案のない場合＝原案反対者―原案賛成者

② 修正案のある場合＝原案賛成者―原案及び修正案反対者―原案賛成者―修正案賛成者

(2) 委員会に付託した場合

① 報告が可決の場合＝原案反対者―原案賛成者

② 報告が否決の場合＝原案賛成者―原案反対者

③ 報告が修正の場合＝原案賛成者―原案及び修正案反対者―原案賛成者―修正案賛成者

④ 委員長報告後修正案のある場合＝原案賛成者―原案及び修正案反対者―原案賛成者―修正案賛成者

⑤ 報告が可決で少数意見のある場合＝原案賛成者―少数意見賛成者（原案反対者）

⑥ 報告が否決で少数意見のある場合＝原案反対者―少数意見賛成者（原案賛成者）

4 討論の進め方

町村の場合は、発言の通告制をとっていないので、誰が賛成者であり、反対者であるのか分からない。したがって、議長が討論の発言を許可するときには「これより討論に入ります。まず、本案（又は何々）に対する反対（又は賛成）の方の発言を許します」と述べ、反対（又は賛成）討論一人を許し（発言要求者が数人あれば先順位者一人を許し、次順位者は次回の反対（賛成）討論の際許す）、その討論がすんだならば「次に賛成（又は反対）の方の発言を許します」というような運用をしている。

5 討論を用いないもの

本来、採決の対象となる案件については、討論できるとすることが原則であり、討論の発言の要求があるものを、これをさせないで採決するようなことはできない。しかし、その事件の性質上又は簡単ないわゆる議事進行上の動議を採決するような場合、地方自治法又は会議規則の定めるところにより、又は慣習的に討論をしないで直ちに採決することとされているものがある。

地方自治法で明文の規定を置いている事例としては、第一一五条の「〔秘密会〕の発議は、討論を行わないでその可否を決しなければならない」がある。さらに、標準町村議会会議規則で「討論を用いないで」採決できることの明文の規定を置くものは、次のとおりである。

発言

(1) 会議時間の変更の異議（標規九Ⅱ）
(2) 先決動議の表決順位の異議（標規一九ただし書）
(3) 日程の順序変更及び追加の発議又は動議（標規二二）
(4) 延会の発議（標規二五Ⅱ）
(5) 一括議題の異議（標規三七ただし書）
(6) 提出者の説明省略（標規三九Ⅱ）
(7) 委員長及び少数意見の報告の省略（標規四一Ⅲ）
(8) 発言時間の制限の異議（標規五六Ⅱ）
(9) 質疑、討論終結の動議（標規五九Ⅲ）
(10) 緊急質問に対する同意（標規六二Ⅰ）
(11) 表決の順序の異議（標規八八Ⅱただし書）
(12) 議長及び副議長の辞職（標規九八Ⅱ）
(13) 議員の辞職（標規九九Ⅱ）
(14) 規律に関する問題（標規一〇九ただし書）

このほか明文の規定がなくても休憩、散会の動議のように、その性質、内容によって、慣習的に議長が討論を用いないで直ちに採決しているものもある（運基98）。その事例を示すと、

(1) 会期の決定（標規五Ⅰ）
(2) 会期の延長（標規六）
(3) 休会（標規一〇Ⅱ）
(4) 休会の日の開議（標規一〇Ⅲ）
(5) 事件の撤回又は訂正及び動議の撤回（標規二〇Ⅰ）
(6) 議決事件の字句及び数字等の整理（標規四五）
(7) 委員会の審査又は調査に対しての期限（標規四六）
(8) 中間報告（標規四七）
(9) 発言の取消し又は訂正（標規六四）
(10) 請願の特別委員会付託（標規九二Ⅰただし書）
(11) 請願の委員会付託省略（標規九二Ⅱ）
(12) 会議規則の疑義（標規一三〇）
(13) 議事進行の動議

6 討論の終結

討論は、審議の中心ともいえる発言であるから、十分討論を尽くすべきで、討論の終結は軽々しく行うべきでない。終結は、議長が討論終結を宣告したとき及び討論終結の動議が可決されたときである（標規五九）。議長の討論終結の宣告は、討論が終わったものと客観的に認められる時期に宣告すべきであって、まだ十分討論が尽くされていない状態にあっては終結を宣告すべきでない

し、また、議長発議によって終結を会議に諮ることもできない。討論終結の動議の提出は、討論希望者が続出して容易に終結しないとき、あるいは討論交互の原則からして賛成、若しくは反対の意見が一方にかたより、これに相対する立場の意見がないような場合に提出すべきであって、討論を抑圧するようなことがないようにすべきである（標規五九Ⅱ）。

また、討論がないときは、「討論なしと認めます」との議長の宣告で議事が進められる。さらに、討論がないと予想される場合でも「討論省略の動議」も「討論省略の議長の発議」も絶対に出せないことになっている。

四　動議

1　動議とは

動議の通常の定義は、「会議の議事の進行の過程において、議会の意思決定を求めて議員から提起される議案以外のものであって、案を備えることを必要としないもの」とされている。

動議は、一般的に会議の進行中に議員から、口頭又は文書で発議され、所定の賛成者があれば、成立し、会議で日程追加が了承されれば議題となり、議決されるものである。原則としては口頭で行われるものであるが、修正の動議（標規一七）と懲罰の動議（標規一一〇）は、文書によらなければならない。また、この二つの動議を提出するに当たっては、所定（法一一五の三の議員定数の一二分の一以上又は標規一七の〇人以上。法一三五Ⅱの議員定数の八分の一以上）の発議者を必要とし、その発議者があって成立し、前述の動議と異なり、直ちに議題に供され、採決されるものである。

2　動議の種類

動議は、その内容がきわめて多種多様であるため、その分類方法にもいろいろあるが、一つの分類方法として、形式からみて「案を備えているもの」と「案を備えていないもの」に分けられる。

案を備えているものは、たとえば、修正の動議のように会議規則によって文書によるべきこととされている（標規一七）。他方、案を備えていない動議は、たとえば、休憩や質疑打切りの動議のように口頭で行われるものである。

この分類方法によって、通常使用されている動議をあげると次のとおりである。

発言

㈠　案を備えている動議
(1)　修正案の動議（修正案）
(2)　懲罰の動議
注）不信任案・意見書・会議規則・決議案等は広義の議案（標規一四）に含まれる。

㈡　案を備えていない動議
(1)　会議の開閉に関するもの
①　何月何日会議を開くことの動議
②　休憩、延会、散会、中止の動議
③　休会の動議
(2)　議事に関するもの
①　日程変更及び追加の動議
②　即決の動議
③　議事延期の動議
④　執行機関の出席を求める動議
⑤　説明省略の動議
⑥　質疑、討論終結の動議
⑦　秘密会とする動議
⑧　委員会付託の動議
⑨　特別委員会設置又は付託の動議
⑩　委員会再付託の動議
⑪　委員会の中間報告を求める動議
⑫　委員会の審査に期限をつける動議
⑬　議決事件の字句等の整理を議長に委任する動議
(3)　委員会におけるもの
①　委員外議員の出席を求め、説明又は意見を聞くことの動議
②　秘密会とする動議
③　所管事務の調査の動議
④　調査又は審査のための委員派遣の動議
⑤　閉会中の継続審査とすることを議長に申し出ることの動議
⑥　請願の紹介議員の出席を求める動議
⑦　公聴会を開くことの動議
(4)　選挙に関するもの
①　指名推選によることの動議
②　選挙を延期することの動議
(5)　懲罰に関するもの
①　懲罰特別委員会付託の動議
②　一身上の弁明を聞くことの動議

なお、案を備える動議と、備えない動議とにかかわらず、動議は、次に述べるように日程追加を要するものと要しないものの二つにも区分できる。また、独立の動議と、付随する動議という分け方もある。前者には「懲罰

の動議」のようなものがあり、後者には休憩の動議のように会議又は議題に付随して提出されるものがある。

3 動議の取扱い

(一) 動議と日程との関係

動議を議題とするに当たっては、議事日程の追加の手続きを要するものと、要しないものとがある。

議事手続きに関する動議と議題に直接関係する動議は議事日程の変更を要しない。これ以外の独立した動議は、日程の追加を要するので、議長は、動議が提出され所定の賛成者があれば、日程の追加を諮り、次いで議題に供して、説明、質疑、討論、表決の順序で議事を進めることになる。

しかし、独立した動議で重要なものは事前に提出されている場合が多く、その場合は議長があらかじめ議事日程に掲載するので日程追加を要しないものである。

(二) 動議の提出時期

動議は、会議の進行中、いつでも議員から口頭によって提出されるもので、格別の制限はないのであるが、議案の修正の動議のように討論終結の前に提出されなければ意味をなさないものがある。

また、議事の混乱を防ぐために、ある議題の実質的審議に入っているときは、その議題に関連する動議や、議事進行上必要な動議のほかは提出できないとされている。また、議員の発言中に「緊急動議」と称して、議長の許可なく発言することは、会議規則（標規五〇Ｉ）に反することはもちろん、議事を混乱させる原因にもなるので、厳に慎むべきものである。

(三) 動議の成立

動議は、議事の進行又は手続きに関して提出されるものであるが、すべての場合必ず議題に供されて議決の対象になるものではない。つまり、動議は、会議規則又は法で定められた所定の賛成がなければ適法に成立したことにならない。したがって、議長は議題とすることはできない。このように所定の賛成者があって適法に議題となる資格を得ることを「動議の成立」といっている。

つまり、動議が成立するためには、「〇人以上」（通常の動議は一人（標規一六））の賛成者を要するわけである。条例・予算案の修正動議には、議員定数の一二分の一以上の発議によらなければならない（法一一五の三）とされ、秘密会の発議に当たっては、議長又は議員三人以上の発議が必要（法一一五Ｉただし書）であり、また、懲罰の動議にあっては、議員定数の八分の一以上の者の発議が動議成立の要件（法一三五Ⅱ）とされている。なお、委員会の修正案は、修正動議ではないので委員長報告で足り、賛成者を必要としない。

動議の提出は、口頭で差し支えないが、重要なものや複雑なものは文書にすることが必要であり、修正案と懲罰の動議は、必ず案を備えなくてはならない。このように動議の成立には種々の要件があるので、議事進行の責任者である議長はもちろん、会議に参加する議会議員全員これらの動議についての知識を十分習得しておく必要がある。

(四)　先決動議の取扱い

(1)　先決動議の種類

動議は、その取扱い上から、先決動議と一般動議に分類することもできる。

各種動議の相互間又は動議と議題との間には、いずれを先に議題とするかについて一定の順位がある。つまり、動議の中には、その性質上、審議中の議事の進行をやめ、新たに提出された動議を先に議決しなければならないものがある。これを「先決動議」という。たとえば、討論続行中に討論終結の動議が出たような場合は、その動議を決定しなければそれ以後の議事を進めることができないから、議長は、直ちにこれを議題としなければならない。

先決動議の主なものを挙げると、次のとおりである。

①　議題に直接関係を有するもの　説明省略、委員会付託、質疑終結、討論終結、議事延期・即決等の動議

②　議題に直接関係がないもの　休憩、ある時期までの議事中止、延会、散会、休会等の動議

(2)　先決動議の採決の順序

二つ以上の先決動議が相次いで提出されたとき（「先決動議の競合」という）に、いずれを優先して処理すればよいかについては、明確な規定がなく、議長が決するものとされている（標規一九）。その取扱いの原則としては、一つの動議が採決されることによって、他の動議の採決される機会がなくなることを避け、二つの動議がともに採決の機会を与えられるようにすることとなっている。

たとえば、延会の動議と休憩の動議とが前後して提出された場合に、先に延会の動議を採決し、可決されれば、休憩の動議を取り上げる機会は失われてしまうが、先に休憩の動議を採決すれば、仮に休憩の動議が可決されても、休憩後、再開された会議で再び延会の動議の採決の機会が与えられる。したがって、この場合は休憩の動議を先に採決することになる。また、たとえば、議事延期

の動議と討論終結の動議が競合したような場合には、議事延期の動議を採決しても、次の会議で討論終結の動議を採決する機会はあるが、もし、先に討論終結の動議を採決し、これを可決すれば議事延期の動議は消滅することになる。そこで、双方に採決の機会を与える見地から、議事延期の動議を先に採決することになる。

次に、よくあり得る先決動議の競合する場合の採決順序についての例を挙げれば、次のとおりであって、それぞれ、上に掲げる動議を先に採決するのが、通例になっている。

① 委員会付託の動議と討論終結の動議
② 議事延期の動議と委員会付託の動議
③ 委員会付託の動議と即決の動議
④ 議事延期の動議と即決の動議
⑤ 議事延期の動議と質疑終結の動議
⑥ 議事延期の動議と討論終結の動議

(3) 緊急動議

緊急動議という用語がよく使われる。時には、先決動議の意味の俗称として用いられる場合もあるが、一般的には、提出者が主観で緊急を要する動議であるとして緊急動議と呼ぶに過ぎない。この場合は、客観的に先決動議でなければ、たとえ本人が緊急動議と称しても、議長は、一般の動議として取り扱うものである。もちろん、地方自治法にも会議規則にも緊急動議という用語は、使われていない。

4 各種動議の役割

動議は、それが適切に活用される場合には、議事運営の能率をあげることになるが、逆に、これが濫用されると、いたずらに動議が繰り返されて、かえって議事を混乱させることとなる。たとえば、会期末などに駆け引きの具に動議を用い、動議の連発によって牛歩戦術や堂々めぐりが相次ぐことは、動議そのものの本来の目的が歪められているといわざるを得ない。

しかし、議員は、議事運営上、各種の動議の提出の仕方や成立の要件、先決動議の競合などを熟知していることが必要であって、もし、これらの知識に欠けることがあれば円滑な議事運営ができないばかりでなく、自信をもって議事運営に参加できないことになる。特に、議長は、動議についての十分な知識を修得して、どんな動議にも即座に適切に対応できるようにすべきである。

動議に関連した議事の主な例を示すと、次のとおりである。

〔例1〕議事日程順序変更の動議

○議員　『動議を提出します。

日程の順序を変更し、日程第○、議案第○号 ○○○○の件 を先に審議することを望みます』

（賛　成）

○議長　ただいま、○○○○君から、日程の順序を変更し、日程第○、議案第○号 ○○○○の件 を先に審議することの動議が提出されました。

この動議は、（○人以上の）賛成者がありますので、成立しました。

日程の順序を変更し、日程第○、議案第○号 ○○○○の件 を先に審議することの動議を議題として、採決します。

この採決は、起立によって行います。

この動議のとおり決定することに賛成の方は、起立願います。

（賛成者起立）

○議長　起立多数です。

（したがって）日程の順序を変更し、日程第○、議案第○号 ○○○○の件 を先に審議することの動議は、可決されました。

日程第○、議案第○号 ○○○○の件 ○○○○を議題にします。

〔例2〕議事日程追加の動議

○議員　『動議を提出します。

○○○○君ほか○人から提出の発議第○号 ○○○○の件 は、緊急を要するものと思われます。直ちに日程に追加し、議題とすることを望みます』

（賛　成）

○議長　ただいま、△△△△君から、発議第○号 ○○○○の件 を直ちに日程に追加し、議題とすることの動議が提出されました。

この動議は、（○人以上の）賛成者がありますので、成立しました。

発議第○号 ○○○○の件 を直ちに日程に追加し、議題とする動議を採決します。

〔例3〕委員会付託省略の動議

○議員　『動議を提出します。

ただいま、議題となっています 議案第○号 ○○○○の件 は、会議規則第三九条第二項の規定によって、委員会の付託を省略することを望みます』

〔例4〕特別委員会設置と付託

○議員『動議を提出します。

ただいま、議題となっています議案第○号については、○人の委員で構成する「○○特別委員会」を設置し、これに付託して、審査することを望みます』

〔例5〕質疑（討論）終結の動議

○議員『動議を提出します。

ただいま、議題となっています議案第○号○○○○の件については（理由を述べる）、会議規則第五九条第二項の規定によって、質疑（討論）を終了することを望みます』

〔例6〕委員会の審査に期限をつける動議

○議員『動議を提出します。

ただいま、○○委員会に付託された議案第○号○○○○の件については、会議規則第四六条第一項の規定によって、○月○日までに審査（調査）を終了するよう期限を付けることを望みます』

注）委員会に付託され、審査中の議案に期限をつける動議も出すことができる。

五 質問

1 質問とは

質問とは、議員がその町村の行財政全般にわたって、執行機関に疑問点をただし、所信の表明を求めるものである。

標準町村議会会議規則では、「議員は、町（村）の一般事務について、議長の許可を得て、質問することができる」（標規六一Ⅰ）、また、「緊急を要するときその他真にやむを得ないと認められるときは、……議会の同意を得て質問することができる」（標規六二Ⅰ）と規定している。

前者が一般質問であり、後者が緊急質問であって、ともに議員の質問に関する手続き規定である。

この議員の質問権は、この二つの規定によって与えられるものではない。町村の重要な意思を決定し、住民に代わって行財政の運営を監視する権能を有する議会の構成員である議員が、行財政全般について執行機関の所信や疑義をいつでもただすことができないとその職務を十分果たすことができないから、議員固有の権能として与えられているものである。

2　質問の範囲

質問の範囲は、その町村の行財政全般である。具体的には、自治事務、法定受託事務であるとを問わず、町村が処理する一切であって、一般行政はもちろん、教育、選挙、農地行政等全般に及ぶものである。

この質問に対して、質疑は、現に議題となっている事件に対する疑義の解明であって、その点が質疑との根本的な相違点である。

3　質問の効果

質問を行う目的と効果は、ただ単に執行機関の所信をただしたり、事実関係を明らかにするだけにとどまるものでは決してない。所信をただすことによって、執行機関の政治姿勢を明らかにし、それに対する政治責任を明確にさせたり、結果としては、現行の政策を変更、是正させあるいは新規の政策を採用させるなどの目的と効果がある。

そして、なお解明されない問題点があれば、法第九八条による検査・検閲権や監査請求権、法第一〇九条からの委員会の調査、あるいは法第一〇〇条による調査権の行使を提案して議会全体の立場で解明に当たることになる。

4　質問の取扱い

一般質問と緊急質問は、その取扱いを異にしている。

(一)　一般質問

(1)　質問の時期

一般質問は、定例会において行われ、臨時会では許されない。

一般質問の時期としては、会期の始めに行う方法と会期末に行う方法がある。

政策に取り組み、政策に生きるべき議員にとって、一般質問は、最もはなやかで意義のある発言の場であり、また、住民からも重大な関心と期待を持たれる大事な議員活動の場であることから、会期の始めに行っている町村がほとんどである。運営基準においても「一般質問は、会期の始めに行う」（運基82）と望ましい時期を示している。

(2)　質問の通告

一般質問は、議題とは関係なく行財政全般にわたる議員主導による政策論議であるから、質問する議員も、受ける執行機関もともに十分な準備が必要である。そのために、他の発言と違って通告制が採用

一般質問通告書の記載例

質 問 事 項	質 問 の 要 旨	質問の相手
1　農家所得の向上対策について	(1)　農家所得の向上が本町当面の課題の一つであるが、町長は、基本的な対策をどう考えているか。 (2)　農家の中に、花卉栽培の熱が急速に高まってきたが、これに対してどのように指導していく考えであるか。 (3)　先進地視察による農業技術と経営能力の修得の必要性が痛感されるが、意欲ある農業青年を町費で先進地に派遣する考えはないか。	町　　長
2　教育振興対策について	(1)　本町の児童・生徒の学力と体力の現状をどのように認識し、その向上対策を教育委員会でどのように議論し、具体的対策をどう講じていく考えであるか。 (2)　小・中学校における米飯給食の実施をどう進める方針であるか。 (3)　生涯教育推進の必要性は論をまたないが、どのような視点に立って推進していく考えであるか。	教 育 長

されている。

議員としては、質問の構想を練り理論構成をしてその要旨を議長に通告して質問の原稿を作る。一方、議事運営に当たる議長としては、質問の要旨を理解して質問と答弁がよくかみ合うように議事を進めていく。このために通告制が採用されていると理解すべきである。

通告は、「議長の定めた期間内に、議長にその要旨を文書で通告しなければならない」（標規六一Ⅱ）と規定されている。

通告の期限は、各町村の慣例に従ってそれぞれの定め方があるが、議会運営委員会が開かれるまでには通告を締め切る運用が望ましい。運営基準では、「一般質問の通告は、開会日○日前までに行う」とし、通告に当たっては「質問の内容を具体的に記載」する（運基83）と示している。（上の記載例参照）

このように通告内容には具体性がなければならない。「行政全般について」とか「教育行政全般について」というような単なる質問事項のみで要旨が記載されていない通告は、議長は受理できないし、また受理すべきでない。

議長は、受理した通告について一般質問通告一覧表を作成し議員及び関係者に配布することになる（運基86）。

注）一般質問通告一覧表は、議員だけでなく、出席説明者、また、傍聴者にも配布するのが望ましい。

(3)　質問の要領

一般質問は、議長の許可を得て行うことになるので、通告した質問の内容が町村の行財政に全く関係がないものや議会の品位を傷つけるおそれがあるようなものは議長が許さないことになる。また、同一内容の質問通告がある場合は、議会運営委員会や議長において調整をすることもある。

質問の順序は、議長が定めるが、通常は、通告順によっている（標規六一Ⅲ、運基84）。なお、質問の通告をした者が当日欠席したり、質問の順番になっても質問しなかったり、議席にいないときは、質問の通告は効力を失い、質問できない（標規六一Ⅳ）。

質問の回数は、質疑と同様原則として三回までで、議長の特別の許可があればそれ以上できる（標規六三）。

なお、本会実態調査（令和三年七月一日調）では、質問を一問一答方式で行っている町村は八二・〇％、回数制限を行っている町村は二八・四％、時間制限を行っている町村は八三・五％である。

一般質問は、大所高所からの政策を建設的立場で論議すべきであること、また、能率的会議運営が必要なことを十分理解して簡明でしかも内容のある次元の高い質問を展開したいものである。質問内容が単なる事務的な見解をただすに過ぎないもの、制度の内容の説明を求めるもの、議案審議の段階でただせるものなど一般質問としては適当でないものも見受けられるので、留意すべきである。

一般質問に当たっては、議長への通告の内容に基づいて原則として原稿を作成してそれによった力強い迫力のある質問を行うことが大事である（運基87）。

また「質問」であるからあくまで質問に徹すべき

で、要望やお願い、お礼の言葉を述べることは慎むべきである。

なお、町村においては、定数が少ないため本会議中心の運営を行っているところも多いことから、一問一答方式の導入を検討すべきであろう。

(二) 緊急質問

(1) 質問の時期

一般質問は、定例会に限り行われるのが建前であるが、緊急質問は定例会でも臨時会でも行うことができる。

緊急質問を行うことができるのは、質問が緊急を要するとき、その他真にやむを得ないと認められ、しかも議会がその質問を行うことに同意したときに限られる（標規六二）。したがって、議会においてその質問が緊急を要するもの、その他真にやむを得ないものと認めないときは同意しないことになるので、緊急質問はできない。「緊急を要するとき」とは、たとえば、天災地変、騒擾その他不時の大事故等に関するものである。なお、臨時会においても緊急を要するものである限り、その付議事件にかかわらず質問することができる（昭四八・九・二五行実）。

(2) 質問の要領

緊急質問の要領は、一般質問のように通告する必要がなく、質問者が、質問事項を示して、あらかじめ文書で議長に申し出る方法と「緊急質問をしたいので同意を求めます」と口頭で申し出る方法とがある。運営基準88では、原則としてあらかじめ文書で議長に申し出る方法が望ましいとしている。

緊急質問は、一般質問同様、議事日程記載事項として取り扱うことになるので、日程追加と緊急質問に同意するかどうかを次の要領で会議に諮らなければならない。

〔例〕文書による場合の例

○議長　○○○○の件について、○○○○君から緊急質問の申し出があります。
○○○○君の○○○○の緊急質問の件を議題として採決します。

○議長　この採決は、起立によって行います。
○○○○君の緊急質問に同意の上、日程に追加し追加日程として、（日程の順序を変更し、直ちに）発言を許すことに賛成の方は、起立願います。

(3) 趣旨に反する緊急質問の処理

発言

議会の同意があって許した質問の内容が緊急質問の趣旨に反すると認められる場合は、議長は直ちに発言を制止しなければならない（標規六二Ⅱ）。

5　関連質問

一般質問は、通告制をとっているから、通告しないで通告者の質問に関連して求める関連質問は、通告者の立場からみても議会運営の能率の面からみてもよくないので、原則として許可されないものである。

また、緊急質問は、議会の同意を得て許されるものであるから、それに対する関連質問が許されないのは当然である。

第六章　その他の議事手続き

一　除《じょ》斥《せき》

1　除斥とは

議会における審議の公正を期すために、審議事件と一定の利害関係を有する議員は、当該事件の審議に参与することができないとする制度である。

人的な範囲については、自己、配偶者及び二親等内の血族に限っている。

父母については、実父母だけでなく養父母を含むが、配偶者の父母は含まない。子については、養親子関係も含む。なお、配偶者については、文理上、内縁関係は含まないと解される。

除斥事由となるのは、これらの者の「一身上に関する事件」及びこれらの者の「従事する業務に直接の利害関係のある事件」である（法一一七）。

2　除斥の対象

除斥の対象は、議長及び議員であって、「自己若しくは父母、祖父母、配偶者、子、孫若しくは兄弟姉妹の一身上に関する事件又は自己若しくはこれらの者の従事する業務に直接の利害関係のある事件については、その議事に参与することができない」（法一一七）と規定されている。

「一身上に関する事件」とは、議員個人又は親族（法一一七で定める範囲）にとって直接的かつ具体的な利害関係のある事件をいい、たとえば、議長及び副議長の辞職（法一〇八）、議員の辞職（法一二六）、議長又は副議長の不信任決議、議員の資格決定（法一二七）、議員の懲罰（法一三四、一三七）、議選監査委員の選任同意（法一九六）及び議員の兄である町長の不信任決議案が提出された場合などが、その具体的事例である。このほかにも条例で定める財産の取得又は処分、議決を要する公有財産の交換、譲渡などの財産に関する事件などもある。

しかし、議会議員の報酬条例の改正案などは、直接的かつ具体的な利害関係があるとしても、その対象は特定人でなく一般的なものであるから、除斥の対象とはならない。

次に「従事する業務に直接の利害関係のある事件」とは、議長及び議員若しくは父母など二親等内の親族（姻族は除く）の従事する職業、その他社会的地位に直接の利害関係のある事件をいう。たとえば、(1)議員が取締役をしている株式会社と町村が工事の請負契約の締結をするための議案を審議する場合、(2)議員の兄弟が農協の理事をしており、その農協から提出された補助金交付に関する請願を審議する場合、(3)議員がPTAの会長をしている場合、PTAに対する補助金交付についての請願が出された場合、(4)議員が理事をしている土地開発公社から土地を購入する議案を審議する場合などが、その例である。

除斥の相関図

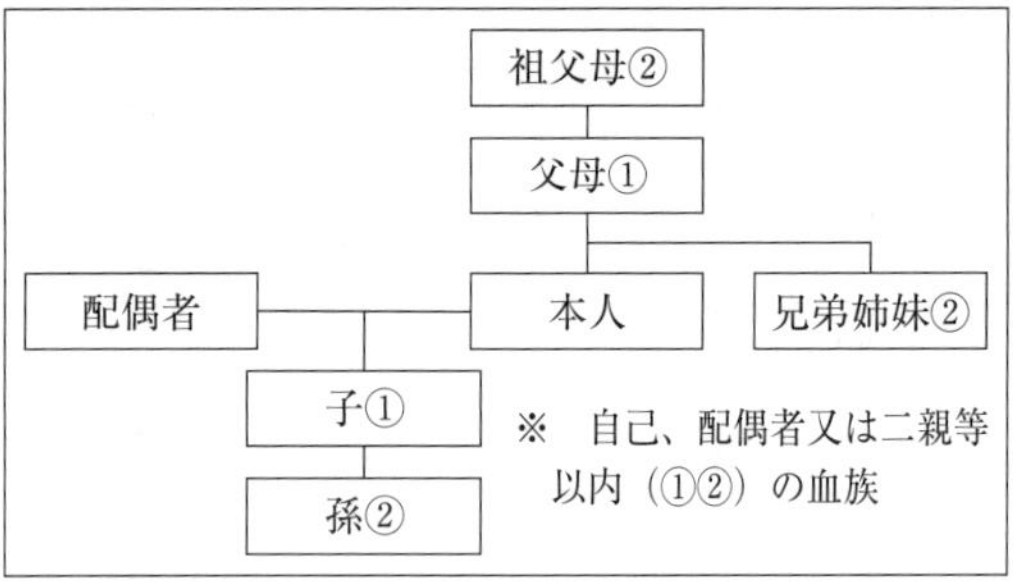

この場合、利害関係が直接的であることが重要であって、その利害が間接的である場合は該当しない。たとえば、前述の(1)(2)(3)の事例において議員やその兄弟が会社又は農協の一般職員である場合、あるいはPTAの単なる会員であるような場合、又は請願の紹介をしたのみでは直接的な利害関係があるとはいえない。したがって、法第一一七条には該当しないので、除斥の対象にはならない。

また、予算の審議については、たとえ、その費目の中にその議員に直接利害関係のあるものが含まれている場合でも、予算そのものは全体として一体をなすものであり、また、そのものだけを切りはなして審議することはできないので、その審議に当たっては除斥する必要はない。たとえば、議員が会長をしている団体に対する補助金が計上されている予算についても、その関係議員は除斥されないとされている。

なお、選挙は、議事ではないから、たとえ、指名推選の方法をとったときでも除斥ということはあり得ない。

3　除斥の手続き

「議事に参与することができない」とは、その事件が議題に供されてから、表決が終わるまで議場から退場していなければならないということである。たとえ発言しなくても、その議員が議席に在席していることが、他の議員に無言の圧力を加え、他の議員の公正な判断を妨げることになるおそれがあるからである。

ただし、議会の同意があったときは、会議に出席し、発言できる（法一一七ただし書）。これは発言のため出席できるというだけであって、表決権の行使はできない。

除斥の時期は、その事件が議題に供されたときであって、その議員がそのことを知っていると否とを問わず、何らの手続きをとらなくても、法律上当然に除斥の効果は発生するものである。しかし、一方、議長には、議事整理権があり、議決能力の有無を判定する権限があるので、除斥対象議員の有無を確認しなければならないし、議長が除斥すべきものと認めた場合には、必ず退場させなければならない。もし、除斥に該当するかどうか認定しがたいときは、議長は会議に諮って決定することになる（運基61）。

〔例〕除斥の議事の例

・除斥の認定に疑いのない場合

○議長　地方自治法第一一七条の規定によって、○○○○君の退場を求めます。

（○○○○君退場）

・除斥の認定に疑いのある場合

○議長　○○○○君の除斥について採決します。

○議長　お諮りいたします。

本案／本件のうち○○○の点 については、○○○○君 の一身上に関する事件／に直接の利害関係のある事件 であると認められますので、地方自治法第一一七条の規定によって、○○○○君を除斥したいと思います。御異議ありませんか。

（異議ないとき）

○議長　「異議なし」と認めます。

（したがって）、○○○○君を除斥することに決定しました。

○○○○君の退場を求めます。

（○○○○君退場）

4　除斥と議決の効力

除斥されるべき議員が加わってなされた議決及び除斥すべきでない議員を除斥して行った議決の効力について、「当然には無効とならないと解されるが、違法な議決であるから法第一七六条第四項の規定により町村長において再議に付すべきである」との行政実例（昭二五・一〇・三）がある。即ち、再議に付されるまでは、一応有効の推定を受けるものである。

二　秘密会

1　秘密会とは

議会の会議は、公開されるのが原則である（法一一五Ⅰ）。これは住民自治の精神からいっても、また、議会審議の公正を期する意味からいっても当然である。これを「議事公開の原則」（第二編第一章二1「議事公開の原則」参照）といい、その例外として、秘密会がある。

「秘密会」とは、一般住民に公開することを不適当と認めるときに公開をしない会議であって、一般住民の傍聴を認めないと同時に、報道の自由をも制限するものである。

どういう場合に秘密会を開くかということについては、別に制限はないから、議会自体の判断に基づいて決定することができる。しかし、議事公開の原則の趣旨からしても、必要以上に秘密会が開かれることは許されない。秘密会を開くためには、それ相当の客観的理由がなければならないから、案件の内容からみて、公開で行われた場合の影響や、町村及び住民の利害関係などを十分考慮して、個々具体の事例について慎重に決定すべきである。

2　秘密会の要件

議会の会議を秘密会とすることは、議事公開の原則からみて、軽々しく行うべきではないという趣旨から、その開催手続きについては、特に、議長又は議員三人以上の発議により、出席議員の三分の二以上の特別多数議決が必要とされている。

なお、この発議があったときは、討論を行わないで、その可否を決しなければならない（法一一五）。討論を行わないのは、討論をすることによって、秘密会とする事項の内容にまで立ち入ることになり、秘密会とする実益がなくなるからである。

なお、秘密会を解くときは、特別の要件が設けられていないので通常の過半数議決で足りる（昭二五・六・八行実）。

3　指定者以外の退場

秘密会を開く議決があったときは、議長は、傍聴人及び議長の指定する者以外の者を議場の外に退去させなければならない（標規九六）。「議長の指定する者」とは、議会事務局職員とその事件を審議するために必要な説明員が考えられ、「その他の者」は一切退去させられる。

4　秘密会の記録の公表

秘密会といえども、その議事の記録はとるが、秘密会の議事の秘密は、保持されなければならないので、記録については公表しない（標規九七Ⅰ）。また、秘密会の議事の秘密性が継続する限り、何人も、その議事について他に漏らしてはならないし、秘密事項について議員及び職員は、厳守しなければならない義務がある。もし違反すれば、議員は懲罰を、職員は懲戒処分を科されることがある。ただし、委員会における秘密会の議事は、会議規則に「秘密性の継続する限り、他に漏らしてはならない」と規定されている場合でも、委員でない議員に対しては、その内容を漏らしても差し支えない（昭四七・六・二六行実）とされている。議員は、秘密会であってもその経過や結果について報告を受けて知り得る立場にあるし、また知っておいた方がむしろ望ましいからである。

〔例〕秘密会とするための議事の例

(一)　議長発議による場合

○議長　本案については、秘密会で審議したいと思います。
秘密会とするには、地方自治法第一一五条の規定によって、出席議員の三分の二以上の者の賛成を必要とし、討論を用いないで決定することになっています。

出席議員数は○人であり、その三分の二は○人です。

秘密会で審議することについて採決します。

この採決は、起立によって行います。

秘密会とすることに賛成の方は、起立願います。

（賛成者起立）

○議長　ただいまの起立者は、三分の二 以上です。／に達しません。
（したがって）本案について秘密会で審議することは、可決されました。／否決されました。

(二)　議員の動議による場合

○議長　○○○○君ほか○人から、本案／本件について、秘密会で審議することの動議が提出されました。
この動議は、三人以上から発議されていますので、直ちに議題とします。

○議長　秘密会とするには、地方自治法第一一五条の規定によって、出席議員の三分の二以上の者の賛成を必要とし、討論を用いないで決定することになっています。
出席議員数は○人であり、その三分の二は○人です。

秘密会とすることの動議について採決します。

この採決は、起立によって行います。

この動議のとおり決定することに賛成の方は、起立願います。

（賛成者起立）

○議長　ただいまの起立者は、三分の二以上です。／に達しません。

（したがって）本案／本件について、秘密会で審議することの動議は、可決されました。／否決されました。

三　本会議における公聴会の開催、参考人からの意見聴取

議会運営のあり方に関して、議会における議員と住民の議論をより充実させる方策を検討すべきとの指摘を受け、平成二四年の法改正において、本会議における公聴会の開催、参考人の招致が可能となった（法一一五の二）。

この改正は、これまで委員会についてのみ規定されていたものを本会議においても実施できるとしたもので、特に議員定数の少ない議会等において有効に活用されることが考えられる。

なお、実際に本会議における公聴会・参考人に係る運用については、標準町村議会会議規則に付け加えているが、それぞれの実施に当たっては、議会の議決を得て行うこととしている（委員会の場合は第二編第七章五「公聴会の開催」、六「参考人からの意見聴取」参照）。

四　執行機関の出席要求

1　出席要求とは

議会と長の関係において首長主義（大統領制）が採用されているので、執行機関は、自らの意思で議会の会議に出席して発言することができない。

町村長等が会議に出席できるのは、議会が議案の説明を必要とする場合、また、議会が町村長等の事務処理に関する説明を必要とする場合など、議会が必要あって議長から出席を要求したときに限られる（法一二一Ⅰ）。

出席要求は、議長によって行われるが、その要求対象者は、議案の内容などに応じて、最小限にとどめるべきであろう。

なお、町村長等の出席を求めることのできる会議の範囲は、議会の本会議及び委員会であって、委員会が出席要求をする場合には、議長を経て行われなければならない旨、その手続きが規定されている（標委一九）。

2　出席すべき者の範囲

議場に出席すべき者は、法一二一条によると、次のとおりである。①町村長、②教育委員会の教育長、③選挙管理委員会の委員長、④公平委員会の委員長、⑤農業委員会の会長、⑥監査委員、⑦以上の執行機関の委任又は嘱託を受けた者である。

ここで「委任」とは、執行機関がその部下の職員に対し出席を命ずる場合をいい、「嘱託」とは、通常、部下職員以外の職員に対するものと解されており、純然たる部外の者は含まないと解されている（昭三三・三・三一行実）。

なお、出席者の範囲は、町村長及び行政委員会の長などのほか、原則としてこれらの者から委任又は嘱託を受けた課長職以上の者とするのが適当とされている（運基52）。

3　出席要求の仕方

出席すべき者の範囲は前述のとおりで、出席要求をする場合は、議長は、それぞれ執行機関から説明員として委任又は嘱託をした者の名簿を徴しておき（報告後に異動があった場合は、その都度報告を求める）、その中から会期ごと又は会議の都度、それぞれの執行機関の長又は説明員を必要に応じて指名して出席を求めるような運営をすべきである。

議場における説明員の出席要求は、あらかじめ文書により、議長から町村長又は行政委員会の長に対し行い、緊急の場合は口頭によって行うことになる（運基51）。

五　諸報告

諸報告は、法令又は標準町村議会会議規則に明文の規定はないが、議長の諸般の報告と、町村長の行政報告がある。諸報告を議事日程にあげるかどうかは、各町村議会における取扱いの問題であって、一般的には、会期の決定の次の日程にあげている（運基31）。

(一)　諸般の報告

議長の諸般の報告については、法令に基づいて必ず行わなければならないものと、慣例的に行っているものとがあり、その取扱いは各町村議会の慣例、先例によって行われている。

この報告は、議長自ら行うものであるが、事務局長に報告書を朗読させる場合もある。

議長の諸般の報告とその順序を例示すれば、おおむね、次のとおりである（運基53）。

〔報告事項例示〕

(1) 議員の異動
(2) 閉会中の副議長、議員の辞職許可（標規九八、九九）
(3) 委員長、副委員長の選任及び辞任
(4) 閉会中の委員の選任、所属変更及び辞任（標委七、一二）
(5) 議案等の受理及び撤回（法一四九、標規二〇）
(6) 請願、陳情の受理及び付託前の取下げ
(7) 監査、検査結果（法一九九、二三五の二）
(8) 請願、陳情の処理経過及び結果（法一二五）
(9) 議員派遣結果
(10) 一部事務組合議会に関する事項
(11) 開発公社等に関する事項
(12) 系統議長会関係に関する事項
(13) 慶弔に関する事項
(14) 説明員に関する事項（法一二一Ⅰ）
(15) その他報告すべき事項

注）諸般の報告は、開議宣告後議事に入る前に行う。
　なお、必要により議事に入った後に行うこともある。

(二) 行政報告

町村長が法令に基づいて議会に報告しなければならないものや、請願・陳情等の処理の経過と結果の報告は、文書をもってなされるのが通例であって、それ以外に、町村長等から「行政報告」という形で、行政執行上の重要な事件について、その概要や処理経過などについて、報告されている町村が多い。この報告は、執行機関が進んで報告するときもあるし、議会側からの求めによって報告するときもある。議会と町村長が協議して、行政執行にかかる重要で基本的な事項にしぼって、必要最小限度の報告はさせる慣例をつくりたいものである。

この行政報告は、議長の諸般の報告の次に行うこととされている（運基56）。

また、長の附属機関から議員を引き揚げているところがあるが、その場合、各種審議会の会議結果の概要等を町の行政報告で詳しく行うようにしている。

六　条例の制定・改廃請求代表者の意見陳述機会の付与

平成一四年の法改正により、条例の制定・改廃請求代表者を議会の審議の場（委員会付託の場合は当該委員会）において、意見を述べる機会を与えなければならな

いこととされた（法七四Ⅳ）。この場合、請求代表者が複数の場合はこれらの者のうち意見陳述をする者の人数の決定、本人への通知、公表等の手続きは、それぞれ政令で定められている（令九八の二）。

第七章　委員会の運営

一　委員会の権限

1　常任委員会の権限

常任委員会の権限は、調査権と審査権に分けられる。なお、平成一八年の法改正により、委員会における審査や所管事務調査の成果として、常任委員会において所管に関する事項について議案を提出することができるようになった（法一〇九Ⅵ）。委員会が議案を提出する場合は、委員会の代表者である委員長が案をそなえ、理由を付け、議長に提出する（標規一四Ⅲ）。

(一)　調査権

常任委員会の調査権には、委員会固有の権限である所管事務の調査と、議会の権限である法第一〇〇条に基づく調査を議会から付託を受けてする調査がある。さらに、法第九八条に基づく検査権を常任委員会に付託された場合の検査があるので、ここに挙げることにする。

ここでいう調査とは、「調査事項の実態を把握し、分析し検討して問題点をとらえ、それらの問題点を改善し改革するにはどのような措置を講ずればよいか、採るべき対策なり政策を究明して結論を出すこと」である。単なる実態や実状を確認するだけでなく、問題点に対する改善策と対応策を結論づけることが調査の究極の目的である。

(1)　法第一〇九条に基づく所管事務の調査

所管事務の調査は、常任委員会に与えられた固有の権限であって、会期中、委員会独自の判断によって自主的に行うことができる。

常任委員会が所管事務について調査を行う場合は、あらかじめ、委員長から議長に対して調査事項、調査の目的、方法及び期間等を通知しなければならない（標規七三）。これは、常任委員会固有の権限であるから、議長の承認を得る必要はないが、委員会室の使用、説明員の出席要求、費用弁償の支給、議長の出席の調整等のため、あらかじめ、議長に対する通知を義務づけているものである。

所管事務の調査は、条例案その他議案の立案のためや問題点のある具体の事務の改善策を究明するための調査が主で、その町村の事務で、委員会条例で規定されたそれぞれの常任委員会の所管事務に限られるものである。

なお、所管事務の調査は、会期中が原則であるが、個々具体の特定の事務をとらえて継続調査を行う旨の議決があれば、閉会中も調査することができる。また、議長の承認を得て現地に出向いて調査することもできる。

(2)　議会からの付託による法第一〇〇条に基づく調査

議会が法第一〇〇条に基づく調査権を行使する場合、通常は、常任委員会か特別委員会に付託して行うことになる。その場合は、議会において法第一〇〇条に基づく調査権を委員会に委任する議決が必要である。また、選挙人その他の関係人の出頭及び証言並びに記録の提出についても、併せて委任する旨の議決がなければこれを行うことができないので、その議決が必要である。証人の出頭又は記録の提出の要求は、議長名をもって行うことはいうまでもない。

なお、この調査には、通常、議案調査、政治調査と事務調査がある（第四編第四章「一〇〇条調査」参照）。

〔参考〕　昭二三・一〇・一二行政実例

地方公共団体の事務の調査とは、法第二条第二項の事務であって、通常は、現に議題となつている事項若しくは将来議題に上るべき基礎事項（議案調査）につき調査し、又は世論の焦点となつている事件（政治調査）等につきその実状を明らかにならしめ、その他一般的に地方公共団体の重要な事務の執行状況を調査（事務調査）することをいう。

(3)　議会からの付託による法第九八条に基づく検査

町村の事務に関する書類及び計算書を検閲し、町村長・教育委員会、選挙管理委員会、公平委員会、農業委員会及び監査委員その他法律に基づく委員会又は委員の報告を請求して事務の管理、議決の執行及び出納の検査をする権限は、議会に与えられた権限である。議会がこの検査を行う場合、通常、委員会に付託して行われている。

この検閲、検査は、書類及び計算書を通して、又は町村長その他から報告書を徴して行うべきもので、実地検査は許されないものである（第四編第一章「事務の検査」参照）。

(二)　**審査権**

議会の予備的審査機関として、議案、請願等を審査する権限である。常任委員会は、条例で定められたそれぞれの所管の議案、請願等については、法律上は、当然に固有の権限として審査権を有する。

ただ、会議規則の定める手続きによる付託行為があって、初めてその権限を現実に行使できるものである。

なお、審査とは、「議案、請願等の内容をよく検討して、可決すべきものであるか、それとも修正可決、否決いずれがよいか、また、採択すべきものか、不採択とすべきものか、いずれがよいかについて」結論を出すことである。

また、必要があるときは、調査権と同様に閉会中の継続審査の手続きがとられる。

2　議会運営委員会の権限

議会運営委員会は、多数の議員で構成される議会を円滑にしかも効率的に運営するために、常任委員会とは別に置かれる委員会であり、議会運営の責任者である議長の諮問的な性格を帯びた機関である。

議会運営委員会の権限は、次に掲げる事項に関する調査及び議案、請願等の審査とされている（法一〇九Ⅲ）。

① 議会の運営に関する事項
② 議会の会議規則、委員会に関する条例等に関する事項
③ 議長の諮問に関する事項

なお、平成一八年の法改正により、議会運営委員会においても常任委員会と同様に、所管に関する事項について議案を提出することができるようになった。議会運営委員会が議案を提出する場合は、委員会の代表者である委員長が案をそなえ、理由を付け、議長に提出する（標規一四Ⅲ）。

以下、議会運営委員会の権限を調査権と審査権の別に具体的に示すと、次のとおりである。

㈠ 調査権（議長の諮問事項に対する協議検討を含む）

議会の運営や活動のあり方についての問題点をとらえて調査研究し、より適正円滑な議会運営に資する権限である。

その主な内容としては、定例会や臨時会の運営のあり方（会期、会期日程、各議案、請願等の取扱い、一般質問の取扱い等）の調査がある。さらに、予算や決算の審議の方法、一般質問の運用、請願や陳情の付託等の取扱い、発言関係規定の運用、常任、特別委員会の活動のあり方等委員会を含めた議会運営全般にわたる基本的事項についての調査である。

なお、議会運営委員会の活動は、常任、特別委員会同様、会期中が原則であるが、特定事件について所定の手続きをとれば、閉会中も活動できる。継続事件としては、

各種のものが考えられるが、閉会中に必要となるものとしては、次の定例会（臨時会）の会期に関する調査等がある。

議会開会前に委員会を開催するには、各定例会（臨時会）ごとに委員会の決定による「閉会中継続調査申出書」を提出して、会期末に、本会議で継続調査の議決を得ることが必要である。次に、毎定例会、臨時会について議会の運営に関する事項の範囲と内容であるが、参考までに掲げると、「町村議会の運営に関する基準」138で示されている通常一般の調査事項は、次のとおりである。

（議会の運営に関する事項）

(1)　会期及び会期延長の取扱い
(2)　会期中における会議日程
(3)　議事日程
(4)　議席の決定及び変更
(5)　発言の取扱い（発言順序、発言者、発言時間等）
(6)　議事進行の取扱い
(7)　説明員の出席の取扱い
(8)　議会の施設の取扱い（議員控室、委員会室、傍聴席等）
(9)　議長、副議長の選挙の取扱い
(10)　一般質問の取扱い
(11)　緊急質問の取扱い
(12)　特別委員会設置の取扱い
(13)　委員会の構成の取扱い
(14)　委員会の閉会中の継続審査（又は調査）の取扱い
(15)　議長、副議長及び議員の辞職の取扱い
(16)　休会の取扱い
(17)　議会内の秩序の取扱い
(18)　議案の取扱い
(19)　動議の取扱い（修正動議を含む）
(20)　議員及び委員会提出議案（条例、意見書、決議）の取扱い
(21)　長の不信任決議の取扱い
(22)　議員の資格の取扱い
(23)　請願、陳情の取扱い
(24)　専門的事項に係る調査
(25)　公聴会及び参考人
(26)　その他議会運営上必要と認められる事項

また、議長が特に必要と認める場合には、議会運営委員会に諮問を行い、その調査、審査結果の答申を求めることがある。主なものとしては、

（議長の諮問に関する事項）

(1)　議長の臨時会の招集請求

委員会の運営

(2)　議会の諸規程等の起草及び先例解釈運用等
(3)　傍聴規則の制定、改正
(4)　常任委員会間の所管の調整
(5)　議員派遣に関する事項
(6)　会議規則に基づき設置した全員協議会の運営規程について
(7)　慶弔等に関する事項
(8)　その他議長が必要と認める事項

議会運営委員会で決定された「議会の運営等に関する事項」については、あらかじめ議員全員に周知することが必要である（運基139）。

また、議会運営委員会の協議結果については、議員はこれを遵守することは当然である（運基140）。

さらに、議会運営の改善等に関する委員会独自の積極的な調査がある。

具体的には、会議規則、委員会条例等の改正の必要性とその内容、一般質問の運用（通告制を含む）、予算、決算の審査、審議等のあり方など議会運営の基本的あり方の改善事項等について、自主的、能動的に行う調査である。これらは、標準町村議会会議規則第七三条の規定で議長に通知して実施（閉会中は継続調査の手続きをとる）することになる。

㈡　審査権

議会運営に関する議案（議会自体に直接関係のある意見書・決議、専決処分事項指定（法一八〇）議案等）、議会運営に関連する請願や陳情、又は会議規則、委員会条例改正の発議案が議会に提出された場合の審査である。

主なものとして、

（議会の会議規則、委員会に関する条例等に関する事項）

(1)　会議規則、委員会条例の制定、改正
(2)　議会事務局、議会図書室設置条例の制定、改正
(3)　その他規則、条例等これに類すると認められる事項

一般の議案と同様に、請願、陳情を除いて、会議規則第三九条の規定によって本文規定の町村では、議長が会議に諮って、参考規定の町村では、議長の権限で議会運営委員会に付託され、その内容を検討し、原案可決、修正議決、否決するべきものと議決して議長に委員会報告書を提出する。また、請願、陳情は、会議規則第九二条の規定によって、他のものと同じ手続きで処理される。

さらに、必要があるときは、常任、特別委員会の場合と同様、閉会中の継続審査の手続きがとられる。

3　特別委員会の権限

特別委員会は、会期中に限り、議会の議決によって付議された事件を審査する権限を有する（法一〇九Ⅳ）。

なお、付託された事件の審査が会期中に終了しないときは、閉会中の継続審査を議会で議決することによって、閉会中も当該事件を審査することができる（法一〇九Ⅷ）。特別委員会は、常任委員会と異なり、特定の付議事件の審査、調査のためその都度設置されるものであるから、その審査、調査権限も、付議事件に限られる。特別委員会に対する案件の付託は、すべて議会の議決によらなければならないのであるから、委員会中心主義の会議規則を採用している町村における常任委員会への議案の付託のように議長限りでは付託できないものである（標規三九参考）。

さらに、前述のとおり、法第九八条に基づく検査権、法第一〇〇条に基づく調査権を特別委員会に付託する場合が多いから、これらの付託による検査、調査も特別委員会の権限に加えられる。

なお、平成一八年の法改正により、特別委員会においても常任委員会と同様に、付託を受けた事件に関する事項について議案を提出することができるようになった（法一〇九Ⅵ）。特別委員会が議案を提出する場合は、委員会の代表者である委員長が、案をそなえ、理由を付け、議長に提出する（標規一四Ⅲ）。

以上の権限を整理すれば、次のとおりである。

(1)　議会の議決によって付託された特定の事件の審査
(2)　議会の議決によって付託された特定の事件の調査
(3)　法第九八条の検査権の付託に基づく検査
(4)　法第一〇〇条の調査権の付託に基づく調査

二　議案等の委員会付託

本会議における議案の審査は、まず議題として上程し、提出者の説明、質疑、討論、採決の順序で進められる。その中で、特に、慎重に審査を進める必要のある事件については、議長が会議に諮り、又は議員の動議で所管の常任委員会又は議会運営委員会に付託し、常任委員会が所管する事件は、特別委員会に付託することができる（標規三九）。また、委員会中心主義を採用している町村議会においては、県、市議会同様に、質疑の後、議長が所管の常任委員会又は議会運営委員会に付託するか、議会の議決で常任委員会に係る事件は、特別委員会に付託される（標規三九参考）。

ただし、委員会提出の議案は、通常、その委員会において十分な審査、調査の上提出されることから、これをあらためて委員会には付託しない（標規三九Ⅱ参考）。なお、常任委員会が提出した議案を新たに特別委員会を設置して審議する場合等もあり得るので、議会の議決で委員会に付託することができることとした。

また、請願（陳情）については、議長の権限で、請願（陳情）文書表なり、請願（陳情）の写しの配布とともに所管の常任委員会又は議会運営委員会に付託するか、常任委員会に係る事件は、議会の議決で特別委員会に付託することができる（標規九二）。さらに、議員の資格の決定と懲罰の審査に当たっては、必ず委員会に付託しなければならない（標規一〇一、一一一）。このため、標準委員会条例には、その特別委員会の自動設置の規定が参考規定として示されている（標委六参考）。

議案等が付託される委員会は、通常は、所管の常任委員会又は議会運営委員会であるが、事件の所管が二以上の常任委員会にまたがる場合、その所管常任委員会が不明確である場合、又は事件の内容が複雑で政治的要素等があって常任委員会への付託が適当でない場合には、議員の動議又は議長が議会運営委員会に諮問し答申を得て発議、特別委員会を設置してこれに付託することになる。

三　委員会の招集

委員会を招集する権限は、委員長にあり、委員会の開催は原則として会期中に限られている。しかし、特に、閉会中の継続審査や調査の議決があった場合は、閉会中でも委員会を開催することができる（法一〇九Ⅷ）。

委員会を招集しようとするときは、委員長は、開会の日時、場所、事件等をあらかじめ議長に通知しなければならない（標規六五）。通常、この通知に出席を要求する説明員の職、氏名も付記されている。

これは、委員会が議会の内部における下審査（調査）機関であって、対外的な交渉能力を持たないから、手続きとして、議長に通知して、議長から議長名の文書をもって出席要求をすることになるからである。

なお、一般選挙後の初議会においては委員長がいないため、議長が委員会を招集し、年長委員のもとで、まず委員長の互選を行うことになる。

ところで、委員会においても、協議・調整のため、委員会協議会が開かれる場合がある。この委員会協議会は全員協議会同様、協議の場として位置付けた法定の委員会協議会とすることができるが、実態としては、事実上の委員会協議会としているところが多い。

四　委員会における審査（調査）

委員会における審査は、本会議における審議の順序に準じて、説明、質疑、討論、採決の順序でなされる。

(一) 審　査

(1) 定足数

委員会の議事は、委員の定数の半数以上の委員が出席しなければ開くことができない（標委一四）。除斥の規定に該当する除斥者があって、半数に達しなくなった場合は、例外的に会議を開くことができる。ただ、議員数が少ない町村議会で、常任委員会を設置している場合、たとえば四人の委員定数で一人欠席、一人除斥となったときは出席委員は二人となり、定数の半数ではあるが、会議体としての最低員数（三人）に達しないので、委員会を開くことができない。

(2) 上　程

委員長は、出席委員が定足数に達すれば開会を宣告して、事件を議題とする。

(3) 議案説明

案件の内容は、本会議において一応説明がなされ、総括的質疑を終了して、委員会に付託されているので、おおむね理解はされているが、さらに詳細な審査を行うためには詳しい説明が必要であるからあらためて説明が行われる。

(4) 質　疑

説明が終われば、委員長の質疑宣告で、質疑のある者は委員長の発言許可を得て質疑を行う。この質疑は、本会議における質疑のように、同一議題について三回（標規五五）とか、自己の意見を加えてはならない（標規五四Ⅲ）というような規制はないので納得がいくまで何回でも質疑できるし、また、自己の意見を述べることもできる。

しかし、委員会で発言の方法を別に決めたときは、それに従わなければならない。

(5) 委員の議案修正

委員が、委員会において修正案を発議しようとするときは、文書で修正案を委員長に提出する。このときの発議者は、一人でもよく、賛成者は必要としない。

(6) 連合審査会

付託を受けた委員会が審査（調査）を行うに当たって、ある部分が他の委員会の所管事項と関連し、その委員会と連合して審査（調査）するのが効果的であり、より徹底するような場合、連合審査会を開くことができる（標規七一）。

連合審査会を開く場合の手続きは、付託を受けた委員会から関連委員会に対して文書で申し入れをして行う。

連合審査会の委員長は、付託を受けた委員会の委員長が主宰する。連合審査は、質疑終結の段階で終了し、討論、採決には、関連委員会の委員は加わることができず、付託を受けた委員会のみで行うことになる。

なお、連合審査会は、会期中のみ開くことが可能で、閉会中は、同一事件を二つの委員会に付託することはあり得ないし、付託を受けていない委員会は活動能力がないので不可能とされている。

(7)　討　論

以上述べた(4)(5)(6)の段階を終われば、討論を行うこととなる。討論の仕方は、本会議で行う場合と同じである。

(8)　表　決

討論が終了すれば表決をとる。委員会における表決は、すべて過半数議決で、本会議のような特別多数議決はない。また、委員長には表決権はなく、可否同数の場合のみ、裁決権を行使することになる。

(9)　少数意見の留保

採決が行われた結果、少数で廃棄された意見で、これを本会議において報告したい場合、他に賛成委員一人以上あれば、委員会において少数意見として本会議に報告したい旨を申し出、委員長を経由して議長に少数意見報告書を提出しておけば、本会議において委員長報告に次いで、その少数意見を報告することができる。これを少数意見の留保（標規七六）という。民主政治において大事な少数意見尊重の精神からできた制度である。

(二)　委員の派遣

委員会の審査や調査の過程で、現地を調査する必要が生じたり、あるいは他町村の実態を調査して判断資料を得なければ結論を出せない場合は、委員会において議決し、その日時、場所、目的及び経費等を記載した委員派遣承認要求書を委員長から議長に提出し、議長の承認を受けると、現地調査等に出向くことができる（標規七四）。

(三)　委員長の秩序保持権

委員会における秩序保持権は、本会議における議長と同様に委員長に与えられている（標委二〇）。

〔例〕　委員の派遣承認の要求書（標規74）

年　　月　　日

○○町(村)議会議長　　　　　殿

○○委員長

委員派遣承認要求書

本委員会は、次のとおり委員を派遣することに決定したので、承認されるよう会議規則第74条の規定により要求します。

記

1　日　　時
2　場　　所
3　目　　的
4　経　　費
5　派遣委員の氏名

㈣　委員でない議員の発言

委員会で審査又は調査中に、委員でない議員の出席を求めて、説明又は意見を聞くことによって、審査又は調査の徹底を期することができる等必要がある場合は、委員会の議決により委員でない議員の出席を求めて説明や意見を聞くことができる。

また、逆に委員でない議員から発言の申し出があった場合は、委員会においてその出席発言を許すか許さないかを決める（標規六八Ⅱ）。これは、審査又は調査を慎重に行い、万全を期するために設けられた制度である。

㈤　審査（調査）期限と継続審査（調査）と審議未了

議会は、事件を委員会に付託する場合、審査（調査）に期限をつけることができる（標規四六Ⅰ）。期限をつけられた委員会は、能率的な運営につとめ、期限内に審査（調査）が終わるよう努力しなければならない。止むを得ず期限内に審査（調査）が終了しない場合は、委員会から議会に対して期限の延長を求めることができる（標規四六Ⅱ）。

期限延長の申し出があった場合、議長は、議会に諮って決める。この期限内に審査（調査）が終了しない場合は、本会議でとり上げて審議（調査）することができる（標規四六Ⅲ）。

〔例〕　閉会中の継続審査（調査）の申し出（標規75）
　（付託された事件）

　　　　　　　　　　　　　　　　年　　月　　日

○○町(村)議会議長　　　　　殿

　　　　　　　　　　　　　　　○○委員長

閉会中の継続審査／調査申出書

　本委員会は、審査／調査中の事件について、次のとおり閉会中もなお継続審査／調査を要するものと決定したので、会議規則第75条の規定により申し出ます。

記

1　事　　件
2　理　　由

〔例〕　閉会中の継続調査の申し出（標規75）
　（所管事務）／（所掌事務）

　　　　　　　　　　　　　　　　年　　月　　日

○○町(村)議会議長　　　　　殿

　　　　　　　　　　　　　○○常任／議会運営委員長

閉会中の継続調査申出書

　本委員会は、所管事務／所掌事務のうち次の事件について、閉会中の継続調査を要するものと決定したので、会議規則第75条の規定により申し出ます。

記

1　事　　件
2　理　　由

（注）　事件は、一般的、抽象的な案件ではなく、所管（所掌）事務の中の特定の具体的案件についてでなければならない。

委員会における審査（調査）は、会期中が原則で、会期中に委員会報告書を提出できるよう努力しなければならないが、会期中に審査（調査）が完了しない場合は、審査（調査）報告書が提出されないため本会議における意思決定もできないことになる。この場合は、会期不継続の原則により、その事件は、次の会期にわたって審査（調査）できないわけで、審議未了廃案となり消滅する。これを「審議未了」と呼んでいる。

この廃案となることを避ける方法としては、会期不継続の原則の例外である閉会中の継続審査（調査）がある。会期中にどうしても審査（調査）を終了しない事件について、閉会中もなお審査（調査）をしようとする場合、委員会の決定に基づいて委員長から議長に対し閉会中の継続審査（調査）の申し出を行い（標規七五）、議長は、この申し出によってこの件を議会に諮ることになる。（前頁参照）

閉会中の継続審査（調査）の議決を得ると、その事件は、次の会期に継続され、次の会期中に、委員会報告書の提出があれば、本会議で審議し決定される。

㈥　傍聴の取扱い

委員会は、議員のほか、委員長の許可がなければ傍聴することができない（標委一七Ⅰ）が、委員会の審査の質を高めるという観点からも、特別の支障のない限り、原則公開として、できればすでに一部で試みられている有線放送やインターネット中継の利用等必要な条件整備をする配慮が望まれる。

五　公聴会の開催

委員会に付託された事件の審査過程（討論まで）において、住民や学識経験者等から賛否の意見を聴いて参考にしようとする場合は、公聴会を開催することになる（法一〇九Ⅴ）。公聴会は、委員会でこれを決定し、議長の承認を得て行うことができる（標委二一Ⅰ）。

前述のように、委員会には対外的な交渉能力がないから、その公示は議長名で行う。議長は、公聴会の日時、場所及び意見を聴こうとする案件、公述人としての申し出の方法（告示例のとおり）等を告示個所に公示するとか、地元新聞に広告を掲載する等の方法をもって趣旨の徹底につとめる（標委二一Ⅱ）。

公述人の申し出があった場合、賛成・反対をほぼ同数選ぶのが通例とされている。この公述人のほかに学識経験者も選定して、意見を聴くことができる。

公聴会における公述人の発言には、委員会条例第二四

〔例〕　公聴会の委員会での開催承認要求（法115の2Ⅰ、標委21Ⅰ）

年　　月　　日

○○町(村)議会議長　　　　殿

○○委員長

公聴会開催承認要求書

本委員会は、審査中の案件について、○月○日の会議において次のとおり公聴会を開くことに決定したので、承認されるよう委員会条例第21条第1項の規定により要求します。

記

1　日　　時
2　場　　所
3　案　　件
4　公示方法

(注)「1　日　時」については、「○月○日（　）○時」又は「○月○日○時から○時まで」と記載する。

〔例〕　公聴会開催の公示（標委21Ⅱ）

○○町(村)議会○○委員会公聴会開催について

○○町(村)議会○○委員会は、次の要領により公聴会を開催するので、意見を述べようとする方は申し出てください。

年　　月　　日

○○町(村)議会議長　　　　印

記

1	案　　件	
2	日　　時	年　　月　　日　午　　　○時
3	場　　所	○○町(村)議会議事堂
4	申出方法	○○町(村)議会○○委員長あてに公聴会の公述人申出書により住所、氏名、年齢を明記のうえ、意見を述べようとする理由及び問題に対する賛否を文書で申し出てください。
5	申出期限	年　　月　　日
6	公述人の選定及び通知	申し出られた方の中から○○委員会で選定の後通知します。
7	そ の 他	(1)　公述人には、出席当日、費用（交通費）を弁償します。 (2)　公聴会の公述人申出書は、議会事務局に備えつけてあります。 (3)　この公聴会についての問い合わせは、○○町(村)議会事務局（電話○○番）までお願いします。

条（公述人の発言）、第二五条（委員と公述人の質疑）、第二六条（代理人又は文書による意見の陳述）でそれぞれ制限が加えられている。

六　参考人からの意見聴取

委員会における参考人とは、事務に関する調査又は議案・請願等の審査を行うに当たって、調査・審査の充実を図るため、委員会において必要と認めるときに出席を求めて意見を聴く利害関係者、学識経験者等の関係人のことをいう。

国会においては、衆議院規則、参議院規則にそれぞれ規定があり、きわめて有効適正な運用が図られているが、地方議会においては、法律上の根拠がなかったことから必要の都度事実上の運用を行ってきた。

平成三年の法改正により常任委員会（法旧一〇九Ⅵ）、議会運営委員会（法旧一〇九の二Ⅴ）、特別委員会（法旧一一〇Ⅴ）において、ともに必要があると認めるときは、参考人の出頭を求め、その意見を聴くことができることになった。

さらに、平成九年の法改正により、外部監査人による監査を実施した場合には、議会の委員会は、地方公共団体の事務に関する調査又は審査のために必要なときに、外部監査人を参考人として出頭を求め、その意見を聴くことができることになった。

また、議会への住民参加の充実を図る観点から、平成二四年の法改正により、法一一五条の二に基づき本会議において公聴会の開催及び参考人の招致が可能となったことに伴い、法一〇九条第五項により本会議の規定を委員会について準用することとされた。

委員会が、参考人の出頭を求めることを決定した場合は、その旨を議長に通知し、議長は、参考人にその日時、場所及び意見を聴こうとする案件その他必要な事項を通知しなければならない（標委二六の二Ⅰ・Ⅱ）。

参考人については、委員会が主体になって特定の案件について意見を聴く制度であるから、公聴会における公述人と同じく発言するに当たっては、一定の制約を受ける（標委二六の二Ⅲ）。

また、参考人については、一〇〇条調査の場合の証人とは異なり、出席についての法的強制力や発言についての罰則はない。

なお、出席を求めた参考人については、当然実費弁償を支給することになる。

全国の町村議会の長年の懸案要望事項であった参考人

制度が、法律上の制度として規定された趣旨を体して、この制度が有効適切に活用され、町村議会の審査、調査活動がさらに充実してゆくことが期待される。

参考までに、委員会から議長を経て参考人への出席を求める要請書を示すと、次頁のとおりである。

〔例１〕 参考人出席要請（法115の２Ⅱ、標委26の２Ⅰ・Ⅱ）（委員長から議長あて）

年　月　日

○○町（村）議会議長　　　殿

○○委員長

参考人の委員会出席要請書

本委員会は、次のとおり参考人から意見を聴きたいので、委員会条例第２６条の２第１項の規定により出席を求めます。

記

1　日　　時
2　場　　所
3　案　　件
4　参考人の住所・氏名
5　その他

（注）1　「1　日　時」については、「○月○日（　）○時」又は「○月○日○時から○時まで」と記載する。
2　必要に応じて、「5　その他」には、参考人の人数・発言（制限）時間などの連絡事項を記載する。

〔例２〕 参考人出席要請（法115の２Ⅱ、標委26の２Ⅰ・Ⅱ）（議長から参考人あて）

文書番号
年　月　日

（参考人）　　　殿

○○町（村）議会議長　　印

参考人の委員会出席要請

○○町（村）議会○○委員会において、下記の事項についてあなたのご意見をお聴きしたいので、○○町（村）議会委員会条例第26条の２第２項の規定により、次のとおりご出席くださるようお願いいたします。

なお、ご出席の際は、本状を議会事務局の受付に提示してください。また、費用（交通費）を弁償しますので印鑑を御持参ください。

記

1　日　　時
2　場　　所
3　意見を求める事項
4　その他

（注）1　「1　日　時」については、「○月○日（　）○時」又は「○月○日○時から○時まで」と記載する。
2　必要に応じて、「4　その他」には、参考人の人数・発言（制限）時間などの連絡事項を記載する。
3　費用（交通費）の弁償における印鑑の持参については、それぞれの団体の取扱いによる。

七　委員会終了後の処置

(一)　委員会報告書の提出

委員会に付託された事件の審査（調査）が終了すれば、その結果を記載した委員会報告書を、委員長から議長に提出しなければならない（標規七七）。

議長は、この委員会報告書の提出があって、初めて本会議の議題に供し（標規四〇）、委員長の審査（調査）の経過と結果の口頭報告を求め、委員長に対する質疑を行い、討論・採決の順序で本会議におけるその事件の意思決定がなされる。

町村議会における委員会審査報告書には、付託事件名及び審査の経過と結果、少数意見の留保があった場合は、その要旨程度を記載するのが通例である。また、委員会調査報告書には、調査事件・調査の経過・意見を記載することになっている（次頁の報告書様式参照）。

なお、委員長報告に対する質疑は、審査の経過と結果に対する疑義にとどめ、付託された議案に対し、提出者に質疑することはできない（運基94）。

また、議員は自己の所属する委員会の委員長報告については、質疑をしないことが望ましい（運基93）。

(二)　委員会記録の作成・保管・公開

委員長は、会議の都度、委員会担当の書記に会議の概要、出席委員の氏名、会議事件と審議の概要と結果（調査の場合には、調査の概要、経過、結論や意見等）を記載した委員会記録を作成させて、署名又は記名押印する。そして、この記録を議長に提出して、議長の責任で、議会事務局で保管することになる。

委員会、特に常任委員会は、所管事項に関し活発な質疑や討論が行なわれている。しかし、内容の公開に関しては、傍聴に際し委員長の許可が必要であったり、会議録に関しても、要点記録にとどまっているのが現状である。

そこで、委員会の審議状況や審査情報の公開を図るためにも、委員会を原則公開とするだけでなく、有線放送やＩＣＴ（情報通信技術）を活用して広く委員会活動を住民に知らしめるとともに、委員会の会議録についても、本会議並みに整えるのは無理としても、わかりやすい会議録を作成することが望まれる。

〔例〕 委員会審査報告書（標規 77）

年　月　日

○○町(村)議会議長　　　　　殿

○○委員長

委 員 会 審 査 報 告 書

本委員会に付託された事件は、審査の結果、次のとおり決定したので、会議規則第 77 条の規定により報告します。

記

事件の番号	件　　　名	審 査 の 結 果
		（例示） 件名ごとに原案可決・原案否決・同意・承認・別紙のとおり修正議決すべきものと決定（なお少数意見の留保があれば付記する）

（注） 修正の場合は、修正の内容を別紙として添付する。

〔例〕 委員会調査報告書（標規 77）

年　月　日

○○町(村)議会議長　　　　　殿

○○委員長

委 員 会 調 査 報 告 書

本委員会に付託された調査事件について、調査の結果を別紙のとおり／調査の結果、別紙のとおり決定したので、会議規則第 77 条の規定により報告します。

別　紙

1　調査事件

2　調査の経過

3　調査の結果又は概要（意見）

〔例〕　少数意見の報告書（標規 76 Ⅱ）

　　　　　　　　　　　　　　　　　　　　　年　　月　　日

○○町(村)議会議長　　　　　　殿

　　　　　　　　　　　　　　　　　　　○○委員

　　　　　　　　　　　　　　　　　　　　賛成者

　　　　　　　　　　　　　　　　　　　（出席委員１人以上）

少 数 意 見 報 告 書

　○月○日の○○委員会において、留保した少数意見を次のとおり、会議規則第 76 条第２項の規定により報告します。

記

　１　議案番号　件　　名

　２　意見の要旨

(注)　この報告書は、委員長を経由して議長に提出する。

第八章　全員協議会

全員協議会は、議会における事実上の会議として開催されていたが、平成二〇年の法改正で、会議規則の定めるところにより、「議案の審査又は議会の運営に関し協議又は調整を行うための場」（法一〇〇XII、標規一二八）として、法律上明確に位置づけられることとなった。

(一)　全員協議会の運営

法定の全員協議会の運営に関し必要な事項は、議長が定めることとなるが、少なくとも次の点に留意する必要がある。

全員協議会は、議長が主宰するものであるが、招集については、議長のみの判断だけでなく、議会運営委員会に諮ることも必要な場合がある。

全員協議会の傍聴については、委員会と同様に考えられ、議長が判断することになる。

法定の会議であるからには、会議の概要、出席議員の氏名等必要な事項を記載した記録を作成する必要がある。協議や調整の経過について住民が知り得るような配慮が必要である。

必要に応じて、町村長その他執行機関の職員や行政委員会の委員等に出席を求めることができるように措置しておくべきである。

法定の全員協議会の活動は法的根拠を持つ議会活動であるため、費用弁償の支給対象となる。

会議規則で設けた全員協議会のほか、事実上の全員協議会を開くこともできる。

(二)　全員協議会の具体例

全員協議会は、次のような場合に開かれる。

(1)　議会独自の協議又は意見調整

議会自体の行事や運営・活動について協議したり、意見調整をするため、全員協議会が開かれる。この場合、町村長等の出席は要しない。

議会は、合議体の機関として開会中ばかりでなく閉会中も多様な対応が求められており、そのための打合せや意見調整の場として全員協議会が開かれている。

(2)　本会議の審議に伴う協議又は意見調整

本会議の審議の過程で、必要に応じて、議会を休憩して話し合いをする場合である。それには、議員相互の意見を調整する場合と、執行機関と議会側の意見の調整を図る場合、そして、この両者をあわせたような場合がある。

その後の本会議の運営が円滑に進められる長所があるが、本会議の機能を代替するものではなく、また、すべてが公開の場で協議されるとも限らないので、必要最小限度にとどめるべきである。

(3)　町村長による事前説明及び意見の聴取

町村長の依頼を受けて、議長が招集するものの、目的は、町村長が、議会に提案予定の案件についての事前説明を行う場合もあれば、行財政運営上の重要問題、企業誘致や開発行政に関連した対外折衝関連事項等について意見を求める場合もある。

議員にとって、行政内容あるいは提出議案について、理解を深める機会にもなっているが、本会議や委員会と同様の実質審議となることがないよう、節度をもって運用すべきである。

要は、全員協議会が協議又は意見調整の場であることを基本にして、あくまでも活発で円滑な議会運営・活動を目指した良識ある運用を図る必要がある。

第九章　議会の規律、懲罰

一　規　律

スポーツやゲームを行うにしても一定のルールがあり、マナーが強く要求される。ましてや地方公共団体の意思決定を行う神聖な議場における議員の言動は、法規によって規制されるまでもなく、慎重、公正でなければならないことはいうまでもない。

それとともに、議会が、住民の代表者である議員をもって構成される議事機関として、その権威を保持し、公正な審議、決定ができるよう、地方自治法及び会議規則において、自主的に規律を保持し、規制するための権限が与えられている。それが議会の規律と懲罰であって、次のとおりである。

1　議会の品位の保持

法第一三二条には「議会の会議又は委員会においては、議員は、無礼の言葉を使用し、又は他人の私生活にわたる言論をしてはならない」とし、また標規第一〇二条では「議員は、議会の品位を重んじなければならない」と規定されている。議員が本会議や委員会においては、発言や態度に十分注意をしなければならないことは言うまでもないが、特に他人の公的言動に対する批判は許されても、プライバシーの面まで具体的に言及することは許されない。

会議規則では、以上のほか、議場に入る者に対して、帽子、外とう、襟巻、つえ、かさ、写真機及び録音機の類を着用したり携帯することを禁じている。ただし、病気その他の理由により議長の許可を得たときは、この限りでない（標規一〇三）。また、会議中は、みだりに発言したり、騒いだり、議事の妨害となる言動を禁止しており、さらに、会議中、議員が議長の許可を得ないで勝手に議席を離れたり、喫煙したり、新聞や書籍、雑誌などを読んだり、議長の許可を得ないで登壇することを禁止している（標規一〇四～一〇八）。

2　侮辱に対する措置

法第一三三条で「議会の会議又は委員会において、侮辱を受けた議員は、これを議会に訴えて処分を求めることができる」と規定されていて、議員が、本会議や委員会で侮辱を受けたと思うときは、議会に対してその事実を申し立てて侮辱した議員の懲罰を要求することができる。

この要求は、懲罰動議の提出と同じく侮辱を受けた日から起算して三日以内に提出しなければならないものとされている。

3　議長の秩序保持権

議長は、1で述べた法律や規則によって禁止されている事項に違反したり、議場の秩序を乱す議員があった場合、これを制止したり、その発言を取り消させたり、また、議長の命令に従わないときは、その日の会議が終了するまで、その議員に発言の禁止を命じるほか、場合によっては議場外に退去させることのできる権限が与えられている。

以上のほか、議長は、議場が騒然となって整理できないと認めるときは、異議の有無を問わず議長の職権によって、その日の会議を閉じたり中止することができることとなっている（法一二九）。

4　傍聴の取扱い

議会の会議は、公開が原則であり、議会の関係者以外の者も会議を傍聴することが認められている。

しかし、これを無制限に許した場合、会議に支障をきたすことも生ずるので、法第一三〇条でこれを規制し、その取扱いの権限を議長に与えているほか、法律以外の詳細な事項については、議長が傍聴規則を制定しなければならないとされている。

地方自治法（一三〇条）では、傍聴人が公然と賛成・反対の意思表示をしたり、騒ぎ立てて会議を妨害するような場合、議長は、これを制止することになっており、傍聴人がこれらの議長の命令に従わないときは、退場を命じることができる。それでもなお従わず会議の妨害をする場合は、町村議会では、直接実力行使をすることはできないので、議長は、警察官の出動を要請して引き渡すこととなる。

また、傍聴席が騒がしく、議長が注意しても、なお従わない場合、議長は傍聴人を退場させることができる。この場合、たとえ、全員退場を命じても、秘密会の議決があったわけではなく、会議はあくまでも公開であるから、退場を命じた者以外の者から傍聴要求があれば傍聴させなければならない。

なお、標準町村議会傍聴規則には、傍聴の一般的な手続き、傍聴人が守らなければならない事項、その他必要な事項が規定されている（巻末資料「「標準」町村議会傍聴規則」参照）。

二　懲　罰

議会や委員会の会議においては、議会の権威を保持し、公正にして能率的な会議運営が行えるよう地方自治法・会議規則・委員会条例において、前節で述べたような規律が規定されている。そして、本会議及び委員会の開会中に、議員が、地方自治法や会議規則・委員会条例に規定された規律を乱し、これらに違反した場合に科される罰が、懲罰である。これは原則として会期中における議場内の行為に限られるが、議場外の行為であっても、正当な理由がなく欠席した者、秘密会の内容を漏らした者、また、会議運営に直接的な影響を与えるような行為がある場合は、議会の議決によって懲罰を科し得ることとなっている。

議員に対する懲罰は、議会の秩序維持と品位保持のために認められた議会の内部的規律作用であって、公務員に対する懲戒と同じ性質のものである。

1　懲罰の事由

具体的に懲罰の事由となる事項をあげると、次のようなものがある。

(1) 議員が正当な理由もなく応招しなかったり、正当な理由がなく欠席をして議長が、招状を発しても、なお故なく出席しない場合（法一三七）

(2) 秘密会の内容を他に漏らした場合（標規九七Ⅱ）

(3) 本会議や委員会で無礼の言葉を使用したり、他人の私生活にわたる言論をした場合（法一三二）

(4) 議長や委員長から発言の取消しや禁止、退場等を命じられてこれに応じなかったような場合（法一二九、標委二〇）

(5) 戒告又は陳謝の処分を受けた議員が、議長の戒告を受けなかったり、陳謝文を朗読しない場合（標規一一三）

(6) 出席停止の処分を受けた議員が、停止期間中に出席し、議長又は委員長から退場を命ぜられてもなお退場しない場合（標規一一五）

(7) 前記のほか、地方自治法、会議規則及び委員会条例に違反した場合

2　懲罰の種類

懲罰は、法第一三五条第一項によって次の四種類に法定されている。

一　公開の議場における戒告
二　公開の議場における陳謝
三　一定期間の出席停止
四　除名

一の「公開の議場における戒告」の方法は、あらかじめ委員会において作成し、議会の議決を経た戒告文を公開の会議の席上、議長が読み上げてその議員の言動が何に違反し、いかに議員としてあるまじき言動であったかを述べて、二度とこのようなことのないよう戒める方法である。

二の「公開の議場における陳謝」は、これも、あらかじめ委員会において作成し議会の議決を経た陳謝文を、懲罰を受けた議員が、公開の議場で読み上げて遺憾の意を表明する方法である。

三の「一定期間の出席停止」というのは、本会議や委員会に出席して発言し、あるいは表決に加わるという議員本来の権利を、一定期間停止させる懲罰である。標準町村議会会議規則第一一四条では、各町村ごとに出席停止の上限を実情に合わせて規定することとしている。しかし、数個の懲罰事犯が併発した場合、又はすでに出席停止にされた議員について、その停止期間内に、さらに新たな懲罰事犯が生じた場合は、規定の日を超えて懲罰を科することができる。なお、この出席停止の期間は、次の会期にわたってはならない。

四の「除名」は、懲罰の中でも最も重い処分で、議員という身分を失わせることである。したがって、特に慎重を要するために法第一三五条第三項で、除名の議決に当たっては、議員の三分の二以上の者が出席し、その四分の三以上の者の同意を必要とする特別多数議決の規定が設けられている。

3　懲罰短期時効の原則

懲罰は、議会の秩序を維持するための制裁であり、目的は円滑で能率的な会議の運営を図ることにある。したがって、懲罰事犯が発生したときは、速やかに処理すべきである。特に、懲罰は、議員の身分に関する重要な問題であるから、これを放置して、長期間にわたって不安定な状態に置くことは適当でない。

そこで、懲罰事件の処理に当たっては短期時効の原則があり、標準町村議会会議規則では、懲罰の動議は懲罰事犯があった日から起算して三日以内に提出しなければならないと規定している（標規一一〇Ⅱ）。

したがって、会期の最終日に懲罰事犯があった場合には、会期の延長を図って処理するか又は閉会中の継続審査として次の会期に懲罰を科するか、いずれかの方法によるほかはない。

ただし、秘密会の議事を他に漏らしてはならない（標規九七Ⅱ）とする秘密の保持の規定違反の事犯については、この原則は適用されない（標規一一〇Ⅱただし書）。

4　懲罰の発議

懲罰の発議は、議員から発議される場合と議長が発議する場合そして侮辱を受けた議員が発議する場合がある。

(1)　議員が発議する場合

地方自治法及び会議規則並びに委員会条例に違反する懲罰事犯があった場合は、その日から起算して三日以内に動議として提出しなければならない。この動議は、必ず文書で議員定数の八分の一以上の発議者が連署して議長に提出しなければならない（法一三五Ⅱ、標規一一〇）。なお、秘密会の内容を漏らした場合は、秘密性の継続する限りいつでも提出することができる。

(2)　議長が発議する場合

議長が発議することのできる場合は、法第一三七条の欠席議員の懲罰のみである。この議長の懲罰発議も一定の条件があり、ただ理由なく欠席したからといって、懲罰発議をすることはできない。

議員が正当な理由なく応招しなかったり、また、正当な理由なく会議を欠席した場合、議長が、特に招状を発しても、なお故なく出席しない時に限り、議長は、その議員に対する懲罰の発議ができる。

(3)　侮辱を受けた議員が発議する場合

本会議や委員会で侮辱を受けた議員は、議会に訴えて侮辱を与えた議員の懲罰を求めることができる（法一三三）。

この場合は、侮辱を受けた議員一人で議長あてに処分要求書を提出すればよく、法第一三五条第二項の規定による所定の発議者は必要がない。

5　懲罰の審議

懲罰の審議は、懲罰動議の会議、委員会審査、懲罰決定の会議の三段階で審議される。

懲罰動議、議長発議、又は侮辱を与えた議員に対する処分要求が提出され、成立要件が満たされていれば、これは日程事項であるので、日程追加の必要のある場合は、日程を追加して議題とし、提出者の説明を聞き、質疑の後、懲罰事犯者の弁明の申し出がある場合はその弁明を許し、委員会に付託する。懲罰は、議員の身分にかかわる重大な問題であるから、標規第一一一条の規定により必ず委員会の審査を経なければ議決することができないこととされているからである。

委員会への付託は、特別委員会を設置して付託し、審査するのが通例である。

このため、標準委員会条例第六条に、議員の資格決定の要求があった場合と同様に、懲罰の動議（侮辱を受けた議員からの処分要求を含む）があったときは、自動的に懲罰特別委員会が設置されたものとする参考規定が示されている。

特別委員会での審査は、他の付託事件の審査と何ら変わるところはないが、異なった会期において懲罰を科すことは適当ではないと考えられるので、できる限り会期中に議長に委員会報告書が提出できるよう委員会の審査を慎重かつ能率的に行うよう心がけなければならない。やむを得ない場合は、当然、継続審査の議決をとり、閉会中の審査となる。委員会の審査報告書が提出されると、議長が、議題に供して懲罰決定の審議が行われる。この審議は、懲罰対象議員を除斥して、まず、委員長の審査の経過と結果の報告、委員長に対する質疑が行われ、討論、採決が行われて、懲罰が決定される。懲罰が決定されれば、2の「懲罰の種類」で述べた方法によって処理される。

以上のように、法律や会議規則には懲罰規定があるが、住民を代表し指導をする立場にある良識ある議員としては、このような懲罰の適用を受けることのないよう常に慎重な言動に心がけなければならない。

6　懲罰に関する審決の申請

懲罰の種類のうち、除名の懲罰を科せられた議員は、法第二五五条の四に基づき、普通地方公共団体の機関である議会がした処分が違法に権利を侵害されたとする場合は、その処分のあった日から二一日以内に、都道府県の機関がした処分については総務大臣、市町村の機関がした処分については都道府県知事に審決の申請ができる。

なお、出席停止の懲罰については、単なる内部規律の問題であって、審決の審査の対象となりえない旨の行政実例（昭和四八年五月一日、自治行第五七号）があったが、令和二年一一月二五日の最高裁判所大法廷判決（平成三〇年（行ヒ）第四一七号令和二年一一月二五日大法廷判決）において、普通地方公共団体の議会の議員に対する出席停止の懲罰の適否は、司法審査の対象となるというべきであるとされたことを踏まえ、総務省は従前の行政実例を削除し、次のとおり、出席停止の懲罰についても審決の申請の対象となる旨の通知を発出している。

○地方議会の議員に対する出席停止の懲罰に関する審決の申請について

（令和二年一二月一七日総行行第三〇六号　総務省自治行政局行政課長通知）

問　地方議会における出席停止の懲罰は、その適否が専ら議会の自主的、自律的な解決に委ねるべきであるということはできず、地方自治法第二二五条の四の規定による審決の申請の対象となるものと考えるがどうか。

答　お見込みのとおり

理由　最高裁判決において、「出席停止の懲罰の性質や議員活動に対する制約の程度に照らすと、これが議員の権利行使の一時的制限にすぎないものとして、その適否が専ら議会の自主的、自律的な解決に委ねられるべきであるということはできない」、「普通地方公共団体の議会の議員に対する出席停止の懲罰の適否は、司法審査の対象となるというべきである」とされたことを踏まえたものである。

第三編　議案審議の実際

第一章　条例案の審議

一　条例とは

条例とは、憲法第九四条の規定によって地方公共団体が法律の範囲内で、しかも法令に違反しない限りにおいて（法一四Ⅰ）、当該地方公共団体の事務に関して定める法規の一種である。この条例は、その町村の住民に対して他の法令と同じように権利を制限したり、義務を課したりするものであるから、住民の代表者である議会の議決がなければ、これを制定したり改正、廃止することができない。

議会にとっては、条例の制定、改廃権は、予算の議決権と並んで最も重要な権限であるので、その行使に当たっては、特に慎重でなければならない。そして、住民の意思の反映に努め、条例の効果や他の法令との関係を十分検討することが必要である。

二　条例の発案

条例の制定は、必ず議会の議決を要するから、制定しようとする場合には、まず、その原案を作成し議会へ提出しなければならない。この場合、地方自治法では発案できる者について、それぞれ規定されている。これを「条例の発案権」と呼んでいる。

条例の発案者は、次のとおりである。

(1)　議　員（法一一二Ⅰ）
(2)　委員会（法一〇九Ⅵ）
(3)　町村長（法一四九1）
(4)　住　民（直接請求の場合（法七四Ⅰ））

しかし、このいずれについてもそれぞれ制限がある。議員、委員会及び町村長については、ほとんどの条例について発案権があるとされているが、議会の委員会条例は、委員会が議会の内部機関として設置されるものであるから、その発案権は議員及び委員会にあり、町村長には発案権がない。

また、町村の部課設置条例は、執行機関である町村長の補助組織として設けられる部課に関するものであるから、発案権は町村長に専属し、議員及び委員会には発案権がないものとされている。この見分け方は、おおむね、法律で「地方公共団体の長は、条例で……」と規定されていれば、長のみの発案事項であり、「地方公共団体の議会は、条例で……」とあれば議員及び委員会の発案事項と考えてよい。したがって、単に「地方公共団体は、条例で……」とある場合には、団体意思を条例で規定することとしているのであるから議員、委員会及び町村長が発案できることになる。

次に、同法は、直接住民に対しても、条例の制定又は改廃に関する直接請求権を与えている（法一二Ⅰ）。すなわち、住民が新たに条例を制定し、又は改正し、あるいは廃止することが適当だと考える場合は、選挙権を有する者の五〇分の一以上の者の連署により一定の手続きをとって条例の制定、改廃を請求することができるものとしている（ただし、地方税の賦課徴収並びに分担金、使用料及び手数料の徴収に関するものを除く（法七四Ⅰ））。この場合、町村長は、正式の手続きを経て、請求を受理した日から二〇日以内に議会を招集し、意見を付けて議会へ提出しなければならない（法七四Ⅲ）。これを可決するか、修正可決するか、それとも否決するかは、もちろん他の条例の場合と全く同じように議会独自の考えによって決めることになる。

三　条例の種類

条例の種類を、その内容あるいは機能によって区分すると、次の二つに分けられる。

(1) 町村の内部管理に関するもの
(2) 住民の権利義務に関するもの

(1)の町村の内部管理に関するものとしては、町村の部課を定める条例、職員の定数を定める条例、職員の給与を定める条例、あるいは議会の常任委員会条例のようなものがあげられる。これらは、行政組織の基本をなすものであって直接には住民の権利義務とは関係がない。

しかし、行政が最少の経費で最大の効果を挙げられるかどうかに直接関連のある条例であるから、住民と全く無関係ではなく、その観点から十分に審議されなければならない。

次に、(2)の住民の権利義務を規定する条例としては、税条例、分担金条例、環境保全条例、自然保護条例等きわめて重要なものが多い。これらの条例は、住民の意思のいかんにかかわらず、強制力をもって住民に対してその権利を制限し、あるいは義務を課するものであるから、その条例の審議に当たっては、住民の負担能力と立場を第一に考えながら慎重な検討が必要である。そして、権利を制限し、義務を課することは必要最小限にとどめるよう、特に留意しなければならない。

四　条例の及ぶ範囲

平成一二年施行の地方分権一括法による改正によって、機関委任事務制度が廃止され、従来、自治体の条例制定権が及ばないとされてきた事務領域はなくなり、「自治事務」も「法定受託事務」も法令に反しない限り、すべて条例の制定が可能となった。また、改正前の法第二条第三項の事務の例示の規定中には、「法律の定めるところにより、……」とされていたものがあったことから、それらについてはすべて法律の定めるところによってしか自治体は処理することができないとする見方があったが、これら事務の例示は全て削除されたことから、そのような懸念はなくなった。

五　条例の効力

1　その町村の区域外には及ばない

条例は、その町村の法規であるから他の町村にまで効力が及ばない。たとえば、ある町で煙草のポイ捨て禁止条例を定めていた場合、いくら煙草のポイ捨てが環境に悪影響を与える行為であるからといって、隣の村内にまでその町の条例を適用することはできない。ところが、公の施設の区域外設置の手続を経て、甲町の経営するバスの路線を乙村内まで乗り入れるというような場合は、甲町の自動車運行条例が乙村にも及んで施行されることになる。つまり、このような例外を除いて、町村の条例は、その町村の区域外には及ばないのが原則である。

2　どんな人にも適用されるか

わが国の法令は、すべてその土地にいる人、それは居住者もあれば、旅行者もあるし、滞在者もある。また、日本人であろうと外国人であろうと、例外なくすべての人に適用されるというのが原則である。これを「属地主義」という。

条例においても同様であって、ある町村で営業を営もうとすれば、誰でもその町村の条例に従わなければならない。仮に、ある町で防犯の目的で、鍵をかけない自転車を道路に置いてはならないという盗難防止の行政事務条例を定めていたとすれば、隣りの町村から来た人であっても、これに違反すれば処罰されることとなる。

しかし、その人は、この町にこのような条例があることを知らないかもしれないが、知らなかったといっても違反していれば罰則を免れることはできない。したがって、このような条例の審議に当たっては、議会としても特に慎重に検討する必要があり、制定後は、常に旅行者にも知らせるような徹底した周知の方法を講じなければならない。

また、「未成年者は、パチンコ屋に入ってはならない」というような条例の場合は、その土地にいるすべての人に適用するのではなくて、未成年者にのみ適用されるものである。このような特定人を対象としたものについては、その適用の範囲が適当かどうかに十分留意する必要がある。

3　いつからいつまで効力を持つか

すべて法令は、将来に向かって効力を持つのが原則であるから、いつから効力が発生するかが明らかにされていなければならない。条例においては、その条例の附則で「この条例は、公布の日から施行する」あるいは「この条例は、令和○年○月○日から施行する」というように規定してある場合は、その日から、施行の日が指定されていない場合は公布の日から起算して一〇日を経過した日から施行することになる（法一六Ⅲ）。この点「施行」という用語は、過去に遡って実施することなく、常に、制定後、将来に向かって実施する場合に用いられる。

㈠　遡及適用とは

この例外をなすものとして、遡って適用する場合がある。たとえば、職員の給与を改定するような場合に、「この条例は、公布の日から施行し、令和○年○月○日から適用する」というように、実際の給与の増額を三カ月前に遡って実施することがある。ただし、このような遡及は、相手方の不利益にならないように、たとえば、職員に対する給与の改定とかあるいは住民に対する税の減免のような場合にのみ限られるべきであるということに注意しなければならない。

㈡　効力の期限

法律でも条例でも、通常は、有効期限の最終日を規定していないから、その条例が廃止されたり、改正されない限り永久に効力がある。そこで、どうしても期限を指定する必要のある場合は、たとえば、「この条例は、令和○年○月○日限りその効力を失う」あるいは「この条例は、施行の日から起算して、○年を経過した時にその効力を失う」というように、附則で期限を定めておかなければならない。

㈢　刑罰法規の不遡及の原則

憲法第三九条によれば「何人も、実行の時に適法であつた行為……については、刑事上の責任を問はれない」と定めている。たとえば、観光客に不快な感じを与えないために、写真業者は許可を受けた者でなければならないとし、これに違反した者には罰金等を定めた罰則を適用する旨を条例で規定している場合、その条例が公布され、効力を発生する日の前に無届けで写真業を営んでいた者があっても、施行以前の無届け営業者をこの条例で遡って処罰することはできないという原則である。このように刑罰法規は、仮に、遡って「○月○日から適用する」と定めていても、国の最高法規である憲法に違反するものであるから、無効の規定とされる。

わが国の法体系

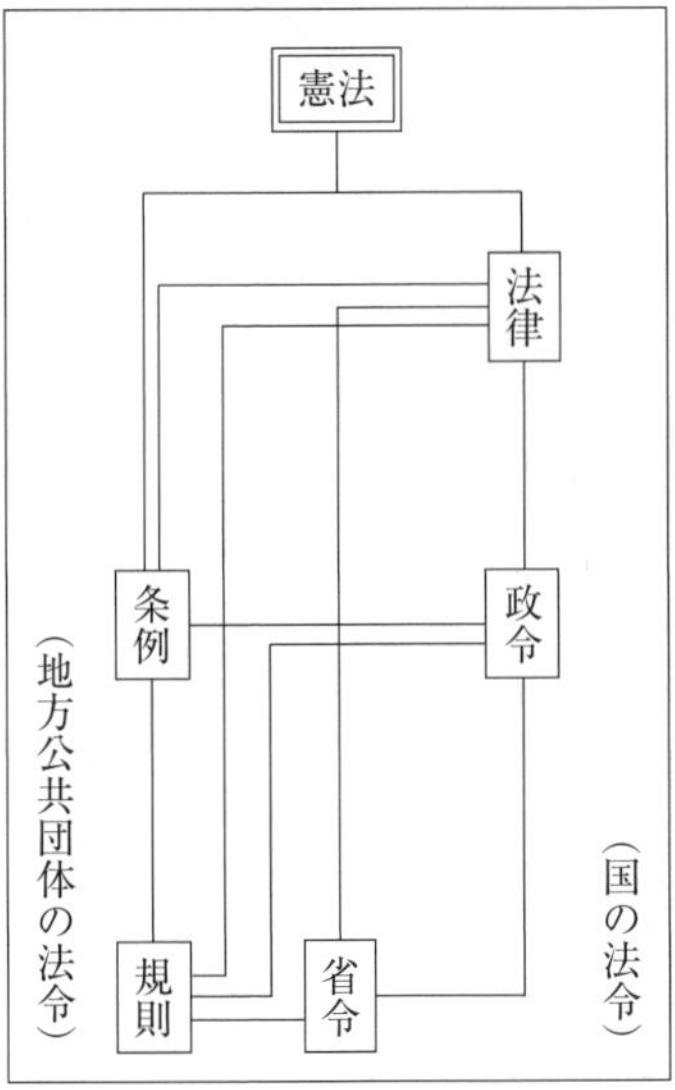

4　他の法令との関係

町村の条例は、町村自体の法規であるが、憲法を頂点とする国の法令の範囲内において効力を有するものである。憲法が第九四条において「地方公共団体は、……法律の範囲内で条例を制定することができる」と定め、これを承けて、地方自治法は、第一四条第一項で「普通地方公共団体は、法令に違反しない限りにおいて第二条第二項の事務に関し、条例を制定することができる」と規定している。これは、条例が国の法令のもと国の法令に違反しない限りにおいて効力を有することを示しているものである。

わが国の法体系を簡単に図で示すと、上の図のとおりであって、国全体の法制度が秩序正しく機能するためには、当然のことである。

以上のことを具体的に説明すると、

第一は、条例で本来規定できない町村の権限外の事項を規定した場合、その条例は、当然無効である。町村の条例は、法第二条第二項の事務についてのみ規定できるからである。

第二は、条例の内容が国の法令の内容に抵触している場合である。たとえば、ある条例の罰則で「五年以下の懲役若しくは禁錮……」と規定していたとすれば、法第一四条第三項で許容している「二年以下の懲役若しくは禁錮《こ》……」を超えることになるので、違法な規定となる（注：「懲役」と「禁錮」については、令和四年六月の刑法等の一部改正により廃止し、「拘禁刑」に一元化される。法の施行は公布の日（同年六月一七日）から三年以内。）。このような場合は違法となる条文の規定のみが無効となる。

また、法令に抵触する場合として、国の法令には別に規定はないのに、改めて条例で規定したために抵触することがある。

憲法で定めた基本的人権に関することがらを制限するような規定を設けた場合に多く問題が生ずる。これらの事項については、公共の福祉に反しない限度における人権の行使が許されるのであるから、その限界を超えるものについてのみ条例で規制できる。したがって、その規制できる限度を超えた条例の規定は、無効とされる。

ただ、注意を要するのは、それが当然無効であるかどうか、争いのある場合においては、公の機関により無効の確認がなければ、それが直ちに無効であるとして処理することができないということである（かつて、公安条例によるデモ規制が表現の自由を侵すことになるかどうかについて争いがあり、裁判となったのがその例である）。このように、上位と下位の関係に立つ憲法なり法律と条例の間には、力の強弱と上下の関係がある。そして、法令すべてと同様な関係に立つものである。

第三は、都道府県の条例との関係である。

市町村は、都道府県の条例に違反して事務を処理してはならない（法二ⅩⅥなお書）と規定されているから、町村の条例は都道府県の条例に違反してはならない。違反するかどうかは、一般的には法令に違反するかどうかということと同様である。なお、地方分権一括法による改正によって、改正前の法第二条第三項及び第四項に規定されていた都道府県が市町村の「行政事務」について条例で必要な規定を設けることができるという、いわゆる「統制条例」の制度については、対等・協力の関係を基本とする都道府県と市町村の新しい関係にふさわしくないものとして削除された。

六　条例と規則の相違

町村は、条例を制定できる権限のほか、さらに規則を制定する権限が与えられている（法一五Ⅰ）。つまり、地方公共団体の法規には、「条例」と「規則」の二つの種類があるということである。

それでは、条例と規則とは、どう違うかというと、条例は、議会の議決がなければ定めることができないが、規則は、町村長限りで定めることができる。これが、基本的な両者の相違点である。

次に、規則で定め得る範囲は、おおむね次の五つの場合である。

(1)　法令で規則を制定するものとされている事項―たとえば、令第一七三条の二による財務に関する規則。
(2)　町村の執行機関が担任する事務のすべて。
(3)　町村の事務で町村長のみの権限とされるもの―たとえば、町村長部課の庶務に関するもの。
(4)　条例の委任により、又は条例の実施細目として定めるもの。
(5)　議会及び町村長のいずれの専属権限に属しない事項（条例と規則のどちらで定めてもよい事項）―たとえば、工場誘致や補助金に関するもの。

なお、(5)に関する事項について、条例と規則が競合して規定されているような場合は、条例が優先するのは当然である。

七　条例の制定手続き

条例の制定手続きとは、広くは立案から公布、施行されるまでの一連の手続きをいう。これを順序だてて述べると次のとおりである（次頁の図参照）。

(1)　立　案

原案を作成することであって、町村長が提案するものにあっては、まず担当の部課又は係がこれに当たり、その原案について、総務課法規係において、上位の法令あるいは関係法令との照査、調整や表現の統一、整理等のいわゆる法令審査を行って成案となる。

議員・委員会提出のものにあっては、議会事務局職員が協力する。この場合は、前記法規係の専門的な法令審査に相当する事務は、議会事務局が担当することとなるから、担当職員は、日頃から十分専門知識を涵養しておかなければならない。

(2) **議案提出**

原案を議会へ提出することであって、所定の様式の文書で議会事務局に提出することによって、議長（議会）に提出したことになる。

議員が条例案を提出する場合は、議員定数の一二分の一以上の賛成者と連署して、また、委員会が条例案を提出する場合は、委員会の議決を経て委員長が提出しなければならない（法一〇九Ⅵ、一一二Ⅱ、標規一四）。

なお、議員定数が一二人以下のところは、提出者一人で賛成者は不要である。

(3) **審議及び表決**

提出された条例案について、議会は、その内容を審議し、それに対する意思を決定する。

常任委員会等に条例案を付託する場合は、所定の手続き（標規三九）で付託される。常任委員会等は、付託された条例案に対する委員会の意思を決定し、委員長から本会議に報告される。

委員会提出の条例案は、通常、その委員会において十分な審査、調査の上提出されることから、これをあらためて委員会には付託しない（標規三九Ⅱ参

条例の制定手続　[平成 23 年法改正]

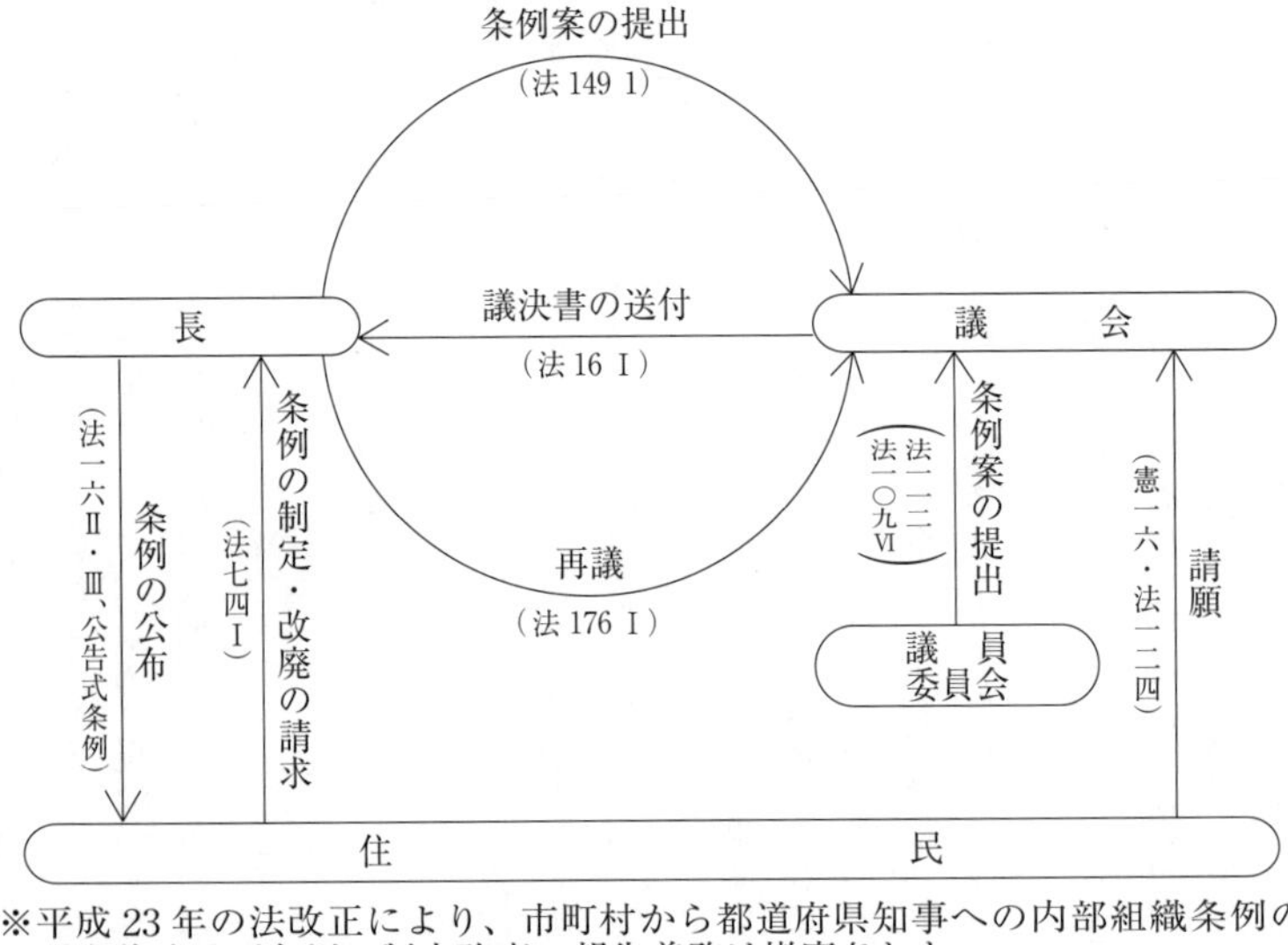

※平成 23 年の法改正により、市町村から都道府県知事への内部組織条例の届出義務及び条例の制定改廃の報告義務は撤廃された。

考)。ただし、常任委員会が提出した条例案を新たに特別委員会を設置して審議する場合等もあり得るので、議会の議決により委員会に付託することができる。

本会議では、委員長からの報告に基づいて、さらに質疑・討論・表決を行い、議会としての意思が確定される。

初めから本会議で審議する場合は、提出者から、説明を聞いた後、質疑を行うが、質疑が終了すれば討論に入り、次いで表決を行い、その条例についての議会の意思が決定される。

なお、条例案を修正しようとする動議は、議員定数の一二分の一以上の者の発議によらなければならない(法一一五の三・標規一七Ⅱ)。ただし、委員会で修正しようとするときは一人でも修正案を提出できる。

(4) 議決送付

条例が議決されたときは、議長は、それを三日以内に町村長へ送付する(法一六Ⅰ)。

(5) 公布・施行

町村長は、議会から条例の送付を受けたときは、その日から二〇日以内にこれを公布し、施行する。

これらの公布、施行に関しては、法第一六条の規定によるほか、町村の公告式条例の定めるところに基づいて処理される。しかし、町村の名称変更条例は、あらかじめ都道府県知事に協議のうえ、変更後の名称及び名称を変更する日を都道府県知事に報告しなければならないとされている。

なお、平成二三年の法改正により、市町村から都道府県知事への内部組織条例の届出義務及び条例の制定改廃の報告義務は撤廃された。

また、平成二四年の法改正で、長は条例の送付を受けた日から二〇日以内に、再議に付す等の措置を講ずる場合を除き、当該条例の公布を行わなければならないとして手続規定の明確化が図られた。

八　条例の見方

条例も一種の法規であるから、法令としての一定の形式を備えている。したがって、条例を見る場合、条とか、項とか、どの部分をいうのか、前段・後段というのは、どれかということが分からないと、条例を理解することができない。

そこで条例の組み立てとその名称を示すと、次のとおりである。

○○町・村公民館設置及び管理条例をここに公布する。
令和○年○月○日
○○町・村長　氏　名

→これを公布文という。
公布文は、公告式条例の規定に基づき公布の際必ず付さなければならない。

○○町・村条例第　号

→これを条例番号という。番号は毎年一月一日から起こす。以上は、議長から送付を受けた後、町村長が、公布に当たって付するものである。

○○町・村公民館設置及び管理条例

→これを題名という。題名は正式の呼称であり、条例の一部をなす。題名の初字は、第四字目である。

第一章　通則

→編・章・節等の区分
多数の条文からなる条例には、「章」の区分が置かれ、さらに、章の中において小分類を要するときは「節」の区分が、節中の小分類には「款」が置かれる（自治法はこの例である）。

（この条例の目的）
第一条　この条例は、○○町・村公民館（以下「公民館」という。）の設置及び管理に関し、必要な事項を定めることを目的とする。

→これを括弧書きという。
簡単に用語を定義する場合や、範囲を限定する場合、あるいは以下において略称を使用する場合に用いられる。

（設置）
第二条　公民館は、町・村民の福祉を増進し、かつ、文化の向上を図ることを目的として、次の場所に設置する。
○○町○○番地

→これを条という。

（使用料）

第四条　公民館の使用料は、別表のとおりとする。ただし、次の各号の一に該当する場合においては、町・村長は使用料を減免することができる。

一　国又は地方公共団体が、直接公共のために行う行事に使用する場合

二　年間契約○回以上使用する場合

2　前項の使用料には、冬期暖房費及び特殊器具の使用料は含まない。

（保証金）

第五条　町・村長は、公民館の使用承認について、管理上必要があると認めたときは、条件を付し、又は保証金を納付させることができる。

（使用条件の変更、使用の停止又は取消し）

第九条　次の各号の一に該当するときは、町・村長はその使用条件を変更し、若しくは使用を停止し、又は使用の承認を取り消すことができる。

一　使用条件に違反したとき。

二　この条例及びこれに基づく規定に違反したとき。

三　その他町・村長において必要があると認めたとき。

（原状回復の義務）

→これを本文という。

→これをただし書きという。

条文の文章が二つに区切られる場合に、後段の文章が「ただし」で始まり、前段の文章に対する例外を規定する場合がある。この場合の、「ただし」以下の規定を「ただし書」、これに対する前段の規定を「本文」と呼ぶ。

→これを見出しという。

条文の規定している内容を簡明に示し、理解と検索引用の便のためのものである。一条ごとに付けられるのが普通であるが、連続する二以上の条文が同じ分類に属する事項を規定している場合には、前の条文にだけ付ける。

→これを号という。

条例文の中で事物の名称とか、必要な要件や事項等を列記する場合に用いられる。順次、第一号・第二号・第三号と呼ぶ。

第十条　使用者は、その使用を終了したときは、設備を原状に回復しなければならない。前条の規定により使用を停止されたときも同様とする。

2　使用者が前項の義務を履行しないときは、町・村長においてこれを執行し、その費用を徴収する。

（損害の賠償）

第十一条　使用者は、使用に際して、建物附属設備及び特殊器具等を損傷し、又は滅失したときは、町・村長の定める損害額を賠償しなければならない。

2　使用者が前条第二項の費用及び前項の賠償額を納入しないときは、第五条に定める保証金の一部又は全部をこれに充てることができる。

（規則への委任）

第十二条　この条例の施行に関し必要な事項は、規則で定める。

→これを前段という。

→これを後段という。

条文の内容上、項を別に立てるほどのものでないときは、条・項の中で文章が区切られる。

文章が区切られたときの前の方を「前段」、後の方を「後段」と呼ぶ。

→これを項という。

一つの条を、さらに規定の内容に従って、区分する必要がある場合に、項に分けられる。いわば条文の段落である。順次、第一項・第二項と呼ぶが、第一項には番号を付けない。

項数を示すにはアラビア数字を用いる。

以上、附則の前までを本則という。本則は、その条例の本体をなす規定である。

附　則

この条例は、公布の日から施行する。

→以下を附則という。

附則は、本則に附随して必要な事項を定めることを目的とする。

附則は、項に分けて置かれるのが普通であるが、その規定する内容が複雑である場合には、条が置かれることもある。

附則に規定される事項は、通常、施行期日に関する規定、既存の条例の廃止に関する規定、当該条例の制定に伴う経過的規定、既存の条例の改正に関する規定、その他の規定の順序で置かれる。

別表

種別	時間	使用料
平日	午前	円
	午後	円
	夜間	円
土曜日、日曜日、国民の祝日	午前	円
	午後	円
	夜間	円

→これを別表という。

別表中、縦線で区画されているものを項と呼び、横の区切りを欄と呼ぶ。

なお、表がたくさんある場合は、別表第一・別表第二……の番号を付ける。

さらに様式がある場合は、別表に準じ附則の後に置かれる。

九　条例案審議の着眼点

条例案を審議するに当たって、最も大切なことは、条例案のどんなところに着目して検討すればよいかということである。以下その着眼点を挙げてみる。

1　何の目的で制定されるのか

条例を制定しようとする場合には、それが何の目的で作られるのかということがはっきりしていなければならない。いやしくも条例を制定すれば、それによって住民は大なり小なり制約を受けることになるのであるから、制定する限りはどんな必要があって、何の目的のために制定するものであるかを、まず明確にしなければならない。このことは、議会として、その条例の必要を認めるかどうかの基本であるから、決しておろそかにしてはならない。条例案の後に、提出の理由が記載されているのが普通であるが、最近では、第一条（目的）に規定されているものが多い。また、当然、提案の理由説明で詳しく提出者から説明されるから、それを十分理解した上で、判断することになる。

2　住民が賛成する内容であるか

元来、条例は、住民が自分たちの町村の自治を秩序だて、円滑に運営していく上に必要とする規律であるから、必ず、住民の代表機関である議会の議決がないと制定できないことになっている。そこで、議会は、提出された条例案が、住民が賛成するものであるかどうかを十分に検討して、判断しなければならない。それには、その条例を制定することによって、住民の自由がどの程度制約を受けるか、又は住民の権利がどれだけ制限されるか、あるいは住民にどんな新しい義務が課されることになるか、といった点に着目することが大切である。

さらに、前述したとおり、住民に負担を課するなど不利益になる規定を遡及して適用することはできないことになっているから十分注意する必要がある。

〔実例〕住民の不利益となる規定を遡及適用したもの

○○町水道条例の一部を改正する条例

○○町水道条例の一部を次のように改正する。

第二十三条の次に次の一条を加える。

第二十四条　新たに本町の住民となつた者又は新たに本町に事務所若しくは事業場を設けた者が、新規に上水道の敷設を願い出ようとするときは、次の区分による水道特別分担金を納付しなければならない。

一　個人又は従業員二十人未満の事務所　五万円

二　従業員二十人以上の事務所　十万円

三　工業用水道　二十万円

附　則

この条例は、公布の日から施行し、令和○年四月一日から適用する。

（注、公布年月日は同年六月五日）

※審議の着眼点

特別分担金を新たに徴収するというが、その適用を公布前に遡及することは、住民の不利益となる事項を過去にまで及ぼす結果となり、問題であり、できないことである。

3　違法な点がないか

町村の条例は、憲法はもとより法律やそれに基づく政令、あるいは都道府県の条例に違反してはならないこととされている。もし、そういうことがあれば違法な条例として無効となるのであるから、条例案については、それが、

(1)　町村の条例で定めるべき事項又は定め得る権限内の事項であるかどうか。

(2)　他の法令の規定に抵触していることはないか。

という点について、関係法令と照らし合わせて検討しなければならない。

〔実例〕越権、違法な条例

○○町副町長の定数に関する条例

○○町副町長の定数は、地方自治法第百六十一条第二項の規定により二人とする。

附　則

1　この条例は、公布の日から施行する。

2　この条例により任命された副町長の任期は、地方自治法第百六十三条の規定にかかわらず二年とする。

※審議の着眼点

1　この条例は、法第一六一条第二項の規定に基づき副町長の定数を二人にしようとするものであるから、同条及び第一六三条を参照する必要がある。

2　法第一六三条において、副町長の任期は四年と定めており、しかも、これに関して条例で特例を定めることを認めていない。

ところが、この条例の附則第二項は、法の規定に反し、(1)条例で任期を定めていること。(2)法律で「四年」とされている任期を下位の法令である条例をもって「二年」と変更していること。この二点は明らかに違法である。議会としては附則第二項は修正削除すべきものである。

4　現行条例との関係はどうか

現行の条例との関係について検討しないと、意図した適用関係が実現できない場合がある。

まず、同じ事柄について異なる規定をする場合がある。このようなときは、「後法は、先法に優先する」や「特別法は、一般法に優先する」という法の原則によって、どの規定が適用されるか決まるため、事前に十分な検討が必要になる。

たとえば、すでに公営駐車場設置条例に「公営駐車場に自動車を放置した者は一万円以下の過料に処する。」という規定がある場合に、放置自動車防止条例に「公共の場所に自動車を放置した者は五万円以下の過料に処す

る。」という規定を設けたとしても、公営駐車場における放置自動車についての特別法である公営駐車場設置条例の「一万円」が、放置自動車についての一般法である放置自動車防止条例の「五万円」に優先されることになる。そのため、「公共の場所」であるはずの公営駐車場に、「五万円」の過料という規制が及ばないこととなる。

また、特に一部改正の場合、他の条例で当該規定を引用している場合がある。このようなときは、当該規定の改正が、他の条例の規定にも影響を与える可能性があるので、注意する必要がある。

たとえば、屋外広告物条例の禁止区域として「地域環境形成条例第○条の規定により指定された環境形成地域を含む。」旨の規定がある場合に、地域環境形成条例の環境形成区域の指定範囲に係る規定を改正すると、屋外広告物の禁止区域の範囲まで変更してしまうこととなる。

したがって、条例案の審査に当たっては、現行の条例との関係をよく確認して、適切な内容となっているか検討する必要がある。

5　財政との関係はどうか

条例は、施行することによって、新しい事務処理や事業の実施が義務づけられることになるから、多くの場合、新たに経費を必要とするものである。たとえば、町の職員の定数について、現在一九五人と定めてあるものを二〇〇人に改正する条例案が提案された場合、増員に伴う給与費や事務費が、補正予算に計上されて同時に提出されているかどうか、この点をはっきりさせておかないと、せっかく条例を制定しても、これを実施する予算がなく執行不能となるおそれがある。

このため地方自治法では、条例その他の案件が、新たに予算を伴うものであるときは、町村長は、その措置が的確に講ぜられる見込みが得られるまでは、議会に提出してはならないと規定している（法二二二Ｉ）。

議員提案又は委員会提案の条例が予算を伴うものであるときは、この法第二二二条の規定は適用されないが、その趣旨は尊重して運用されるべきものである。

6　どれほどの効果が確保されるか

その条例を制定することによって、町村の行政がどれほど進展するか、つまり、どれほど町村の自治が充実し、また円滑に進められるか、あるいは住民の福祉がどれほど現在より伸びるかということを見きわめることは、最も大切なことである。したがって、審議に当たっては、その条例によってどんな効果を、どれほど期待ができるかをただし、それが条例案の規定の上に十分盛られているかどうかを検討しなければならない。

そして、よりよい、また、より適切な方法があるならば、所定の手続きによって原案を修正する必要がある。ともすると、町村長と議会の円満さを図るために、また、一種のなれあい的感覚で町村長の提出した条例案を鵜呑みにするようなことがありうるが、議会は、何よりも住民の代表機関であり、条例制定の最終決定権者であるとの認識のもとに、町村長が提案したものよりも、さらに、最少の経費で最大の効果をあげ得る方法がある場合は、修正を行うことが議会の使命からいって本筋であることを忘れてはならない。

7　表現が適当であるか

条例は、単に町村の職員のためにあるのではなく、住民のためにあるわけであるから、住民に分かりやすく、かつ、明確な表現のものでなければならない。条文の意味が人それぞれに解されるようなあいまいな表現や、難解な用語が多くて、規定されている事項がよく理解されないものであってはならない。

たとえば、「濫りに」は「みだりに」、「捺印する」は「押印する」、「銓衡」は「選考」、「哺育手当金」は「ほ育手当金」のようにやさしい言葉に変えるとか、又は常用漢字表にあるほかの文字に書き換えるとか、あるいは仮名書きに改めるとかして、努めて分かりやすくするよう特に留意しなければならない。

しかし、あまり平易な表現にしたために、かえって意味の分からないものになってはならない。

ことに法令に使う用語には、法令慣用語といって一定の約束や定義が定められているものがある。これらについては、その約束に従って用いないと全く異なった内容に解釈されてしまう場合も起きるから、そうした誤用がありはしないか、慎重な検討と注意が必要である。したがって、議会事務局に、これらに関する辞典（法令用語辞典・法律学辞典等）を備えて置くことが必要である。

次に、用語について注意しなければならない点をあげると、次の諸点である。

(1)　条文の意味がはっきり受け取れるか、また、解釈上疑義が生ずるおそれはないか。

(2)　用語は、やさしく、分かりやすいものになっているか。

(3)　一般住民に通用しない専門用語や新造語やあいまいな用語はないか。

(4)　条文が冗長であったり、あるいは簡単すぎて意味の分からないものはないか。
(5)　準用条文が多くて、ほかの条例と首っ引きでないと分からないようなものはないか。
(6)　仮名遣いに誤りはないか。
(7)　句読点、括弧等の使用に誤りはないか。
(8)　漢字は、常用漢字が使用されているか。
(9)　全体の文章や用語に統一がとれているか。
(10)　法令慣用語が正しく使われているか。

（参考）法令慣用語の用い方

法令は、すべて表現を明確にすることが必要であるから、一定の慣用語が発達している。そして、これら慣用語の用い方について一定の取り決めがある。したがって、条例審議に当たってはこれら慣用語の使い方が正しくなされているかどうか検討されなければならない。そこで、若干の慣用語について説明をしたい。

(ア)「及び」と「並びに」――併合的接続詞

○二個の名詞、動詞等を併合的に接続する場合……「及び」を用いる。

○三個以上の名詞、動詞等を併合的に接続する場合

(a)　その語句の並列に段階がないときは、初めの方は読点でつなぎ、最後の語句のみを「及び」で結ぶ。

(b)　その語句の並列に段階があるときは、大きい意味の接続には「並びに」を、小さい意味の接続には「及び」を用いる。

(イ)「又は」と「若しくは」――選択的接続詞

○二個の名詞、動詞等を選択的に接続する場合……「又は」を用いる。

○三個以上の名詞、動詞等を選択的に接続する場合

(a)　その選択される語句の意味に段階がないときは、初めの方は読点で結び、最後の語句のみを「又は」で結ぶ。

(b)　その選択される語句の意味に段階があるときは、大きい意味の語句の接読には「又は」を、小さい意味の語句の接読には「若しくは」を用いる。

(c)　選択される語句の意味の段階が三以上であるときは、一番大きい接続だけに「又は」を用い、その他の部分には「若しくは」を重複して用いる。

(ウ)「以上」「以下」「未満」及び「超える」

いずれも、数量的限定をする場合に用いる。「以上」「以下」というときは、基準点になる数量

を含む。「未満」「超える」は、基準点になる数量を含まない。

(エ)　「以前」「以後」「…前」及び「…後」

いずれも、時間的限定をする場合に用いる。「以前」「以後」という場合は、基準点になる日時を含む。「…前」「…後」という表現の場合には、基準点になる日時を含まない。

(オ)　「改正する」と「改める」

法令、条例等を改める場合、改められるべき法令、条例等の全体をとらえていうときは「改正する」を用い、法令、条例等の中の個々の条文の規定をとらえていうときは、「改める」を用いる。

(カ)　「準用する」と「適用する」

「準用する」というのは、ある事項に関する規定をそれと本来の性質が異なるほかの事項に、適当な修正（読み替え）を加えて当てはめる場合に用いる。

「適用する」というのは、本来の規定になんら変更を加えず、そのまま当てはめる場合に用いる。

(キ)　「……することができない」と「……してはならない」

「……することができない」という表現は、通常、法令上の権利又は能力がないことを表現する場合に用いられ、罰則の規定は設けられない。

「……してはならない」という表現は、不作為の義務を命ずる場合に用いられ、この規定に違反する行為は、不作為義務の違反であるから処罰の原因となる。

一〇　条例案の修正

条例案の修正とは、条例の制定・改廃について提案された原案の内容を変更して議決することをいう。この条例の修正については、地方自治法その他法令上直接の制限規定がないので、議会の判断一つにかかっている。

したがって、条例案の字句、数字を変更したり、追加したり、あるいは削除してどのようにでも議決できるわけである。ただ、前述のとおり、条例の中には、議会に発案権のない二つの条例があるので、その二つの条例だけは、法令解釈上、修正に一定の制限があると指導されている。

1　修正に制限のある条例

その条例は、「部課設置条例」と「支所・出張所設置条例」である。

ともに、発案権が町村長に専属して議会には発案権がないとされていることから、議会が実質的な発案をしたのと同様の結果となるような修正を行うことはできないというものである。

具体的には、前者の場合、町村長が提案した内容から現行の部課の状態の範囲内における修正しかできない。

さらに、法第一五八条第二項の「地方公共団体の事務及び事業の運営が簡素かつ効率的なものとなるよう十分配慮しなければならない」との規定の趣旨に反する修正を行うことができないのは当然である。

また、後者については、町村長の提案の内容から現行の状態の間であるならば修正をすることができるが、支所、出張所の数をその範囲を超えて増減したり、位置、所管区域を変更するような修正は、できないものと指導されている。

2　条例案の修正動議

条例案を修正するには、まず、修正動議（修正案）を議員から発議しなければならない。この場合、法第一一五条の三の規定によって一二分の一以上の発議者が必要であるから、所定の発議者が連署して、文書で議長に提出しなければならない（標規一七Ⅱ）。

この修正動議が提出されると、議長は、これを印刷して配布し、第二編第四章二「議案審議の方法」で述べたとおりの要領で表決に付される。そして、所定の賛成者を得て可決され修正がなされることになる。

〔例〕条例に対する修正動議の提出（法 115 の 3，標規 17 Ⅱ）

年　　月　　日

○○町(村)議会議長　　　　　　　殿

発議者　○○町(村)議会議員
(議員定数の 12 分の 1 以上の発議者の連署)

議案第○号○○条例に対する修正動議

上記の動議を、地方自治法第 115 条の 3 及び会議規則第 17 条第 2 項の規定により別紙の修正案を添えて提出します。

別　紙　修正案（法 115 の 3，標規 17 Ⅱ）

(例 1)

議案第○号○○条例に対する修正案

議案第○号○○条例の一部を次のとおり修正する。
第○条中「○○」を「△△」に改める。
第○条中「××」を削る。
第○条を次のように改める。

〜〜〜

(例 2)

議案第○号○○町(村)○○条例の一部
を改正する条例に対する修正案

議案第○号○○町(村)○○条例の一部を改正する条例の一部を次のように修正する。
例 1 による。

第二章　予算の審議

一　予算の仕組み

1　予算の意義と考え方

町村の予算（歳入歳出予算）は、町村が年度に実施したい事務・事業にどれほどの経費をかけるか、一方、それを賄うために必要な財源をどのように調達するかを計画して、これを金額で表示したものである。つまり、予算は、その町村の一年間の収入と支出の見積りであると同時に、住民に対しては、この年度に、どれほどの公租公課を義務づけることになるか、また、その見返りとして、どんな行政サービスを行って福祉向上に努めることにするかを約束するものであるといえる。

このように予算は、直接、住民の生活を左右し、その福祉のいかんを決するものであるから、編成に当たる町村長も、それを審議する議会も、あくまでも、住民全体の福祉を念頭に置いて考えるべきで、いやしくも一部の住民の利益のために奉仕するようなことがあってはならない。

しかし、どの町村においても、小中学校の校舎を改築してほしいとか、道路の舗装を急いでほしいとか、保育所を増設してほしいとか、補助金を増額してほしいとか、住民の要求は無限である。これに対して財源には限度があるので、住民の要望全てに応えられないから、毎年町村長が苦労するのが、この予算編成である。

選挙の際の公約を盛り込むことはもとより、その町村の置かれている自然条件や立地条件、取り巻いている産業経済環境を十分に配慮して施策を立てているはずである。一方、町村長の考え方はさまざまであって、独自の政策がある。ある人は教育施設に力を入れ、ある人は開発や産業振興を第一に考え、また、ある人は社会福祉の充実を念願としている等重点の置き方にも、それぞれ特徴がある。

しかし、議会の予算審議に当たっては、一つの施策だけに重点を置くような見方ではなく、広く客観的に、住民全体の立場に立った公平なものでなくてはならない。もちろん町村長の予算編成の方針は十分に理解しなければならないが、それとともに、たとえば、開発や工業振興の反面、公害問題・環境問題に対してどんな施策が打たれているか、また、教育施設の整備や土木工事を推進するのはよいが、その財源は確保されているか、もしも歳入の見積りが甘かったり、起債が過大で将来の町村財政に不安を残すということであれば、削減するなり、繰り延べるなり、何らかの修正を加える必要がある。これこそ議会の予算審議における第一の使命であり、責務だといえよう。

予算が堅実なものでなければ、日頃、いかに住民の福祉向上を叫び、町づくりの理想をかかげていても、その実現はむずかしいばかりか、そうした不健全な状態が続くと財政自体が行きづまり、新しい事業は一切できなくなって、活発な行政の展開を計画的に行うことは不可能となる。

したがって、堅実な予算を作成することが何よりも大切なことであって、編成に当たる町村長も、審議し確定させる議会も、特に留意しなければならない。

2　予算の作成

予算の使命は、町村が行政を執行していくために必要な経費の支出とそれに充てるための収入を規制することにある。したがって、予算を議会が議決し効力が生じると、町村長の財政運営はその予算によって統制され、それに反する収入や支出ができなくなる。

このような予算の重要性にかんがみ、予算の編成、議会への提案、議決については法令で次のように規定されている。

㈠　予算の編成

予算を編成する権限は、町村長のみに専属し（法一四九2、二一一Ⅰ）、教育委員会、農業委員会、選挙管理委員会、監査委員その他の執行機関や議会の議員及び委員会には与えられていない。したがって、議会費につい ても、議長が関係経費を見積もって、議会費として組み入れるよう要求することになる。さらに、教育に関する予算については、その編成に当たって教育委員会の意見をきかなければならない（地教行法二九）こととされている。

つまり、町村長は、その町村を統轄し、全体の代表者として行政執行の責任を有するわけであるから、本年度の収入がいくら見込めるか、それを財源として、どんな事業に配分するかという計画を立てることは、当然の権限である。しかも、予算は、歳入歳出が一体のものであり、また、歳出の各費目には緩急軽重の差がある。これを秩序立て、計画的、効率的に管理することは、とりもなおさず統轄権を持つ町村長の権限であるから、予算の編成と執行の財政権は町村長のみに与えられているのである。

㈡　予算の提案

議会に対する予算の提案権は、予算編成権と同様町村長のみに専属する（法二一一Ｉ）。その理由は、前項の編成権において述べたとおりである。

㈢　予算の提案時期

当初予算は、毎会計年度の開始前に議会の議決を経なければならない。このため、町村長は、年度開始前、二〇日までに議会に提出しなければならない（法二一一Ｉ）。「年度開始前二〇日」とは、年度開始日は、四月一日であるから、三月三一日を第一日として前に遡って計算して二〇日目、すなわち三月一二日までということである。これは、四月一日から新予算が執行できるように、議会における予算審議に必要な期間として最少限二〇日間を見込んだものである。

㈣　予算の議決

予算の議決権は、議会のみが有する権限であり（法九六Ｉ２）、予算は、この議決なくしては確定せず、執行することができない。

議決には、①原案可決、②修正可決、③否決の三種があるが、このうち③の否決は、予算の確定を全面的に否認することであるから、町村長の提案した予算が極端に異常なものでない限り、否決は避けて、修正その他の方途を講じるよう努力すべきであろう。

なお、修正議決に対して、町村長が異議があるとき、又は議決が違法であると認めるとき（法一七六Ｉ、Ⅳ）は、町村長は理由を示して、これを再議に付し、議会の再検討を求め、再度の議決を要求することとなる。これは両者の協調を図って、その解決点を見出すように途を開いているものである（再議の詳細については、第五編第一章「再議」参照）。

3　予算の原則

予算は、住民のものとして住民のために作られることから、当然に合理的かつ能率的に、しかも、民主的に編成し、管理し、執行しなければならない。そのため、いくつかの基準となるべき原則がある。これらの原則を踏まえて、予算審議に当たる心構えが必要である。

㈠　会計年度独立の原則

「会計年度」とは、収入・支出に区切りをつける期間で、国、地方公共団体とも毎年四月一日から翌年三月三一日までと定めている（法二〇八Ｉ）。これは、それぞれの団体が、行政の計画と結果を比較検討し、行政の成果を見るために一定の期間を定め、区切りをつけるためのものである。

さらに、会計年度を定め、年度と年度の区分けをして、相互に収支が混同しないよう、「各会計年度における歳出は、その年度の歳入をもつて、これに充てなければならない」（法二〇八Ⅱ）と定めている。

このように会計年度を設け、収支を統制することを「会計年度独立の原則」という。たとえば、本年度の歳出に翌年度の歳入を充てたり、又は、本年度の歳入を過去の年度の歳出の財源に充当したりして年度区分を混同すると、財政そのものの計画を乱し、収支の均衡も乱れることになるからである。

ただし、この原則には、若干の例外がある。それは、①継続費の逓次繰越し、②繰越明許費、③事故繰越し、④過年度収入及び過年度支出、⑤剰余金の翌年度繰越し、⑥翌年度歳入の繰上充用等である。

㈡　総計予算主義の原則

一会計年度における一切の収入及び支出は、すべてこれを歳入歳出予算に編入しなければならない（法二一〇）。少なくとも「公金」といわれる以上、予測し得る収入及び支出は予算に計上し、住民代表の議会の議決を得た予算をとおして使用されなければならないということである。たとえば、収入と支出を相殺して、差額だけを予算に計上するようなことはできない。

この原則の例外として許されるのは、次の場合である。

(1)　一時借入金（法二三五6、二三五の三）

「一時借入金」とは、歳出予算はあっても、年度当初のため税金が納付されないとか、地方交付税の交付がないとか、実際収入がないのに、一方では、職員の給与や事業費等の経費の支出が必要な場合に、当座の資金繰りのため、町村長が、金融機関から必要額を借り入れ、その経費に充てるものをいう。これは、あくまでもつなぎ資金であって、税金や地方交付税等の収入が入れば返済されるもので、予算上の歳入金とはならない。

一時借入金は、歳出予算内の支払現金の不足を補うために借り入れることから、予算で定める借入れの限度額を超過したり、歳出予算がないのに借り入れたり、あるいは予算の成立を見越して借り入れる等のことができないのは当然である。

(2)　剰余金を基金に繰り入れる場合（法二三三の二）

決算で剰余金が出た場合は、翌年度に繰り越し、翌年度の歳入に編入するのが原則であるが、条例の定めるところにより、又は議会の議決によって剰余金の全部又は一部を基金に編入することができる。この場合は、基金という別の財産に移すわけであるから総計予算主義の原則から見ると、例外の扱いとなる。

なお、剰余金は、地方財政法（第七条第一項）で、その二分の一以上は積立金又は地方債の繰上償還に充てることになっており、翌年度に繰り越されるのは、それらを差し引いた残額である。これを純剰余金という。

(3)　基金の管理（法二四一）

「基金」とは、特定の目的のために、財産を維持管理する目的で設置されたもので、財産を維持するため又は資金を積み立てるための積立基金と、定額の資金を運用するための運用基金の二種類があり、その管理及び処分については条例で定められる。

基金の運用から生じる収益及び基金の管理に要する経費は、それぞれ毎会計年度の歳入歳出予算に計上しなければならない。

なお、運用基金については、設置の際に歳出予算に計上されるので議会審議の対象になるが、基金の運用については、基金から直接貸し付け、基金に直接償還され、予算と関係なく経理されるので、町村長がその運用状況を示す書類を作成して監査委員の審査に付し、その意見をつけて、決算とともに議会に提出することになっている（法二四一Ｖ）。

その他、総計予算主義の原則の例外として、工事請負人が納めた契約保証金のように、契約を履行しないことがはっきりしたときには収入になるが、それまでの間、保管する現金とか、職員の所得税を源泉徴収し、納税まで一時保管する現金、いわゆる歳入歳出外現金がある。

㈢　単一予算主義の原則

単一予算主義の原則とは、地方公共団体の会計は、一個のものとし、あらゆる歳入歳出を一括して経理するとともに、一会計年度一回の予算で処理するのを建前とすることをいう。これは、一括して、財政上の統制を図り、財政全般を計画的に見通しを立てて、濫費を防止しようとするものである。

ただし、例外として、町村が特定の事業を行う場合その他特定の歳入をもって特定の歳出に充て、一般会計と区別して経理することが適当である場合には、条例で特別会計を設けることができるし、また、年間数回に及ぶ補正もできるわけである（法二〇九Ⅱ、二一八Ⅰ）。この点、現実は、原則がむしろ例外となっている実態であるといえるが、やはり原則は原則として踏まえるべきものである。

㈣　予算事前議決の原則

予算事前議決の原則とは、予算は、地方公共団体の年

議員必携　第12次改訂新版　追補

本書刊行後、令和五年五月八日に地方自治法の一部を改正する法律（令和五年法律第一九号）が公布されたことに伴い、本書の内容を次のように改めます。

新	旧
○四二二頁上段三行目・四行目 （議会の設置） **第八十九条**　普通地方公共団体に、その議事機関として、当該普通地方公共団体の住民が選挙した議員をもつて組織される議会を置く。 ②　普通地方公共団体の議会は、この法律の定めるところにより当該普通地方公共団体の重要な意思決定に関する事件を議決し、並びにこの法律に定める検査及び調査その他の権限を行使する。 ③　前項に規定する議会の権限の適切な行使に資するため、普通地方公共団体の議会の議員は、住民の負託を受け、誠実にその職務を行わなければならない。	（議会の設置） **第八十九条**　普通地方公共団体に議会を置く。 （新設） （新設）
○四二四頁上段四行目～七行目まで （町村総会） **第九十四条**　町村は、条例で、第八十九条第一項の規定にかかわらず、議会を置かず、選挙権を有する者の総会を設けることができる。	（町村総会） **第九十四条**　町村は、条例で、第八十九条の規定にかかわらず、議会を置かず、選挙権を有する者の総会を設けることができる。
○四二六頁上段一五行目～四二八頁下段一七行目まで （調査権・刊行物の送付・図書室の設置等） **第百条**　（略） ②～⑭　（略）	（調査権・刊行物の送付・図書室の設置等） **第百条**　（略） ②～⑭　（略）

⑮　前項の政務活動費の交付を受けた会派又は議員は、条例の定めるところにより、当該政務活動費に係る収入及び支出の状況を書面又は電磁的記録（電子的方式、磁気的方式その他人の知覚によつては認識することができない方式で作られる記録であつて、電子計算機による情報処理の用に供されるものをいう。以下同じ。）をもつて議長に報告するものとする。
⑯～⑳　（略）

○四三一頁上段二〇行目～下段一行目まで

〔議長の訴訟の代表〕
第百五条の二　普通地方公共団体の議会又は議長（第百三十八条の二第一項及び第二項において「議会等」という。）の処分又は裁決に係る普通地方公共団体を被告とする訴訟については、議長が当該普通地方公共団体を代表する。

○四三五頁上段五行目～下段五行目まで

〔会議録〕
第百二十三条　議長は、事務局長又は書記長（書記長を置かない町村においては書記）に書面又は電磁的記録により会議録を作成させ、並びに会議の次第及び出席議員の氏名を記載させ、又は記録させなければならない。
②・③　（略）
④　議長は、会議録が書面をもつて作成されているときはその写しを、会議録が電磁的記録をもつて作成されているときは当該電磁的記録を添えて会議の結果を普通地方公共団体の長に報告しなければならない。

⑮　前項の政務活動費の交付を受けた会派又は議員は、条例の定めるところにより、当該政務活動費に係る収入及び支出の報告書を議長に提出するものとする。
⑯～⑳　（略）

〔議長の訴訟の代表〕
第百五条の二　普通地方公共団体の議会又は議長の処分又は裁決に係る普通地方公共団体を被告とする訴訟については、議長が当該普通地方公共団体を代表する。

〔会議録〕
第百二十三条　議長は、事務局長又は書記長（書記長を置かない町村においては書記）に書面又は電磁的記録（電子的方式、磁気的方式その他人の知覚によつては認識することができない方式で作られる記録であつて、電子計算機による情報処理の用に供されるものをいう。以下同じ。）により会議録を作成させ、並びに会議の次第及び出席議員の氏名を記載させ、又は記録させなければならない。
②・③　（略）
④　議長は、会議録が書面をもつて作成されているときはその写しを、会議録が電磁的記録をもつて作成されているときは当該電磁的記録に記録された事項を記載した書面又は当該事項を記録した磁気ディスク（これに準ずる方法により一定の

○四三八頁下段八行目挿入

第十二節　雑則

〔電子情報処理組織による通知〕

第百三十八条の二　議会等に対して行われる通知のうちこの章（第百条第十五項を除く。）の規定において文書その他の人の知覚によつて認識することができる情報が記載された紙その他の有体物（次項において「文書等」という。）により行うことが規定されているもの（情報通信技術を活用した行政の推進等に関する法律（平成十四年法律第百五十一号）第七条第一項の規定が適用されるものを除く。）については、当該通知に関するこの章の規定にかかわらず、総務省令で定めるところにより、総務省令で定める電子情報処理組織（議会等の使用に係る電子計算機（入出力装置を含む。以下この項及び第四項において同じ。）とその通知の相手方の使用に係る電子計算機とを電気通信回線で接続した電子情報処理組織をいう。以下この条において同じ。）を使用する方法により行うことができる。

②　議会等が行う通知のうちこの章（第百二十三条第四項を除く。）の規定において文書等により行うことが規定されているもの（情報通信技術を活用した行政の推進等に関する法律第六条第一項の規定が適用されるものを除く。）については、当該通知に関するこの章の規定にかかわらず、総務省令で定めるところにより、総務省令で定める電子情報処理組織を使用する方法により行うことができる。ただし、当該通知のう

事項を確実に記録することができる物を含む。）を添えて会議の結果を普通地方公共団体の長に報告しなければならない。

（新設）

（新設）

ち第九十九条の規定によるもの以外のものにあつては、当該通知を受ける者が当該電子情報処理組織を使用する方法により受ける旨の総務省令で定める方式による表示をする場合に限る。

③ 前二項の電子情報処理組織を使用する方法により行われた通知については、当該通知に関するこの章の規定に規定する方法により行われたものとみなして、この法律その他の当該通知に関する法令の規定を適用する。

④ 第一項又は第二項の電子情報処理組織を使用する方法により行われた通知は、当該通知を受ける者の使用に係る電子計算機に備えられたファイルへの記録がされた時に当該者に到達したものとみなす。

○四四七頁下段一六行目～四四八頁上段一四行目まで

〔報酬、費用弁償及び期末手当〕

第二百三条の二　（略）

②・③　（略）

④ 普通地方公共団体は、条例で、第一項の者のうち地方公務員法第二十二条の二第一項第一号に掲げる職員に対し、期末手当又は勤勉手当を支給することができる。

⑤ 報酬、費用弁償、期末手当及び勤勉手当の額並びにその支給方法は、条例でこれを定めなければならない。

〔報酬、費用弁償及び期末手当〕

第二百三条の二　（略）

②・③　（略）

④ 普通地方公共団体は、条例で、第一項の者のうち地方公務員法第二十二条の二第一項第一号に掲げる職員に対し、期末手当を支給することができる。

⑤ 報酬、費用弁償及び期末手当の額並びにその支給方法は、条例でこれを定めなければならない。

この法律は、令和六年四月一日から施行。

ただし、第八十九条及び第九十四条の改正規定は公布の日（令和五年五月八日）から施行。

〈令和五年五月八日現在〉

全国町村議会議長会

度における歳入歳出の見積りであるが、いかに町村長に予算編成権があるからといって、町村長が編成して直ちに執行することはできず、必ず、住民の代表機関である議会に提案し、年度開始前に、その議決を経なければならないという原則であり、また予算がないのに執行することができないことをも意味する。

㈤　予算公開の原則

予算公開の原則とは、予算は、住民のためのものであって、その財源は、住民の税金等によって賄われるものであるから、住民がその町村の予算を理解し納得し、また批判することが大事である。そこで、予算はすべて公開して住民に知らさなければならないとする原則である。

そのために、地方自治法は「〔予算の〕要領を住民に公表しなければならない」（法二一九Ⅱ）と規定し、さらに「〔町村長〕は、条例の定めるところにより、毎年二回以上歳入歳出予算の執行状況並びに財産、地方債及び一時借入金の現在高その他財政に関する事項を住民に公表しなければならない」（法二四三の三Ⅰ）として、財政状況の公表を義務づけている。

㈥　予算統一の原則

予算統一の原則とは、予算の構成は、一貫した秩序に基づいて、系統立った一定の様式で調製されなければならないとする原則である。

したがって、予算の様式は、法令の規定で一定の様式が定められ（令一四四Ⅱ、一四七Ⅱ）、特に、歳入歳出予算については、歳入は、性質別に、歳出は、目的別に款項に区分し、さらに、予算の執行に関する手続きとして各項を目・節に区分し、その区分の内容まで総務省令で基準を示している。これは、全国各町村の予算の比較検討、集計も簡単にできる仕組みになっているが、住民にわかりにくく、全国画一的な面もある。

4　予算の構成

㈠　一般会計歳入歳出予算

町村の予算は、大きく分類して一般会計予算と特別会計予算に分けられ、一般会計予算は、次の各号に掲げる事項に関する定めから成っている（法二一五）。

(1)　歳入歳出予算
(2)　継続費
(3)　繰越明許費
(4)　債務負担行為
(5)　地方債
(6)　一時借入金
(7)　歳出予算の各項の経費の金額の流用

歳入歳出予算は、歳入にあっては、その性質に従って款に大別し、各款においてはこれを項に区分し、歳出にあっては、その目的に従ってこれを款項に区分している（法二一六）。

歳入歳出予算は、総務省令で定める様式及び款項の区分に従って調製し、次の説明書とともに議会に提出しなければならない（法二一一Ⅱ、令一四四）。

(1)　歳入歳出予算事項別明細書及び給与費明細書

(2)　継続費についての前前年度末までの支出額、前年度末までの支出額又は支出額の見込み及び当該年度以降の支出予定額並びに事業の進行状況等に関する調書

(3)　債務負担行為で翌年度以降にわたるものについての前年度末までの支出額又は支出額の見込み及び当該年度以降の支出予定額等に関する調書

(4)　地方債の前前年度末における現在高並びに前年度末及び当該年度末における現在高の見込みに関する調書

(5)　その他予算の内容を明らかにするため必要な書類

注）(5)の書類は、予算審議においてきわめて重要な説明書であることから、議員として予算の内容をよく理解するため、役立つ適切なものを提出させるようにしたいものである。

(二)　予算の様式

予算書の様式は、総務省令の定める様式を基準として作成し、町村の都合によって勝手に変更することができない（令一四四Ⅱ、一四七Ⅱ）。

その基準様式を示すと、次のとおりである。

予算の調製の様式（法施行規則第14条関係）

何年度（普通地方公共団体名）一般会計予算

何年度（普通地方公共団体名）の一般会計の予算は、次に定めるところによる。

（歳入歳出予算）

第1条　歳入歳出予算の総額は、歳入歳出それぞれ何千円と定める。

2　歳入歳出予算の款項の区分及び当該区分ごとの金額は、「第1表歳入歳出予算」による。

（継続費）

第2条　地方自治法（昭和22年法律第67号）第212条第1項の規定による継続費の経費の総額及び年割額は、「第2表継続費」による。

（繰越明許費）

第3条　地方自治法第213条第1項の規定により翌年度に繰り越して使用することができる経費は、「第3表繰越明許費」による。

（債務負担行為）

第4条　地方自治法第214条の規定により債務を負担する行為をすることができる事項、期間及び限度額は、「第4表債務負担行為」による。

（地方債）

第5条　地方自治法第230条第1項の規定により起こすことができる地方債の起債の目的、限度額、起債の方法、利率及び償還の方法は、「第5表地方債」による。

（一時借入金）

第6条　地方自治法第235条の3第2項の規定による一時借入金の借入れの最高額は、何千円と定める。

（歳出予算の流用）

第7条　地方自治法第220条第2項ただし書の規定により歳出予算の各項の経費の金額を流用することができる場合は、次のとおりと定める。

⑴　各項に計上した給料、職員手当及び共済費（賃金に係る共済費を除く。）に係る予算額に過不足を生じた場合における同一款内でのこれらの経費の各項の間の流用

⑵　何　々

何年何月何日　提出

〔町村長〕

氏　　　名

備　考　1　特別会計に属する予算（地方公営企業法の全部又は一部の適用を受ける事業に係るものを除く。）は、この様式に準じて、これを調製すること。ただし、国民健康保険事業、介護保険事業及び農業共済事業に係る特別会計については、必要に応じ、この様式を変更することができること。

2　補正予算又は暫定予算は、この様式に準じて、これを調製すること。

第１表　歳入歳出予算

歳　入

款	項	金　　額
1　何　々		千円
	1　何　々	
	2　何　々	
2　何　々		
	1　何　々	
	2　何　々	
歳　入　合　計		

歳　出

款	項	金　　額
1　何　々		千円
	1　何　々	
	2　何　々	
2　何　々		
	1　何　々	
	2　何　々	
歳　出　合　計		

第２表　継続費

款	項	事業名	総　額	年　度	年割額
1　何々	1　何々		千円		千円
2　何々	1　何々				

第3表　繰越明許費

款	項	事業名	金額
1　何々	1　何々		千円
2　何々	1　何々		

備考　1　事業名の欄には、具体的な事業の名称を記載すること。
　　　2　金額の欄には、当該事業に係る金額を記載すること。

第4表　債務負担行為

事項	期間	限度額
		千円

備考　1　期間及び限度額の欄には、年度ごとに当該年度の限度額を記載すること。ただし、その性質上年度ごとの限度額の明らかでないものは、その総額を記載することができること。
　　　2　限度額の金額表示の困難なものについては、当該欄に文言で記載することができること。

第5表　地方債

起債の目的	限度額	起債の方法	利率	償還の方法
	千円		%	
計				

備考　1　起債の目的の欄には、地方債資金によつて執行する事業の名称を記載すること。
　　　2　利率の欄には、年利により記載すること。なお、利率見直し方式による借入れを行う場合は、文言で記載することができること。

(三)　歳出予算に係る節の区分と説明

予算様式は款・項並びに目の金額で表示され、さらにこの目を具体的に説明した「節」から成り立っている。節は、二七節に法定されており、内容は次のようになっている。

節の区分	内容説明
1　報酬	一定の役務の対価として反対給付されるもので、職員に対する給料と区別されている。報酬は費用弁償と同様に当該町村が支給の義務を負い、条例で支給することになる。 たとえば、議員報酬・委員報酬・非常勤職員報酬（審査会・調査委員会委員・民生委員・老人相談員・学校医・町内会連絡員・統計調査委員等）に区分される。 議員を除いて原則としてその勤務日数に応じて条例で定める額を計上する。ただし、条例の定めるところにより年額又は月額とすることができる。
2　給料	主として、常勤職員に対する対価として当該町村が支給の義務を負い、特別職給（町村長・副町村長・教育長・常勤の監査委員）と一般職給に区分される。 支給は条例・規則の定めるところによって、特別職は単一の月額で、一般職は給料表によって各款項ごとの総務費に計上される。
3　職員手当等	法律又はこれに基づく条例により原則として常勤の職員に対して支給される手当及び児童手当をいう。条例で定める手当の種類は、法律（法二〇四Ⅱ）に定めるものに限られ、これと実質的に異なる手当を定めることはできない。法第二〇四条に定める手当の種類は次のものがある。 扶養手当・地域手当・住居手当・初任給調整手当・通勤手当・単身赴任手当・特殊勤務手当・特地勤務手当・へき地手当・時間外勤務手当・宿日直手当・管理職員特別勤務手当・夜間勤務手当・休日勤務手当・管理職手当・期末手当・勤勉手当・寒冷地手当・特定任期付職員業績手当・任期付研究員業績手当・義務教育等教員特別手当・定時制通信教育手当・産業教育手当・農林

	漁業普及指導手当・災害派遣手当・退職手当がある。
4　共済費	地方公務員共済組合に対する負担金、雇用者である地方公共団体が負担する厚生年金、雇用保険等の保険料の経費をいう。
5　災害補償費	職員が公務により死亡し、負傷した場合に、その者又は遺族に対して支出する補償金をいう。補償の内容は療養・休業・傷病・障害・遺族・葬祭料等に分けられる。
6　恩給及び退職年金	一定の資格のある職員が退職又は死亡した場合、その退職者又はその遺族に対し、その生活の維持を図るため支給される給付をいう。
7　報償費	報酬として計上されたものを除き、一般的に役務の提供等に対する謝礼又は奨励的要素をもったものをいう。たとえば、研修会等講師謝礼・人命救助者の謝礼・納税報奨金・善行者（功労者）の表彰金等をいう。
8　旅　費	公務のため旅行する職員に対し、旅行に要する費用として支給される金銭給付をいう。これは次のように区分されている。

	(1)　費用弁償＝議員その他の非常勤職員が職務を行うために要する費用の弁償及び関係人等に対する実費の弁償をいう。 (2)　普通旅費＝常勤の職員に給付され、鉄道賃・船賃・航空賃・車賃・日当・宿泊料等に区分されている。 (3)　特別旅費＝費用弁償・普通旅費に該当しない場合で、主として調査・検査・監査・研修・訴訟等に要する経費をいう。
9　交際費	対外的に活動する町村長その他執行機関等が、その行政執行に必要な交際上の経費をいう。 交際費は、団体内の諸会合に要した経費を交際費で支払うことができない。また、原則として正当債権者の受領書を必要とする。ただし、香典等社会通念上相手から領収書を徴することができない場合は、支出額、相手方を明記する方法によることもやむをえない。また、一定金額を定めて定期的に資金前渡することは適当ではない。交

	際費が不足し、他の費目（予備費）から流用（充当）することは適当ではないので、所定の予算措置によって行うべきである。
10　需用費	事務の執行上必要とする物品の購入、修理等に要する経費で、一度の使用でその本来の効用を失う費目をいい、次のように分類されている。 (1)　消耗品費＝文具類・印紙類・被服類・消耗器材類等をいう。 (2)　燃料費＝暖房用・炊事用燃料・自動車用ガソリン等をいう。 (3)　食糧費＝会議用茶菓子・弁当・非常用炊出、賄料等をいう。 (4)　印刷製本費＝文書・図面・諸帳簿・伝票等の印刷料及び製本代等をいう。 (5)　光熱水費＝電気・ガス・水道使用料及び冷暖房使用料等をいう。 (6)　修繕料＝備品の修繕や家屋等の小修繕で工事請負費に至らないものの費用をいう。 (7)　賄材料費＝入院患者・団体直営の給食材料購入費等をいう。 (8)　飼料費 (9)　医薬材料費
11　役務費	地方公共団体が受けた人的なサービスの提供に対して支払う経費で、次のようなものがある。 (1)　通信運搬費＝郵便料・電信電話料・運搬料等をいう。 (2)　保管料＝各種証券・貴重品等の保管を依頼する経費をいう。 (3)　広告料＝ラジオ・テレビ・新聞等の広告料をいう。 (4)　手数料＝証紙売りさばき手数料・鑑定・検査手数料等をいう。 (5)　筆耕翻訳料＝筆耕・翻訳・速記料等をいう。 (6)　火災保険料＝家屋・構築物・重要文化財等の物件に対する火災又は損害保険料をいう。 (7)　自動車損害保険料
12　委託料	事務・事業・調査・研究等の委託に要する経費で、検査・設計・測量等の委託料をいう。

13 使用料及び賃借料	物品の使用料・ラジオ聴取料・フィルム使用料・種付料等の経費をいい、賃借料とは土地・家屋等の賃借料・自動車・会場・機械器具等の借上料をいう。
14 工事請負費	請負とは、当事者の一方（請負人）が、ある仕事を完成することを約し、相手方がその仕事の結果に対して報酬を支払うことを約することによって成立する契約をいう。たとえば、道路・河川等の土木工事・建築工事等の請負工事の経費をいう。地方公共団体の直営工事の場合は原材料費・需用費等となる。
15 原材料費	原料及び材料の購入に要する経費で、地方公共団体の直営工事の原材料（セメント・木材・鉄骨・土管等）、加工用原材料費等をいう。
16 公有財産購入費	土地・建物等の不動産、有価証券等の公有財産を購入する経費及び土地で、次のようなものがある。 (1) 権利購入費＝諸権利（地上権・地役権・入会権・採石権・漁業権等）を取得する経費をいう。 (2) 土地購入費＝庁舎・学校・道路等の敷地等の購入費をいう。 (3) 家屋購入費＝出張所・集会所・公民館等に使用するための既成の家屋の購入費をいう。 (4) 船舶、航空機等購入費
17 備品購入費	備品は、その性質形状を変えることなく長期にわたって使用し、保存できるもので、消耗的物品とは区別される。 (1) 庁用器具費＝机・椅子・計算器・学用器具等をいう。 (2) 機械器具費＝主として事業の執行に要する機械器具類（自動車・消防車・印刷製本機械・計量機器具等）の購入費をいう。 (3) 動物購入費
18 負担金、補助及び交付金	一般的に、法令又は契約に基づいて当該団体が負担しなければならない経費をいい、次のようなものがある。 (1) 負担金＝法令上支出義務を負わされ、当該団体が負担しなければならない経

	費（国・県直轄事業に伴う町村負担金）及び都道府県町村会・都道府県町村議会議長会・何々期成同盟会等の会費等をいう。 (2)　補助金＝法令によって特定の事業、研究を行うものに交付するもの、及び公益上必要がある場合に交付する何々奨励金・何々補助金・何々助成金等をいう。 (3)　交付金＝法令又は条例等により団体に属する負担金等の徴収義務等を負わしめている場合にその事務処理の報償として支出する経費をいう。
19　扶助費	社会保障制度の一環として定めている生活保護法・児童福祉法・身体障害者福祉法・老人福祉法等の法令による経費及び地方公共団体独自の施策として生活困窮者・老齢者・被災者等に交付する経費をいう。
20　貸付金	他人に貸与される金銭で、消費貸借契約によって、担保を徴するものと徴しないもの、あるいは利息のつくものとつかないものの等の種類がある。 たとえば、地方公共団体が政策の必要から民間に貸し付ける農業近代化資金・奨学貸付金・住宅貸付金等の経費をいう。
21　補償、補填及び賠償金	補償、補填及び賠償金とは、次の区分による経費をいう。 (1)　補償金＝地方公共団体が公務の執行上与えた特定人の財産上の損失を補償する経費をいう。 (2)　補填金＝地方公共団体がこうむった欠損を補填する経費（現金亡失、権利放棄、職員の賠償責任免除）あるいは赤字決算を処置する繰上充用金をいう。 (3)　賠償金＝地方公共団体が公務の執行に当たって、違法な行為により他人の権利又は利益を侵害した場合その損害を補填する経費をいう。
22　償還金、利子及び割引料	償還金、利子及び割引料とは、次の区分による経費をいう。 (1)　償還金＝地方債の元金償還金、又は事務の手違いによる過納（誤納）の還付金をいう。 (2)　小切手支払未済償還金＝地方公共団

	体が振出した小切手の所有者が一年を経過し、金融機関に請求できなくなったとき、地方公共団体が利益を受ける限度内で償還する費用をいう。 (3)　利子及び割引料＝利子は地方債・一時借入金の利子等をいい、割引料は割引発行する地方債の割引料をいう。 (4)　還付加算金＝税収入等の過誤納金の還付に当たって日割計算による利子相当分をいう。
23　投資及び出資金	地方公共団体が、財産の有効な管理の手段として国債・地方債・鉄道債券・電信電話債券等を取得し、あるいは公益上の必要性から会社の株を取得する等に要する経費をいう。
24　積立金	長期的な財政運営の一環として、当該年度における余裕財源を年度間の調整財源として積み立てる経費をいう。たとえば災害救助基金積立金・基金への資金の積立等がある。
25　寄附金	地方公共団体が公益上必要がある場合において支出する民法上の贈与に当たる経費をいう。
26　公課費	地方公共団体が、一般私人同様に公課を受ける場合に要する経費である。
27　繰出金	一般会計と特別会計又は特別会計相互間の相互充用の経費である。

（備考）
一　節及びその説明により明らかでない経費については、当該経費の性質により類似の節に区分整理すること。
二　節の頭初の番号は、これを変更することができないこと。
三　歳出予算を配当するときは、款項目節のほか、必要に応じ節の説明により、これを行うことができること。

5　継続費

継続費とは、建設事業などその完成までに数年度を要する比較的大きな事業を実施する場合、その経費の総額及び年割額を定め、数年度にわたって経費の支出ができる予算の定めをいう（法二一二）。

たとえば、建設事業や物品購入等に当たって、必要経費の総額を定め、その継続期間に従って、初年度目何億何千万円、二年度目何億何千万円と年割額をあらかじめ定め、予算形式に従って議会の議決を経るものである。

　地方公共団体の予算は、会計年度独立の原則に従って単年度主義で経理されるが、この継続費は、二会計年度以上にまたがって経費を支出することができることから、会計年度独立の原則の例外となっている。

　この継続費の制度を認めている理由は、大規模の工事を施工する場合、一般会計予算で単年度ごとに予算を計上し、その予算の範囲内で毎年度工

継続費予算の様式

（継続費）
第○条　地方自治法第212条第1項の規定による継続費の経費の総額及び年割額は、「第○表継続費」による。
第○表　継続費

款	項	事業名	総　額	年　　度	年割額
8土木費	5都市計画費	○○街路事業	千円 250,000	令和○年度 令和○年度 令和○年度	千円 100,000 100,000 50,000

事を続けていたのでは、大規模な建設事業等を長期的、計画的、総合的に実施することが困難であるし、また、議会との関係からみても、毎年度予算の議決をしていたのでは、ときには、予算の削減などによって事業を計画的、総合的に実施することができないこともあり得るからである。

　したがって、継続費予算として議決されると、町村長は、支出負担行為として数年度にわたる契約を結ぶことができ、期間中の各年度の歳出予算にその年度割の支出額を計上して年度ごとに支出することになる。各年度の年割額は、義務的経費であるので、この分については議会は削減することができない。

　継続費は二年度以上にわたって一つの事業等をすることから、その年割額の支出に不用額が生じた場合には、その継続費の最終年度まで逓次、繰り越して使用することができる。最終年度まで繰り越してなお、残額が生じたとき、はじめて決算上の不用額となる。

　町村長は、年割額の不用額を翌年度に繰り越した場合、毎年度五月三一日までに継続費繰越計算書を調製して、議会に報告しなければならない。

　継続費の議決後に、事情の変化によって継続費の総額及び年割額を変更する場合には、予算の補正によって措

置することになる。

6　繰越明許費

地方公共団体の予算は、会計年度独立の原則によって毎年度の歳出は、その年度の歳入をもって充て、これを翌年度に繰り越して使用することができない（法二〇八Ⅱ）。しかし、実際問題として、毎年度の予算に事業の完了を予定し、予算化しているにもかかわらず、特別の事情によって工事等が遅れ、年度内に完了することがどうしてもできない場合がある。そこで、会計年度独立の原則の例外として、予算で定めて翌年度に繰り越して経費の支出ができるものとしている。これを繰越明許費という（法二一三）。

繰越明許費予算の様式

（繰越明許費）

第○条　地方自治法第213条第1項の規定により、翌年度に繰り越して使用することができる経費は、「第○表繰越明許費」による。

第○表　繰越明許費

款	項	事業名	金　額
8土木費	2道路橋りよう費	何線道路新設工事	千円 25,000

備考　1　事業名の欄には、具体的な事業の名称を記載すること。
　　　2　金額の欄には、当該事業に係る金額を記載すること。

一般的に、この制度を活用する場合は、当初予算成立後に財源があるのに、天候の都合とか、起債等の許可が遅れたとか、あるいはその他の突発的事故等によって、当初の予想より工事等が遅れ、年度内に完成を見ることが困難であると予想される場合に、財源を繰り越して翌年度にわたって事業の実施を認めようとするものである。もちろん、繰り越す財源がない場合とか、その年度に赤字が予想される等の場合は、この制度を利用することができない。

この制度を活用しようとする場合には、その年度の遅くとも三月末日までに、予算の款・項・事業名及び金額を明示して、議会の議決を経なければならない（表参照）。

この繰り越される財源は、税収入、国庫補助金、地方債等その年度内に収入となることが確実なものでなければならない。そして、繰越明許費予算は、あくまでもその年度の予算であって翌年度の歳出予算の一部ではない。したがって、翌年度に繰り越した予算は、翌年度の予算と併せて執行するものであって、翌年度の予算との間で流用することはできない。

事故繰越し制度

以上の繰越明許費制度と似ているものに事故繰越しの制度がある。この事故繰越しとは、「歳出予算の経費の金額のうち、年度内に支出負担行為をし、避けがたい事故のため年度内に支出を終わらなかつたもの……は、これを翌年度に繰り越して使用することができる」（法二二〇Ⅲただし書）制度で、会計年度独立の原則の例外として認められているものである。

この制度は、年度内に支出負担行為（工事の請負契約、物品の購入契約あるいは補助金の交付決定、損害賠償金の決定等）をしていること、及び現実に避けがたい事故（たとえば、請負工事が風水害のため完成期限までに終わらなかったために年度内に支払いができなかった場合等）によって支出が終わらなかった場合に適用できるものである。

すなわち、前に述べた繰越明許費は、あらかじめ年度内に経費の使用を終わらないことが予想される場合に行われるものであるが、この事故繰越しは、繰越しを全く予想しなかったものが、たまたま避けがたい事故のために、やむを得ず年度内に経費の支出が終わらないという事実があった場合になされるものである。

次に、繰越明許費は、予算として議会の議決を経なければならないが、事故繰越しは、町村長の予算執行の権限内でなされ、議会の議決を経る必要はない。また、繰越明許費は、年度内に支出負担行為がなされていない場合でも繰越しができるが、事故繰越しは、必ず、年度内に支出負担行為がなされている場合に限られる。

繰越明許費にかかる歳出予算の経費を翌年度に繰り越した場合及び事故繰越しを行った場合には、翌年度の五月三一日までに繰越計算書を調製し、議会に報告しなければならない（令一四六Ⅱ、一五〇Ⅲ）。

7　債務負担行為

町村が支出する経費は、原則として、歳出予算に計上して支出することになるが、中には、その経費の性質上、支出予定やその額が不確実であるとか、翌年度以降にわたるとか、債務保証とか、損失補償のように将来の事態によってはじめて支出の義務を生ずるという経費もあって、必ずしも歳出予算に計上できない経費もある。

そこで、町村が債務を負担する行為を行う場合には、歳出予算の金額、継続費の総額又は繰越明許費の金額の範囲内におけるものを除き、次頁の様式によって債務負担行為として、事項、期間、限度額を明示した予算として議会の議決を経て、これによって契約の締結ができるものとされている（法二一四）。これが債務負担行為の

債務負担行為予算の様式

（債務負担行為）

第○条　地方自治法第214条の規定により債務を負担する行為をすることができる事項、期間及び限度額は、「第○表債務負担行為」による。

第○表　債務負担行為

事　　項	期　　間	限　度　額
ブルドーザー購入（2台）	令和○年度より 令和○年度まで	千円 40,000
農業近代化資金融資に対する利子補給（○○外○○名）	令和○年度より 令和○年度まで	償還残額の100分の1以内
○○農協が○○に対して行う用地取得資金融資に対する損失補償	令和○年度より 令和○年度まで	千円 53,000

備考　1　期間及び限度額の欄には、年度ごとに当該年度の限度額を記載すること。ただし、その性質上年度ごとの限度額の明らかでないものは、その総額を記載することができること。

2　限度額の金額表示の困難なものについては、当該欄に文言で記載することができること。

予算である。

債務負担の方法には、金銭の給付で行う場合と、財産の給付で行う場合に大別されるが、債務負担行為として予算で定めるものは、金銭給付にかかるもののみであって、財産の給付は、条例又は議会の議決によってなされることになる。

債務負担行為を設定する経費については法令上の制限はないが、議会の議決を経て執行される（契約の締結）と、将来、町村の義務費となってその財政を拘束することとなる。通常、具体的には、次のような契約行為で行われるものである。

(1)　債務保証契約又は損失補償契約

市町村の外郭団体等が金融機関から資金を借り入れるとか、あるいは農業経営の近代化や安定のため農家が農協等の系統機関から事業資金や経営資金の融資を受ける場合に、地方公共団体の経済的信用力を背景に、町村と金融機関との間に締結する契約である。

これらの契約が締結されると、将来、主たる債務者がその債務を履行しないとか、借受人である農家が返済を滞り結果的に融資金融機関に損失を与えた場合に、町村が金銭支払いの義務を負うことになり、歳出予算に計上して将来その義務を履行しなければならない。

なお、法人に対する政府の財政援助の制限に関する法律によって総務大臣の認めた法人でなければ、債務保証はできない。例外として、土地開発公社にかかる債務については、債務保証が認められている（公有地の拡大の推進に関する法律二五）。

(2)　二年度以上に支出がまたがる契約

大規模な工事請負契約などで、その工期がどうしても二年以上にまたがり、かつ、その工事の性質上分割して契約することができない場合である。債務負担行為予算に基づいて契約を締結して、翌年度以降の支出分をそれぞれの年度の歳入歳出予算に義務費として計上して支出するものである。

(3)　物件の年賦払いによる購入契約

住宅公社等が建設した特定分譲住宅を購入し年賦で支払う場合等である。

(4)　農業振興等のための数年間にわたる利子補給契約

いずれの場合であっても、債務負担行為は、五年先とか、一〇年先とか将来の財政負担にかかる予算の定めであることから、とかく安易に行われがちであり、加えて後日の紛争の種になりやすいものであるから、後述するように、その内容について慎重な検討が必要である。

8　地方債

地方債とは、町村が一定の事業を行おうとする場合、一時に多額の資金を必要とするが、自己財源では賄うことができない場合に、将来の税収その他の一般財源で償還することを条件で、金融機関等から長期にわたって資金を借り受けることについて、目的や限度額等について定めた予算をいい、その起債対象、限度等については、地方財政法、地方公営企業法、財政健全化法等に定めがある（法二三〇Ⅰ）。この場合には、町村長は、起債の目的・限度額・起債の方法・利率及び償還の方法を予算として次頁の様式で、議会の議決を経なければならないものとされ、さらに、既定の地方債を追加し、条件を変更しようとするときは、町村長は、地方債の補正予算を議会に提出し議決を経ることになる。

町村が起債を必要とする事業のうちには、たとえば、水道事業のように借金をしても、その使用料を財源として返済を行い、将来収支の均衡を保つことができるものや、また、学校建設のように、現在の住民だけで建設費の一切を負担するよりも、将来の住民にも負担させる方がより合理的であるというものなど、起債の理由はいろいろである。要は、将来の住民もその事業の恩恵を受け

地方債予算の様式

（地方債）

第○条　地方自治法第230条第1項の規定により起こすことができる地方債の起債の目的、限度額、起債の方法、利率及び償還の方法は、「第○表地方債」による。

第○表　地方債

起債の目的	限度額	起債の方法	利率	償還の方法
何々中学校建設事業	千円 45,000	普通貸借又は証券発行	6.5%以内	令和○年度から令和○年度まで○○年以内とし（うち据置期間○年以内）元利均等償還の方法による。

備考　1　起債の目的の欄には、地方債資金によつて執行する事業の名称を記載すること。

2　利率の欄には、年利により記載のこと。なお、利率見直し方式による借入れを行う場合は、文言で記載することができること。

るのであるから、将来の住民も含めて負担することになる制度である。

したがって、議会の審議に当たっては、①事業の施行によって将来の経済発展が図られ、間接的に償還財源が確保されるもの、②起債事業の収益で償還財源が確保されるもの、③事業効果が後年度に及び、将来の住民にも負担させることが適当であるもの、④臨時的に多額の費用を要し、後年にわたって分担させることが適当であるもの等の合理的な理由があるかどうかに留意しなければならない。

平成一七年度までは、町村が、地方債を起こし、又は起債の方法、利率若しくは償還の方法を変更しようとするときは、都道府県知事の許可を受けなければならなかった。

しかし、平成一八年度からは、地方債を発行する町村は、都道府県知事との協議による制度に移行することとなった（地財法五の三）。協議の結果、知事が同意した地方債についてのみ公的資金を借り入れることができ、地方債計画に算入することとなる。

同意を得ないで地方債を発行するときは、長はあらかじめ議会に報告しなければならない。また、総務大臣は、毎年度、協議における同意基準及び地方債計画を作成し公表する。

ただし、一定以上の実質赤字額となるなど、地方財政法第五条の四第一項に該当する場合は、引き続き都道府県知事の許可が必要である。

また、地方公共団体の自主性・自立性を高める観点から、平成二四年度からは、一定の要件を満たす団体が民間等資金債を発行する場合は、原則として協議を不要とし、事前届出のみで発行できることとされた。さらに、平成二八年度からは、協議不要基準の緩和など、地方債制度の抜本的見直しが行われた。

(1)　地方債の発行形式

地方債の発行形式には、「証書借り入れ」と「証券発行」の二種類がある。証書借り入れは、地方公共団体が金銭消費貸借契約によって、債権者に借用証書を提出し資金を借り入れる方法で、政府資金や地方公共団体金融機構からの借り入れ等に広く利用されている。

証券発行とは、地方公共団体が地方債証券を発行し、これを金融機関が引き受けて資金を借り入れる方法で、募集、売出し、交付の三つの方法がある。

(2)　地方公共団体金融機構の創設

政府における政策金融改革により、地方公営企業等金融機構法に基づいて平成二〇年八月一日に地方が共同で地方公営企業等金融機構を設立するとともに、公営企業金融公庫は平成二〇年一〇月一日をもって廃止され、その役割、業務は地方公営企業等金融機構に承継された。

その後、政府が決定した「生活対策」に基づき、「地方自治体(一般会計)に長期・低利の資金を融通できる地方共同の金融機構の創設」について検討が行われ、現機構の改組によりその実現を図ることとされた。これを受けて、貸付対象に一般会計に係る地方債を追加すること等を内容とする地方公営企業等金融機構法の一部改正を含む「地方交付税法等の一部を改正する法律」が平成二一年三月二七日に成立し、同年六月一日に地方公共団体金融機構に改組された。

地方公共団体金融機構の主な役割は以下のとおり。

①　地方債資金の共同調達機関

地方公共団体の社会資本整備については、資本費の回収に長期を要することや世代間の負担の公平を図る必要があることから、長期資金の調達が望ましい場合が多いと考えられるが、地方公共団体が行う資本市場からの資金調達は、一〇年以下が一般的となっている。

このため、地方公共団体金融機構では、主として政府保証のない一般担保付公募債である地方公共団体金融機構債(地方金融機構債)を発行して資本市場から資金を調達し、地方公共団体に長期・低利の資金を安定的に供給することで、個々の地方公共団体による資本市場からの資金調達を補完する役割を果たしている。

②　金利変動準備金等による金利リスクへの対応

機構は、地方公共団体に対して最長四〇年の長期の貸付けを行う一方で、その原資は一〇年債を中心とした債券発行等により調達しており、貸付期間と資金調達期間との間に大きな差異が生じている。そのため、債券等借換え時の金利リスク（債券等支払利息が貸付受取利息を上回り、逆鞘となるリスク）への対応に必要な財務基盤として、金利変動準備金等を設けている。

③　健全化基金を活用した利下げ

機構は、公営競技（競馬、競輪、オートレース、競艇）の施行団体から収益金の一部を受け入れて地方公共団体健全化基金に積み立てており、その運用益等を用いて地方公共団体への貸付けについて利下げを行っている。

地方公共団体は同機構に全額出資し、同機構には、最高意思決定機関として知事、市長、町村長の代表者及び学識経験者からなる「代表者会議」と融資チェック体制の確立のため外部性を有する第三者機関である「経営審議委員会」が設置されている。

9　一時借入金

一時借入金は、年度途中の歳計現金の不足を補うための「つなぎ資金」である。地方自治法は、歳出予算内の支出に充てるのに、資金の不足を生じた場合、一時借入金を借り入れることができる（法二三五の三）と規定している。そして、一時借入金は、予算の一部として議会の議決を経なければならない。

その議決は、借り入れの最高額を定めることになるが、この最高額とは、一時借入金の一回の最高額をいうのではなく、最高限度額という意味で、一定時期における借り入れの最高額をいう。何回借り入れを行ってもその合計現在額がこの最高限度額を超えてはならないとするものである。つまり、予算で最高額と定められた額の範囲内であれば、何回でも一時借り入れができる。

借り入れた一時借入金は、歳出予算に計上されている支出の経費に充てることになる。本来、歳入として収入される歳計現金ではないが、その出納保管については、歳計現金と同様に取り扱うことはいうまでもない。

一時借入金の借り入れは、町村長の権限で行い、会計管理者が保管することになるが、予算で定めた借入限度額を超えて借り入れたり、あるいは歳出予算がないのに、予算の成立を見越して借り入れる等のことはできないのは当然である。

借り受けた一時借入金は、その会計年度の歳入をもって償還することになっている（法二三五の三Ⅲ）ので、その年度の出納閉鎖の五月三一日までに償還しなければならない。

10　歳出予算（各項間）の流用

歳出予算の経費の金額は、各款の間又は各項の間において相互にこれを流用することができない（法二二〇Ⅱ）のが原則であるが、同一款内での各項の経費の金額は、予算の執行上必要がある場合に限り、予算の定めるところにより、これを流用することができる（法二二〇Ⅱただし書）。予算の流用とは、予算の補正をしないで、ある項の経費の支出を減額して、これを他の項の増額に充当することをいう。予算は、その年度において生ずる一切の収入支出を予定して計上すべきものが本来のあり方であるが、実際の予算執行においては、ある程度の異動を生ずるのはやむを得ないからである。

町村における歳出予算の流用の定めの一般的な例としては、人事異動等による人件費の流用を円滑にするため、「同一款内における各項の間の給料、職員手当及び共済費の流用」がある。

11　特別会計予算

地方公共団体の予算は、すべてを一般会計予算をもって、単一の経理で運用することが望ましいが、行政活動が活発になるにつれ、あるいは企業的な性格の事業がある関係から、その収支採算を明らかにするために、一般会計と分離した特別会計を設けて経理した方が便利な場合がある。そこで、地方公共団体が特定の事業を行う場合その他特定の歳入をもって特定の歳出に充て一般の歳入歳出予算と区分して経理する必要がある場合は、条例で「特別会計」を設置することができる（法二〇九Ⅱ）。「特定の事業を行なう場合」とは、たとえば、水道事業・交通事業・宅地造成事業など、「特定の歳入をもって特定の歳出に充て一般の歳入歳出と区分して経理する必要がある場合」とは、たとえば、各種の貸付金事業等が考えられる。

また、公営企業関係の事業については、特別会計を設けるよう義務づけており、水道・工業用水道・交通・電気・ガス・簡易水道・港湾整備・病院・市場・と畜場・観光施設・宅地造成・公共下水道を挙げている（地財法六、同法施行令四六）。

さらに、他の法律で特別会計の設置を義務づけている事業（地方公営企業法の適用事業―同法二、一七、国民健康保険事業―国民健康保険法一〇、農業共済事業―農業保険法一一〇）もあり、これらについては、町村が改めて条例で定める必要はない。

地方公営企業法の適用を受ける事業の特別会計は、単純な官庁会計方式ではなく、民間企業で行っている発生主義に基づく複式簿記による企業会計方式を採用している。

また、地方公営企業法の適用のない一般の特別会計については、条例の定めによって「弾力条項」（法二一八Ⅳ）を適用することができる。たとえば、砂利採集事業の特別会計において急激に需要が増大し、これに伴って業務に直接必要な経費が不足したときは、町村長の権限でその事業量の増加による収入増に相当する額をこの経費に使用することができる。

本来ならば、議会に補正予算を提出し、議決を経てから予算を執行すべきであるが、あらかじめ条例で定めておくと、その都度、補正予算を提出する必要がないので、町村長は、経費使用を専決処分の例により行い、次の会議においてその旨を議会に報告することになる。

次に、特別会計は、一般会計と分離しているからといって、独立採算性を貫かねばならないものとは限らない。ある程度は弾力的に運営し、相互に繰り入れ、繰り出して収支を合わせることもやむを得ない性質のものもある。たとえば、国民健康保険特別会計の収支の不足を補てんするため一般会計から繰り入れる等の例が従来よく見られる。

12　暫定予算

地方公共団体の予算は、年間予算として各会計予算を編成し議会の議決を経なければならない。しかし、事情によっては、必要に応じ、一会計年度のうちの一定期間（たとえば一カ月とか二カ月分）を区切って、暫定的な歳入歳出予算を編成し、これを議会に提出することができる（法二一八Ⅱ）。

この「必要に応じ」とは、たとえば、歳入歳出予算が年度開始の四月一日までに成立する見込みがない場合とか、その他特別な必要がある場合をいい、年間の本予算が成立するまでのつなぎとして編成し、議会の議決を経るものである。

暫定予算は、一会計年度の一定期間、いわゆる本予算が成立するまでの間の行政経費の中断を防ごうとするものであるから、計上される多くの費目は、当然に人件費や物件費の一部など義務的経費や継続事業費に限定され、政策的予算は計上されない。

この暫定予算は、本予算が成立するとその効力を失い、これまで暫定予算に基づいて支出し又は債務の負担としたものは、すべて本予算による支出又は債務の負担とみなされる（法二一八Ⅲ）。結果的には、暫定予算が本予算に吸収され、本予算が成立した後は、暫定予算に執行残があったとしても、もはやその残額からは一切支出することができない。

13　骨格予算

暫定予算に似た用語に、「骨格予算」というものがある。これは、公式の制度上の用語ではない。たとえば、年度当初の四月か五月に、町村長の任期満了による選挙が行われるような場合、任期が終わる町村長が自己の判断による政策的予算を当初予算に計上することは、道理上も、そして、選挙民の立場からみても好ましくない。そこで、当初予算には、年間の義務的経費や継続事業費程度を計上した予算を編成する場合がある。そして、本格的、政策的肉づけは、選挙後の六月の定例議会における補正予算にゆずり、一応の荒組み予算で出発することから、この予算を「骨格予算」と呼んでいる。

二　予算の補正

地方公共団体の予算は、年度の収入、支出の一切を見積もって計上した歳入歳出予算と、将来の財政支出にかかる取り決めを併せて通年予算として編成するのが原則である。

しかし、当初予算確定後のいろいろな政治・経済・社会情勢の変化によって既定の予算に追加し、あるいは変更を加える必要が生じる。このような場合に編成する予算が「補正予算」である。

それは、一般的に、当初予算の編成時、予期できなかった制度の改正、事情の変更や公共事業費の配分決定によるものが多い。これを例示すると、

(1)　天災や災害の発生によって必要となった予算措置をするためのもの
(2)　国、県の補助金・負担金・交付金等の確定によるもの
(3)　地方債の同意の見通しが確実となったことによるもの
(4)　建設事業の設計変更等によるやむを得ないもの
(5)　国、県に準ずる公務員の給与改定を行うためのも

の

(6)　予算成立後、税制や補助制度、財務制度等法令の改正によるやむを得ないもの

(7)　物価の変動等、経済事情の変化によるもの

(8)　当初予算の積算を誤っていたため、それを是正するためのもの

等が挙げられる。

予算の補正をめぐって留意すべき事項を挙げると、まず、補正の回数である。

その回数については、別に法令上、制限はない。しかし、みだりに補正を重ねると、年間予算としての当初予算の意義がなくなり、また、財政運営の一貫性が失われることになるので、必要最小限度にとどめるべきであることは言うまでもない。

当初予算は、年間予算として編成して、計画的に、しかも効果的に執行しなければならないのに、何となく使って何となく予算の不足をきたし、安易に次から次へと追加し、年間七～八回、あるいはそれ以上にわたって補正している例もある。

しかも、交際費や需用費（特に食糧費）、旅費等の追加がしばしば見られるが、厳に慎むべきことである。

もともと、当初予算は、年間の一切の経費を計上し、計画的に支出する建前になっているのであるから、物件費や人件費等の経常経費の補正は、特別の事情のある場合を除いて、みだりに行うべきではない。したがって、地方交付税が当初予算後になって決定されることや、国庫補助金や起債等の依存財源が年度途中に確実な見通しが立つことから、建設事業関係予算、給与改定予算、そして法令改正等特別の事情のあるものに限って、補正されるべきものである。

また、補正予算は、必要とする費目の追加や削減の経費のみが提案されることから、予算を審議する側の議員にとっては、予算を総体的にとらえることが困難になりがちである。たとえば、人事院の勧告に準じて職員の給与を改定する場合、その必要費目だけが提案されるので、人件費が当初予算に比べてどう変わっているのか、全体としての検討を見落しがちであるので、給与費明細書にも十分目を通す必要がある。

いずれにせよ、当初予算を補正することによって、当初予算の性格がくずれることはないか、今後の財政にどのような影響を及ぼすことになるか、財政事情が悪化することにはならないか、また、既存の計画がどう変更されようとしているのか、それが真にやむを得ないものであるか、といった点に十分留意したいものである。そし

て、当初予算には真剣になる議員が、補正予算は比較的おろそかにしがちであるという批判によく耳を傾けて、これにこたえたいものである。

なお、補正予算は、歳入歳出予算のほか、継続費・繰越明許費・債務負担行為・地方債・一時借入金など予算を構成するすべての項目がその対象となるものである。

三　予算の修正

予算の編成権と議会に対する提案権は、町村長に専属し、議員には、認められていないことはすでに述べた。したがって、町村長は、その政策を盛り込んだ予算を議会に提案することになるが、一方、議員も住民の代表として住民福祉の向上を願い、予算審議を通して議論し、町村の政策を予算として確定するのであるが、その過程において、町村長と考え方が異なる場合も十分あり得る。そこに、予算の修正の問題が出てくるわけである。

地方自治法は、「議会は、予算について、増額してこれを議決することを妨げない」（法九七Ⅱ）と定めている。これが、議会の予算修正について定めた唯一の規定である。そして、逆の減額修正のことについては、何ら規定していない。それは、何故であろうか。この点が、まず理解されなければならない。それは、議会制度の起こりと議会そのものの本質からして、改めて、法律に規定するまでもないからである。

本来、議会は、住民に金銭や労力の提供を強制的に求める権限（課税権）を持つ権力者（行政権者）に対抗する住民代表の機関として生まれたものである。そして、議会は、住民の負担を軽減する、すなわち、住民に負担を課する課税権に制限を加えることを本来の役割、使命とする機関である。

したがって、住民の負担軽減に通ずる予算の減額修正ができるのは当然であって、いまさら、法律に規定するまでもないこと、すなわち、減額修正権は、法律以前の問題として理解すべきものとされているのである。さらに、議会は、減額修正するばかりが能ではなくして、いわゆる「安物買いの銭失い」にならないよう「町村長の予算提案権を侵さない限度で、増額修正もできる」としているのが、法第九七条第二項の規定である。

1　減額修正

予算の減額修正とは、予算の一部を削除又は減額して議決することをいう。

町村長が提案した予算について、議会が見解を異にし、納得できない場合、歳入歳出予算等各予算項目を減額して議決するものである。その手続きは、後述するように、①議員提案にかかる修正案（修正動議）を審議して議決する方法、②委員会に付託した場合、委員長報告で委員会修正案が示され、これを議決する方法がある。ところで、前述したとおり、予算の減額修正は、議会本来の使命からして当然の権限として可能であるが、注意を要するのが、再議との関連である。後編の再議の章で述べるように、

(1)　議会が予算を減額修正した場合、町村長に異議がある場合は再議に付することができる。再議を受けて審議の結果、出席議員の三分の二以上の者の同意があれば、修正議決どおり確定するが、三分の二以上の同意がなければ、その修正議決は、成立せず効力は発生しないことになる。

(2)　町村の義務に属する経費を削除又は減額する修正議決をした場合、町村長は、再議に付するが、再度、削除又は減額の議決をしたときは、町村長は、議会の修正議決にかかわらず、原案を執行して義務費の支出ができる。

(3)　非常災害による応急若しくは復旧の施設に要する経費又は感染症予防のために必要な経費を減額修正すると、町村長は、再議に付するが、再度削除又は減額の議決をしたときは、町村長は、これを不信任議決とみなして議会を解散することができるし、自らも退職することができる。

したがって、議会は、これらのことを十分認識して、あくまでも住民の立場に立って自信のある議決をすべきである。

2　増額修正

予算の増額修正とは、予算の総額を増額（個々の款、項の金額を歳入、歳出とも増額する）又は予算総額は増額しないで、ある款項の金額を増額し、他を同額減額して議決することをいう。

この増額修正については、昭和一八年の地方制度改正前においては、予算の増額修正についての明文の規定はなく、行政上の解釈によって処理されていた。それが昭和一八年の地方制度改正の際に、町村制の中で「町村会ハ歳入出予算ニ付増額シテ之ヲ議決スルコトヲ得ズ」（町村制五三ノ三）と明文をもって禁止されたものが、昭和二一年の改正でこの禁止規定が廃止され、昭和二二年五月の地方自治法制定後の第一回の改正の際、現行の法第九七条第二項の規定が追加されたものである。

前述のとおり、町村長が提出した予算について、議会の立場からみて、歳出予算のある款、項（その前提としては、その根拠になる目、節の費目）の金額を増額することが、住民のためになり、そして住民の納めた貴重な税金が活かされ、より効果を発揮することになり、さらに、それに見合う確実で明白な財源が裏付けられるというような場合に、この増額修正の権限が発動されるべきものである。

ところで、法第九七条第二項のただし書に、増額修正するに当たっては、「〔町村長〕の予算の提出の権限を侵すことはできない」と規定されているが、この「〔町村長〕の予算の提出の権限を侵す」というのが、具体的に何を指すのか、従来その解釈をめぐって議論がなされてきた。

そこで、昭和三八年の地方財務会計制度の大改正による地方自治法の改正で、予算の内容が拡大されたこと、歳入歳出予算が款、項だけに限定されて、従来、款、項と一体となっていた目、節が説明科目として、事項別明細書の内容とされた機会に、昭和三九年三月一六日付の通知で自治省〔現―総務省〕の解釈と指導方針が、次のとおり示された。

(1)　歳入歳出予算

①　新たな款項を加えることは、長の発案権の侵害になると解する。

②　事項別明細書にない事項を取り上げた結果、既存の款項の金額に影響を及ぼすものであれば、当該新たに取り上げられた事項については、長の発案権の侵害になるものと解する。

なお、事項別明細書に取り上げられている事項について、既存の款項の金額に影響を及ぼさない範囲で内容変更の意見の表明があった場合、長は、これを尊重すべきであるが、これに拘束されるものではないと解する。（以下略）

その後、昭和五二年の国会において一兆円減税の論議にからんで国会の政府予算に対する修正権の限界が論議され、二月二三日に次のような政府統一見解が出されたことに関連して、地方議会の予算の増額修正に関する見解が、改めて変更された。

◎国会の予算増額修正についての限界に関する政府見解

昭和五二年二月の衆議院予算委員会において示された「国会の予算増額修正についての限界」に関する政府見解は、次のとおりであった。

(1)　国会は、政府の予算提出の権限を損なわない限度で修正を行うことができる。その限界は、個々具体の事例について判断すべきである。

(2)　予算の総合性を損ない、その根幹を失うことになる修正は、憲法上禁止されている。

(3)　政府の予算の提出権を損なわない範囲は、国会と政府が連帯と協調の中で判断すべきである。

(4)　項の新設、附加は、すべて予算の提出権の侵害になるものではなく、弾力的に解すべきである。

この見解を基本にして、衆議院地方行政委員会で地方議会の予算修正の限界についての論議がなされた。そして、そのときの自治大臣の答弁を基にして、昭和五二年一〇月三日「予算の増額修正について」の通知が出されて統一見解が示され、併せて、前記の昭和三九年三月一六日付の通知が廃止された。

その「予算の増額修正について」の自治省の統一見解は、次のとおりである。

◎予算の増額修正についての政府見解

（昭和五二年一〇月三日決定　行政課長通達）

一　当該予算の趣旨を損うような増額修正をすることは、長の発案権の侵害になると解する。

予算の趣旨を損なうような増額修正に当たるかどうかを判定するに当たつては、当該増額修正をしようとする内容、規模、当該予算全体との関連、当該地方公共団体の行財政運営における影響度等を総合的に勘案して、個々の具体の事案に即して判断することが必要である。

なお、このことは、歳入歳出予算だけではなく、継続費、債務負担行為等についても同様である。

二　地方公共団体の議会の予算審議において、議会が予算修正を行おうとするときは、長と議会との間で調整を行い、妥当な結論を見出すことが望ましい。

この見解は、予算の増額修正について、国会と地方議会においてその取扱いを異にすべきではないことから、国会の予算修正権に対する政府の統一見解に沿って自治省が示したものである。

通知の骨子は、

(1)　予算の趣旨を損なうような増額修正は、長の発案権の侵害になるが、趣旨を損なわないような増額修正は、発案権の侵害とはならないものと解する。

(2)　議会が予算修正をしようとするときは、長と議会との間で意見調整をして妥当な結論を見出すことが望ましい。

というものである。

そこで、ここにいう「予算の趣旨」とは何かということになるが、それは、「予算編成における基本的考え方」

であるということができる。

　すなわち、予算の趣旨を損なうような増額修正とは、予算編成権者である町村長が予定していない新たな目標を追加し、又は新たな手段を追加することを目的とした増額修正を行い、その結果、その予算編成における基本的な考え方を没却することになるようなものといえよう。

　この場合、具体的に予算の趣旨に関連する内容についてもその趣旨を損なうものであるかどうかは、単に予算の発案権を有する町村長の主観的判断だけでなく、客観的判断が必要である。

　そこで、通知では、その客観的判断の基準として、「当該増額修正をしようとする内容、規模、当該予算全体との関連、当該地方公共団体の行財政運営における影響度等を総合的に勘案して、個々具体の事案に即して判断することが必要である」としている。

　その「内容」、「規模」とは、修正しようとする項目の質及び量のことをいい、「関連」とは、増額しようとする金額が、その予算全体に占める割合、予算に盛り込まれている他の施策との関係等をいい、「影響度等」とは、その年度だけでなく、翌年度以降も含めての行財政運営に対する影響度その他を広くとらえていうものである。

　したがって、これらの具体的判断に当たっては、事項別明細書等の予算説明書はもとより、町村長の施政方針と予算の説明、議会における論議の内容、さらに、その町村の基本構想、基本計画、実施計画等の行政施策の将来の方向、条例、規則、住民の要望等を個々具体のケースに沿って総合的に判断することが必要である。

　以上のような判断の基準が示されたことから、同一内容の増額修正であっても、ある村では「予算の趣旨を損なう」ことになるのに、別の町では「予算の趣旨を損なわない」ことになることもあり得る。

　たとえば、予算規模二〇億円の村で道路舗装費が五、〇〇〇万円計上されている場合に、一億円を増額修正する場合と、予算規模八〇億円の町で同じ経費が五億円計上されている場合に、一億円を増額修正する場合とでは、その規模、影響度等について総合的に判断した結論は、おのずから異なるものとなるであろう。

　また、都市周辺のいわゆるベッドタウン的町で公営住宅建設の予算が相当額計上されているのを一億円増額修正する場合と、農山村で公営住宅建設費として新規に一億円を増額修正する場合とでは、その内容、規模、特に関連、影響度が全く異なる。後者の場合には、明らかに町村の政策の基本に触れるものとして修正の可否が論議され、予算の趣旨を損なう増額修正になると判断されるものと思われる。

さらに、款項は、予算の基本的な骨格をなすものであるから、新たな款項を加える修正は、多くの場合、予算の趣旨を損なうことになるであろう。

このように、各町村の置かれている立地条件や行財政の規模等具体的な事情によって判断することになる。そして、このことは歳入歳出予算だけでなく、後年度の財政に直接の影響を与える継続費、債務負担行為等についても同様である。

言うまでもなく、現行の地方自治制度は、長と議会が相互に牽制と調和を図ることによって民主的で能率的、そして公正な行財政の運営がなされることを期待し、しかも、両者は、ともに住民の福祉向上を目指して努力し、直接住民に対して責任を負う立場に位置づけているものである。

したがって、予算の審議に当たっては、予算に盛られた政策が住民のためになるかについて真剣な議論がなされる中で、もし、議会と町村長の意見が合わないときは、どのような手段や方法が住民のためになるかという観点に立って話し合いがなされることになる。このため、「予算の増額修正について」の自治省の通知には、「議会が予算修正を行おうとするときは、町村長と議会との間で調整を行い、妥当な結論を見出すことが望ましい」との指導的見解を示しているものである。

要は、予算は、あくまでも住民のためのものであり、住民の税金、負担による予算であるから、議会の修正論議もすべて住民のためのものでなければならない。この意味でも、修正をめぐって町村長と議会の間で意見を調整して、妥当な結論を見出すことが望ましいわけである。

3　議会が行う修正の型

以上、減額修正と増額修正に分けて述べたが、歳入歳出予算について議会が行う通常の修正の型を整理すると、次のとおりになる。

(1)　減額修正

①　歳出予算のある款項の金額を減額して、これに見合う歳入予算のある款項の金額を減額することによって、歳入歳出予算総額を減額する修正の型

この場合、歳出予算の減額相当額を予備費に加えて歳入歳出予算総額は原案のとおりとする修正が従来見られたが、予備費の性格からして望ましい修正ではない。議会本来のあり方からすれば、それに見合う歳入予算の減額を行うべきものである。

予算の審議

(2)　増額修正

①　歳出予算のある款項の金額を増額し、これに相当する金額の財源を歳入のある款項の金額の増額で賄い、歳入歳出予算の総額を増額する修正の型

②　歳出予算のある款項の金額を増額し、これに相当する他の款項の金額を減額することによって、歳入歳出予算総額は、原案のとおりとする修正の型

なお、歳入歳出予算以外の予算項目（債務負担行為予算ほか）についても、原案の金額を減額する修正、増額する修正、あるいは一部を削る修正の型が考えられる。

4　予算修正の手続き

(1)　修正案の提出

予算の修正を行うには、修正案が出されて、これを原案と併行して審議することになる。その修正案は、①本会議において議員による修正動議として出される場合と、②委員会に付託した場合、審査の結果、委員会修正案として委員長より委員長報告で示される場合とがある。

①　議員の修正案

会議規則の定めるところに従って、議員定数の一二分の一以上の発議者が連署して議長に提出する（法一一五の三、標規一七）。その提出の時期は、質疑の段階から討論終結までの間であるが、望ましいのは討論が始まるまでである。その修正案の一例を示すと次頁のとおりである。

②　委員会の修正案

委員会において、委員から①の議員の動議による修正案と同じ様式で作成された修正案が発議され（標規六九）、審査の結果、修正すべきものと決定して本会議に提出される修正案である。この委員会の修正案は、法第一一五条の三の規定による一二分の一以上の発議者は不要で、委員会の決定に基づいて、「委員会審査報告書」に添付され、委員長報告でなされるものである。

(2)　議事運営

①　修正案の説明

議員から修正案が提出されたら、原案の説明又は委員長の報告及び少数意見の報告が終わったとき、あるいは、修正案が出された質疑の段階で修正案の説明が許される（標規四二）。

委員会の修正案は、委員長報告の中で委員長がその内容について説明する。

〔例〕予算に対する修正動議の提出（法 115 の 3、標規 17 Ⅱ）

年　月　日

○○町(村)議会議長　　　殿

発議者　○○町(村)議会議員

(議員定数の 12 分の 1 以上の発議者の連署)

議案第○号令和○年度○○町(村)一般会計予算に対する修正動議

上記の動議を、地方自治法第 115 条の 3 及び会議規則第 17 条第 2 項の規定により別紙の修正案を添えて提出します。

(別紙)

議案第○号令和○年度○○町(村)一般会計予算に対する修正案

議案第○号令和○年度○○町(村)一般会計予算の一部を次のように修正する。

第 1 条中「3,423,456 千円」を「3,426,456 千円」に改める。

第 1 表歳入歳出予算の一部を次のように改める。

(歳入)

款	項	金　額
20　諸　収　入		千円 33,000 ~~30,000~~
	7　雑　入	18,000 ~~15,000~~
歳　入　合　計		3,426,456 ~~3,423,456~~

(歳出)

款	項	金　額
8　土　木　費		千円 527,000 ~~524,000~~
	2　道路橋りよう費	220,000 ~~217,000~~
歳　出　合　計		3,426,456 ~~3,423,456~~

㈲　これが予算に対する修正案である。しかし、この修正案では、道路改良費が 300 万円増加になることは明らかでない。そこで、この修正案に、次頁のような「予算修正に関する説明書」をつけなければならないことになる。もちろん、この「説明書」は、議決の対象になるものではない。

令和○年度○○町(村)一般会計予算修正に関する説明書
歳入歳出予算事項別明細書

1　総　括

（歳　入）

款	本年度予算額	前年度予算額	比較
20　諸収入	千円 33,000 ~~30,000~~	千円	千円
歳入合計	3,426,456 ~~3,423,456~~		

（歳　出）

款	本年度予算額	前年度予算額	比較	本年度予算額の財源内訳			
				特定財源			一般財源
				国(都道府県)支出金	地方債	その他	
8　土木費	千円 527,000 ~~524,000~~	千円	千円	千円 107,800	千円 107,800	千円 4,000	千円 307,400 ~~304,400~~
歳出合計	3,426,456 ~~3,423,456~~			1,012,000	707,000	4,000	1,703,456 ~~1,700,456~~

2　歳　入

（款）20　諸収入

（項）7　雑入

目	本年度	前年度	比較	節		説明
				区分	金額	
5　雑入	千円 4,500 ~~1,500~~	千円	千円		千円	千円
				雑入	4,500 ~~1,500~~	
計	13,500 ~~10,500~~					

3　歳　出

（款）8　土木費

（項）2　道路橋りょう費

目	本年度	前年度	比較	本年度の財源内訳				節		説明
				特定財源			一般財源	区分	金額	
				国(都道府県)支出金	地方債	その他				
3 道路新設改良費	千円 82,500 ~~79,500~~	千円	千円	千円 1,700	千円	千円 1,800	千円 79,000 ~~76,000~~	14 工事請負費	千円 12,000 ~~9,000~~	千円 ○○道路改良費 8,000 ~~5,000~~
計	247,500 ~~244,500~~			5,100		5,400	237,000 ~~234,000~~			

(注)1　以上は増額の場合の例であるが、減額についても同じである。

2　この説明書は、前年度予算額及びこれとの比較等計数記入を一部省略してある。

3　この説明書は、予算修正案に添付する。

② 修正案に対する質疑

修正案は、原案と併行して審議されるので原案に対する質疑と併せて許される。この場合、修正案の提出者だけでなく、法一二一条の規定により説明のため出席を求めた町村長その他の執行機関に対しても質疑をすることができる（標規四三）。それは、修正した場合の行財政に与える影響等を十分配慮して審議するために許されるものである。

なお、委員会の修正案に対する質疑は、委員会の審査の経過及び結果の範囲内で委員長に対して行われるものであり、委員会における修正案の提出者に対して行うことはできない。

③ 修正案に対する討論

討論は、原案に対する討論とあわせて行われる。この場合、「討論は、反対論より交互に行う原則」（標規五二）があって、一定の順序によって討論が許される。（第二編第五章三「討論」参照）

④ 修正案に対する表決

修正案がある場合の表決の順序は、会議規則第八八条に規定があり、第二編第四章二11「表決」の項で述べているとおりである。

四　予算審議の着眼点

1　一般的な着眼点

㈠　予算は基本構想に合致したものであるか

予算は、一年度間の収入・支出の見積りではあるが、後年度に影響するところも大きいので、長期的な観点にたっての是非を判断することが必要である。そのために、すでに策定されている基本構想に合致するものであるか否かについて検討しなければならない。

㈡　予算編成の重点は何か、総花主義でないか

予算は、どのような編成方針に基づいて作成したかを念頭に入れて審議しなければならない。少ない財源を総花的にばらまいていたのでは、重点的な事業ができない。逆に、重点的事業を執行することは大事であるが、他の行政が犠牲になることもよくない。調和と均衡のとれた予算でなければならない。

㈢　経常収支比率は前年度と対比してどうか

財政運営に当たっては、常に経常経費を節減し、財政構造の弾力性を確保するように努力しなければならない。そのため、経常収支比率がどのように変化しているかに

着目しなければならない。この経常収支比率は、七五％以下が望ましいとされている。

㈣　人件費、物件費についての抑制策はとられているか、また類似団体別指数と比較してどうか

人件費、物件費などの内部管理経費は極力節減し、より多くの財源を投資的経費や福祉事業費等、住民に還元される経費に振り向けることが必要である。そのための抑制策がどのように講じられ、成果があがっているか。類似団体と比較して多いか少ないか、多ければその原因はどこにあるかを究明する必要がある。

㈤　経済効果を検討しているか

地方自治法第二条第一四項には、「地方公共団体は、その事務を処理するに当つては、住民の福祉の増進に努めるとともに、最少の経費で最大の効果を挙げるようにしなければならない」と規定されている。同じ仕事をしても、そのやり方を変えることによって割高になることもあり、安い経費で仕上がることもある。例えば、ゴミの収集・庁舎管理等を直営から委託にするなどにより行政経費が安くあがるような方策が講じられているかどうか。また、同じ経費をかけたから同じ行政効果があがるわけではない。手段方法によって一〇〇の効果があがる場合もあれば五〇しかあげられない場合もある。

より少ない経費で、より多くの効果があがるような方策を講じているかどうか。重要な着眼点として検討しなければならない。

㈥　不時の支出に備えて財源が留保されているか

総計予算主義の原則により、一切の収入と支出は、予算に編入しなければならない。また、年度内に予見し得る経費は、すべて当初予算に計上しなければならない。しかし、一切の財源を投入して当初予算を編成することにも問題がある。年度内に災害が発生するかもしれないし、予測し得なかった財政需要が生ずることもあるので、これに備えての財源が留保されているか、その額はいくらか、適正な額であるかを確かめる必要がある。

㈦　総花的な、人気とりのための補助金はないか

公益上必要があるときには、補助金を支出できるが、予算に占める補助金の割合が高くなる場合がある。

補助金の支出が、真に公益上の必要性があるか、すでに補助目的を達成したのに漫然と補助を続けているものはないか、補助をした効果は十分にあがっているか、町村長の人気とりのため、総花的に補助金をばらまいていることはないか、十分に審議しなければならない。

㈧　その他の着眼点

①　歳入に過大見積り又は過少見積りはないか。

②　不要不急の歳出予算が計上されていないか。
③　選挙時の公約は、どう具体化されているか。
④　決算審査における指摘事項が、予算に反映されているか。
⑤　地域的に不均衡なものはないか。
⑥　議会が採択した請願、陳情が予算化されているか。
⑦　予算単価は統一されているか。

2　歳入予算審議の着眼点

(一)　町村税

税収入は、町村財政運営の基盤をなすもので、その比重が高いほど財政に自主性があることになる。

町村税全体についての着眼点は、次のとおりである。

①　税収が適正に予算に計上されているか。
②　課税客体が漏れなく把握されているか。
③　前年度と対比して増減の理由は何か。
④　徴税率の見込みは低くないか、特に滞納繰越分の徴収にどのような対策を講じようとしているか。
⑤　税制改正による税収見込みが的確にとらえられているか。

以下、各税目ごとの着眼点を述べることにする。

(1)　町村民税

個人分、法人分は、個人分、法人分がある。


町村民税は、個人分、法人分がある。

個人分、法人分は、いずれも均等割と所得割からなり、個人分の賦課期日は毎年一月一日で、徴収方法は普通徴収と特別徴収の方法がある。特別徴収は納税義務者以外の者が、納税義務者から税額を徴収して、それを納税義務者の代わりに納める方法をいう。


◦給与所得以外の所得の把握はどのようにしているか。

◦納税義務者の把握漏れはないか。

(2)　固定資産税

固定資産（土地、家屋、償却資産）の所有者に対して、毎年一月一日現在の固定資産の価格を課税標準として課税する。土地及び家屋は、三年ごとの基準年度で評価された価格が原則として三年間据え置かれ、償却資産は、一月一日現在の価格で課税する。

国有資産等所在市町村交付金もこの項に計上される。


◦散在している土地の名寄せは完全か。

◦増改築された家屋は評価替されているか。

(3)　軽自動車税

軽自動車税は、原動機付自転車、軽自動車、小型特殊自動車及び二輪小型自動車の所有者に対して、その主たる定置場所在の町村において課税する。車種排気量の大小により地方税法に標準税率が定められている。

○購入、廃車、転売したときの把握は、確実になされているか。

○前年度と対比して増減の理由は何か。

(4)　市町村たばこ税

市町村たばこ税は、たばこの製造者が小売人に売り渡す製造たばこに対して、従量割額（本数）が、たばこの製造者等から納付される。

(5)　鉱産税

鉱産税は、鉱物の掘採事業に対し、鉱物の価格を課税標準として、作業場所在の町村において、鉱業者に課税する（地方税法五一九）。

○掘採数量に把握漏れはないか。

○価格は適正か。

○鉱業界の不振により滞納はないか、その対策は、充分になされているか。

(6)　特別土地保有税

特別土地保有税は、納付すべき日の属する年の一月一日前一〇年以内に取得した土地に対し、土地の所有者又は取得者に対して課税される（地方税法五八五）。都市計画法第五条に規定する都市計画区域を有する町村では五千平方メートル、その他の町村では一万平方メートルの免税点がある（地方税法五九五2・3）。

なお、平成一五年度以降は、新たな課税を停止している。

(7)　法定外普通税

以上の普通税のほかに、税収入を確保できる財源があり、その税収入を必要とする財政需要があるときは、総務大臣の同意を得て法定外普通税を新設することができる（地方税法六六九Ⅰ、六七一）。

現行施行されているものとしては、別荘等所有税、使用済核燃料税等がある。

(8)　目的税

目的税は、地方団体の事業又は施設に要する費用につき、その事業又は施設によって特に利益を受ける者に対し、課税するもので、鉱泉源の保護管理施設及び消防施設の整備等に要する費用に充てるための入湯税、都市計画事業等の費用に充てるための都市計画税のほか、水利地益税、共同施設税、宅地開発税、国民健康保険税などがある。
　また、特定の費用に充てるため、総務大臣の同意を得て法定外目的税を新設することができる（地方税法七三一、七三三）。

(9)　国有資産等所在市町村交付金・同助成交付金
　国や他の地方公共団体の所有する固定資産には固定資産税が課されないが、「国有資産等所在市町村交付金法」によって、固定資産税に代わるものとして交付される交付金がある。これは固定資産税の中に計上される。
　自衛隊及び米軍が使用している固定資産については、「国有提供施設等所在市町村助成交付金に関する法律」による助成交付金があり、独立の款を設け、計上される。

㈡　地方譲与税
　地方譲与税とは、国が徴収した特定の税目の税収を一定の基準により地方公共団体に譲与するものをいう。平成二一年度からの道路特定財源の一般財源化に伴い、地方道路譲与税の名称が地方揮発油譲与税に改められ、地方揮発油譲与税、石油ガス譲与税の使途制限は廃止されている。
　また、森林整備等に必要な地方財源を安定的に確保する観点から、平成三一年三月に「森林環境税及び森林環境譲与税に関する法律」が成立し、森林環境譲与税（令和元年度から譲与）が創設された。

㈢　利子割交付金
　預貯金等の利子の額に応じて課税された利子割の一部を財源として、都道府県から市町村に交付される。

㈣　配当割交付金
　上場株式等の配当等に対して課税された配当割の一部を財源として、都道府県から市町村に交付される。

㈤　株式等譲渡所得割交付金
　源泉徴収口座内の株式等の譲渡益に課税された株式等譲渡所得割の一部を財源として、都道府県から市町村に交付される。

㈥　法人事業税交付金
　法人事業税の一部を財源として、都道府県から市町村に交付される。

㈦　地方消費税交付金
　平成六年度に都道府県民税として地方消費税が創設され、平成九年四月一日から施行されたが、その地方消費税額のうち、都道府県間により清算した金額の二分の一に相当する額が市町村に交付される。

㈧　環境性能割交付金

自動車の取得者に対して課税された自動車税環境性能割の一部を財源として、都道府県から市町村に交付される。

(九)　地方特例交付金

個人住民税における住宅借入金等特別税額控除の実施に伴う地方公共団体の減収を補塡するために、個人住民税減収補塡特例交付金が交付されている。

(十)　地方交付税

(1)　地方交付税は、各地方公共団体が一定の行政水準の確保ができるよう財源の均衡化を最大の目的とし、地方財政の自主性の確保と地方行政の計画的運営を保障するために設けられている。

(2)　地方交付税は、所得税、法人税、酒税、消費税の一定割合及び地方法人税の全額の合算額を総額としている。

この制度は、昭和二九年に制度が発足し、当初は所得税、法人税の一九・八七四％、酒税の二〇％であったが、平成元年度に消費税が創設されたことにより、消費税（消費譲与税を除く）が加えられた。その後も、平成二六年度に地方法人税の全額も加わるなど、幾度かの変遷を経て、令和四年四月現在は、所得税及び法人税の三三・一％、酒税の五〇％、消費税の一九・五％、地方法人税の全額の合算額とされている（地方交付税法六）。

不足する場合には国の一般会計からの加算措置等がなされている。

(3)　地方交付税は、普通交付税と特別交付税に分かれる。交付税総額の九四％が普通交付税、六％が特別交付税として交付される。

(4)　普通交付税は、基準財政需要額から基準財政収入額を控除した額が交付基準額になる。

基準財政需要額は、各費目の測定単位の数値に単位費用を乗じ、さらに補正係数を乗じて算定する。その算定方法は、きわめて専門的であり複雑である。簡単に説明すると、まず標準団体（人口一〇万人、面積二一〇平方キロメートル、世帯数四二、〇〇〇世帯、道路延長五〇〇キロメートル等）が、合理的かつ妥当な水準で行政を行う場合の経費を積算し、それから特定財源を控除し、一般財源によって賄われるべき財政需要額により単位費用が算出される。

この単位費用に各団体の数値を乗じただけでは妥当な財政需要額は算出できない。すなわち、実際の各団体の測定当たりの行政経費は自然的・社会的条件の違いによって差があるので、このような状況を反映させるために補正係数を乗じる。補正には、段階補正、密度補正、態容補正、寒冷補正、種別補正、数値急増補正、数値急減補正、合併補正、財政力補正がある。

(5)　基準財政収入額は、法定普通税を標準税率によって計算した収入見込額の一〇〇分の七五である。二五％を算入しないのは、町村独自の施策を行うための財源を保障する意味を持っている。

(6)　特別交付税は、普通交付税の基準財政需要額に算定されない財政需要、災害など特別の財政需要があったこと及び財政収入が減少したことなどの事情に対して交付される。

○地方財政計画からみて、地方交付税の予算計上額は適切であるか。

○特殊事情がないのに、特別交付税を当初予算に計上していないか。

○補正財源として、いくら留保しているか。その額は適正であるか。

(7)　地方交付税制度の見直しの一環として、複雑で分かりにくいと言われている交付税算定の簡素化を図るため、いわゆる新型交付税が平成一九年度から実施されている。

具体的には、普通交付税の基準財政需要額の算入対象とされる行政分野のうち、国の基準づけの無いものあるいは弱いものについて、人口および面積という簡単明瞭な尺度により需要額を算定する新しい方式を導入するものである。

新型交付税算定方式に用いられる尺度は、人口と面積であるが、地方公共団体のさまざまな実態に対応して、人口規模によるコスト差や宅地・耕地・林野等の土地利用形態によるコスト差を反映させることとされている。

(十一)　交通安全対策特別交付金

道路交通安全施設整備の経費の財源として、交通反則通告制度に基づき納付される反則金収入を原資として、地方公共団体に交付される（交通安全対策特別交付金等に関する政令）。

(十二)　分担金及び負担金

町村の行う事業などで、一部の者が利益を受ける場合は、その事業の経費に充てるため、条例により受益者から受益の限度において徴収するのが分担金である。

負担金は、特定の事業を行う場合に、その経費に充てるために、特別に関係のある者から徴収するものである。

◦分担金は受益の限度を超えていないか。

◦分担金条例で徴収すべきものを寄附金にしていないか。

◦分担金条例は事業ごとに制定され、整備されているか。

◦負担金の算定根拠は適切か。

㈢　使用料及び手数料

(1)　使用料には、公の施設の使用料と、行政財産を目的外に使用（町立病院内の売店等）する場合の使用料があり、金額、徴収の方法は条例で定めることになっている。

(2)　手数料は、町村が特定の者に対する行政サービスに対して徴収するもので、①町村の事務（印鑑証明等）についての手数料で条例で定めるもの、②町村長又は委員会の権限とされている国又は他の地方公共団体の事務について徴収する手数料（臨時運行許可申請手数料等）で、地方公共団体手数料令で定めるものの二種類がある。

◦使用料、手数料の見込額は適切か。

◦行政財産の目的外使用について、使用許可の手続き及び使用料は適切か。

◦減免規定を拡大解釈していないか。

◦公営住宅の割増家賃は的確に徴収しているか。

◦手数料とサービスに要する経費が合致しているか。

㈣　国庫支出金

国から町村に支出されるものを国庫支出金と総称しており、次の三つがある。

国庫負担金＝町村の行う特定の事業に対して交付されるもので、小中学校建築費負担金等がある。

国庫補助金＝国の立場から奨励あるいは援助する事務、事業に対するもので、文化芸術振興費補助金等その種類は多い。

国庫委託金＝純然たる国の事務を、町村に委託したときに交付するもので、衆議院議員選挙委託金等がある。

◦国庫支出金の算定が的確になされているか。見積り過大などはないか。

◦補助金があるために、不要不急の事業を計画していることはないか。

◦零細補助金について、補助金と補助金を得るための経費との比較はどうか。

○補助事業等全体の経費からみて、超過負担になる額はないか、あればいくらか。

㈤　都道府県支出金

都道府県から町村に支出されるもので、国庫支出金と同様に負担金、補助金、委託金の三つがあり、着眼点も同様である。

㈥　財産収入

地方自治法上の財産とは、公有財産、物品及び債権並びに基金をいう（法二三七Ⅰ）が、この科目で収入されるのは次のものである。

財産運用収入＝財産貸付収入、基金運用利子、配当金等

財産売払収入＝不動産売払収入、物品売払収入、生産物売払収入等

○貸付料は適正か。

○基金をさらに高利に運用できる方法はないか。

○貸付けと売払いとどちらが有利か。

○売払価格は時価と比較してどうか。

㈦　寄附金

町村は、住民その他から寄附を受けることができるが、予算に計上するのは金銭による寄附金に限られ、動産、不動産による寄附は予算には計上されない。

○用途指定寄附に見合う歳出予算が計上されているか。

○強制的に割り当てたものはないか。

○公費で支弁すべきものを、寄附で賄うことにしていないか。

㈧　繰入金

繰入金には他会計からの繰入金と、基金繰入金がある。

○繰出しをする他会計の収支はどうか。

○基金からの繰入れは妥当で適切な額であるか。

㈨　繰越金

地方公共団体は、各会計年度において歳入歳出の決算上剰余金を生じた場合においては、当該剰余金のうち二分の一を下らない金額は、これを剰余金を生じた翌翌年度までに、積み立て、又は償還期限を繰り上げて行なう地方債の償還の財源に充てなければならない。（地財法七Ⅰ）。

○地方財政法の規定どおり、積立て又は地方債の繰上償還がなされているか。また、なされていない理由は何か。

○繰越金を過大、過少計上していないか。留保している額はいくらか。

㈩　諸収入

諸収入とは、上記の収入及び地方債以外の諸々の収入で、およそ次のものがある。

延滞金、加算金及び過料
歳計現金の預金利子
貸付金の元利収入
受託事業収入
収益事業収入
雑入（滞納処分費、弁償金、違約金及び延納利息、雑入）

○延滞金、加算金は、確実に収入しているか。
○貸付金の元利償還は、確実に行われているか。
○歳計現金にかかる利子は、的確に見込まれているか。

㈪　町村債

町村が一会計年度を超えて行う借入れをいう。原則として、建設事業費や公営企業（水道等）の経費の財源を調達する場合等、地方財政法第五条各号に掲げる場合においてのみ発行できることとされている。ただし、その例外として臨時財政対策債等がある。

3　歳出予算審議の着眼点

㈠　総務費

総務費には、全般的な管理事務、徴税事務、戸籍、住民基本台帳事務、選挙事務、統計調査事務、監査事務に要する経費のほか、他の款に区分することのできない経費が計上され、財産管理費には、行政財産はもとより普通財産、物品、債権及び基金の管理に要する経費も計上される。

○人件費の抑制策はとられているか。
○条例によらない給与はないか。
○国家公務員を上回る率で支給されている手当はないか。
○類似団体と比較して職員数はどうか。
○恒常的に臨時職員を雇用していないか。雇用する理由は何か。
○職員の資質向上のための研修は、どう計画されているか。
○職員の健康管理は配慮されているか。
○特殊勤務手当の種類と金額は妥当か。
○交際費は類似町村と比較してどうか。
○交際費と食糧費の支出区分は明確にされている

か。

○徴税費は税収入の何％か、類似団体と比較してどうか。

㈡　**民生費**

民生費には、住民の安定した社会生活を保障するための経費が計上され、社会福祉費、児童福祉費、生活保護費、災害救助費の項からなり、予算全体に占める割合も大きい。

○福祉施設は十分に活用されているか。

○福祉施設は基準に適合しているか。運営に問題点はないか。

○ボランティアの活動に委ねられるものはないか、また、民間に委託できるものはないか。

○各種の祝金、助成金は妥当か、見直すべきものはないか。

㈢　**衛生費**

衛生費は、住民が健康で良好な生活環境のもとで生活できるようにするための経費で、保健衛生費、清掃費の項からなる。

○住民の健康管理の施策は充分であるか。

○疾病予防対策をどのように講じているか。

○救急、日曜日及び夜間の急病対策はどうか。

○予防接種は対象者全員が受けられるように配慮されているか。

○じん芥収集は直営と委託を比較してどうか。

○し尿の収集に問題点、住民の苦情はないか。

○し尿、じん芥処理を一部事務組合で処理している場合、負担金の算定は適切か。

㈣　**労働費**

労働費は、失業対策費と労働諸費の項からなり、労働諸費では出稼労務者のための対策費などが増加する傾向にある。

○失業対策事業の効率性はどうか。

○失業者を他の事業に吸収する方策はないか。

○地元での雇用拡大策はないか。

㈤　**農林水産業費**

農林水産業費は、農業費、林業費、水産業費の項からなり、第一次産業を主体とする町村では予算額も大きく、産業を振興し住民所得を向上させるためにも重要な経費である。

○補助金、負担金の必要性とその効果はどうか。

○他産業に対する助成策との均衡はどうか。

○補助金について効果があがっているか。

○農業協同組合、漁業協同組合、森林組合に対する

予算の審議

助成金、損失補償、借入金に対する利子補給には、必要性、合理性があるか。

㈥　商工費

商工費は、商工業振興、観光開発振興のための経費が計上される。

○金融機関に預託して融資している場合、その利用状況はどうか。

○観光開発により入込客数は増加したか。

○大型小売店進出に伴い、既存の小売店に対する育成策は講じられようとしているか。

○消費者対策に欠ける点はないか。

㈦　土木費

土木費は、土木管理費、道路橋りょう費、河川費、港湾費、都市計画費、住宅費の項からなり、予算額も大きい科目である。

○道路の新設改良は計画的かつ公平に進められているか。

○入札業務の公正を期しての対策は万全であり、適切か。

○各工事の詳細な計画と内容からみて問題はないか。

○地元業者に対する育成策が考えられているか。

○諸施設の維持管理に問題はないか。

㈧　消防費

消防費は、消火だけではなく、水害、地震、津波を含めた災害の防除や被害の軽減のための経費が計上される。消防事務については、一部事務組合を設置して共同処理している例が多く、その場合は組合に対する負担金が予算に計上される。

○消防団員の報酬は適正か。

○消防施設は十分か。老朽化している施設の更新計画は立てられているか。

○常備消防組合に納付する負担金については、その積算基礎は適正か。

㈨　教育費

教育費は、教育総務費、小学校費、中学校費、高等学校費、幼稚園費、社会教育費、保健体育費の項からなり、教育に関係する一切の経費が計上されるので、額も大きく重要な予算である。

○教育施設費にかかる超過負担額はいくらになるか。

○用地取得の目途は確実であり、かつ適地であるか。

○小中学校の需用費が不足し、ＰＴＡに負担させていないか。

○生涯教育をはじめ社会教育に対する取組みは十分であるか。

○体育施設の利用状況はどうか。
○校舎の修理をはじめ維持管理対策は十分か。
○将来の児童、生徒数の増減に対応した整備計画はどうか。

(十)　災害復旧費

災害復旧費は、災害の復旧に要する経費が計上される。

災害復旧費に対しては、国庫負担金、地方債等がその財源として充てられる。

○原形復旧に要する費用として十分か。
○災害の発生原因を究明し、排除しているか。
○国庫の負担金、補助金は適正に見込まれ、起債の充当率どおり正しく算定されているか。
○工事関係の事務費に不用なものはないか。

(十一)　公債費

公債費には、過去に借り入れた地方債の元利償還金と一時借入金の利子が計上される。

○現在の起債残高と公債費比率の動向はどうか。
○一時借入金の利子を少なくするため、資金繰りにどのような工夫と対策がたてられているか。

(十二)　諸支出金

諸支出金は、普通財産取得費、公営企業貸付金の項からなる。本来、歳出予算は、目的別に計上されるが、普通財産は、目的がはっきりしていないため諸支出金に計上される。公営企業貸付金は、他の款の目的によって区分のできない事業に対する貸付金、出資金であり、その例は少ない。

(十三)　予備費

予備費は、予算に科目のない、あるいは科目はあっても予算に計上されていない支出、予算に計上されているが金額が不足する場合に充てるための使途を特定しない予算である。

予備費の充用は、町村長の裁量でできるので、多額に計上することは好ましくない。

(十四)　給与費明細書

1　人件費について議会の監視機能を高めるため、昭和五〇年から予算に関する説明書として、「給与費明細書」を議会に提出することが義務づけられた。

人件費については、各款項に計上されている人件費を個々に審議する一方、給与費明細書で一括して全体的な検討を加えることが大事である。

2　給与費明細書の着眼点

○職員数増減の理由は何か。類似団体に比較して職員数はどうか。
○一人当たり給与費の増は、ベアの合計額を上回っていないか。
○等級別職員数の変動した理由は何か。
○非常勤特別職の報酬は適正妥当か。
○デジタル化、事務の民間委託により人件費の削減ができないか。
○給料表に対する格付けは適正か。
○給与改定のための財源が留保されているか。
○国家公務員を上回る手当はないか。
○勤勉手当の支給には人事評価を勘案しているか。

4　継続費の着眼点

○単年度で処理できない理由は何か。
○継続の年度は長期にわたっていないか。
○総額・年割額は適正であるか。

5　繰越明許費の着眼点

○繰り越すべき財源は確実にあるか。
○繰り越した理由は納得できるものか。

6　債務負担行為の着眼点

○債務負担行為を必要とする理由と目的が明確であるか。
○債務負担行為の期間を極力短縮するよう配慮しているか。
○負担の限度額が明確に定められているか。
○二年以上にわたる義務負担の年度別の負担額が明確に定められているか。
○将来、予算措置が確実に講じられて処理できる性質のものであるか。
○契約の相手方・契約内容・支払方法・契約年度・支出年度等が明確にされているか。
○現在、債務負担がどのくらいあるか。さらに財政を圧迫するようなことがないか。
○債務保証と損失補償の区別が厳格に、適正になされているか。

7　地方債の着眼点

○地方債で予定している事業は適債事業か。
○地方債の現在高はいくらで、将来の償還計画に確実性はあるか。

○起債をしてでも実施すべき事業であるか。
○公債費比率はどう動き、類似団体に比較してどうか。
○起債の充当率は地方債計画に適合しているか。

8　一時借入金の限度の着眼点

審議に当たっては、その歳入歳出予算にかかる資金繰予定表や現在までの一時借入れの実績等からみて、適正な限度額であるかどうかを具体的に検討すべきである。

なお、歳出予算の議会費については、審議する議会自体の活動に要する経費であるから、事前に何らかの方法で説明を受けて充分理解をしておくことが望ましいことは当然である。

第三章　決算の認定

一　決算の意義と考え方

「決算」は、歳入歳出予算に基づく収入と支出の結果を集計した計算書である。そしてまた、予算を執行した結果どのような成果を挙げたかを示す成果報告書でもある。

議会は、この歳入歳出決算を審査して認定に関する議決を行うのである。決算審査は、ややもすれば執行済みのものとして軽んじられる傾向にあるが、議会が決定した予算が適正に執行されたかどうかを審査するとともに、各種資料に基づいてその行政効果や経済効果を測定し、住民に代わって行政効果を評価する、きわめて重要な意義があることを再認識すべきである。また、審査の結果は後年度の予算編成や行政執行に生かされるよう努力すべきである。

二　決算認定制度

地方自治法（二三三条）は、決算認定の制度を、次のとおり規定している。

(1)　会計管理者は、決算を毎年度八月三一日までに、町村長に提出しなければならない。

(2)　町村長は、決算等の書類を監査委員の審査に付さなければならない。

(3)　町村長は、監査委員の審査に付した決算を監査委員の意見を付けて次の通常予算を議する会議までに議会の認定に付さなければならない。

(4)　議会に決算を提出するに当たって、町村長は、その年度の「主要施策の成果説明書」をはじめ、所定の書類を提出しなければならない。

このような形で、町村長に決算提出の義務を、監査委員に決算審査と意見書提出の責任と義務を、そして議会に決算認定の権限をそれぞれ与えている。

また、決算と併せて定額の資金を運用する基金の運用状況を示す書類も議会に提出される。

さらに、平成二九年法改正により、町村長は、決算不認定の場合に、当該不認定を踏まえて必要と認める措置を講じたときは、速やかに、当該措置の内容を議会に報告するとともに、これを公表しなければならないと規定された（法二三三Ⅶ）。

三　決算認定制度の意義

このような決算認定制度がとられている意義について、一般的に三つ挙げられる。

(1)　一次的意義

決算を審査して、認定についての結論を出す第一の意義は、歳入歳出予算執行の結果を総合的に確認し、検証して予算効果と行政効果を客観的に判断する。その過程でこれからの反省事項なり改善事項をまとめる。そして、それを、町村長としては、その後の予算編成と財政運営に活かし、議会としては、予算審議と財政運営の批判と指導に役立てる意義である。

(2)　二次的意義

このような決算認定制度があることによって、予算執行の責任者である町村長・会計処理の責任者である会計管理者が、すべての執行や事務処理に当たって慎重になるという意味において、事前統制と事前監視の役割を果たすとともに、決算を認定することによって、町村長の執行責任を住民に向かって解除することになるという意義である。

(3)　三次的意義

住民に対して、決算審査を行う議会を通じて、町村の財政の実態を知らせて、理解と納得を得るという意味で、財政民主化を徹底できる意義である。

以上の三つの意義の中で、最も重要な意義は、一次的意義の「行政効果の客観的判断と、今後の改善や反省事項の把握と活用」であるといえる。決算は、ただ単に、認定して終わりではなくて、その結果を、その町村の財政運営の一層の健全化と適正化に役立てるという将来に向けての前向きの意義が重要である。

四　望ましい早期調製、審査と認定

以上のことから導き出される一つの考え方が、「望ましい早期調製、早期審査、早期認定」である。調製は、会計管理者、審査は町村長と監査委員、認定は町村長と議会が関与するが、それぞれの立場でできるだけ速やかに処理をすることが望ましいとする考え方である。

まず、会計管理者は、八月三一日の法定期限を待たずに、できる限り早く調製を終えて町村長に提出する。次に、町村長は、早く監査委員に送付して審査をしてもらう。監査委員は、十分な審査を終えて内容のある意見書を早く提出する。これを受けて、町村長は、できるだけ早く議会（できれば九月定例会）に提出する。議会は、徹底した審査をして認定に関する結論を出し、併せて、議会としての意見を明確に集約決定して、町村長等に申し入れるという考え方である。

そのためには、決算認定制度の前向きの意義を十分理解して、町村長、監査委員、会計管理者、そして議会の四者が一体となって、それぞれの職分を果たし合うことが大事である。

九月定例会に決算が提出される町村が全国的に増える傾向にあるのは、このような考え方にもよるものである。

五　決算附属書類と審議資料

町村長は、決算を議会の認定に付するに当たっては、決算書のほかに、

(1) 歳入歳出決算事項別明細書
(2) 実質収支に関する調書
(3) 財産に関する調書
(4) 会計年度における主要施策の成果説明書

の各書類の提出を義務づけられている（法二三三V、令一六六II）。

この中で(4)の主要施策の成果説明書は、前述した決算認定制度の本質的意義である行政効果の客観的判断のための資料として、提出されるものと理解できる。

さらに、議会は、以上の法令に基づく書類だけでなく、決算審査の意義を高めるため、必要な書類や資料の提出を要求すべきであり、一方、町村長としても決算審査をとおして、これからの行財政のあり方を考えるため、資料や書類の提出に積極的に協力すべきものである。

その資料としては、次のようなものが考えられる。

(1) 会計別決算総括表
(2) 前年度と比較した款別決算比較表
(3) 歳出決算の性質別分類表
(4) 経常一般財源に対する経常経費の割合（経常収支比率）調
(5) 地方債の現在高と公債費比率の動向調
(6) 不納欠損額の内容と理由に関する調
(7) 主要な収入未済額に関する調
(8) 補助金の成果等に関する調
(9) 不用額に関する調
(10) 主要工事の執行状況に関する調

なお、議会は提出された書類で審査を進めるものであり、証拠書類等を検閲することはできないので、検閲の必要性が予測されるときは、委員会付託と同時に、法第九八条の権限を委員会に委任しておくことが適当である。

六　決算審査の着眼点

決算審査に当たって、最も力点を置かなければならないことは、予算が議決した趣旨と目的に従って適正に、そして効率的に執行されたかどうか。それによってどのように行政効果が発揮できたか。それから見て、今後の行財政運営においてどのような改善工夫がなされるべきであるかということである。

もちろん、決算の審査であるから、計数に誤りはないかについても精査する必要がある。しかし、その点については監査委員が専門的立場で照査して、その意見書が添えてあるのであるから、その意見書を信頼して、参考にすることが望ましい。

以下、歳入、歳出に分けて具体的着眼点について述べることにする。

1　歳入の審査に当たって

歳入審査のポイントは、「収入確保の努力が十分なされて、その実績が上がっているか」ということである。予算額に比べて調定額は、どうであったか。その調定額に対して収入済額はどういう実績で、差引収入未済額がどうなっているか。さらに、収入未済額が出た原因と理由は何であるか。また、不納欠損額が出ている場合には、なぜ、不納欠損となったものか。執行当局が十分に徴収の努力をしたにもかかわらずやむを得なかったものなのか。反対に、努力が不十分であったといえるのか。よく見極めて判断をすべきものである。具体的には、

(一)　町村税の徴収がよくなされているか

税は、歳入における最も有力な財源であり、一方、住民からすれば義務として納入すべき公的負担である。したがって、滞納を生じているとすれば、期限までに納税した住民との間に重大な不公平を生ずることになる。

加えて、その年度の歳入に重大な歳入欠陥を生じ、財政運営に支障を来すことになる。

そこで、前年度から繰り越された滞納分の徴収実績ともあわせて十分検討されなければならない。特に、不納欠損については、一覧表を徴して必要に応じて個々のケ

ースごとに具体的に検討を加えるべきである。この場合、固有の氏名の表示は避けるなど、慎重な配慮が必要なことは、当然である。

㈡　補助金が確保されているか

国や県の補助金も歳入の中で大きなウエイトを占めているし、補助金を予算どおり確保できるかどうかが、その事業の執行と町村の財政運営全体に直接重大な影響を与えることになる。したがって、補助金が予算で見込んだとおり確保されているかが、歳入審査の大事な着眼点になる。

また、補助金は、過大に見積もりがちであるから、予算に計上したとおり確保できていない場合は、その原因と理由をただして、過大見積りではなかったか、また、補助金確保のための努力が十分に払われているか等について検討すべきである。

さらに、後述するように補助金が減少している場合は、それに伴う事業規模の調整が適正になされたかが検討されなければならない。

㈢　町村債が確保されているか

町村の歳入では、町村債もまた重要な財源である。町村債は、長期の借入資金であって、これを財源として建設的事業を行い、それを、その施設の使用料や将来の住民の負担によって返済していくものである。見込んだ町村債が、予定どおり確保できない場合は、事業規模を縮小したり、場合によっては、事業を中止すべきものもある。

したがって、予算には、確実な見込みを計上すべきであるし、計上した町村債の確保には、全力を挙げるべきである。

予算面では、一応、歳出との辻つまを合わせるために不確実な額を計上し、結果的に実際の事業規模を縮小するようなことがないとはいえない。そのようなことはなかったか。議会自体の予算審議のあり方への反省も含めて、十分検討しなければならない。

㈣　その他、収入確保の努力が十分であったか

(1)　財産売払い代

財産の売却を予定して歳入予算にその売却代金を計上していた場合、時価の変動をよく把握しながら一番有利な時期に有利な方法で売却しているか。

(2)　諸収入の預金利子

歳計現金の保管を「最も確実かつ有利な方法」で行い（法二三五の四、令一六八の六）、預金利子の確保の努力が十分であったか。財政規模類似の町村との比較もしながら、具体的な検討が必要である。

注）「最も確実かつ有利な方法」とは、通常は金融

機関に預金して安全に保管することであり、かつ、支払準備金に支障のないかぎり適時適正に預金による運用の利益を図ることであり、これを基本的な原則とする意味である。（昭三八・一二・一九自治省通知）

(3)　使用料

公の施設の使用料、特に、農業機械等の利用による使用料や行政財産の目的外使用による使用料が条例どおり徴収され、滞納はないか。また、十分利用されて予算に見込んでいたとおりの収入が確保されているか。

2　歳出の審査に当たって

歳出の審査のポイントは、支出が歳出予算の目的どおりに適法適正になされているか。そして、その成果が十分達成されたかどうかである。そのためには、後述するように「主要施策の成果説明書」を活用することはもちろん、必要な資料を要求して、あらゆる角度から具体的な検討をすべきである。一般的な着眼点としては、

㈠　支出が適法適正になされているか

歳出予算は、本来、目的別に支出可能な限度額を設定するものであるから、特別の事情の変更がない限り、議決どおり執行されるはずである。

一方、歳出予算執行に当たっては、執行計画を立て配当をして支出負担行為に基づいて支出命令が出され、個々の支出の段階になるのであるから、これらの手続きが適正になされているか、監査委員の意見書も参考にしながら確認する必要がある。

㈡　不用額は、妥当であるか

歳出予算執行の結果、必ず不用額を生ずる。この不用額を生ずる理由としては、

(1)　予算の目的は、十分達成しながら節約工夫によって生じたもの

(2)　予算議決の時点では予想されなかった情勢の変化（反対運動など）による事業規模の縮小や中止によるもの

(3)　予算そのものの過大見積もりによるもの

(4)　特別の理由もないのに、執行の時期を失ったことによるもの等、いろいろある。

どのような理由によって生じた不用額であるか。一定金額以上の不用額について、一覧表としての資料の提出を求めて総合的な検討も必要である。

要は、予算は、一〇〇%執行されたからよいというものではなくて、「最少の経費で最大の効果を挙げるべし

とする原則」（法二XIV）に則った効果的な執行が肝要であるとの認識に立って、不用額の妥当性が検討されるべきである。

㈢　**予算の流用が適正になされているか**

歳出予算のうち、款、項は議決科目であるから款、項ともに相互の流用は、禁止されている（法二二〇Ⅱ）が、各項の経費の金額は、予算の定めに従って流用できる。しかし、目、節は、行政科目、執行科目といわれ、町村長の権限で相互に流用できる。といっても、もともと節、目を積み上げて項、款の予算が議決されているのであるから、これをみだりに行うと議会の議決の趣旨に反し、議会の意思は無視されることになるから、必要最小限度の流用にとどめさせるべきである。

また、財務（会計）規則によって、人件費・物件費相互間の流用、旅費・職員手当のうち時間外勤務手当・交際費及び需用費のうち食糧費に対する増額流用は、原則として禁止されているのが通例であるから、これに反するものはないか。流用の理由は、真にやむを得ないものであったかについて検討が必要である。

㈣　**予備費の充用は、適正であるか**

予備費は、予算にない科目への支出はもちろん、科目はあっても予算で全然見積もられていない支出や、不足を来した科目に充てることができる（法二一七）。

しかし、①法令上支出してはならない費途に充てることができない。②議会が否決した費途、すなわち、修正議決によって削除した経費に充用することはできない。

注）「議会で予算金額から減額修正した費途に、不足を来した場合、予備費を充用しても違法ではない」との行政解釈があるが、議会の修正権との関連からみて、きわめて慎重になされるべきである。

また、予備費の充用も、予算の流用と同じく、交際費や食糧費等への充用を禁止しているのが通例であるから、そのような事例はないか、安易な予備費充用がなされていることはないか等、これからの予算編成や審議のあり方とも関連して、十分に検討されるべきである。

㈤　**補助金の効果があがっているか**

補助金は、予算審議の着眼点でも述べたとおり、産業振興や特定の事業の奨励や行政目的遂行のためなど、公益上の必要性に基づいて支出されるものであるから、その目的が十分達成され、効果があがっているかどうか検討して、次年度の補助金のあり方の参考にすべきである。

そのためには、一定の様式による資料の提出を求めて、それによる総合的な検討が必要である。

その場合の留意点は、

(1)　法令に違反した補助金はないか。
(2)　従来の惰性に流れ、今後減額なり、むしろ中止するのが適当なものはないか。
(3)　農業をはじめ産業振興や奨励のための補助金は、重点的、効率的に支出されているか。
(4)　補助を受けている団体の運営が、補助金のみに頼っていることはないか。
(5)　補助金支出の時期が適切であったか。
(6)　町村長が補助金支出の結果や成果を精算書等の書面によって確実に把握しているか。

㈥　その他の留意事項

以上のほか、次のような点に留意して審査がなされるべきである。

(1)　予算の執行がすべて計画的になされているか。
(2)　必要以上の支出や不要不急と思われる支出その他むだな支出はないか。
(3)　公共施設の整備が計画的に進められているか。
(4)　公の施設が十分活用されているか。管理は、適正になされているか。
(5)　幼児、高齢者、障がい者などに対する福祉対策が十分に効果をあげているか。
(6)　経常一般財源に占める人件費の割合や人件費の伸びがどうなっているか。
(7)　人件費が類似町村と比較してどうか。高いとすれば、その理由は何か。その対応策がたてられているか。
(8)　物件費の増加はどうか。節減の措置が的確にたてられて十分努力されているか。
(9)　事務の機械化、電算化の成果が期待したとおりにあがっているか。
(10)　補助事業の財源として見込んだ補助金や起債の収入額が減少した場合の歳出の調整、すなわち、事業規模の調整が適正になされているか。あまりに縮小し過ぎては事業の成果が期待できないことになり、反対に、当初のとおりの事業規模では、他の財源への影響がある。そのような観点から調整措置が妥当であったかどうか、個々具体的に検討されるべきである。
(11)　投資的経費の占める比率がどう伸びているか。
(12)　地方債の現在高がどうなっているか。

㈦　主要施策の成果説明書の活用

前述のとおり、町村長から決算に添えて「会計年度における主要施策の成果説明書」が提出されるので、その検討も大事である。

この成果説明書の様式は、法令上定められていないので、各町村それぞれの様式と内容で提出される。議会としては、説明を受け、質疑もして決算審査の主眼である行政効果の客観的判断と、これによる反省なり、改善事項のまとめに十分活かすべきものである。

なお、「成果」とは、予算執行の単なる実績、データではなくて、施策の実現を目指して措置された予算執行によって成し遂げた効果であることに着目して、決算審査のしめくくりにこの説明書を大いに活用したいものである。

(八)　「財産に関する調書」の検討

決算に添付される附属書類に、「財産に関する調書」がある。この調書が決算とともに議会に提出される理由をまず理解すべきである。

それは、決算が単なる「歳入歳出決算」であって、各町村の一年間の財政活動の結果を単純に金銭収支の面からのみ捉らえているに過ぎない。しかし、近代的財務会計制度から見れば、金銭収支に財産、物品、債権、債務を含めた総合的、有機的決算制度に改めるべきであるとの考え方に立って、決算と併せて財産の動きを見るために、この財産調書が添付されるものである。

したがって、この趣旨をよく理解して、わが町村の財産が「公有財産、物品、債権及び基金」に分類してそれ

（参考）　地方自治法上の財産の分類（法237Ⅰ）

財産
- 1．公有財産（法238）
  - 行政財産（法238の4）
    - 公用財産（庁舎・議事堂・消防車庫）
    - 公共用財産（学校・公民館・公園・診療所等の敷地・建物）
    - 予定公物（上記の予定地、予定建物）
  - 普通財産（法238の5）……行政財産以外の公有財産
- 2．物　　品（法239）
- 3．債　　権（法240）……金銭の給付を目的とする地方公共団体の権利
- 4．基　　金（法241）
  - (1)　特定の目的のために財産を維持するもの（○○学校林基金、……）
  - (2)　特定の目的のために資金を積立てるもの（財政調整基金、庁舎建設基金、……）
  - (3)　特定の目的のために定額の資金を運用するもの（土地開発基金、○○貸付基金、……）

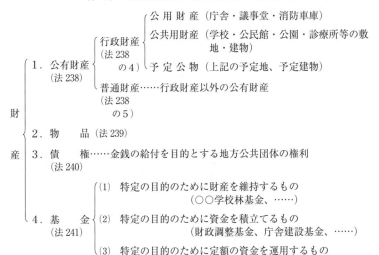

ぞれどのような増減があって、年度末どのような実態であるか、金銭収支と併せた財政活動の動きと成果を決算とこの財産調書によって総合的にとらえて確認し、理解し、批判し指導をする次元の高い決算審査をしたいものである。

㈨　定額資金運用基金の運用状況審査

一方、法第二四一条第五項の規定によって、定額の資金を運用するための基金（前頁財産分類表4の⑶の基金）について、その年度の運用の実績を示す書類が議会に決算書類と併せて提出される。

監査委員の意見が付けられているから、その意見を参考にして、基金それぞれの目的に従って適正かつ効率的に運用されているか。そして、基金本来の目的を十分達成しているか、運用が不十分であるならば原因は何か等について検討し、議論をして、今後、改善の必要があれば是正改善の方向を明確にすべきである。

㈩　財政運営の適否の判断

決算審査におけるしめくくりは、決算年度における財政運営が適正であったかどうかの総合的判断である。通常、監査委員の意見書にその判断が示されていると思われるので、それも参考にしながら、議会としての意見を集約して今後の財政運営の改善と健全化に資することが

財政運営の適否の総合的判断の仕方

3つの視点	考　え　方
①計　画　性	㈠赤字財政は問題外（無計画が原因） ㈡黒字財政でも適度の剰余金が望ましい（会計年度独立の原則）
②弾　力　性	人件費・扶助費・公債費等義務的経費を支出して、なお経常一般財源に余裕があるか。財政構造の弾力性の確保が十分図られているか。
③積　極　性	財源の把握に努め、積極的、意欲的に諸般の事務・事業を推進しようとする姿勢の財政運営であったか。 その結果、公共施設の整備や行政水準の向上が図られたか。

大事である。

ところで、財政運営の適否を総合的に判断するカギは、一般的に、次の三つであるとされている。

(1)　収支の均衡がとれた、堅実にして計画的な財政運営であったか（計画性）

(2)　長期的視野に立って財政構造の弾力性確保のために、十分な配慮と努力がなされた財政運営であったか（弾力性）

(3)　行政本来の目的である高い行政サービスの提供に努め、行政水準の確保と維持とその向上を目指した、意欲と積極性に満ちた財政運営であったか（積極性）

したがって、この三つの視点（計画性、弾力性、積極性）に立って検討し議論することが必要である。具体的には、前頁の「財政運営の適否の総合的判断の仕方」の表の考え方、判断指数等を参考にして結論を出せばよい。

㈩　仕事の出来高と出来具合

よく「予算には、真剣に取り組む議会が、決算は、それほど重要視したがらない風潮がある」と言われてきた。税金の使い方を決める予算議決と、その使われた結果を予算に照らして検討して、今後に役立てる決算審査が両々相まって、議会の大事な財政監視責任が全うできるわけである。

そして、特に重要なことは、「金をいくら使ったか」ではなくて、「住民のためにどのような仕事をしたか。その仕事の出来高と出来具合をみる」ことが主眼であることを十分理解しての決算審査でありたい。

㈪　地方公共団体の財政の健全化に関する法律

(1)　地方公共団体の財政の健全化に関する法律の成立

一部の自治体の財政が悪化したにもかかわらず、従前の制度下では事態が深刻化するまでその全容が明らかにならなかった。こうした事例に対応するため、地方公共団体の財政状況を統一的な指標で明らかにし、財政の健全化や再生が必要な場合に迅速な対応を取るための「地方公共団体の財政の健全化に関する法律」（平成一九年法律第九四号）が、平成一九年六月二二日に公布された。

健全化判断比率及び資金不足比率の公表に関する規定は、平成二〇年四月一日から施行しており、平成一九年度の決算に基づく健全化判断比率等から公表されることとなった。

また、財政健全化計画などの策定義務など、そのほかの規定は、平成二一年四月一日に施行され、平成二〇年度以降の決算に基づいて適用されている。

法律で政省令事項とされた財政指標の算定方法の細目

や財政の早期健全化・再生の基準等については、「地方公共団体の財政の健全化に関する法律施行令」（平成一九年政令第三九七号）及び「地方公共団体の財政の健全化に関する法律施行規則」（平成二〇年総務省令第八号）などにより定められている。

(2)　健全化判断比率

健全化法においては、地方公共団体（都道府県、市町村及び特別区）の財政状況を客観的に表し、財政の早期健全化や再生の必要性を判断するためのものとして、以下の四つの財政指標を「健全化判断比率」として定めている。

①　実質赤字比率　地方公共団体の最も主要な会計である「一般会計」等に生じている赤字の大きさを、その地方公共団体の財政規模に対する割合で表したもの。

②　連結実質赤字比率　公立病院や下水道など公営企業を含む「地方公共団体の全会計」に生じている赤字の大きさを、財政規模に対する割合で表したもの。

③　実質公債費比率　地方公共団体の借入金（地方債）の返済額（公債費）の大きさを、その地方公共団体の財政規模に対する割合で表したもの。

④　将来負担比率　地方公共団体の借入金（地方債）など現在抱えている負債の大きさを、その地方公共団体の財政規模に対する割合で表したもの。

(3)　資金不足比率

資金不足比率は、公立病院や下水道などの公営企業の資金不足を、公営企業の事業規模である料金収入等の規模と比較して指標化し、経営状態の悪化の度合いを示すものである。

公営企業は必要な費用を自身の料金収入によって賄わなければならないので（独立採算の原則）、公営企業会計の赤字や借金が大きくなって一般会計に大きな影響を及ぼさないよう、個々の収支（企業の経営状況）を事前にチェックしている。

(4)　監査委員の審査と議会への報告、公表

地方公共団体は、毎年度、前年度の決算に基づく健全化判断比率をその算定資料とともに監査委員の審査に付した上で議会に報告し、公表することとされている。

また、公営企業を経営する地方公共団体は、毎年度、公営企業ごとに資金不足比率を監査委員の審査に付した上で議会に報告し、公表することとされている。

地方公共団体は、公表した健全化判断比率を、速やかに、都道府県・政令指定都市については総務大臣に、指定都市を除く市町村・特別区については都道府県知事に

報告しなければならず、この場合、当該報告を受けた都道府県知事は、速やかに、当該健全化判断比率を総務大臣に報告しなければならない。都道府県知事・総務大臣は、毎年度、報告を取りまとめ、その概要を公表することとされている。

第四章　請願・陳情の審査

一　請願

1　請願の制度

憲法には、「何人も、損害の救済、公務員の罷免、法律、命令又は規則の制定、廃止又は改正その他の事項に関し、平穏に請願する権利を有し、何人も、かかる請願をしたためにいかなる差別待遇も受けない」（憲法一六）と規定して、請願権を国民の基本的権利の一つとして保障している。

この請願権は、国民の権利であるから、請願をしようとする者は、未成年者、成年被後見人たるを問わない。また、自然人はもちろん法人、外国人にも認められている。

請願の対象となる事項は、憲法で明定しているとおり、①国、地方公共団体等の公権力の行使によって受けた損害の救済、②公務員の罷免、③法律をはじめ政令、省令、訓令、職務命令、各種規則をはじめ地方公共団体の条例、規則の制定、改廃のほか、国、地方公共団体の事務に関するすべての事項が含まれる。

そして、地方自治法には、「議会に請願しようとする者は、議員の紹介により請願書を提出しなければならない」（法一二四）と規定されている。

このように、議会に請願の受理権を認めたのは、住民自治の立場から、住民の代表機関である議会に、請願を通して住民の意思を反映させ、議会の意思によって住民の願望である請願の趣旨の実現に努めさせるためである。

この請願制度は、歴史的に見ると、封建君主が持っていた絶対的権力によって侵害され、制約されていた人民の権利を救済する制度としてつくられ、今日に至っているものである。

2　請願の受理・取下げ

請願は、議会の開会中、閉会中を問わず、所定の要件を備えた請願書が提出されると、議長は、これを受理しなければならない。

議長が受理した後、所管の委員会に付託又は会議の議題とする前に請願を取り下げる場合は、議長の許可、委員会に付託又は会議の議題とした後は議会の許可を得なければならない。
この場合、請願者にその旨を通知する。

3　請願の紹介

議会に請願書を提出する場合には、議員の紹介がなければならない（法一二四）。紹介議員は、一人でもよく、請願書の表紙に署名又は記名押印しなければならない（標規八九Ⅱ）。

「紹介」とは、請願の内容に賛意を表し、議会への橋渡しをすることである。したがって、相反する内容の請願両方の紹介議員になったり、請願の内容に賛同できない議員が、その紹介議員となることは許されないのは、当然である。

紹介議員が紹介を取り消したい場合は、議長が所管の委員会に付託又は会議の議題となる前であれば議長の許可を得て取り消すことができ、委員会に付託後又は会議の議題となった後は、議会の許可を得て取消しができる（標規九〇Ⅰ）。しかしながら、紹介の取消しは、議員にとっては重大な問題であるから、特に慎重を期すべきである。

議会に請願書が提出され、議会の会議又は委員会で審議中に紹介議員が死亡し、紹介議員がいなくなった場合でも、議会はその請願を引き続き審査して差し支えない。その理由は、請願の紹介は、請願提出の手続き要件であって、請願としての資格を継続する要件ではないからである。

4　請願の委員会付託

議会における請願の審査は、請願が住民から提出される具体の要望であるという特殊性から、慎重を期するために、議長の職権によって請願文書表又は請願書の写し（受理番号及び受理年月日を記載した写し）の配布とともに、所管の常任委員会又は議会運営委員会に付託するのを原則とする。ただし、例外として、会議の議題とした上で、常任委員会の所管に係るものは議会の議決で特別委員会に付託することができる（標規九二）。

しかし、請願の内容が急を要するものであるとか、その内容から見て結論が明白で議会全体に異論がないとみられるような場合には、委員会への付託を省略して、本会議で審議できる。

請願の審査には、通常、日時を要することから、議会の議決を経て閉会中の継続審査とする場合が多い。この場合、委員会の審査期間は、次の定例会までである。もし、この期間中に審査が終了しない場合には、委員会は、理由をつけて議長に申し出て、議決を得て、引き続き継続審査をすることができる。

また、請願の内容が二以上の委員会の所管に属する場合は、二以上の請願が提出されたものとみなして、それぞれの委員会に付託することになっている（標規九二Ⅲ）。

(一)　請願文書表の作成

請願は、紹介議員が表紙に署名又は記名押印して議長に提出される。そして、その形式や手続きが整っている限り、必ず受理される。

受理された請願は、原文のまま印刷して全議員に配布するのが本来の建前である。しかし、請願が多数にのぼることが考えられること等から、議長は、便宜上請願の要旨等を記載した「請願文書表」を作成して配布することになっている（標規九一Ⅰ本文規定）。しかし、審議の対象は、あくまで請願の原本であることはいうまでもない。

請願文書表には、請願の受理番号、請願者の住所及び氏名、請願の要旨、紹介議員の氏名並びに受理年月日を記載する（標規九一Ⅱ本文規定）。

なお、会議規則は、複写機の普及発達によって現実は、請願書の写しを配布している例が多いので、請願文書表にかえて、受理番号と受理年月日を記載した「請願書の写し」を配布する取扱いも示している（標規九一参考規定）。

これは、請願件数も少なく、請願書そのものを全議員が直接受け止めて審査することが望ましい町村議会の実態をふまえて、参考規定としているものである。

(二)　委員会の審査

委員会での審査は、審査日程に従って、まず、紹介議員から請願内容とその理由を聞いて、質疑、討論、表決の順序で行う。委員会は、審査のため必要があると認めるときは、紹介議員の説明を求めることができる。

紹介議員は、説明を求められた場合には、これに応じなければならない（標規九三）。紹介議員は、請願の趣旨や内容を説明し、委員の質疑に対し答弁しなければならない。

委員会は、審査の結果を「採択すべきもの」あるいは「不採択とすべきもの」に区分して議長に報告しなければならない（標規九四Ⅰ）。そして委員会は、必要があると認めるときは、意見を付けることができる（標規九四Ⅱ）。

この意見とは、採択の場合は、その処理に当たって執行機関において配慮し努力されるべき事項等に関する委員会の意見であり、不採択の場合には、そのような結論に達した理由等である。

請願の審査に当たって、条例や予算や意見書等のように「修正」することができないのはもちろんである。また、内容が複雑で結論を出しかねる場合には、継続審査の手続きがとられることになる。もし、その手続きをとらないで会期が終了すれば、結果として審議未了廃案となる。

請願の採択に当たっては、法令上の基準はないので、委員会の自主的判断によるが、一般的には、「願意が妥当であるか」、次に、「実現の可能性があるか」、さらに、「町村の権限、議会の権限事項に属する事項であるか」等が、その判断の基準とされている。

「願意の妥当性」とは、法令上あるいは公益上の見地から見て合理的なものをいい、また、「実現の可能性」とは、その緊急性や重要性及び財政事情などから見て、ごく近い将来、実現の可能性のあるものをいい、厳格に解釈しなければならない。

したがって、願意が妥当性を欠き、実現の可能性のないもの、あるいは、町村行政なり議会の権限に属しない事項にかかるものは、不採択とするほかかない。

請願は、請願者の要望に対し、議会が賛成あるいは反対の意を表明して、採択か、不採択かを決するのであるから、請願が数項目の内容からなるときは、その中で別項目として分けられない不離一体のものを除いて、「一部採択」、たとえば、四項目のうち二項目については採択するという方法もとることができる（運基126）。

また、請願と同一趣旨の議案が提出された場合は、議会はこれを先に審議して議会意思を決定した後に請願について判断するのが通例である。

この場合、衆議院の取扱いにならって、「一事不再議の原則」に従って、地方議会でも「みなし採択」又は「みなし不採択」の取扱いをしている例もある。一方、請願は、住民から提出されるものであって、直接的に「一事不再議の原則」は適用されないという見解に立って、会議に諮り「採択」、「不採択」の決定をしている例もある。いずれにしても、議会の意思が相反することにならないよう留意すべきである。

「町村議会の運営に関する基準」では、議案に関連する請願については、その議案が可決又は否決されたときは、「みなし採択（不採択）」とする（運基124）として、前者の取扱いを示している。

また、同一会期中において、請願がすでに議決した請願の内容と同一のものについては、「みなし採択」又は

「みなし不採択」として取り扱う。ただし、必要がある場合は、議決することができる（運基125）。

㈢　委員会の審査報告

委員会は、審査の結果を「採択すべきもの」と「不採択とすべきもの」に区分して議長に報告しなければならない。そして、必要があると認めるときは、意見を付けることができる（標規九四ⅠⅡ）。この報告書は、議会における審査の重要な参考となるものであるから、意見を明確に表現して作成するよう努めるべきである。

次に、委員長が、委員会における審査の経過と結果を本会議に報告するに当たっては、①審査の月日、②紹介議員又は当局の出席者とその説明、③主なる質疑と答弁、④現地確認の状況、⑤討論、⑥少数意見、関係執行機関への送付、処理の経過・結果の報告の請求等について報告することになる。

委員長の報告に対し質疑があるときは、質疑が許される（標規四三）。委員長の報告は、その審査の経過と結果を客観的に報告する立場にあるので、委員長が仮に反対であったとしても、自己の意見を述べることはできない。

5　臨時会での取扱い

一般的に、請願は、定例会において処理することが多いが、緊急性がある請願については臨時会において取り扱うことができる。この場合には、議長から町村長に対し付議事件としての告示を依頼し、告示をした上で臨時会で取り扱うことになる。

臨時会の開会中に提出された請願で、その内容が急を要すると認められるものは、あらかじめ告示されていなくても緊急を要する事件として付議することができる（法一〇二Ⅵ）。緊急を要する事件であるか否かの認定は、議会が行うことになるが、その内容が通常の常識からみて、緊急を要するという客観性と具体的事情がなければならない。もし、この認定に客観性がない場合には、違法性を免れないことになる。

6　執行機関への送付

議会は、採択した請願で町村長その他の関係執行機関において措置することが適当と認めるものは、これらの者に送付する。この場合、その処理の経過と結果の報告を請求することができる（法一二五、標規九四Ⅲ）。

議会から送付を受けた町村長その他の関係執行機関は、

議会の意思を尊重し、誠意をもって措置し、議会からその処理の経過と結果の報告を請求されているときは、報告しなければならない。

なお、「みなし採択」とされた請願で、町村長その他の執行機関に送付する必要があると認めるものは、これを送付して所要の措置をとらなければならない。

7　採択した請願の効力

「請願の採択」とは、議会が請願内容に賛成であるという意思表示であるが、その願意の実現について法律上は何らの保障規定がない。しかし、採択した以上、議会は、その実現について最善の努力をすべき政治的・道義的責任を負うことになるものである。

8　権限外の事項と意見書の取扱い

最近、住民の政治に対する関心の高まりに伴って、議会に対する請願の数も多くなり、また、その内容も複雑となっている。特に、各種団体等から政府等に意見書を提出されたいとの請願も多数に上っている。中には、国の外交に関することや、町村の権限外のものまで含まれる傾向にある。こうした動向に対し、特に、町村の権限外である外交問題に関する意見書を提出されたいという請願を採択することは一般的に好ましくないとされているので、慎重な配慮が必要である。

しかし、請願等の内容が、広く社会一般の福祉と利益に関連があり、かつ、住民の関心が高いものについては、法定受託事務であろうと、自治事務であろうと、公益に関する事件として認められる限り、その請願を採択し、その趣旨の実現を図るため、意見書を議決して、国会又は関係行政庁に提出することができる（法九九）。もちろん、この意見書の議決に当たって、議会は、具体的にその町村における公益上の必要性の有無について自主的に判断し、慎重に取り扱うべきであることは当然である。

9　請願取扱上の留意点

(一)　安易に紹介議員になることがないか

「紹介議員」とは、請願内容に賛意を表し、請願者と議会との橋渡しの役をする者であるから、その内容に賛意を表する者でない限り、紹介議員になるべきでないことは、前述のとおりである。

一方、住民は、その請願の実現を図りたいばかりに、できるだけ多数の議員の紹介を求めようとする傾向が強い。したがって、不本意ながら紹介議員にさせられる事例があるので、慎重を期したいものである。

㈡　議会の自主的判断がなされているか

請願の採択基準は、前述したとおり、願意の妥当性と実現の可能性とされている。請願の審査に当たって、執行機関の意見を尊重するあまり、議会の自主性を失ってはならない。請願の審査は、議会の権限であり、執行機関の意見はあくまで参考に過ぎないものであるから、これに拘束されることなく、議会が自主的に判断し結論を出すべきである。

㈢　総花式に採択していないか

議員は、住民の代表者という立場から、よほど不合理な点でもない限り、請願に賛同せざるを得ない立場に追い込まれがちである。また、請願者等の立場や紹介議員の面子を考え、その内容の実現性に相当の困難があっても、採択の方向に妥協させられる傾向がないでもない。

一方、請願者自体も採択の通知を受けると、直ちに問題が解決し実現するものと誤解することがあり、結果的には相当期間経過しても実現せず、かえって、議会の責任を追及されて不信を買うことにもなる。

請願の採択に当たっては、議員同士の体面とか、義理といったものにとらわれず、実現まで相当の期間を要し、困難と認められるものについては「不採択」と割り切り、総花式に採択することのないよう、慎重であることが、最終的には、住民の信頼を得ることになることをよく理解すべきである。

㈣　請願の処理の経過と結果の確認

採択された請願は、必要に応じてそれぞれの関係のある執行機関に送付され、処理されることになる。この処理の経過及び結果については、慎重な確認を行い、速やかな実現に努力しなければならないが、これらの確認が往々にしておろそかになりがちである。

議会の責任は、請願を採択したことによって終わるものではなく、住民の要望にこたえて、その実現を図ることにある。したがって、少なくとも年二回程度は、採択した請願の処理状況と結果の報告を求めて検討し、必要な措置を講じて、最後まで請願者に対して責任をとるべきものである。

二　陳情その他

陳情は、特定の事項についての利害関係を有する住民が、官公署にその実情を訴え、当局の適切な措置を要望する行為であるが、請願権が憲法で保障されているのと違って、陳情は法的保護を受けるものではない。したがって、陳情を受けた当局側も、これに回答し、その処理の結果について報告する法律上の義務はない。

陳情は、文書で提出され、その内容も請願と何ら異なる点はないが、紹介議員の紹介によって提出されることが異なる点である。

この陳情に類するものに、嘆願書・要望書・決議書・意見書・要請書・お願いなどがある。

これらの取扱いについては「陳情書又はこれに類するもので議長が必要があると認めるものは、請願書の例により処理するものとする」（標規九五）とされ、議長の権限で処理することとされているが、現実には、それぞれの議会の慣例によって、取扱いの方針や要領が決められており、必ずしも一様ではない。

運営基準では「陳情書又はこれに類するもので、議長が必要と認めるものは、請願書の例により処理し、請願書の例により処理する必要がないと認めるものについては、議会運営委員会に諮って、その写し、又は、その要旨を印刷し、議員に配布する」（運基128）としている。

陳情以外の要望書などの取扱いについては、各議会における取扱いの要領を明確にして、統一的処理をすることが望ましい。

次に、採択された陳情についても、請願同様必要に応じて、関係の執行機関に送付して、その処理の経過と結果について報告を受けるなどして、議会全体で関心を持ち、その処理状況を確認して、必要な措置を講じて、住民に対する政治的責任を果たすことが必要である。

また、議会での議決結果、執行機関等の措置状況等については、請願・陳情者に報告を行う等、住民の要望を受けた議会としても、これを誠実に処理することが望ましい。

第四編　事務の検査等の実際

第一章　事務の検査

事務の検査（法九八Ｉ）は、①書類及び計算書の検閲②町村長その他の執行機関に対する報告の請求の二つの方法のいずれか、又は併用して行われるものである。たとえば、補助金の支給事務について問題があって検査するとすれば、まず「書類・計算書」としては、補助金交付要綱、補助金交付申請書、指令書、支出命令書、証憑書類や補助金精算報告関係書類等が考えられ、「報告」としては、町村長等に要求して提出させる補助金交付事務に関する報告書などがこれに当たる。これらについてどの程度まで提出を求めるかは、議会が個々具体的に決めるものである。

1　検査の方法

検査権は、議会に与えられた権限であるから、その行使のためには、議会がその範囲と方法を議決しなければならない。この議決によって、書類、報告書の提出を要求された町村長等は、それを提出する義務を負う。しかし、議員個人には検査権は与えられていないから、議員が役場に出向いて個々の書類や計算書の提出を要求しても、町村長等は、これに応ずる法律上の義務はない。議員として心得ておくべきことである。

検査の方法としては、①議員全員によって本会議で行う方法、②特別委員会や常任委員会に付託して行い、その結果を本会議に報告させる方法があるが、通常多くとられる方法は、委員会に委任して行う方法である。

これは、本会議で行うとすれば、その活動が会期中に限定されて、時間的制約を受けるだけでなく、発言も会議規則にしばられる関係上、徹底した検査は事実上不可能であるからである。その点、委員会に付託して行うと、本会議の形式的検閲と違って書類や計算書や報告書の内容まで専門的立場から深く立ち入って検討を加えることができ、必要に応じて閉会中も継続して検査ができて、結果的に検査が徹底して、その目的を十分達成できるからである。

2　議決の仕方

まず、検査を行う旨の議決の仕方であるが、決議案を議員又は委員会から発議して議決することになる。議員提出決議案の例を示すと、次頁のとおりである。

なお、以上の方法をとらずに、本会議の場で動議とし

〔例〕**事務検査に関する決議案の提出文**（議員発議）

〔発議第○号〕

年　　月　　日

○○町(村)議会議長　　　　　　殿

提出者　○○町(村)議会議員
賛成者　同　　　　上
（所定数以上の者の連署）

事務検査に関する決議案

上記の議案を、別紙のとおり会議規則第14条第1項及び第2項の規定により提出します。

〔例〕**事務検査に関する決議**（法98 Ⅰ）

事務検査に関する決議

地方自治法第98条第1項の規定により、次のとおり事務の検査を行うものとする。

記

1　検査事項
　(1)　○○○○に関する事項
　(2)　△△△△に関する事項
2　検査方法
　(1)　関係書類及び○○の提出（報告書の提出）を求める。
　(2)　検査は地方自治法第109条及び委員会条例第5条の規定により委員○人で構成する○○特別委員会を設置し、これに付託して行う。
3　検査権限
　本議会は1に掲げる事項の検査を行うため、地方自治法第98条第1項の権限を○○特別委員会に委任する。
4　検査期限
　○○特別委員会は1に掲げる検査が終了するまで閉会中もなお検査を行うことができる。

（理由）

（注）　1　会期中に検査が終了する見込みの場合は、4は必要ない。
　　　2　「決議」によらず、文書による「動議」でもよい。
　　　3　検査は、常任委員会に付託して行ってもよい。

て出す方法も考えられるが、口頭による動議では、その趣旨が徹底しないことから、前頁のような内容の決議案を出して議決する取扱いが望ましい。

3　書類等の要求の仕方

関係の書類等の提出を町村長等に要求するには、委員会の決定に基づいて、委員長から議長を経て、下欄のような議長名の公文書で要求することになる。

4　検査の留意事項

検査権の行使に関連して留意すべき事項は、まず、議会の検査は、あくまで書面による検査であって、実地検査は許されないことである。たとえば、工事の執行状況を検査するに当たって、工事現場に出向いて直接工事を検査したり、施設の内部構造の破壊検査をするとか、補助金に関連して補助事業の現地検査をするようなことは許されない。どうしても実地検査の必要があれば、次に述べる監査委員に対する監査の請求によって処理することになる。

次に留意すべき事項は、地方公共団体の秘密に属する事項及び個人、各種団体等の秘密に属する事項についての検査の取扱いである。前述のとおり、元来、議会に与

〔例〕事務検査（法 98 Ⅰ）
（関係書類の提出要求）

文　書　番　号
年　　月　　日

（執行機関）　　　　殿

○○町（村）議会議長

事務検査について

令和○年第○回／○　月○○町（村）議会定例会／臨時会の○月○日の会議において、次の事項について地方自治法第 98 条第 1 項の規定により事務の検査を行うことを議決したので、○月○日までに関係書類及び計算書（並びに報告書）の提出を求めます。

記

1　検査事項
　○○○○に関する事項
2　提出書類及び計算書（並びに報告書）
　(1)　……………………
　(2)　……………………

えられている検査権が、議会の監視機能を発揮させて、その町村の事務処理の適正を期することにあることから、秘密事項にまで無制限に及ぶと解することはできないと言わざるを得ない。たとえば、職員に対する給与事務の検査に当たっては、個々の職員の給料額は、そのことの性質上、個人のプライバシーに属する事項であるから、個々の職員の氏名の表示・確認等は避けてＡ・Ｂ・Ｃ等の記号を使用するのが適当であり、特に、慎重な配慮が望ましいとされている。

5　検査結果の取扱い

検査の結果が、委員会報告書の提出ののち委員長から本会議で報告された場合、それだけでは、何ら法的効果をもたらすことにはならない。もともと、検査の目的は、町村の事務処理の適正を図ることにあるのであるから、議会が今後行う予算・条例などの審議や調査活動そして監視活動に反映させるべきものである。

しかし、委員長報告の内容からして、執行機関に対して何らかの措置を要請する必要がある場合には、「決議」として議会の意思を明らかにして事務処理の是正を要求することになり、また問題いかんによっては、不信任議決その他の方法で町村長等の政治責任を追及して、執行機関に対する監視機能を十分に発揮し、議会としての責任を果たすことになる。

第二章　監査の請求

1　議決の仕方

議会の監査請求（法九八Ⅱ）も、個々の議員に与えられた権限ではなく、議会に与えられた権限であるから、その行使に当たっては、議会がその旨議決しなければならない。その議決の方法は、前章、検査権の発動と同様、議員又は委員会から決議案を発議して、これを議決することになる。議員提出決議案の例を示すと、下欄のとおりである。

なお、本会議の席で動議として出す方法も考えられるが、全議員に内容を正確に徹底させるため、このような決議案を出して議決を求める取扱いが望ましい。

本会議で議員提出による決議案の取扱い例を示すと次のとおりである。

〔例〕監査請求に関する決議

○議長　ただいま、○○○○君ほか○人から、「○○○○の監査請求に関する決議」が提出されました。

「○○○○の監査請求に関する決議」を日程に追

〔例〕監査請求に関する決議案提出文（議員発議）

〔発議第○号〕

年　　月　　日

○○町（村）議会議長　　　　　　殿

提出者　○○町（村）議会議員

賛成者　同　　　　上

（所定数以上の者の連署）

監査請求に関する決議案

上記の議案を、別紙のとおり会議規則第14条第1項及び第2項の規定により提出します。

加し、追加日程第○として、（日程の順序を変更し、直ちに）議題とすることについて採決します。

この採決は、起立によって行います。

この決議案を日程に追加し、追加日程第○として、（日程の順序を変更し、直ちに）議題とすることに賛成の方は、起立願います。

（賛成者起立）
○議長　起立多数／少数です。
（したがって）「○○○○の監査請求に関する決議」を日程に追加し、追加日程第○として、（日程の順序を変更し、直ちに）議題とすることは、可決されました／否決されました。

（可決された場合）
○議長　追加日程第○、「○○○○の監査請求に関する決議」を議題とします。
提出者の説明を求めます。
○○○○君。
（○○○○君説明）
○議長　これから質疑を行います。
（以下、質疑）
○議長　これから討論を行います。
（以下、討論）

○議長　これから「○○○○の監査請求に関する決議」を採決します。
この採決は、起立によって行います。

この決議のとおり決定することに賛成の方は、起立願います。

（賛成者起立）
○議長　起立多数／少数です。
（したがって）「○○○○の監査請求に関する決議」は、可決されました／否決されました。

注）「（日程の順序を変更し、直ちに）」とあるのは、日程の最初又は中途で議題とする場合に用いる。


また、報告期限については、監査委員の体制なり監査活動の状況などからみて、履行可能な期限を設定すべきである。

2　監査委員に対する請求

議決がなされたら、これに基づいて議長から次頁下欄の文書で監査委員に対する監査請求がなされる。この場合、監査請求事項を明確に示して、期限も具体的に示すことが大事である。

〔例〕**監査請求に関する決議**（法98 Ⅱ）

監査請求に関する決議

地方自治法第98条第2項の規定により、次のとおり監査委員に対し監査を求め、その結果の報告を請求するものとする。

記

1　監査を求める事項
　　○○○○○………
2　監査結果の報告期限
　　○年○月○日まで

(理由)

(注)　1　「監査を求める事項」は、具体的に内容を記載する。
　　　2　「決議」によらず、文書による「動議」でもよい。

〔例〕**監査委員に対する請求**（法98 Ⅱ）

文　書　番　号
年　　月　　日

○○町(村)代表監査委員　　　　　殿

○○町(村)議会議長

監査及び結果報告の請求について

令和○年（第○回／○　月）○○町(村)議会（定例会／臨時会）の○月○日の会議において、次の事項について地方自治法第98条第2項の規定により監査を求め、その結果について報告を請求することを議決したので、○月○日までに報告されるよう請求します。

記

1　○○○○に関する事項

2　△△△△に関する事項

なお、平成九年の法改正により、条例により監査委員の監査に代えて契約に基づき外部監査人の監査によることを請求することができることになった（法二五二の四〇）。

3　監査結果の取扱い

議会から、監査を請求された監査委員は、監査を実施して、その結果を議会に報告する義務を負う。その報告を受けた議長は、これを印刷して全議員に配布するとともに、会議に報告しなければならない。

その方法は、諸般の報告の中で取り扱う方法と独立した日程にかかげて取り扱う方法があるが、議会の議決による監査請求であり、町村の事務処理の問題点とその改善事項を究明したわけであるから、独立した日程にかかげて、監査委員の報告と説明を受け、必要があれば質疑を行うことが望ましい。

議会としては、その報告の内容をよく検討して、町村長や執行機関に何らかの是正措置を求める必要を認めたならば、決議として、議会の意思を明確にしてこれを申し入れるなり、その他の方法でその意思を表明することになる。

また、特別の措置をとらない場合でも、今後の議案審議や質問や調査や監視活動に役立てることになる。要は、どうすれば監査結果をその町村の行財政運営の改善と適正化のために活かして、議会に与えられた監視機能を発揮し、住民の福祉増進に寄与できるかということに着目して、適切な措置をとるべきである。

なお、平成九年の法改正により、監査の結果に関する報告の提出を受けた議会が、その監査の結果に基づき、又はその監査の結果を参考として報告に基づいて措置を講じたときは、監査委員に通知し、監査委員はその旨を公表しなければならないこととされた（法一九九XIV）。

第三章　意見書の提出

1　議案提出の仕方

町村の公益に関する事件について国会又は関係行政庁に対して意見書を提出する権限は、議会の権限であるから、意見書の提出を発議するのは、議員又は委員会である。

したがって、次頁の様式によって、議員提出の場合は所定の賛成者とともに連署して、委員会提出の場合は委員長名をもって議長に提出しなければならない。

注）平成一二年の法改正により、地方自治法の一部が改正され、意見書の提出先に「国会」が追加された。

2　処理の仕方

議長は、意見書案が提出されたら、議事日程にかかげて議題に供し、提出者である議員又は委員長が提案理由や内容について説明し、質疑・討論を行い、採決に入る。よく提案者が意見書を朗読している例があるが、会議規則上は、朗読するのは事務局長か書記であり、しかも議長が必要と認めた場合だけである。また、意見書の内容が明確なものについては、説明は行わないのが通例である（運基58）。可決されたら議長から国会又は関係行政庁に送付又は直接持参して提出される。

意見書の提出を受けた国会又は行政庁は、これに対して回答したり、そのとおり措置しなければならない法律上の義務はないが、これを受理して、誠意をもって処理する責任を有するものである。

3　意見書の活用

ここで、付記しておきたいことは、情報化社会の進展に伴い住民意識の高揚や住民運動が活発化する傾向からみて、町村議会においても、住民世論や行政需要を先取りする政策活動の必要性が痛感されるので、その対応の一つとして意見書提出権の積極的活用を今一度考えてみたいということである。

住民世論の動向に常に関心を持ち、それを先取りする形で、法律に根拠のあるものとしては意見書、事実上のものとしては決議として、議会の政策上の意思を決定し、国会又はその権限を有する行政機関に送付又は提出して、その実現を目指すことはきわめて大事なことである。そのための唯一の法的手段が意見書の提出であるからである。

〔例〕議員発議の意見書の提出文（議員）（法 99）

〔発議第○号〕

年　　月　　日

○○町(村)議会議長　　　　　　殿

提出者　○○町(村)議会議員
賛成者　同　　　　上
（所定数以上の者の連署）

○○○○に関する意見書案

上記の議案を、別紙のとおり会議規則第14条第1項及び第2項の規定により提出します。

〔例〕委員会発議の意見書の提出文（委員会）（法 99）

〔発委第○号〕

年　　月　　日

○○町(村)議会議長　　　　　　殿

提出者　○○委員長

○○○○○に関する意見書案

上記の議案を、別紙のとおり会議規則第14条第3項の規定により提出します。

別紙　**意見書及び決議**

○○○○に関する意見書

　○○○○は、--

--速やかに実現されるよう強く要望する。

　以上、地方自治法第 99 条の規定により意見書を提出する。

　　年　　月　　日

○○○○
○○○○ あて

○○県○○町（村）議会

　特に、最近各種団体から政府等に対する政策提言に関する意見書の提出の要請が町村議会に対しても頻繁になされ、その取扱いに苦慮する場面が見受けられる。これは、町村議会に対する真剣な要請であるから、大所高所から住民の立場に立って、客観的にみて、わが町・わが村の社会公共の利益に関する事項であるかどうかを検討して処理すべきであることは論をまたない。そして、さらに、他団体から要請されて意見書を提出するだけでなく、むしろ、議会自らの政策活動としてわが町・わが村独自の問題を取り上げて積極的、自発的に意見書提出を行う活動が望まれる。そのためには、意見書提出権に対する議員個々の一層の関心とその発案の努力に期待するのはもちろんであるが、常任委員会の固有の権限である所管事務調査の結果を意見書提出活動に結びつける努力が、さらに期待されるところである。

第四章　一〇〇条調査

　ここでいう調査とは、法第一〇〇条に規定されるいわゆる「一〇〇条調査」である。この調査権も議会に与えられたものであるから、これを行使するには、議会が議決をしなければならない。

　ところで、調査するとしても検査権と同様、本会議での議員全員による調査では、いろいろな制約や不都合もあることから、特別委員会なり、常任委員会に付託して行うのが一般的である。

1　議決の仕方

　議決は、決議案・動議いずれによってもよいが、調査の範囲や方法、その経費など詳細にわたって明確にする必要があることから、やはり文書による決議案の形で行うのが望ましい。ここでは、特別委員会を設置して、これに付託して行う場合の決議案の標準様式を示すと、下欄のとおりで、議長への提出文を添付して提出しなければならない。

　決議が提出されると、議長はこれを会議に諮ることに

〔例〕事務調査に関する決議（法100 Ⅰ）

○○○○の調査に関する決議

　地方自治法第100条第1項の規定により、次のとおり○○○○の事務に関する調査を行うものとする。

記

1　調査事項

(1)　○○○○に関する事項

(2)　△△△△に関する事項

2　特別委員会の設置

　本調査は、地方自治法第109条及び委員会条例第5条の規定により委員○人で構成する○○調査特別委員会を設置し、これに付託して行う。

3　調査権限

　本議会は、1に掲げる事項の調査を行うため、地方自治法第100条第1項（及び同法第98条第1項）の権限を○○調査特別委員会に委任する。

4　調査期限

　○○調査特別委員会は、1に掲げる調査が終了するまで閉会中もなお調査を行うことができる。

5　調査経費

　本調査に要する経費は、○円以内とする。

（理由）

なるが、その口述例は次のとおりである。

〔例〕調査に関する決議

○議長　ただいま、○○○○君ほか○人から、「○○○○○の調査に関する決議」が提出されました。
「○○○○の調査に関する決議」を日程に追加し、追加日程第○として、（日程の順序を変更し、直ちに）議題とすることについて採決します。
この採決は、起立によって行います。
この決議案を日程に追加し、追加日程第○として、（日程の順序を変更し、直ちに）議題とすることに賛成の方は、起立願います。

（賛成者起立）

○議長　起立多数／少数です。
（したがって）「○○○○の調査に関する決議」を日程に追加し、追加日程第○として、（日程の順序を変更し、直ちに）議題とすることは、可決されました／否決されました。

（可決された場合）

○議長　追加日程第○、「○○○○の調査に関する決議」を議題とします。
提出者の説明を求めます。
○○○○君。

（○○○○君説明）

○議長　これから質疑を行います。

（以下、質疑）

○議長　これから討論を行います。

（以下、討論）

○議長　これから「○○○○の調査に関する決議」を採決します。
この採決は、起立によって行います。
この決議のとおり決定することに賛成の方は、起立願います。

（賛成者起立）

○議長　起立多数／少数です。
（したがって）「○○○○の調査に関する決議」は、可決されました／否決されました。

注）「（日程の順序を変更し、直ちに）」とあるのは、日程の最初又は中途で議題とする場合に用いる。

2　調査の方法

調査の方法としては、選挙人その他の関係人の①出頭、②証言、③記録の提出の請求（法一〇〇Ⅰ）と、関係団体等に対する①照会、②記録の送付の請求（法一〇〇X）がある。

前述のとおり、前者には、民事訴訟法に関する規定中、証人の尋問に関する規定が大幅に準用され、強制力が与えられているが、実際の調査に当たっては、冒頭から必ず証人の尋問までしなければならないものではない。

ときには、文書で照会し回答を得て、それで目的を達することもあろうし、記録の提出を受けてそれで十分な場合もあろう。また、関係人を出頭させた場合でも、必ずしも証人として証言させなければならないものでもなく、説明を聞くだけで調査の目的を達することもあるわけで、強権を発動するか、発動するとしてもどの程度発動するかは、具体の事件ごとにもっぱら議会（委員会）の判断によるわけである。

実際問題として、議会が、このような調査権を発動する場合は、行財政上の重大な事件や特殊な政治問題等が発生した場合とか、あるいは決算その他重要な案件の審査をする場合などであろう。

たとえば、ある工事の請負契約締結に当たって入札事務に不正があったとか、あるいは工事の施工に落度があって適正でなかったとかで、住民の間で政治問題化したような場合などが考えられる。工事関係の調査の場合は、工事請負業者はもちろん、契約担当職員その他関係職員、他の関係業者などを必要に応じて出頭させて証言などさせることになろう。この権限の具体的行使に当たっては、慎重を期すべきはもちろんであるが、せっかく、議会に与えられた権限であるから、必要な場合は、ためらうことなく適時適切に発動し、事件の真相を徹底究明する気構えを持ちたいものである。

言うまでもなく、議会に調査権が与えられているのは、執行機関が住民の福祉増進のため適正な事務処理をしているか、その実態や真相を把握して、もし、違法や不適正な事実があれば、その原因を究明して、それを是正、改善する方策は何であるかを見出して、是正、改善させる。そして必要に応じて責任の所在を明確にして将来を戒め、議会の監視機能と政策機能の発揮に万全を期するためであることを十分理解しなければならない。

3　証人出頭要求などの手続き

ところで、証人として関係人に出頭、証言などを求める場合は、委員会の決定に基づいて委員長から議長に申し出て（標規七二）、議長名で関係人に要求することになる。

その様式を示すと、次頁のとおりである。

〔例〕証人出頭/記録提出の請求（法 100 Ⅰ）

文　書　番　号
年　　月　　日

（選挙人その他の関係人）　　　　殿

○○町（村）議会議長　　㊞

証人出頭/記録提出請求書

本議会は、○○に関する調査のため、地方自治法第 100 条第 1 項の規定により、次により証人としてあなたの出頭/記録の提出を求めることになったので出頭/提出されるよう請求します。

なお、正当な理由がなく出頭せず又は証言を拒む/記録を提出しない場合は、地方自治法第 100 条第 3 項の規定により、6 ヵ月以下の禁錮又は 10 万円以下の罰金に処せられることがあるので注意します。

当日は費用を弁償しますので、印鑑をご持参ください。

記

（証人）	（記録）
1　証言を求める事件	1　提出を求める事件
2　証言を求める事項	2　提出を求める記録
3　出頭を求める日時及び場所	3　提出期限

（注）1　費用（交通費）の弁償における印鑑の持参については、それぞれの団体の取扱いによる。

2　「禁錮」については、令和四年六月の刑法等の一部改正により「懲役」とともに廃止し、「拘禁刑」に一元化される。法の施行は公布の日（令和四年六月一七日）から三年以内。

関係人が正当な理由がないのに出頭を拒んだり、記録の提出に応じないときは、前述のとおり、相当の刑罰を受けることになる。

さらに、証言を行う場合にも、民事訴訟法の規定に準じた手続きをとることになっており、正当な理由がないのに証言を拒んだり、虚偽の陳述をしたときは、同様の刑罰に処せられることになる（法一〇〇ⅡⅢ）。また、出頭を命ぜられた者が、公務員としての地位において証言、記録の提出を求められた場合、職務上の秘密に属する事項に関しては、その取扱いについていろいろの制約がある（法一〇〇ⅣⅤ）。

4　調査結果の取扱い

調査が終わったら、その結論について何らかの形で議会の議決を経なければならない。

すなわち、議員全員で本会議で調査したときは、その結論を決議案の形で議員が発議して、その審査を経て議決がなされることになる。また、調査を委員会に付託した場合には、通常、委員会としての結論が委員長から委員会報告書の形で議長に提出され、委員長報告ののち質疑がなされ（討論を経た上で）採決される。

その諮り方は次のとおりである。

〔例〕委員会の調査終了後の取扱い

○議長　日程第〇、「〇〇〇〇に関する調査の件」を議題とします。

本件について委員長の報告を求めます。

〇〇常任／特別委員長。

（〇〇常任／特別委員長報告）

○議長　これから委員長報告に対する質疑を行います。

（以下、質疑）

○議長　これから「〇〇〇〇に関する調査の件」を採決します。

この採決は、起立によって行います。

本件は、お手元に配りました委員会報告書のとおり決定することに賛成の方は、起立願います。

（賛成者起立）

○議長　起立多数／少数です。

（したがって）「〇〇〇〇に関する調査の件」は、委員会報告書のとおり決定しました。／決定することは、否決されました。

これで〇〇〇〇に関する調査を終わります。

注）委員会報告書については採決せず、調査終了だけを議決することもあり得る。また、委員会報告書のとおり決定した後、必要により決議案

等を提出することも考えられる。

次に、調査の結論の出し方としては、

(1) 調査の結果、明らかとなった事実を述べ、その問題点を挙げて、その解決策としては、○○すべきである、とする判定意見を付ける方法

(2) 執行当局に対する事務処理の改善、是正措置を求める要請、勧告等の決議を議会に提言する方法

(委員会に付託の場合)

(3) 単なる事実の収集、資料のまとめを報告する方法

(委員会に付託の場合)

などいろいろ考えられるが、調査の目的や事件の内容に応じてそれぞれの結論の出し方が決まるものである。

ところで、調査の結論がどのように決まっても、それは、議会としての機関意思の決定であるから、執行当局に対する法的拘束力はない。したがって、執行機関は、それらの調査結果に法律上は拘束されないが、事務処理の欠陥を指摘して是正又は今後の改善を要請するような内容のものであれば、政治的・道義的には、これを尊重して真剣に対処する責任を有することは当然である。一方、議会としては、これらの調査結果を今後の議案審議や質問、政策活動や行財政運営の監視活動の面に十分反映させるよう活用すべきものである。

また、調査の結果、執行当局の責任の所在を明確にして結末をつけるべき事件の場合には、それなりの責任追及の具体的措置がとられることになる。

第五章　資格の決定

議員が被選挙権を失えば、当然、議員としての身分を失う。その被選挙権の一つの要素である住所要件（町村内に住所を有するという条件）の有無については、議会が決定することになる（法一二七Ⅰ）。

また議員は、法第九二条の二の兼業禁止の規定に該当するときも議員の身分を失うが、その事実の有無も議会が決定することになる（法一二七Ⅰ）。

1　資格決定の手続き

資格決定の手続きは、まず、議員から、要求の理由とその証拠書類を添えて、下欄のような資格決定要求書を議長に提出しなければならない（標規一〇〇）。

この要求書が提出されると、議長は、議事日程にかかげた上で会議の議題とし、必ず、委員会に付託してその審査を経た後、本会議で決定をしなければならない（標規一〇一）。それは、議員の身分に関する重要な問題であるから、懲罰と同様、慎重に審議し、誤ちのないようにするためであって、どのような事情があっても委員会

〔例〕**資格決定の要求**（法127Ⅰ、標規100）

年　　月　　日

○○町(村)議会議長　　　　　殿

○○町(村)議会議員　　　　　㊞

資格決定要求書

次の議員（の被選挙権の有無／が地方自治法第92条の2の規定に該当するかどうか）について、地方自治法第127条第1項の規定により決定されるよう別紙証拠書類を添え、会議規則第100条の規定により要求します。

記

1　議員の氏名
2　理由（証拠となるべき事実関係）

〔別紙（証拠書類）〕（注）要求の時期は会期中でなければならない。

審査を省略することはできない。

委員会は、特別委員会・常任委員会いずれでもよい。

議長は、資格決定要求書を委員会に付託するとともに、その要求書の副本を作成して資格決定を求められた議員（以下「被要求議員」という）に送付する。

また、議長は、要求された議員に提出期限を定めて「答弁書」の提出を求めるのが通常の取扱いで、この答弁書が提出されたら、これを委員会に送付して具体的審査が始まる。

ところで、要求された議員は、本来は法第一一七条の規定によって除斥されるのであるが、その会議に出席して自己の資格に関して弁明できる（決定には加わることができない）（法一二七Ⅱ）。もちろん、必要があれば、委員会は要求した議員、要求された議員に対して出席説明を求めることができるし、また、逆に、議員の方から、申し出て委員会の許可を得て出席発言することもできる。要は、委員会として双方の言い分を十分聞いて、実態をよく確かめ慎重な検討を進めた上で、間違いのない公正な判断をしなければならない。

2　資格決定の会議の進め方

資格決定は、議員にとっては重要な問題であるので、その議事の進め方を参考までに紹介したい。

一　資格決定の要求の会議

○議長　日程第○、「○○○○君の議員の資格決定の件」を議題とします。
地方自治法第一一七条の規定によって、○○○○君の退場を求めます。

（○○○○君退場）
○議長　△△△△君から、○○○○君に対する資格決定要求書が証拠書類とともに提出されています。
その写しは、お手元に配りましたとおりです。
○議長　△△△△君から、説明を求めます。
△△△△君。
（△△△△君説明）
○議長　これから質疑を行います。
（質疑があるとき）

（質　　疑）

（答　　弁）
○議長　ほかに質疑はありませんか。
（ないとき）
○議長　これで質疑を終わります。
○議長　○○○○君から、自己の資格について弁明したいとの申し出があります。
これを許します。

○○○○君の入場を許します。

（○○○○君入場）

○議長　○○○○君に資格についての弁明を許します。○○○○君。

（○○○○君弁明）

○議長　○○○○君の退場を求めます。

（○○○○君退場）

二　資格決定の特別委員会への付託

○議長　お諮りします。

「議員の資格決定」については、会議規則第一〇一条の規定によって、委員会の付託を省略することができないことになっています。

（したがって）本件については、○人の委員で構成する「資格審査特別委員会」を設置し、これに付託して、審査することにしたいと思います。

御異議ありませんか。

（異議がないとき）

○議長「異議なし」と認めます。

（したがって）本件については、○人の委員で構成する「資格審査特別委員会」を設置し、これに付託して、審査することに決定しました。

○議長　お諮りします。

ただいま設置されました「資格審査特別委員会」の委員の選任については、委員会条例第七条第四項の規定によって、お手元に配りました名簿のとおり指名したいと思います。

御異議ありませんか。

（異議がないとき）

○議長「異議なし」と認めます。

（したがって）「資格審査特別委員会」の委員は、お手元に配りました名簿のとおり選任することに決定しました。

三　資格決定の会議

○議長　日程第○、「○○○○君の議員の資格決定の件」を議題とします。

地方自治法第一一七条の規定によって、○○○○君の退場を求めます。

（○○○○君退場）

○議長　本件について委員長の報告を求めます。

資格審査特別委員長。

（資格審査特別委員長報告）

○議長　これから委員長の報告に対する質疑を行います。

（質疑・答弁）

○議長　○○○○君から、自己の資格について弁明したいとの申し出があります。

これを許します。

○○○○君の入場を許します。

（○○○○君入場）

○議長　○○○○君に資格についての弁明を許します。
○○○○君。

（○○○○君弁明）

○議長　○○○○君の退場を求めます。

（○○○○君退場）

○議長　これより討論を行います。

（討論ののち）

○議長　これより「○○○○君の議員の資格決定の件」を採決します。
この採決は、起立によって行います。

（委員長報告が資格を有しないとするとき）

○議長　本件に対する委員長の報告は、資格決定書案のとおり議員の資格を有しないとするものです。
議員の資格を有しないとする決定については、地方自治法第一二七条第一項の規定によって、出席議員の三分の二以上の者の賛成を必要とします。
出席議員は○人であり、その三分の二は○人です。

○議長　本件は、委員長報告の決定書案のとおり決定することに賛成の方は、起立願います。

（賛成者起立）

○議長　ただいまの起立者は、三分の二以上です。
（したがって）「○○○○君の議員の資格決定の件」は、委員長報告の決定書案のとおり、議員の資格を有しないと決定しました。

注）議員の資格を有すると決定した場合は、改めて決定書案を作成し議決する必要がある。この場合、決定書案の作成については、議長に一任又は特別委員会を設置し、これに付託する等が考えられる。

（委員長報告が資格を有するとするとき）

① 委員長報告どおり可決されることが予見される場合

○議長　本件に対する委員長の報告は、資格決定書案のとおり、議員の資格を有するとするものです。

○議長　本件は、委員長報告の決定書案のとおり決定することに賛成の方は起立願います。

（起立多数の場合）

○議長　起立多数です。
（したがって）「○○○○君の議員の資格決定の件」は、委員長報告の決定書案のとおり、議員の資格を有するものと決定しました。

② 委員長報告どおり可決の見込みがない場合

○議長　本件に対する委員長の報告は、資格決定書案のとおり、議員の資格を有するとするものですが、本件は、議員の資格を有しないとすることについて採決します。

議員の資格を有しないとする決定については、地方自治法第一二七条第一項の規定によって、出席議員の三分の二以上の者の賛成を必要とします。

出席議員は○人であり、その三分の二は○人です。
○議長　本件は、議員の資格を有しないとすることに賛成の方は、起立願います。
（起立三分の二以上の場合）
○議長　ただいまの起立者は、三分の二以上です。
（したがって）「○○○○君の議員の資格決定の件」は、議員の資格を有しないと決定しました。

注）資格を有しないと決定した場合は前記注の例による。

3　資格決定書の交付

資格決定の議決がなされたら、次頁の要領で資格決定書を本人に交付しなければならない（法一二七Ⅲ）。なお、要求した議員に対しては、法律上義務づけられていないが、交付することが望ましい。

4　資格決定による失職の時期

資格決定において、「被選挙権を有しない」又は「〔法〕第九二条の二の規定に該当する」と決定されたときは、その決定の時から議員の身分を失う。即ら、その原因となった事実の発生の時期までさかのぼって効力を発生するものではない（たとえば、住所の移転や請負の事実が一年前にあったような場合、その一年前の時期にさかのぼって身分を失うことにはならない）。また、資格決定書の交付があった日に失職するものでもない。あくまでも、議会が決定した時に身分を失うものである。

5　資格決定の留意点

前述のとおり、議会が、議員の資格に関して決定をすると、その瞬間から法律上の効果を発生して、身分を失うこともあるから、あくまでも冷静で公正そして慎重な判断が必要なことは言うまでもない。

⑴　住所の認定

被選挙権の要件である「住所」とは「生活の根拠地」であって、「居住の客観的事実及び生活の本拠地とする旨の本人の主観的意思により決定すべきものである」とされている。したがって、たとえば、病気療養その他の理由で他の市町村に相当長期間にわたって滞在している事実だけで住所を移転したことにはならない。

実際に、被選挙権の有無をめぐって資格決定の要求

〔例〕**資格決定書の交付**（法 127 Ⅲ・118 Ⅵ）

文　書　番　号
年　　月　　日

（被要求議員）　　　　　殿

○○町（村）議会議長　　　　　㊞

資格決定書交付について

○月○日、議員○○○○君から提出された資格決定要求書に基づくあなたの資格の有無については、別紙資格決定書のとおり決定したので、地方自治法第127条第3項において準用する第118条第6項の規定により交付します。

なお、この決定に不服があるときは、地方自治法第127条第3項において準用する第118条第5項の規定により、決定があった日から21日以内に○○知事に審査を申し立てることができるので申し添えます。

別　紙

資　格　決　定　書

資格の決定を求めた議員　　　○○○○君
資格の決定を求められた議員　△△△△君

△△△△君の議員の資格の有無につき、次のように決定する。

1　決　　定

被選挙権を有する。／有しない。

地方自治法第92条の2の規定に該当する。／しない。

2　理　　由

……………………………………………………………

……………………………………………………………

……………………………………………………………

年　　月　　日

○○町（村）議会

がある場合は、判定が困難である。議会（委員会）としては、住民基本台帳の住民票や選挙人名簿登載の有無などを参考にしながら、家族との居住の状況や勤務や営業の実態など、あくまでもその議員の生活の実態をよく調査し把握した上で「生活の根拠地はどこであるのか」を客観的、総合的に判断しなければならないものである。

(2)　**兼業禁止規定該当の有無の認定**

兼業の禁止には、

①　個人請負の禁止

②　法人請負に関する禁止

の二つがあって、さらに細かな制限をしている。

まず、「請負」は、法第九二条の二において、「業として行う工事の完成若しくは作業その他の役務の給付又は物件の納入その他の取引で当該普通地方公共団体が対価の支払をすべきものをいう。」と定義されていることから、民法で規定する通常の請負のみでなく、商取引契約も含まれることがあることに注意を要する。すなわち、労力や物件などを供給する契約であり、それが経済的・営利的な取引契約であって、しかも、一定期間にわたる継続的・反復的なものであれば、これに該当する。したがって、工事請負契約のように判然としている場合は問題ないが、商取引であるときは、

(ア)　営利性がある契約であるかどうか。

(イ)　一定期間継続してなされる契約か、又は反復して行われる契約であるかどうか。

(ウ)　契約内容の自由が前提となっての契約であるかどうか。

(エ)　直接契約であるかどうか（下請負は一般的には該当しない）。

などについて、実態をよく確かめて、総合的に判断する必要がある。

そして、個人請負の場合は、各会計年度において支払を受ける当該請負の対価の総額が普通地方公共団体の議会の適正な運営の確保のための環境の整備を図る観点から政令で定める三百万円を超えない者は除外されている。

一方、法人請負の場合は、法第九二条の二に規定されている「主として」の判断が問題になるが、その法人の定款に基づく特定の事業年度の決算における営業金額のうち、町村との取引関係の請負額が、どの程度の割合を占めているか（一般的に五〇％を超えていれば、「主として請負をする者」に該当すると判断できる有力な資料となる）、また、その法人の本来の目的、

町村との取引によって得られる利益など、いろいろの要素を個々具体的事例ごとに総合的に判断しなければならない。

さらに、請負禁止については、過去に請負の事実があって、現在はその事実がなくても、その事実があったことを確認して決定すれば、その瞬間から将来に向かって議員の身分を失うことになる（もちろん、その議員の任期中の行為が対象であって、任期前の請負は対象にならない）。

なお、この場合、すでになされた請負契約と請負法人の取締役等の身分そのものには何らの影響はなく、有効であるとされている。

(3) 委員会付託が絶対的条件

前述のとおり、資格決定は、議員の身分にかかる重要な問題であるから、特に慎重を期するため、委員会付託による審査が絶対的条件となっていることに十分気をつけなければならない（標規一〇二）。

このことから、標準町村議会委員会条例の第六条に懲罰の動議があった場合と同様、議員の資格決定の要求があったときは、自動的に資格審査特別委員会又は懲罰特別委員会が設置されたものとする規定が参考規定として示されている。

第五編　議会と長との関係

はじめに

現行自治制度においては、地方公共団体の長と議会議員は、ともに住民の選挙によって選出され、議員は議会を構成し、両機関がそれぞれの職務権限を分担し、対立の原理を基本に相互に牽制し、均衡を保持しながら、自治行政の公正で効率的な運営を目指す建前になっている。

しかし、時と場合によっては、この制度が正常な形で円滑に運営されず、議会と長との間に対立抗争を生ずる場合がある。その場合の救済策として、長の再議権・議会の長に対する不信任議決権・長の解散権、専決処分権等がそれぞれ与えられて正常化が図られるよう、調整措置が講ぜられている。

この議会と長の関係を「通常の場合」と「特殊異常な場合」に分けて示すと次の表のとおりである。以下、ここでは特殊異常な場合について述べることにする。

議会と長の関係一覧

	議会	長
通常の場合	臨時議会招集請求権→	←議会招集権
		←議案提出権
	発議権（除予算）→	
	撤回（議会）訂正（議長）許可権→	←議案の撤回・訂正請求権
	議決権（原案可決・修正可決・否決）→	←執行権
	百条調査権→	
	検査・検閲権→	
	採択請願・陳情の処理の経過及び結果の報告請求権→	←（経過と結果の報告）
特殊異常な場合	（修正議決）→	←再議請求権
	（違法議決等）→	←再議請求権
	再議事件審査権→	
	（義務費等の削除減額の再度議決）→	←原案執行権
	（災害応急復旧費・感染症予防費の削除減額議決）→	←再議請求権
	（同上の再度議決）	←議会解散権
	専決処分承認権（法179）→	←専決処分権（法179）
	専決処分事件指定権（法180）→	←専決処分権（法180）↓
	同上事件専決処分報告受理権←	←（報告）
	不信任議決権→	←議会解散権（又は失職）（→）
	再度不信任議決権→	→（失職）

第一章　再　議

一　再議とは

地方自治法においては、議会は予算、条例その他の案件を議決し、町村長は、その決定に従って事務や事業を処理し行政を運営することを建前として、両者の地位を対等の立場においている。しかし、町村長は、単に議会の議決に服従して執行に当たるのではなく、自らも公選された町村の長としての立場から、議会が行った議決や選挙が不当なものであるとき、あるいは、違法なものであるときは、議決の効力を停止させる権限が与えられている。これを「拒否権」と称している。

この「拒否権」は、議決や選挙の効力を永久に失わしめる絶対的なものではなく、その効果を一時停止し、その間に議会の再考を促すことを眼目としている。したがって、その案件は、もう一度議会の会議に付して、議会の意思を再確認しなければならない。これが「再議」である。

町村長が、再議に付するときは、必ず正当な「理由」がなければならず、その理由を示しての再議であるから、議会は、その理由を十分に検討し、判断して、意思を再決定する必要がある。

二　再議に付することができる場合

再議には、大別して次の二つがある。

(一)　一般的拒否権としての再議　議会の議決が長の意思、政策に反する場合に、異議を述べて再議に付する制度。

(二)　特別的拒否権としての再議　瑕疵ある議決等特定の限定された事由がある場合に再議に付する制度。

(一)としては、

条例の制定、改廃、予算及び総合計画等に関する議決に町村長として異議がある場合（法一七六Ⅰ）

(二)としては、

(1)　議決又は選挙が越権又は違法であると認められるものに対するもの（法一七六Ⅳ）

(2)　義務費の削除又は減額の議決に対するもの（法一七七Ⅰ1）

(3)　非常災害応急復旧費又は感染症予防費の削除又は

減額の議決に対するもの（法一七七Ｉ2）

なお、平成二四年の法改正において、再議の対象が条例・予算以外の議決事件（総合計画等）に拡大され、また、収支不能の議決に対する再議は廃止された。

再議の取扱いについては以下のとおりである。

1　条例の制定、改廃、予算及び総合計画等に関する議決に対し異議がある場合

この場合の拒否権は、2以下の場合と異なり、町村長の認識と判断によって行使されるものであって、「一般的拒否権」と呼ばれている。

これは、越権又は違法な議決や選挙、あるいは義務費を削除したというように法律に根拠を置いた理由で不当とするのではなく、町村長がその政策を遂行する上で異議がある条例、予算及び総合計画等の議決に対してなされるものである。しかし、実際問題としては、町村長に異議があると同時に、違法な条例であると認めるような場合も多く、こうしたケースでは、2以下のそれぞれの条項に該当する再議の手続きが優先するので、この一般的拒否権としての手続きをとることはできない。

議会が議決した条例の制定、改廃又は予算に対して、町村長に異議があるときは、町村長は、議長から条例又は予算の送付を受けた日（総合計画等については議決の日）から一〇日以内に、議会に対して理由を示して再議に付することができる。

再議に付されると、議会は、再びこれを議題として審議して議決するのであるが、議会としては、町村長の再議に付した理由が正当であるかどうかを判断すればよい。この再議の議決には、条例及び予算では出席議員の三分の二以上の者の同意（特別多数決）、総合計画等では過半数で決することになる。

いずれについても、審議の結果、当初の議決を妥当として再議決した場合は、その議決は確定し、町村長は重ねて再議を求めることはできない。

しかし、この再議の議決が、当初の議決と異なる内容の議決である場合、たとえば、補正予算中、当初の議決は、消防費（項）五〇万円の減額であったのに、再議においては同じ消防費（項）三〇万円の減額であるといった場合は、新たな議決になるから、町村長としては、これにも異議があれば、また新たに再議に付することができる。このように、当初の議決の内容と異なった議決である場合は、たとえ三分の二以上の者の同意があったとしても、それは全く新しい議決であり、再議に付された議決と同じ議決にはならない。

また、この町村長の再議は執行前でなければならない。もし、再議に付す際、会期が終了しているときは臨時会を招集して付議することになる。

なお、否決されたものについては、執行上の問題が生じないので再議の対象にならない。

2　議決又は選挙が越権若しくは違法であると認められるものに対する再議

議会の越権若しくは違法な議決又は選挙に対しては、3から4と同じように町村長は再議に付さなければならない。「越権」というのは、議会の権限外、つまり無権限の事項について議決又は選挙をした場合であり、「違法」というのは、法令若しくは会議規則に違反する議決や選挙であって、特別多数議決を要する案件（たとえば長の不信任議決）を過半数で議決して送付してきた場合とか、内容、手続き等に法令上の要件を欠く瑕疵ある一切の違法なものが含まれる。

そして、越権又は違法の客観的事実があると認められるときは、町村長は、理由を示して再議に付し、又は再選挙を行わせなければならない。

この場合は、町村長の任意の判断によって再議に付したり再選挙を行わせるのではなく、越権又は違法の客観的事実があると認めるときは、必ず再議に付し、又は再選挙を行わせることを義務づけられている。

次に、この場合の再議、再選挙は、前の一般的拒否権と異なり期限の定めがない。したがって、次の会期において再議に付しても差し支えないとされているが、再議に付されるまでは、その議決又は選挙の効力が発生しているのであるから、少なくとも越権又は違法と認めるものであれば、一日も早く再議に付し、議決又は選挙の効力を停止させることが必要である。

町村長が越権若しくは違法な議決又は選挙と認めて再議又は再選挙に付した場合は、議会は、これに対して再び議決又は選挙を行うのであるが、一般的拒否権の場合と違って、特別多数議決の定めがない。したがって、再議に付された事件が、本来、通常の議決で足りるものであれば過半数議決でよいし、特別多数議決と定められている場合は、特別多数議決が必要である。

再議又は再選挙の結果、町村長が示した違法事実が矯正されたら問題はないが、それが当初と同じく越権若しくは違法な議決又は選挙であると認められる場合には、町村長は、知事に対して二一日以内に審査の申立てができる（法一七六Ⅴ）。これは、いわゆる審査請求前置主義に基づくもので、出訴の前に行政機関による審査裁決の段階を設け、この段階で解決できるものはできるだけ解決することによって、議会と町村長の間の紛争を早期に、しかも簡易な方法で解決しようとする趣旨によるものである。

町村長としては、議会に対して越権若しくは違法な議決又は選挙である理由を示して再考を促したにもかかわらず、議会がそれを正当な理由があると認めなかったわけで、結局、議会と町村長との意見の決定的相違であるから、知事の公正な裁定を待つこととしているものである。

なお、町村長や議会が、この裁定に不服があるときは、裁定のあった日から六〇日以内に裁判所に出訴することができる（法一七六Ⅶ）。この訴訟には、行政事件訴訟法が適用され、裁判所の判断に基づいて結着がつくことになる。

3　義務費の削除、減額に対する再議

義務費というのは、

(1)　職員の給与費のように、法律又は条例で町村が負担することを定められている経費

(2)　道路分担金のように、行政庁の職権による命令によって町村が支出することとなっている経費

(3)　義務教育事務を他の市町村に委託した場合の費用や、一部事務組合の負担金のように、町村の義務として当然に負担しなければならない経費

などをいう。

これらの義務費にかかる予算を削除又は減額されると、町村としては法律上の義務を果たし得ないことになるので、議会が義務費を削除又は減額した場合は、町村長は、理由を示して再議に付さなければならない（法一七七Ⅰ1）。これに対し、議会が再び当初の議決と同じく削除又は減額をしたときは、町村長は、この義務費に限って、議会の議決にかかわらず支出できることになっている。これを、町村長の「原案執行権」と呼んでいる。

このことは、言い換えると、義務費については、本来議会の修正権がないということであって、議会としては、計上された義務費の金額が果たして義務費であるかどうか、また、その金額に誤りはないかを審査すればよいわけである。

4　非常災害応急復旧費・感染症予防費の削除、減額に対する再議

「非常の災害による応急若しくは復旧の施設のために必要な経費」（法一七七Ⅰ2）とは、たとえば、水害・

大火・震災等の罹災者救助の費用、水害・震災等による道路・橋梁・河川等の応急復旧に要する経費等である。また、「感染症予防のために必要な経費」というのは、感染症が流行し、これを予防するために必要な消毒を行うとか、患者収容施設を補強するとか、防疫医師の派遣を求めるというような経費であって、感染防止のため緊急やむを得ないすべての経費である。この災害復旧費と感染症予防の経費を議会が削除したり、減額した場合も、町村長は、理由を示して再議に付さなければならない（法一七七Ⅰ2）。

　これらの経費は、緊急必要な経費であって、これを削除されたり減額されたりすれば、執行責任者として町村長は、その行政責任を果たせないことになる。

　そこで、再議に付された場合、議会が再議の理由を認めず、当初の議決と同じく削除又は減額したとすれば、町村長は、住民の生命と財産を保障することができないことになるので、町村長に対する不信任の議決があったとみなして、議会を解散することができる。これは、緊急必要な経費を削除又は減額した議会の判断に服従してその議決に従うか、あるいは、町村長が原案をあくまで正しいものと主張して議会を解散して、住民の判断にまかせるか、いずれの方法をとってもよい制度としているものである。不信任の議決とみなした場合の手続きは、町村長の不信任議決があったときと同様である。

　以上述べたそれぞれの再議の制度を一覧表にすれば、次のとおりである。

再議の種類	根拠条文	再議に付する期限	再度議決の要件	当初の議決と同じ再議決があった場合の効果及び町村長の措置
(1)条例の制定、改廃、予算に関する議決に対し異議があるとき（任意）	一七六Ⅰ～Ⅲ	議決書送付のあった日から一〇日以内	出席議員の三分の二以上の者の同意	その議決は確定する
(2)条例・予算以外（総合計画など）	一七六Ⅰ～Ⅲ	一〇日以内	過半数議決	その議決は確定する
(3)越権又は違法な議決及び選挙（義務）	一七六Ⅳ～Ⅷ	期限の定めがない	その事件の議決要件による	(1)都道府県知事へ審査の申立てをし裁定を求める

				(2) 裁定に不服のあるときは、裁判所へ出訴して違法性を争うことができる
(4) 義務費を削除又は減額した場合（義務）	一七七 I 1 II	期限の定めがない	過半数議決	その経費とそれに伴う収入を町村長限りで予算に計上して執行できる
(5) 非常災害応急復旧費又は感染症予防の経費を削除又は減額した場合（義務）	一七七 I 2 III	期限の定めがない	過半数議決	その議決を不信任の議決とみなすことができる（議会を解散できる）（一七七III）

三　再議の手続き

再議の手続きとしては、町村長が次頁のような再議書を議長に提出してなされる。

〔再議書例〕

文　書　番　号
年　　月　　日

○○町(村)議会議長
　　　　○○○○殿

○○町(村)長
氏　　　名　印

再　議　書

令和○年第○回定例会（臨時会）の○月○日の会議において議決された○○○○については、下記理由により異議がある（権限を超え、違法である等）ので、地方自治法第176条第1項（第4項若しくは第177条）の規定により再議に付する。

記

(理由)
○○○は○○したものであり、次のように修正（○○○○）されたことは、○○○に支障を生ずることになるので再議に付するものである。
○○○○（○○条例）

原　　　案	修 正 議 決
○○○○○○○○○○○○○○ ○○○○○○○○○○○○○○ ○○○○○○○○○○○○○○	○○○○○○○○○○○○○○ ○○○○○○○○○○○○○○ ○○○○○○○○○○○○○○

(注) 1　再議の理由には、異議・越権・違法・会議規則違反等の区分があるから、その区分とその理由が簡明に記載されなければならない。
　議会は、その示された理由をもとに、再議の審査をするものである。
2　再選挙を行わせる場合も、再議の場合と、おおむね同様である。ただし、再選挙は、越権・違法の場合にのみ限られている。

第二章　不信任議決と解散

一　町村長の不信任議決

「町村長の不信任議決」は、議会が町村長に対し、重大な行政上の問題について、その責任を追及する手段として、あるいは、その行政執行能力からみて、町村行政を任せることができないとの判断に立って、町村長を信任することができない旨を議決することである。

この不信任議決を受けた町村長は、一〇日以内に議会を解散しない限り、その職にとどまることができない。すなわち、職を失うことになる（法一七八ⅠⅡ）。

本来、現行の地方自治制度は、行政事務を執行する執行機関の町村長と、行政運営の基本方針や重要施策を決定する議決機関の議会が、それぞれ権限を分かちあって相対し、独立の立場で互いに牽制し合い、その均衡と調和の上に立って運営される、いわゆる「大統領制（二元代表制）」の建前になっている。

ところが、このバランスが保たれてよく機能している間は問題はないが、何らかのもつれから一たんこれが壊れると、両者の対立と抗争が激しくなる。極端な例としては、議会が議決した事項を町村長が執行しないとか、町村長が提案する議案を、事ごとに否決するような事態が考えられる。これでは、大統領制による円滑な町村行政の運営ができなくなるので、これを解決する手段として、議会には、町村長に対する不信任議決権を与え、町村長には、議会を解散して住民に信を問う権限を与えている。

議会が解散された場合は、選挙によって新しい議員が選ばれ、初めて招集された議会において、再度、不信任の議決がなされたら、町村長は、その職を失うことになる（法一七八Ⅱ）。

これは、主権者である住民が選挙を通じて町村長を支援しないで、議会の考え方を支持したことになるからであって、地方自治制度における議会と長の相互牽制方式の一つである。

ところで、この町村長に対する「不信任議決」の制度は、本来は、国会と内閣総理大臣との関係のように、議会が執行機関の長を選ぶ議院内閣制における固有の制度であって、議員も長もともに直接住民が選ぶ大統領制（二元代表制）のもとでは、なじみにくい制度である。

それにもかかわらず、わが国の地方自治制度においてこの制度が特別に採用されているのは、長と議会の極端な対立関係を早急に解決して、円滑な行政運営を確保する必要があるからにほかならない。

したがって、議会も町村長も、この制度の趣旨を十分理解して、その権限の発動に当たっては、特に、慎重でなければならない。いやしくも感情に走って政治的抗争の手段としてこれを乱用するようなことがあっては、町村行政の停滞を来し、結局は、ともに代表する住民の損失、町村のマイナスとなることに十分留意しなければならない。

二　不信任議決の仕方

1　不信任の理由

議会が、不信任の議決をする場合、その理由について の法律上の制限はないから、どんな理由でもよい。しかし、不信任の議決をすれば、当然、解散が予想されるから、その際、住民が納得できる理由が要求される。つまり、議会の不信任の議決は、住民に代わって、不信任の意思を表明するのであるから、住民の考えと一致し、その理解と支持を得られるものでなくてはならない。

2　不信任案の提出の仕方

不信任決議案の提出の方法は、決議案・動議いずれでもよいが、特に、重要な案件であるから、文書による決議案として出すべきである。

その場合の様式の一例を示すと、次頁のとおりである。

3　不信任議決の要件

町村長の不信任決議案は、通常の議案と違って格別重要な意味を持つものであるから、その議決に当たっては、次のとおり特別な要件が必要である（法一七八Ⅲ）。

(1)　出席者要件

出席議員は、現に、在任する議員総数の三分の二以上でなければならない。すなわち、議員定数が二〇人であっても、欠員があって現在議員数が一九名であれば、その三分の二以上の一三人以上が出席しなければならない（解散後の初議会において、再度、不信任議決をする場合も同様である）。

(2)　議決要件

①　最初の不信任議決の場合は、出席議員数の四分

〔例〕**長の不信任決議案**

〔発議第○号〕

年　月　日

○○町(村)議会議長　　　　殿

提出者　○○町(村)議会議員

賛成者　同　　　上
(所定数以上の者の連署)

○○町(村)長の不信任決議案

上記の議案を、別紙のとおり会議規則第14条第1項及び第2項の規定により提出します。

〔例〕**長の不信任決議**（法178 Ⅰ・Ⅱ、標規14）

○○町(村)長の不信任決議

本議会は、○○町(村)長○○○○君を信任しない。
以上、決議する。

年　月　日

○○町(村)議会

理由

______

______

______

______

______

______

の三以上の者の同意がなければならない。特別多数議決といわれるもので、議長も表決権を有する。

② 解散後の初議会において、再度、不信任議決をする場合は、過半数の者の同意でよい。

三　辞職勧告決議・重要議案の否決と不信任議決の関係

「不信任議決」は、明らかに不信任の旨の議決でなければならない。しかしながら、必ずしも不信任決議案を可決した場合に限られるものではなくて、客観的に不信任の議決と認められるものであればよい。したがって、町村長に対する辞職勧告の議決であれば、不信任議決に当たるし、逆に、信任案を所定の手続きに従って否決した場合も、不信任議決に当たると解されている。

ところで、かつて、「これこれの議案は重要案件であるから、もし、これを否決したら不信任議決とみなす」と、町村長が宣言して議会を牽制したため混乱が起こった事例を聞かされたことがあるが、それは、町村長が勝手に不信任されたと判断するに過ぎないのであって、地方自治法でいう不信任議決とは何ら関係のないことである。また、滅多にないことであろうが、当初予算の否決も全く同様で、地方自治法でいう不信任議決とは無関係である。議会としては、安心して、本来の議決権を堂々と行使すればよい。要するに、所定の要件をもって明らかな不信任の旨の意思表示をした場合が不信任議決に当たるということである。

しかし、前述のとおり、この原則の例外となるものが一つある。それは、非常災害応急復旧の経費若しくは感染症予防のために緊急を要する経費を議会が削除又は減額し、町村長が、これを再議に付して、再度これを削除又は減額した場合である。これについて、地方自治法は、「長は、その議決を不信任の議決とみなすことができる」（法一七七Ⅲ）と規定している。したがって、町村長は、これに対して不信任議決の場合と同じく議会を解散することができることになる。

四　解　散

議会が、町村長の不信任議決をした場合、議長は、直ちにその旨を町村長に通知しなければならない（法一七八Ⅰ）。これに対して、町村長がとるべき方法は、

⑴　議会を解散するか

⑵　議決に従い退職するか

のいずれかである。

1 議会の解散

「議会の解散」とは、一時にすべての議員の身分を失わせることであるから、当然、新たに選挙が行われる。選挙を行うということは、主権者である住民に、議会の行った町村長への不信任議決が正しいか、それとも、町村長の考えが正しいかの審判を仰ぐことである。つまり、議会の主張が正しいと住民が判断すれば、不信任議決の考え方に同調する議員が過半数選ばれることになろうし、町村長の考えを住民が支持するとすれば、再度の不信任議決に反対の立場をとる議員が過半数選ばれることになって、住民の意思に沿った方向で、町村長と議会の対立関係の解消が図られるわけである。

2 解散の手続き

町村長が、議長から不信任議決の通知を受けた場合、これに対して解散をもって応ずるには、その通知を受けた日の翌日から起算して一〇日以内に解散しなければならない。もし、一〇日を経過した後に解散しても、それは無効である。すでに一〇日を経過した日の翌日に町村長としての職を失っているからである。

また、前述のとおり、議会の解散後、初めて招集された議会において、再度、不信任の議決があって、議長から町村長に対してその旨の通知があったときは、町村長は失職する。

議会を解散する手続きとしては、町村長名の「〇〇町(村)議会を解散する」との文書を議長又は事務局長に届けることによってなされる。そして、その文書が議長又は事務局長に到達した瞬間に解散の効力が発生するものである。

第三章　専決処分

町村長と議会の関係を調整する手段の一つとして、町村長の専決処分がある。「専決処分」とは、議会の権限に属する事項について、町村長が議会に代わって意思決定を行うことである。専決処分をすれば、議会が議決したのと全く同じ法律効果を発生する。したがって、議会としては、その慎重な運用を真剣に見守らなければならない。この専決処分には、二つの場合があり、一つは地方自治法の規定によるもの、他の一つは議会の委任によるものである。

一　法の規定による専決処分

1　専決処分できる場合

法第一七九条の規定によるもので、次の四つの場合に許される。

(1)　議会が成立しないとき

議会が解散したり、議員が総辞職して議会が全く存在しない場合や、定数の半数を超える欠員がある場合等、議会が適法に活動できる半数以上の議員が在任しない場合である。

(2)　法第一一三条ただし書の場合において、なお会議を開くことができないとき

前述（第二編第三章一3「定足数の例外による開会及び開議」）のとおり、法第一一三条ただし書のそれぞれの場合には、出席議員数が議員定数の半数に達していなくても会議を開くことができる。しかしながら、この場合でも、議長のほか少なくとも二人以上の議員の出席がなければ会議を開くことができない。議長だけ又は議長のほか議員一人では会議体としての議会とは言えず、議決ができないからである。したがって、このような場合には、必要に応じて町村長が専決処分できることとされている。

(3)　町村長が、議会の議決すべき事件について特に緊急を要するため議会を招集する時間的余裕がないことが明らかであると認めるとき

この要件は、当該事件が緊急を要し、議会を招集してその議決を経ている間にその時期を失するような場合を規定しているものである。従前、長が「暇がない」と判断し、専決処分を行っていたが、その解釈に疑義が生じ

る恐れがあった。

そこで、平成一八年の法改正により、専決処分が、議会の権限に属する事項を長がやむを得ない場合に代わって行う制度であることを踏まえ、その運用に当たって制度の趣旨を逸脱することがないようにすべきであるとの観点から、専決処分が可能となる場合を緊急性を要する場合に限定して明確化するため、「招集する暇がないとき」を「議会を招集する時間的余裕がないことが明らかであると認めるとき」と改めた。

(4)　議会が議決すべき事件を議決しないとき

議会の議決を要する事件について、議決を得られない一切の場合であって、議会が故意に議決を引き延ばすなどして積極的に議決しない場合だけに限らず、天災地変その他何らかの事由で議決が得られない場合等も含まれる。

なお、平成二四年の法改正において、専決処分の対象から副知事・副市町村長の選任の同意を除外することとした（法一七九Ⅰただし書）。

2　議会への報告と承認

町村長が専決処分をした場合は、次の会議において報告をし、承認を求めなければならない（法一七九Ⅲ）。

次の会議とは、専決処分をした後、招集される議会の最初の本会議をいい、臨時会も含めるものとされている。

この承認は、町村長が、議会に代わって行った意思決定の責任を解除する重要な意義を持つものである。したがって、議会は、承認を求められたら慎重な検討を加えた上で、承認・不承認を決めるべきである。

もし、招集する時間的余裕があったと思われるのに、町村長が主観的に時間的余裕がないとして専決処分をしたというようなことがあれば、議会としては、毅然たる態度で不承認として、町村長に反省を与え、今後を戒めるべきである。

なお、併せて専決処分そのものの内容についても十分検討することが必要である。

3　不承認となった場合の効力

議会が、不承認とした専決処分の効力については、これまでは専決処分によって、一度、法律効果が発生しており無効となるものではなかった。すなわち、不承認になっても、専決処分の効力そのものには影響はない（昭二六・八・一五行実）とされ、その理由として、処分によって受けた住民の利益を害し、行政そのものの安定性が損なわれることになり、結果的に専決処分を認めた意義がなくなるおそれがあるからであった。

しかしながら、議会が承認しない専決処分をあえて行ったという意味での町村長の政治的・道義的責任は当然残るわけであると考えられるし、その責任をどのような形でどこまで追及するかは、議会自体、ひいては住民自身が、具体の事件ごとに判断することになる。

こうした観点から、平成二四年の法改正において、条例の制定改廃、予算に関する専決処分が不承認となった場合、条例、予算に係る議会の意思決定の重要性を考慮して、長は速やかに必要と認める措置を講じ、その旨を議会に報告しなければならないこととされた（法一七九Ⅳ）。「必要と認める措置」とは、条例の一部改正案や補正予算の提出など、特定の措置に限定しているものではなく、長が適切に判断するものであり、長が議会や住民に対して専決処分の考え方について説明責任を果たす観点から必要な対応を行うことも含まれるものである。

二　議会の委任による専決処分

議会の権限に属する軽易な事項で、議会がその議決によって、特別に指定したものは、町村長が処分できる（法一八〇）。これが議会の委任による専決処分であって、

〔例〕専決事項の指定議案（法180 Ⅰ、標規14）

専決事項の指定について

○○町(村)議会の権限に属する事項中、次の事項は、地方自治法第180条第1項の規定により、町(村)長の専決処分事項に指定する。

1 ＿＿＿＿＿＿＿＿＿＿＿＿＿＿＿＿
2 ＿＿＿＿＿＿＿＿＿＿＿＿＿＿＿＿
3 ＿＿＿＿＿＿＿＿＿＿＿＿＿＿＿＿
4 ＿＿＿＿＿＿＿＿＿＿＿＿＿＿＿＿

何を軽易事件として委任するかは、もっぱら議会が判断して指定するものである。この場合でも軽易事件としての認定には、客観性が要求される。

1　専決処分事項の指定

委任事項の指定についての提案権は、議会にあり、町村長にはないから、町村長としては、議長に対して事件を明示して、委任議決を依頼することしかできないものである。そして、依頼を受けた議長が、その旨、全員協議会等で報告して協議をし、指定することになったら、前頁のような議案の様式で議会から提案の運びになる。

なお、議会における選挙・決定・請願採択・意見書の提出等は、議会の意思を表明するものなので委任できない。

2　専決委任指定の効果

議会が、専決処分を委任する旨指定したときは、その事項についての議会の権限は、任期にも関係なく町村長の権限に移ってしまうから、議会は、これについての議決権は持たないことになる。したがって、議会は、その指定に当たっては、特に、慎重でなければならない。なお、いったん、指定の議決をした後、事情の変更その他の理由で、議決によって取り消すことができる。

3　議会への報告

町村長が委任事項について専決処分したときは、次の議会（次の定例会又は臨時会の本会議）で報告しなければならない（法一八〇Ⅱ）。議会の承認は不要で、報告だけでよいのは、専決することとその内容について、議会の指定議決によって、議会の了解が得られているからである。

結び　町村議会の当面の課題と議員の心構え

一　町村議会の当面の課題

地方分権時代にあって、住民自治の充実の必要性が期待される中で、多様な民意を吸収し、それを集約し、地方公共団体の意思決定を行うという地方議会の役割と責任は格段に重くなっている。町村議会においても、議員一人ひとりが住民の代表としてその職責の重大さを強く自覚するとともに、それぞれの議会が活性化に取り組み、住民の負託にこたえていくことが強く求められている。

一方、全国的な人口減少や高齢化の進行の影響等もあって、昨今の町村議会議員選挙においては、無投票当選の増加や一部の議会では定数割れも生じるなど、議員への立候補者が減少し、議員のなり手不足が深刻な課題となっている。このような事態は、議会がその求められる役割を十分に果たせなくなることを意味し、我が国の民主主義・地方自治の危機であるといえる。

また、政治分野における男女共同参画を推進する観点から、議員活動と家庭生活との円滑かつ継続的な両立や、性別による差別・ハラスメントをなくすなど、志を抱く誰もが議会に参画できるための環境整備を進めていくことが町村議会においても求められている。

さらに、デジタル技術の活用により、災害や感染症のまん延時などにおいて議会機能の維持を図ることや、平時においても住民との対話促進、情報提供の手段の一つとするなど、いわゆる議会のデジタル化を積極的に推進していくことが重要である。

以下、町村議会の当面するこれらの課題について述べることとしたい。

1　議員のなり手不足

①　平成の大合併の影響と議員定数の削減

平成の大合併を乗り越え存続した町村のうち、多くの議会で議員定数削減の動きが相次ぎ、議員定数の上限が人口区分に応じて法定化されていたときに比べ、大幅に減少している。平成の大合併前の二〇〇一年（平成一三年）七月一日時点では二、五五四町村で四万人を超える議員定数（条例）であったが、二〇二一年（令和三年）七月一日時点では、町村数はその約四割の九二六町村に、議員定数はその約三割の約一万一千人に激減している。さらに、一議会あたりの議員定数も単純比較になるが、平均一五．七人が平均一一．八人と三．九人減少している。

これに加え、議会によっては、行財政改革や住民からの声により自ら定数を削減せざるを得ない状況があり、議会を構成するためにはもうこれ以上は減らせないという最低限の議員定数で運営している議会も多く、議員一人当たりの負担も増している。さらに、議会・議員の活動量が増加している今日、他に職業を持ちながら、議会・議員活動の両立を図ることに苦慮しているという声もある。

② 町村議会の低額な議員報酬の改善

議員のなり手不足の要因は様々であるが、町村議会の議員報酬が月額平均約二一万円とそれだけでは生計を維持できないほどの低水準であり、そのことが議員のなり手不足の要因の一つであると考えられる。

こうしたことから、全国町村議会議長会では、学識者による「町村議会議員の議員報酬等のあり方検討委員会」を設置し、平成三一年三月に「町村議会議員の議員報酬等のあり方最終報告」をまとめ、議員報酬の算定のための手順や留意点について考え方を提示した。

さらに、同報告を基礎として、その後の町村議会の動向を踏まえた検証を行うとともに、議員報酬の増額や政務活動費の活用に向けた実践例や考え方などを、より分かりやすく具体的に示すため、令和三年四月に、江藤俊昭大正大学社会共生学部教授に研究を委託し、令和四年二月に「議員報酬・政務活動費の充実に向けた論点と手続き～住民福祉の向上を実現する町村議会のための条件整備～」（以下「報告書」という。）を刊行し、全国の町村議会・議員に配布した。

報告書においては、議員の活動量は議会改革が進めば増加するが、単に活動量を増やすのではなくその内容が問われること、またこれらを住民にしっかりと示し理解を得ることが何より大切であるとの考え方のもと、「活動内容を踏まえた原価方式」による議員報酬の算定モデルが示されている。活動内容を踏まえた原価方式とは、議会・議員が住民自治をどう進め、住民福祉の向上に役立っているのか活動内容を示すとともに、議員の活動量を首長の活動量と比較し、その割合を首長の給料に乗じて議員報酬を算定する方式である。さらに、議会改革は、議会・議員の活動量に連動しており、議員報酬の増額根拠につながることが示唆されている。議会改革については、報告書内において先駆的な事例（次頁の表参照）を掲載しており、各町村議

表　議会改革の事例

監視力・政策提言力アップ	議案審議の充実	議会基本条例の制定・運用、議決事件の追加、参考人の招致、専門的知見の活用、一般質問の充実、議員間の自由討議、議員派遣の充実、協議調整の場の積極活用、政務活動費の交付等
	会議活動日数の拡充	通年会期の導入（運用を含む。）、休日・夜間議会等
	委員会審査の充実	委員会による政策提言、閉会中審査・所管（掌）事務調査の拡充、委員派遣の充実、常任委員会の複数所属、特別委員会の増設等
	議会活動の検証	議会白書、議会のあり方研究、調査報告書等の発刊等
	研修の充実	政策立案に係る専門的研修、議員の資質向上に係る研修
地域・住民との連携強化	住民との対話機会	議会報告会、出前議会、ワークショップ、住民懇談会等
	住民の議会への参画	公聴会、政策サポーター、議会モニター、議会アドバイザー等
	地域との連携強化	産官学との連携、各種団体との意見交換等
	啓発活動等	こども議会、女性議会、移住者議会、小中高生との対話、議会主催の講演会等
	広報広聴の充実	ホームページ・広報紙の充実、議会のデジタル化（オンラインの活用を含む。）、広報モニターの活用等
その他	国等への要請	意見書の提出権の積極活用等
	防災・災害対策	議会業務継続計画（BCP）策定、議会災害対策マニュアルの作成等

会が議会・議員活動を豊富化するために活用することを提言している。

また、全国町村議会議長会では、この提言を踏まえ、町村の議会改革の取組を全国に横展開するため、報告書が示した「活動内容を踏まえた原価方式」による議員報酬の見直しとの相乗効果を図るため、議会活性化事例集「議会力アップのための活動例～住民とともに歩む議会像を求めて～」（以下「事例集」という。）を作成し、令和四年五月に公表した。

事例集においては、「議会のあり方の見直し」、「監視機能・政策立案機能の強化」、「住民参画の推進」、「議会の見える化」の四つの視点から議会力アップのための活動を実践している二五議会三〇事例を選定し、取りまとめている。

今後、各町村議会において、この報告書や事例集が活用され、議員報酬をはじめ、住民福祉の向上を実現するための条件整備が進み、それぞれの実情にあった議会の活性化、さらには議員のなり手不足解消につながることが期待される。

③　多様な人材が議会に参画するための環境整備

我が国の地方自治制度の基本は議会制民主主義であり、議会が住民の代表機関として適切な役割を果たすためには、幅広い層の住民が議員として参画することが望ましい。

しかしながら、町村議会の議員の構成をみると、女性や六〇歳未満の割合が極めて低く、住民の構成と比較して性別、年齢など多様性を欠いている。このことが住民にとって議会が遠い存在であると感じられ、議員への立候補を躊躇することにつながっているのではないかとの指摘がある。

議員のなり手不足の解消に向けては、議会が住民の代表機関として適切な役割を果たすため、議会の機能強化を図るとともに、女性や若者など多様な人材が議会に参画できる環境を整備することが必要である。

町村議会は、議会と住民との距離が近く、地域の課題をきめ細かに捕捉し、地方公共団体の意思決定に反映させる役割が特に求められていることから、これまで議会基本条例の制定や政策サポーター、議会報告会、住民懇談会など様々な取組を先駆的に行ってきたが、今後もそれぞれの町村議会において住民の議会に関する理解を高める努力を重ねていく必要がある。

また、全国町村議会議長会では、議員のなり手不足に抜本的に対応するため、地方議会・地方議会議員の位置付けの明確化や休暇・休職・復職制度の整備、厚生年金への地方議会議員の加入、手当制度の拡充、地方議会議員に係る選挙制度の改正など個々の町村の自己努力だけでは解決できない制度面の課題について、政府・国会に対し要請を行ってきた。

このような中、令和二年六月八日、「公職選挙法の一部を改正する法律（令和二年法律第四五号）」が可決・成立（同月一二日公布）し、全国町村議会議長会が長年要望してきた選挙公営の拡大が実現した。具体的には、町村議会議員選挙において、供託金制度が導入されるとともに、市と同様に各町村において条例を定めることにより、選挙運動用自動車の使用、選挙運動用ビラの作成及び選挙運動用ポスターの作成が選挙公営の対象となった。このうち、選挙運動用ビラは、従前は頒布すること自体が認められていなかったが、頒布解禁となった。

この改正は、町村議会議員の選挙における立候補に係る環境の改善を図り、候補者の費用負担が軽減され立候補のハードルを引き下げることにつながり、議員のなり手不足を解消するための一助となったものと考えられる。

議員のなり手不足の解消に向けては、このような多様な人材が議会に参画できるための環境整備を着実かつ速やかに進めていくことが重要である。

2　政治分野における男女共同参画の推進

令和三年六月一〇日、「政治分野における男女共同参画の推進に関する法律の一部を改正する法律（令和三年法律第六七号）」が可決・成立し、同月一六日公布・施行された。同改正法は、男女を問わず、立候補や議員活動等をしやすい環境整備等が必要であることに鑑み、政党等のより積極的な取組の促進、国・地方公共団体の施策の強化を図るため、議員立法により成立したものである。

この改正により、地方公共団体の議会も男女共同参画推進の実施主体として位置付けられるとともに、地方公共団体は、議会における欠席事由の拡大をはじめとする公選による公職等としての活動と妊娠、出産、育児、介護等の家庭生活との円滑かつ継続的な両立を支援するための環境整備を行うこと、性的な言動等に起因する問題（セクシャルハラスメント・マタニティハラスメント等）の発生防止に資する研修の実施や当該問題に係る相談体制の整備等を図ること、模擬議会・講演会の開催など人材の育成等に取り組むこととされている。

地方議会議員を対象とした国の調査では、議員活動や選挙活動中に、有権者や支援者、議員等からハラスメントを受けたかという質問に対し、全体の四二・三％、男性の三二・五％、女性の五七・六％が何らかのハラスメント行為を受けたとの回答がある（内閣府男女共同参画局「令和二年度女性の政治参画への障壁等に関する調査研究」）。

今後、各町村議会においては、ハラスメントの防止に係る研修の実施をはじめ、同改正法に基づく施策の実施に関し執行部とともに積極的に取り組む必要がある。

3　議会のデジタル化

令和三年五月一二日、社会全体のデジタル化を進めるため、デジタル庁の設置や国・地方公共団体のシステムの統一・標準化、個人情報保護制度やマイナンバー制度、押印・書面等の交付等を求める行政手続きの見直しなどを行ういわゆるデジタル改革関連法案が可決・成立（施行は一部の例外を除き令和三年九月一日）し、政府は国・地方を通じたデジタル・ガバメントの構築を加速化させている。

一方、地方議会においては、先駆的な議会においてインターネットを活用した議会情報の公開や議会中継、タブレット端末等を活用した議会運営、音声認識システムを利用した会議録の作成、オンラインによる委員会の開催などデジタル技術を活用し様々な取組が行われている。町村議会においては、令和三年七月一日時点で、議会中継を実施している町村は、六六四町村（七一・七％）あり、その中継手段（複数回答）では、「インターネット録画配信」が二七五町村、「インターネットライブ中継」が一九六町村となっている。議会運営におけるタブレット端末等の活用は、一七二町村（一八・六％）において導入されている。

オンラインによる委員会の開催について、総務省は、新型コロナウイルス感染症のまん延という社会情勢をきっかけに、地方議会の委員会をオンラインにより開催することは差し支えないとする旨の行政課長通知（令和二年四月三〇日付け総行行第一一七号）や、「新型コロナウイルス感染症対策に係る地方公共団体における議会の委員会の開催方法に関するQ&Aについて」（令和二年七月一六日付け総行行第一八〇号）を発出した。

これらを踏まえ、全国町村議会議長会では、新型コロナウイルス感染症などの重大な感染症のまん延防止や災害等により委員会の開催場所への参集が困難という特例的、緊急避難的な要件のもと、委員会をオンライン開催する場合に必要な委員会条例の改正及び留意点について

参考　委員会条例改正例

（委員会開会の特例）
第十三条の二　委員長は、新型コロナウイルス感染症その他重大な感染症のまん延又は大規模な災害等の発生等により委員会を開会する場所への委員の参集が困難であると認める場合は、映像と音声の送受信により相手の状態を相互に認識しながら通話をすることができる方法（以下この条において「オンライン」という。）を活用して委員会を開会することができる。
2　前項の規定により開会する委員会において、オンラインによる出席を希望する委員は、あらかじめ委員長の許可を得なければならない。
3　前項の規定により委員長の許可を得て委員会に出席した委員は、この条例の適用において、委員会に出席したものとみなす。
4　オンラインを活用した委員会の開会方法その他必要な事項は、議長が別に定める。
（秘密会）
第十八条　委員会（第十三条の二第一項の規定により開会するものを除く。）は、その議決で秘密会とすることができる。
2　（略）

検討を行い、町村議会の参考に供するため、令和四年二月八日に上欄の条文例を決定し、提示している。

なお、条文例以外の要件については、各議会がそれぞれの実情に応じて規定の必要性を判断することとしている。さらに、今後のデジタル化の進展状況に伴い、町村議会を取り巻く状況が変化した際には、標準委員会条例・会議規則の改正なども含め、改めて検討していくこととしている。

さらに、総務省は、「新型コロナウイルス感染症対策に係る地方公共団体における議会の委員会等の開催方法に関するQ＆Aについて（令和四年六月一〇日付け総行行第一六一号）を発出した。

これは、新型コロナウイルス感染症対策以外の平時においても、本会議・委員会においてオンラインによる方法で参考人から意見聴取を行うことは差し支えないとする考えを示したものであり、この場合の手続きとしては、委員会条例や会議規則、要綱等に定めて行うほか、参考人の招致を議決する際にオンラインによる方法で行う旨を併せて議決することや、申し合わせ等に定めて実施することも想定されている。

現在、住民の意見聴取や情報提供のためにオンラインを活用するなど、議会と住民との対話促進の一つの手法として役立てている地方議会も見受けられるようになっており、オンラインを含む議会のデジタル技術を活用した取組が今後ますます増えていくことが予想される。

一方、デジタル化にあたっては、ソフトの選定や通信環境・セキュリティの確保など技術的な課題もある。特に、町村議会は、人的・財政的な面から、オンラインの活用を含むデジタル化を推進したくとも直ちに導入することは難しいという声もある。こうしたことから、全国町村議会議長会では、町村議会のデジタル化に向けた環境整備を図るため、政府・国会に対して技術的・財政的な支援を行うよう要請している。

議会のデジタル化は、議会機能をこれまで以上に発揮するという観点から、町村議会としても積極的に対応していくことが求められる。

二　議員の心構え

次に、このような課題をかかえて、対応を迫られている町村議会の構成員として、議会を運営し支える立場の議員の心構えである。

いかに制度や環境が整備されても、それを運用する者の心構えがなければ、制度は生かされない。町村の議事機関として、重要な政策の決定と行財政運営の批判と監視の二つの重大な役割を果たすべき町村議会の構成員としての議員の心構えは、いかにあるべきであろうか。

基本的な心構えを、次に掲げることにする。

1　住民全体の代表者である

「すべて公務員は、全体の奉仕者であつて、一部の奉仕者ではない」。憲法第一五条のこの規定は、議員という公職に身をおく者の心構えの基本をうたったもので厳粛に受けとめるべきである。

議員は、住民全体の利益のため、法令に基づいて公平にその権限を行使すべき厳しい立場にあるということである。その職務の遂行に当たっては、住民や行政機関あるいは同僚議員との関係でいろいろな問題に当面することがあろうが、そうしたときに想起して判断の基準にすべきものが、「全体の奉仕者であつて、一部の奉仕者ではない」ということの規定である。

議員は、地域や団体の利害に関連する問題について、町村全体の立場と、地域や団体の立場なり個々の住民の立場の板ばさみになって悩み苦しむこともあり、また、いろいろな事業の実施や施設の設置をめぐって、地域住民や団体の利害得失がからんで重大な決断を迫られることがある。そのような場合、序章の議員の職責で述べたように一般的意思すなわち町村全体の立場に立っての判断に立つ議員として、勇気をもって住民全体の利益を選ぶべきものである。昔の格言に「迷ったときは、己が損をする方を選べ」というのがあるが、選挙をする立場上、ややもすれば地域や一部の利害に目が向きがちである議員にとって、学ぶべき格言といえる。

町村全体の均衡、調和のとれた振興発展策も、均衡ある福祉施策も、適正な予算とその効率的な執行も、さらに職員の厳正な執務の確保も、すべて議員の「全体の奉仕者としての心構え」とその慧眼をもってすれば容易に見通され、適切で妥当な知恵が見出されることは間違いない。

2　執行機関と一歩離れ、二歩離れるな

大統領制（二元代表制）の組織原理が、議会と執行機関が権限を明確に分かち合って相互に牽制し合う「対立の原理」を基本とする以上、議員は、常に執行機関とは一歩離れていなければならない。

それが離れずに密着するのなら、議会・執行機関の二元的な仕組みは無用であり、有害である。執行機関を公正に眺め、厳正に批判し、行財政執行上の重要事項について適正で公平妥当な結論を見出してこれを決定するのが議事機関である。

執行機関に近づき過ぎて一つになってしまっては、批判も監視も適正な政策判断もできないのは当然で、議会の存在理由はなくなってしまう。

また、逆に、議員が執行機関より離れすぎてもその役割が果たされない。町村行政は、議会と執行機関の両者の協同で進められるのであって、議決は、執行のための手続きや過程である。離れすぎては、適切な行政執行の正しい検証はできないし、また、非難や批評はできても、議会の使命である正しい批判と監視はできない。

この原則が守られなければ行政は乱れ、ゆがめられ、民主的で公平な運営が損なわれる。議会の構成員である議員は、常に執行機関とは一歩離れ、二歩離れない姿勢が大事である。

3　批判するには、代案をもってせよ

議会は、住民を代表して重要な事件を審議し、決定し、行政を批判、監視する機関である。したがって、理由があれば批判、攻撃も、また、問題についての追及もいかに鋭くてもよい。

しかし、批判、攻撃そのものが目的ではなく、あくまでも行政を合理的、効率的に行わせることが目的である。議員が指摘した事項がその方向で改善され、実行されなければ何にもならない。ただ批判のみに終わる一人芝居では能がない。議員多数に支持され、執行部に共鳴させ実行させなければ、その価値がない。

したがって、批判や攻撃は、必ずこれに代わるべき代案をもっていなければならない。執行機関の案が悪いのであれば、それに対する実現性のある具体案を持たなければならない。悪や不正を追及するためには、何が善であり、何が正しいかを明確に示すとともに、自らも他人の厳しい批判にたえ得る覚悟をもたなければならない。要は、厳しさの中に温かみのある言葉で批判し、説得力のある実現可能な具体的代案をもって臨む心構えが必要である。

4　実質的な審議が大切

議会は、議事機関であって、十分に審議を尽くすのがその職責である。審議の適否は、ただ単に会期日数や審議日数の長短だけでは論じられない。会期の日数等は、その時点における議会の構成によって、また、事件がかかえる問題点の多寡やその内容によって左右される。議会の審議に対する評価は、どのような高度な質疑や討論が濃密に行われたかによってなされるものである。

重大な指摘事項があるはずなのに、「異議なし、異議なし」ですませたり、逆に、住民の福祉とは直接関連のない議会の内部運営の問題や人事案件で紛糾して日数を費やすようなことでは、住民の信頼は得られない。

住民の立場に立って実質的な審議を尽くすことが、議会の使命であることを忘れてはならない。

5　住民の声や心を代表する

議員は、住民の代表者である。それは、住民が考えていること、思い願っていることのすべてを代表するということである。

大きく叫び、強く訴える組織やバックを持った住民の声は容易に把握できるが、地域社会の片隅にいる弱者の声、組織を持たない住民の小さい声、特に声なき声やため息は聞き取りにくい。住民と行政との橋渡しをすべき議員は、そうした大きな声、小さな声、声なき声、ため息すべての声を把握してこれを代表し、住民の心情をつかんでその心で物事を考えることが大事である。

議会の傍聴者が少ないから、また、行政に対する苦情も聞かれないからといって、住民が行政に関心がないとか、行政が適正に運営されていると考えるのは早計である。役所には弱く、行政に対しては比較的従順な日本人的体質があることを忘れてはならない。

「大衆は大知」という言葉があるように、住民は案外よく知っており、行政についてもいろいろと思い、考えており、また、学ぶべき知恵や知識を持っているのである。

議員は、常に住民の中にとびこんで、住民の声や心や知恵をつかみ、それを議員の声、心、そして知恵として力強く代表する心構えが必要である。

住民とともに喜び、住民とともに涙する血の通った信頼される行政ができるかどうかは、このような議員の活動に待つところがきわめて大きいといわなければならない。

6　勇気と奮起が政治家の要素

町村議会の議員は、町村政治における政治家である。政治家とは、常に地域の現状と問題点を考え、将来のあり方をふまえて住民を指導すべき立場にある。指導するためには、それなりの識見と信念を持つことが要求され、これを行政に、また、住民に訴えて説得しなければならないのである。

そのために、政治家に強く要求されるのが「勇気」と「奮起」である。

かつて、ある有名な外交官がアメリカの故ケネディ大統領に、直接会って「政治家として一番大事なことは何か」と質問したところ、即座に「それは、勇気である」と答えたという。勇気なくしては、思い切って発言し、行政や住民に訴えて説得し指導することができないというのである。

また、その外交官がイギリスの故チャーチル首相に同じ質問をしたところ、「それは、奮起である」と答えたという。議員自らが奮起して発言し、行政当局と住民に訴えてこれを奮起させてこそ、行政の進展も地域の振興発展も実現し、真の指導性の発揮ができるというものである。

地方政治における政治家たる町村議会議員として、さらに勇気を出し、さらに奮起して職責を全うしたいものである。

資料

○「標準」町村議会会議規則

（最終改正　令和三年二月九日）

目次

第一章　総則

（参集）

第一条　議員は、招集の当日開議定刻前に議事堂に参集し、その旨を議長に通告しなければならない。

（欠席の届出）

第二条　議員は、公務、傷病、出産、育児、看護、介護、配偶者の出産補助その他のやむを得ない事由のため出席できないときは、その理由を付け、当日の開議時刻までに議長に届け出なければならない。

2　前項の規定にかかわらず、議員が出産のため出席できないときは、出産予定日の六週間（多胎妊娠の場合にあつては、十四週間）前の日から当該出産の日後八週間を経過する日までの範囲内において、その期間を明らかにして、あらかじめ議長に欠席届を提出することができる。

（宿所又は連絡所の届出）

第三条　議員は、別に宿所又は連絡所を定めたときは、

議長に届け出なければならない。これを変更したときも、また同様とする。（参考）

（議席）

第四条　議員の議席は、一般選挙後最初の会議において、議長が定める。

2　一般選挙後新たに選挙された議員の議席は、議長が定める。

3　議長は、必要があると認めるときは、議席を変更することができる。

4　議席には、番号及び氏名標を付ける。

（会期）

第五条　会期は、毎会期の初めに議会の議決で定める。

2　会期は、招集された日から起算する。

（会期の延長）

第六条　会期は、議会の議決で延長することができる。

（会期中の閉会）

第七条　会議に付された事件をすべて議了したときは、会期中でも議会の議決で閉会することができる。

（議会の開閉）

第八条　議会の開閉は、議長が宣告する。

（会議時間）

第九条　会議時間は、午　○時から午後五時までとする。

2　議長は、必要があると認めるときは、会議時間を変更することができる。ただし、出席議員○人以上から異議があるときは、討論を用いないで会議に諮つて決める。

3　会議の開始は、号鈴で報ずる。

（休会）

第十条　町（村）の休日は、休会とする。

2　議事の都合その他必要があるときは、議会は、議決で休会とすることができる。

3　議長が、特に必要があると認めるときは、休会の日でも会議を開くことができる。

4　地方自治法（昭和二十二年法律第六十七号。以下「法」という。）第百十四条《議員の請求による開議》第一項の規定による請求があつた場合のほか、議会の議決があつたときは、議長は、休会の日でも会議を開かなければならない。

（会議の開閉）

第十一条　開議、散会、延会、中止又は休憩は、議長が宣告する。

2　議長が開議を宣告する前又は散会、延会、中止若しくは休憩を宣告した後は、何人も、議事について発言することができない。

（定足数に関する措置）
第十二条　開議時刻後相当の時間を経ても、なお出席議員が定足数に達しないときは、議長は、延会を宣告することができる。
２　会議中定足数を欠くに至るおそれがあると認めるときは、議長は、議員の退席を制止し、又は議場外の議員に出席を求めることができる。
３　会議中定足数を欠くに至つたときは、議長は、休憩又は延会を宣告する。

（出席催告）
第十三条　法第百十三条《定足数》の規定による出席催告の方法は、議事堂に現在する議員又は議員の住所（別に宿所又は連絡所の届出をした者については、当該届出の宿所又は連絡所）に文書又は口頭をもつて行う。

第二章　議案及び動議

（議案の提出）
第十四条　法第百十二条《議員の議案提出権》の規定によるものを除くほか、議員が議案を提出するに当たつては、○人以上の者の賛成がなければならない。
２　議員が議案を提出しようとするときは、その案をそなえ、理由を付け、所定の賛成者とともに連署して、議長に提出しなければならない。
３　委員会が議案を提出しようとするときは、その案をそなえ、理由を付け、委員長が議長に提出しなければならない。

（一事不再議）
第十五条　議会で議決された事件については、同一会期中は、再び提出することができない。

（動議成立に必要な賛成者の数）
第十六条　動議は、法又はこの規則において特別の規定がある場合を除くほか、他に一人以上の賛成者がなければ議題とすることができない。

（修正の動議）
第十七条　法第百十五条の三《修正の動議》の規定によるものを除くほか、議会が修正の動議を議題とするに当たつては、○人以上の者の発議によらなければならない。
２　修正の動議は、その案をそなえ、所定の発議者が連署して、議長に提出しなければならない。

（秘密会の動議）
第十八条　秘密会の動議は、所定の発議者が連署して、議長に提出しなければならない。

（先決動議の措置）

第十九条　他の事件に先立つて表決に付さなければならない動議が競合したときは、議長が表決の順序を定める。ただし、出席議員○人以上から異議があるときは、討論を用いないで会議に諮つて決める。

（事件の撤回又は訂正及び動議の撤回）

第二十条　会議の議題となつた事件を撤回し、又は訂正しようとするとき及び会議の議題となつた動議を撤回しようとするときは、議会の許可を得なければならない。ただし、会議の議題となる前においては、議長の許可を得なければならない。

2　前項の許可を求めようとするときは、提出者から事件については文書により、動議については文書又は口頭により、請求しなければならない。

第三章　議事日程

（日程の作成及び配布）

第二十一条　議長は、開議の日時、会議に付する事件及びその順序等を記載した議事日程を定め、あらかじめ議員に配布する。ただし、やむを得ないときは、議長がこれを報告して配布に代えることができる。

（日程の順序変更及び追加）

第二十二条　議長が必要があると認めるとき又は議員から動議が提出されたときは、議長は、討論を用いないで会議に諮つて、議事日程の順序を変更し、又は他の事件を追加することができる。

（議事日程のない会議の通知）

第二十三条　議長は、必要があると認めるときは、開議の日時だけを議員に通知して会議を開くことができる。

2　前項の場合、議長は、その開議までに議事日程を定めなければならない。

（延会の場合の議事日程）

第二十四条　議事日程に記載した事件の議事を開くに至らなかつたとき、又はその議事が終わらなかつたときは、議長は、更にその日程を定めなければならない。

（日程の終了及び延会）

第二十五条　議事日程に記載した事件の議事を終わつたときは、議長は、散会を宣告する。

2　議事日程に記載した事件の議事が終わらない場合でも、議長が必要があると認めるとき又は議員から動議が提出されたときは、議長は、討論を用いないで会議に諮つて延会することができる。

第四章　選挙

（選挙の宣告）

第二十六条　議会において選挙を行うときは、議長は、その旨を宣告する。

（不在議員）

第二十七条　選挙を行う宣告の際、議場にいない議員は、選挙に加わることができない。

（議場の出入口閉鎖）

第二十八条　投票による選挙を行うときは、議長は、第二十六条《選挙の宣告》の規定による宣告の後、職員をして議場の出入口を閉鎖させ、出席議員数を報告させる。

（投票用紙の配布及び投票箱の点検）

第二十九条　投票を行うときは、議長は、職員をして議員に所定の投票用紙を配布させた後、配布漏れの有無を確かめなければならない。

2　議長は、職員をして投票箱を点検させなければならない。

（投票）

第三十条　議員は、議長の指示に従って、順次、投票する。

（投票の終了）

第三十一条　議長は、投票が終わったと認めるときは、投票漏れの有無を確かめ、投票の終了を宣告する。その宣告があった後は、投票することができない。

（開票及び投票の効力）

第三十二条　議長は、開票を宣告した後、○人以上の立会人とともに投票を点検しなければならない。

2　前項の立会人は、議長が議員の中から指名する。

3　投票の効力は、立会人の意見を聞いて議長が決定する。

（選挙結果の報告）

第三十三条　議長は、選挙の結果を直ちに議場において報告する。

2　議長は、当選人に当選の旨を告知しなければならない。

（選挙に関する疑義）

第三十四条　選挙に関する疑義は、議長が会議に諮って決める。

（選挙関係書類の保存）

第三十五条　議長は、投票の有効無効を区別し、当該当選人の任期間、関係書類とともにこれを保存しなければならない。

第五章　議事

（議題の宣告）
第三十六条　会議に付する事件を議題とするときは、議長は、その旨を宣告する。

（一括議題）
第三十七条　議長は、必要があると認めるときは、二件以上の事件を一括して議題とすることができる。ただし、出席議員○人以上から異議があるときは、討論を用いないで会議に諮つて決める。

（議案等の朗読）
第三十八条　議長は、必要があると認めるときは、議題になつた事件を職員をして朗読させる。

（議案等の説明、質疑及び委員会付託）
第三十九条　会議に付する事件は、他に規定する場合を除き、会議において提出者の説明を聞き、議員の質疑があるときは質疑の後、議長は、討論を用いないで会議に諮つて所管の常任委員会又は議会運営委員会に付託することができる。ただし、常任委員会に係る事件は、議会の議決で特別委員会に付託することができる。
2　提出者の説明は、討論を用いないで会議に諮つて省略することができる。

（参考）
（議案等の説明、質疑及び委員会付託）
第三十九条　会議に付する事件は、第九十二条《請願の委員会付託》に規定する場合を除き、会議において提出者の説明を聞き、議員の質疑があるときは質疑の後、議長が所管の常任委員会又は議会運営委員会に付託する。ただし、常任委員会に係る事件は、議会の議決で特別委員会に付託することができる。
2　前項の規定にかかわらず、委員会提出の議案は、委員会に付託しない。ただし、議会の議決で付託することができる。
3　提出者の説明又は第一項の委員会の付託は、議会の議決で省略することができる。

（付託事件を議題とする時期）
第四十条　委員会に付託した事件は、第七十七条《委員会報告書》の規定による報告書の提出をまつて議題とする。

（委員長及び少数意見の報告）
第四十一条　委員会が審査又は調査した事件が議題となつたときは、委員長がその経過及び結果を報告する。
2　第七十六条《少数意見の留保》第二項の規定による手続を行つた者は、前項の報告に次いで少数意見の報告をすることができる。この場合において、少数意見が二個以上あるときの報告の順序は、議長が定める。

3 前二項の報告は、討論を用いないで会議に諮つて省略することができる。

4 委員長の報告及び少数意見の報告には、自己の意見を加えてはならない。

（修正案の説明）

第四十二条 提出者の説明又は委員長の報告及び少数意見の報告が終わつたときは、議長は、修正案の説明をさせる。

（参考）

（修正案の説明）

第四十二条 委員長の報告及び少数意見の報告が終わつたとき又は委員会の付託を省略したときは、議長は、修正案の説明をさせる。

（委員長報告等に対する質疑）

第四十三条 議員は、委員長及び少数意見を報告した者に対し、質疑をすることができる。修正案に関しては、事件又は修正案の提出者及び説明のための出席者に対しても、また同様とする。

（討論及び表決）

第四十四条 議長は、前条の質疑が終わつたときは討論に付し、その終結の後、表決に付する。

（議決事件の字句及び数字等の整理）

第四十五条 議会は、議決の結果生じた条項、字句、数字その他の整理を議長に委任することができる。

（委員会の審査又は調査の期限）

第四十六条 議会は、必要があると認めるときは、委員会に付託した事件の審査又は調査につき期限を付けることができる。

2 前項の期限までに審査又は調査を終わることができないときは、委員会は、期限の延期を議会に求めることができる。

3 前二項の期限までに審査又は調査を終わらなかつたときは、その事件は、第四十条《付託事件を議題とする時期》の規定にかかわらず、議会において審議することができる。

（委員会の中間報告）

第四十七条 議会は、委員会の審査又は調査中の事件について、特に必要があると認めるときは、中間報告を求めることができる。

2 委員会は、その審査又は調査中の事件について、特に必要があると認めるときは、議会の承認を得て、中間報告をすることができる。

（再審査又は再調査のための付託）
第四十八条　委員会の審査又は調査を経て報告された事件で、なお審査又は調査の必要があると認めるときは、議会は、更にその事件を同一の委員会又は他の委員会に付託することができる。

（議事の継続）
第四十九条　延会、中止又は休憩のため事件の議事が中断された場合において、再びその事件が議題となったときは、前の議事を継続する。

第六章　発言

（発言の許可等）
第五十条　発言は、すべて議長の許可を得た後、登壇してしなければならない。ただし、発言が簡単な場合その他特に議長が許可したときは、議席で発言することができる。
2　議長は、議席で発言する議員を登壇させることができる。

（発言の要求）
第五十一条　会議において発言しようとする者は、起立して「議長」と呼び、自己の議席番号を告げ、議長の許可を求めなければならない。
2　二人以上起立して発言を求めたときは、議長は、先起立者と認める者から指名して発言させる。

（討論の方法）
第五十二条　討論については、議長は、最初に反対者を発言させ、次に賛成者と反対者を、なるべく交互に指名して発言させなければならない。

（議長の発言及び討論）
第五十三条　議長が議員として発言しようとするときは、議席に着き発言し、発言が終わった後、議長席に復さなければならない。ただし、討論をしたときは、その議題の表決が終わるまでは、議長席に復することができない。

（発言内容の制限）
第五十四条　発言は、すべて簡明にするものとし、議題外にわたり又はその範囲を超えてはならない。
2　議長は、発言が前項の規定に反すると認めるときは注意し、なお従わない場合は、発言を禁止することができる。
3　議員は、質疑に当たっては、自己の意見を述べることができない。

（質疑の回数）
第五十五条　質疑は、同一議員につき、同一の議題について三回を超えることができない。ただし、特に議長の許可を得たときは、この限りでない。

（発言時間の制限）

第五十六条　議長は、必要があると認めるときは、あらかじめ発言時間を制限することができる。

2　議長の定めた時間の制限について、出席議員〇人以上から異議があるときは、議長は、討論を用いないで会議に諮つて決める。

（議事進行に関する発言）

第五十七条　議事進行に関する発言は、議題に直接関係のあるもの又は直ちに処理する必要があるものでなければならない。

2　議事進行に関する発言がその趣旨に反すると認めるときは、議長は、直ちに制止しなければならない。

（発言の継続）

第五十八条　延会、中止又は休憩のため発言が終わらなかつた議員は、更にその議事を始めたときは、前の発言を続けることができる。

（質疑又は討論の終結）

第五十九条　質疑又は討論が終わつたときは、議長は、その終結を宣告する。

2　質疑又は討論が続出して容易に終結しないときは、議員は、質疑又は討論終結の動議を提出することができる。

3　質疑又は討論終結の動議については、議長は、討論を用いないで会議に諮つて決める。

（選挙及び表決時の発言制限）

第六十条　選挙及び表決の宣告後は、何人も発言を求めることができない。ただし、選挙及び表決の方法についての発言は、この限りでない。

（一般質問）

第六十一条　議員は、町（村）の一般事務について、議長の許可を得て、質問することができる。

2　質問者は、議長の定めた期間内に、議長にその要旨を文書で通告しなければならない。

3　質問の順序は、議長が定める。

4　質問の通告をした者が欠席したとき、又は質問の順序に当たつても質問しないとき、若しくは議場に現在しないときは、通告は、その効力を失う。

（緊急質問等）

第六十二条　質問が緊急を要するときその他真にやむを得ないと認められるときは、前条の規定にかかわらず、議会の同意を得て質問することができる。この場合における議会の同意については、議長は、討論を用いないで会議に諮らなければならない。

2　前項の質問がその趣旨に反すると認めるときは、議長は、直ちに制止しなければならない。

（準用規定）

第六十三条　質問については、第五十五条《質疑の回数》及び第五十九条《質疑又は討論の終結》第一項の規定を準用する。

（発言の取消し又は訂正）

第六十四条　議員は、その会期中に限り、議会の許可を得て自己の発言を取り消し、又は議長の許可を得て発言の訂正をすることができる。ただし、発言の訂正は、字句に限るものとし、発言の趣旨を変更することはできない。

第七章　委員会

（議長への通知）

第六十五条　委員会を招集しようとするときは、委員長は、開会の日時、場所、事件等をあらかじめ議長に通知しなければならない。

（会議中の委員会の禁止）

第六十六条　委員会は、議会の会議中は、開くことができない。

（委員の発言）

第六十七条　委員は、議題について自由に質疑し、及び意見を述べることができる。ただし、委員会において別に発言の方法を決めたときは、この限りでない。

（委員外議員の発言）

第六十八条　委員会は、審査又は調査中の事件について、必要があると認めるときは、委員でない議員に対しその出席を求めて説明又は意見を聞くことができる。

2　委員会は、委員でない議員から発言の申出があったときは、その許否を決める。

（委員の議案修正）

第六十九条　委員は、修正案を発議しようとするときは、その案をあらかじめ委員長に提出しなければならない。

（分科会又は小委員会）

第七十条　委員会は、審査又は調査のため必要があると認めるときは、分科会又は小委員会を設けることができる。

（連合審査会）

第七十一条　委員会は、審査又は調査のため必要があると認めるときは、他の委員会と協議して連合審査会を開くことができる。

（証人出頭又は記録提出の要求）

第七十二条　委員会は、法第百条《調査権》の規定による調査を委託された場合において、証人の出頭又は記録の提出を求めようとするときは、議長に申し出なければならない。

（所管事務等の調査）
第七十三条　常任委員会は、その所管に属する事務について調査しようとするときは、その事項、目的、方法及び期間等をあらかじめ議長に通知しなければならない。

2　議会運営委員会が、法第百九条第三項に規定する調査をしようとするときは、前項の規定を準用する。

（委員の派遣）
第七十四条　委員会は、審査又は調査のため委員を派遣しようとするときは、その日時、場所、目的及び経費等を記載した派遣承認要求書を議長に提出し、あらかじめ承認を得なければならない。

（閉会中の継続審査）
第七十五条　委員会は、閉会中もなお審査又は調査を継続する必要があると認めるときは、その理由を付け、議長に申し出なければならない。

（少数意見の留保）
第七十六条　委員は、委員会において少数で廃棄された意見で他に出席委員一人以上の賛成があるものは、これを少数意見として留保することができる。

2　前項の規定により少数意見を留保した者がその意見を議会に報告しようとする場合においては、簡明な少数意見報告書を作り、委員会の報告書が提出されるまでに、委員長を経て議長に提出しなければならない。

（委員会報告書）
第七十七条　委員会は、事件の審査又は調査を終わつたときは、報告書を作り、議長に提出しなければならない。

第八章　表決

（表決問題の宣告）
第七十八条　議長は、表決を採ろうとするときは、表決に付する問題を会議に宣告する。

（不在議員）
第七十九条　表決を行う宣告の際、議場にいない議員は、表決に加わることができない。

（条件の禁止）
第八十条　表決には、条件を付けることができない。

（起立による表決）
第八十一条　議長は、表決を採ろうとするときは、問題を可とする者を起立させ、起立者の多少を認定して可否の結果を宣告する。

2　議長が起立者の多少を認定しがたいとき、又は議長の宣告に対して出席議員○人以上から異議があるときは、議長は、記名又は無記名の投票で表決を採らなければならない。

（投票による表決）

第八十二条　議長が必要があると認めるとき、又は出席議員○人以上から要求があるときは、記名又は無記名の投票で表決を採る。

2　同時に記名投票と無記名投票の要求があるときは、議長は、いずれの方法によるかを無記名投票で決める。

（記名及び無記名の投票）

第八十三条　投票による表決を行う場合には、問題を可とする者は賛成と、否とする者は反対と所定の投票用紙に記載し、投票しなければならない。ただし、記名投票の場合は、自己の氏名を併記しなければならない。

（白票の取扱い）

第八十四条　投票による表決において、賛否を表明しない投票及び賛否が明らかでない投票は、否とみなす。

（選挙規定の準用）

第八十五条　記名又は無記名の投票を行う場合には、第二十八条《議場の出入口閉鎖》、第二十九条《投票用紙の配布及び投票箱の点検》、第三十条《投票》、第三十一条《投票の終了》、第三十二条《開票及び投票の効力》、第三十三条《選挙結果の報告》第一項、第三十四条《選挙に関する疑義》及び第三十五条《選挙関係書類の保存》の規定を準用する。

（表決の訂正）

第八十六条　議員は、自己の表決の訂正を求めることができない。

（簡易表決）

第八十七条　議長は、問題について異議の有無を会議に諮ることができる。異議がないと認めるときは、議長は、可決の旨を宣告する。ただし、議長の宣告に対して、出席議員○人以上から異議があるときは、議長は、起立の方法で表決を採らなければならない。

（表決の順序）

第八十八条　議員の提出した修正案は、委員会の修正案より先に表決を採らなければならない。

2　同一の議題について、議員から数個の修正案が提出されたときは、議長が表決の順序を定める。その順序は、原案に最も遠いものから先に表決を採る。ただし、表決の順序について出席議員○人以上から異議があるときは、議長は、討論を用いないで会議に諮つて決める。

3　修正案がすべて否決されたときは、原案について表決を採る。

第九章　請願

（請願書の記載事項等）

第八十九条　請願書には、邦文を用い、請願の趣旨、提出年月日及び請願者の住所（法人の場合にはその所在地）を記載し、請願者（法人の場合にはその名称を記載し、代表者）が署名又は記名押印しなければならない。

2　請願を紹介する議員は、請願書の表紙に署名又は記名押印しなければならない。

3　請願書の提出は、平穏になされなければならない。

（請願の紹介の取消し）

第九十条　議員が請願の紹介を取り消そうとするときは、会議の議題となつた後においては議会の許可を得なければならない。ただし、会議の議題となる前においては、議長の許可を得なければならない。

2　前項の許可を求めようとするときは、文書により請求しなければならない。

（請願文書表の作成及び配布）

第九十一条　議長は、請願文書表を作成し、議員に配布する。

2　請願文書表には、請願書の受理番号、請願者の住所及び氏名、請願の要旨、紹介議員の氏名並びに受理年月日を記載する。

3　請願者数人連署のものはほか何人と、同一議員の紹介による数件の内容同一のものはほか何件と記載する。

（参考）

（請願書の写しの配布）

第九十一条　議長は、受理番号及び受理年月日を記載した請願書の写しを議員に配布する。

（請願の委員会付託）

第九十二条　議長は、第三十九条《議案等の説明、質疑及び委員会付託》第一項の規定にかかわらず、請願文書表の配布とともに、請願を所管の常任委員会又は議会運営委員会に付託する。ただし、会議に付した請願で常任委員会に係るものは、議会の議決で特別委員会に付託することができる。

（注　前条において請願書の写しを配布する場合においては、「請願文書表」とあるのは「請願書の写し」とする。）

2　会議に付した請願の委員会の付託は、議会の議決で省略することができる。

3　請願の内容が二以上の委員会の所管に属する場合は、二以上の請願が提出されたものとみなし、それぞれの委員会に付託する。

（参考）

（請願の委員会付託）

第九十二条　議長は、請願文書表の配布とともに、請願を所管の常任委員会又は議会運営委員会に付託する。ただし、会議に付した請願で常任委員会に係るものは、議会の議決で特別委員会に付託することができる。

（注　前条において請願書の写しを配布する場合においては、「請願文書表」とあるのは「請願書の写し」とする。）

2　会議に付した請願の委員会の付託は、議会の議決で省略することができる。

3　請願の内容が二以上の委員会の所管に属する場合は、二以上の請願が提出されたものとみなし、それぞれの委員会に付託する。

（紹介議員の委員会出席）

第九十三条　委員会は、審査のため必要があると認めるときは、紹介議員の説明を求めることができる。

2　紹介議員は、前項の求めがあつたときは、これに応じなければならない。

（請願の審査報告）

第九十四条　委員会は、請願について審査の結果を次の区分により議長に報告しなければならない。

一　採択すべきもの

二　不採択とすべきもの

2　委員会は、必要があると認めるときは、請願の審査結果に意見を付けることができる。

3　採択すべきものと決定した請願で、町（村）長その他の関係執行機関に送付することを適当と認めるもの並びにその処理の経過及び結果の報告を請求することを適当と認めるものについては、その旨を付記しなければならない。

（陳情書の処理）

第九十五条　陳情書又はこれに類するもので議長が必要があると認めるものは、請願書の例により処理するものとする。

第十章　秘密会

（指定者以外の退場）

第九十六条　秘密会を開く議決があつたときは、議長は、傍聴人及び議長の指定する者以外の者を議場の外に退去させなければならない。

（秘密の保持）

第九十七条　秘密会の議事の記録は、公表しない。

2　秘密会の議事は、何人も秘密性の継続する限り、他に漏らしてはならない。

第十一章　辞職及び資格の決定

（議長及び副議長の辞職）

第九十八条　議長が辞職しようとするときは副議長に、副議長が辞職しようとするときは議長に、辞表を提出しなければならない。

2　前項の辞表の提出があつたときは、その旨議会に報告し、討論を用いないで会議に諮つてその許否を決める。

3　閉会中に副議長の辞職を許可した場合は、議長は、その旨を次の議会に報告しなければならない。

（議員の辞職）

第九十九条　議員が辞職しようとするときは、議長に辞表を提出しなければならない。

2　前条第二項及び第三項の規定は、議員の辞職について、準用する。

（資格決定の要求）

第百条　法第百二十七条《失職及び資格決定》第一項の規定により、議員の被選挙権の有無又は法第九十二条の二《議員の兼業禁止》の規定に該当するかどうかについて議会の決定を求めようとする議員は、要求の理由を記載した要求書を証拠書類とともに議長に提出しなければならない。

（資格決定の審査）

第百一条　前条の要求については、議会は、第三十九条《議案等の説明、質疑及び委員会付託》第一項の規定にかかわらず、委員会に付託しなければ決定することができない。

（参考）

（資格決定の審査）

第百一条　前条の要求については、議会は、第三十九条《議案等の説明、質疑及び委員会付託》第三項の規定にかかわらず、委員会の付託を省略して決定することができない。

第十二章　規律

（品位の尊重）

第百二条　議員は、議会の品位を重んじなければならない。

（携帯品）

第百三条　議場に入る者は、帽子、外とう、襟巻、つえ、かさ、写真機及び録音機の類を着用し、又は携帯してはならない。ただし、病気その他の理由により議長の許可を得たときは、この限りでない。

（議事妨害の禁止）

第百四条　何人も、会議中は、みだりに発言し、騒ぎ、その他議事の妨害となる言動をしてはならない。

（離席）

第百五条　議員は、会議中みだりに議席を離れてはならない。

（禁煙）

第百六条　何人も、議場において喫煙してはならない。

（新聞等の閲読禁止）

第百七条　何人も、会議中は、参考のためにするもののほか、新聞紙又は書籍の類を閲読してはならない。

（許可のない登壇の禁止）

第百八条　何人も、議長の許可がなければ演壇に登つてはならない。

（議長の秩序保持権）

第百九条　法又はこの規則に定めるもののほか、規律に関する問題は、議長が定める。ただし、議長は、必要があると認めるときは、討論を用いないで会議に諮つて決める。

第十三章　懲罰

（懲罰動議の提出）

第百十条　懲罰の動議は、文書をもつて所定の発議者が連署して、議長に提出しなければならない。

2　前項の動議は、懲罰事犯があつた日から起算して三日以内に提出しなければならない。ただし、第九十七条《秘密の保持》第二項の違反に係るものについては、この限りでない。

（懲罰の審査）

第百十一条　懲罰については、議会は、第三十九条《議案等の説明、質疑及び委員会付託》第一項の規定にかかわらず、委員会に付託しなければ決定することができない。

（参考）

（懲罰の審査）

第百十一条　懲罰については、議会は、第三十九条《議案等の説明、質疑及び委員会付託》第三項の規定にかかわらず、委員会の付託を省略して議決することができない。

（代理弁明）

第百十二条　議員は、自己に関する懲罰動議及び懲罰事犯の会議並びに委員会で一身上の弁明をする場合において、議会又は委員会の同意を得たときは、他の議員をして代わって弁明させることができる。

（戒告又は陳謝の方法）

第百十三条　戒告又は陳謝は、議会の決めた戒告文又は陳謝文によって行うものとする。

（出席停止の期間）

第百十四条　出席停止は、○日を超えることができない。ただし、数個の懲罰事犯が併発した場合又は既に出席を停止された者についてその停止期間内に更に懲罰事犯が生じた場合は、この限りでない。

（出席停止期間中出席したときの措置）

第百十五条　出席を停止された議員がその期間内に議会の会議又は委員会に出席したときは、議長又は委員長は、直ちに退去を命じなければならない。

（懲罰の宣告）

第百十六条　議会が懲罰の議決をしたときは、議長は、公開の議場において宣告する。

第十四章　公聴会

（公聴会開催の手続）

第百十七条　議会が、法第百十五条の二第一項の規定により、会議において、公聴会を開こうとするときは、議会の議決でこれを決定する。

2　議長は、前項の議会の議決があったときは、その日時、場所及び意見を聴こうとする案件その他必要な事項を公示する。

（意見を述べようとする者の申出）

第百十八条　公聴会に出席して意見を述べようとする者は、文書であらかじめその理由及び案件に対する賛否を、議会に申し出なければならない。

（公述人の決定）

第百十九条　公聴会において意見を聴こうとする利害関係者及び学識経験者等（以下「公述人」という。）は、前条の規定によりあらかじめ申し出た者及びその他の者の中から、議会において定め、議長は、本人にその旨を通知する。

2　あらかじめ申し出た者の中に、その案件に対して、賛成者及び反対者があるときは、一方に偏らないように公述人を選ばなければならない。

（公述人の発言）
第百二十条　公述人が発言しようとするときは、議長の許可を得なければならない。
2　前項の発言は、その意見を聴こうとする案件の範囲を超えてはならない。
3　公述人の発言がその範囲を超え、又は公述人に不穏当な言動があるときは、議長は、発言を制止し、又は退席させることができる。

（議員と公述人の質疑）
第百二十一条　議員は、公述人に対して質疑をすることができる。
2　公述人は、議員に対して質疑をすることができない。

（代理人又は文書による意見の陳述）
第百二十二条　公述人は、代理人に意見を述べさせ、又は文書で意見を提示することができない。ただし、議会が特に許可した場合は、この限りでない。

第十五章　参考人

（参考人）
第百二十三条　議会が、法第百十五条の二第二項の規定により、会議において、参考人の出席を求めようとするときは、議会の議決でこれを決定する。
2　前項の場合において、議長は、参考人にその日時、場所及び意見を聴こうとする案件その他必要な事項を通知しなければならない。
3　参考人については、第百二十条（公述人の発言）、第百二十一条（議員と公述人の質疑）及び第百二十二条（代理人又は文書による意見の陳述）の規定を準用する。

第十六章　会議録

（会議録の記載事項）
第百二十四条　会議録に記載する事項は、次のとおりとする。
一　開会及び閉会に関する事項並びにその年月日時
二　開議、散会、延会、中止及び休憩の日時
三　出席及び欠席議員の氏名
四　職務のため議場に出席した事務局職員の職氏名
五　説明のため出席した者の職氏名
六　議事日程
七　議長の諸報告
八　議員の異動並びに議席の指定及び変更
九　委員会報告書及び少数意見報告書
十　会議に付した事件

十一　議案の提出、撤回及び訂正に関する事項
十二　選挙の経過
十三　議事の経過
十四　記名投票における賛否の氏名
十五　その他議長又は議会において必要と認めた事項
（参考）

（会議録の記録事項）
第百二十四条　会議録は、電磁的記録（電子的方式、磁気的方式その他人の知覚によつては認識することができない方式で作られる記録であつて、電子計算機による情報処理の用に供されるものをいう。）をもつて作成し、当該会議録に記録する事項は、次のとおりとする。
一　開会及び閉会に関する事項並びにその年月日時
二　開議、散会、延会、中止及び休憩の日時
三　出席及び欠席議員の氏名
四　職務のため議場に出席した事務局職員の職氏名
五　説明のため出席した者の職氏名
六　議事日程
七　議長の諸報告
八　議員の異動並びに議席の指定及び変更
九　委員会報告書及び少数意見報告書
十　会議に付した事件
十一　議案の提出、撤回及び訂正に関する事項
十二　選挙の経過
十三　議事の経過
十四　記名投票における賛否の氏名
十五　その他議長又は議会において必要と認めた事項

（会議録の配布）
第百二十五条　会議録は、印刷して、議員及び関係者に配布する。（参考）
（参考）

（会議録の配布）
第百二十五条　会議録は、当該会議録に記録された事項を記載した書面又は当該事項を記録した磁気ディスク（これに準ずる方法により一定の事項を確実に記録することができる物を含む。）を作成して、議員及び関係者に配布する。（参考）

（会議録に掲載しない事項）
第百二十六条　前条の会議録には、秘密会の議事並びに議長が取消しを命じた発言及び第六十四条《発言の取消し又は訂正》の規定により取り消した発言は、掲載しない。（参考）
（参考）

（会議録に掲載又は記録しない事項）
第百二十六条　前条の会議録には、秘密会の議事並びに議長が取消しを命じた発言及び第六十四条《発言の取消し又は訂正》の規定により取り消した発言は、掲載又は記録しない。（参考）

（会議録署名議員）
第百二十七条　会議録に署名すべき議員は、○人とし、議長が会議において指名する。

（参考）
（会議録署名議員）
第百二十七条　会議録に法第百二十三条第三項に規定する署名に代わる措置をとらなければならない議員は、○人とし、議長が会議において指名する。

第十七章　全員協議会

（全員協議会）
第百二十八条　法第百条第十二項の規定により議案の審査又は議会の運営に関し協議又は調整を行うための場として、全員協議会を設ける。

2　全員協議会は、議員の全員で構成し、議長が招集する。

3　全員協議会の運営その他必要な事項は、議長が別に定める。

第十八章　議員の派遣

（議員の派遣）
第百二十九条　法第百条第十三項の規定により議員を派遣しようとするときは、議会の議決でこれを決定する。ただし、緊急を要する場合は、議長において議員の派遣を決定することができる。

2　前項の規定により、議員の派遣を決定するに当たっては、派遣の目的、場所、期間その他必要な事項を明らかにしなければならない。

第十九章　補則

（会議規則の疑義）
第百三十条　この規則の施行に関し疑義が生じたときは、議長が決める。ただし、異議があるときは、会議に諮って決める。

附　則

この規則は、　　年　　月　　日から施行する。

○「標準」町村議会委員会条例

（最終改正　平成二六年一二月五日）

目次

第一章　通則

（常任委員会の設置）

第一条　議会に常任委員会を置く。

（常任委員会の名称、委員定数及びその所管）

第二条　常任委員会の名称、委員の定数及び所管は、次のとおりとする。

一　○○常任委員会　○人
　○○○○○に関する事務

（二号以下同文略）

（常任委員の任期）

第三条　常任委員の任期は、○年とする。ただし、後任者が選任されるまで在任する。

2　補欠委員の任期は、前任者の残任期間とする。

（常任委員の任期の起算）

第四条　常任委員の任期は、選任の日から起算する。ただし、任期満了による後任者の選任が任期満了前に行われたときは、その選任による委員の任期は、前任の委員の任期満了の日の翌日から起算する。

（議会運営委員会の設置）

第四条の二　議会に議会運営委員会を置く。

2　議会運営委員会の委員の定数は、○人とする。

3　前項の委員の任期については、前二条の規定を準用する。

（特別委員会の設置）

第五条　特別委員会は、必要がある場合において議会の議決で置く。

2　特別委員会の委員の定数は、議会の議決で定める。

（資格審査特別委員会及び懲罰特別委員会の設置）

第六条　議員の資格決定の要求又は懲罰の動議があつたときは、前条第一項の規定にかかわらず、資格審査特別委員会又は懲罰特別委員会が設置されたものとする。

（参考）

2　資格審査特別委員会及び懲罰特別委員会の委員の定数は、前条第二項の規定にかかわらず、○人とする。

（参考）

（委員の選任）

第七条　議員は、少なくとも一の常任委員となるものとする。

2　常任委員及び議会運営委員は、会期の始めに議会において選任する。

3　特別委員は、議会において選任し、委員会に付議された事件が議会において審議されている間在任する。

4　常任委員、議会運営委員及び特別委員（以下「委員」という。）は、議長が会議に諮つて指名する。ただし、閉会中においては、議長が指名することができる。

5　常任委員及び議会運営委員の任期満了による後任者の選任は、その任期満了前○日以内に行うことができる。

6　議長は、常任委員の申出があるときは、会議に諮つて当該委員の委員会の所属を変更することができる。ただし、閉会中においては、議長が変更することができる。

7　前項の規定により所属を変更した常任委員の任期は、第三条《常任委員の任期》第二項の例による。

（委員長及び副委員長）

第八条　常任委員会、議会運営委員会及び特別委員会（以下「委員会」という。）に、委員長及び副委員長一人を置く。

2　委員長及び副委員長は、委員会において互選する。

3　委員長及び副委員長の任期は、委員の任期による。

（委員長及び副委員長がともにないときの互選）

第九条　委員長及び副委員長がともにないときは、議長が委員会の招集日時及び場所を定めて、委員長の互選を行わせる。

2　前項の互選に関する職務は、年長の委員が行う。

（委員長の議事整理及び秩序保持権）

第十条　委員長は、委員会の議事を整理し、秩序を保持する。

（委員長の職務代行）

第十一条　委員長に事故があるとき又は委員長が欠けたときは、副委員長が委員長の職務を行う。

2　委員長及び副委員長にともに事故があるときは、年長の委員が委員長の職務を行う。

（委員長、副委員長及び委員の辞任）

第十二条　委員長及び副委員長が辞任しようとするときは、委員会の許可を得なければならない。

2　委員が辞任しようとするときは、議会の許可を得なければならない。ただし、閉会中においては、議長が許可することができる。

第二章　会議及び規律

（招集）

第十三条　委員会は、委員長が招集する。

2　委員の定数の半数以上の者から審査又は調査すべき事件を示して招集の請求があつたときは、委員長は、委員会を招集しなければならない。

（定足数）

第十四条　委員会は、委員の定数の半数以上の委員が出席しなければ会議を開くことができない。ただし、第十六条《委員長及び委員の除斥》の規定による除斥のため半数に達しないときは、この限りでない。

（表決）

第十五条　委員会の議事は、出席委員の過半数で決し、可否同数のときは、委員長の決するところによる。

2　前項の場合においては、委員長は、委員として議決に加わることができない。

（委員長及び委員の除斥）

第十六条　委員長及び委員は、自己若しくは父母、祖父母、配偶者、子、孫若しくは兄弟姉妹の一身上に関する事件又は自己若しくはこれらの者の従事する業務に直接の利害関係のある事件については、その議事に参与することができない。ただし、委員会の同意があつたときは、会議に出席して、発言することができる。

（傍聴の取扱）

第十七条　委員会は、議員のほか、委員長の許可を得た者が傍聴することができる。

2　委員長は、必要があると認めるときは、傍聴人の退場を命ずることができる。

（秘密会）

第十八条　委員会は、その議決で秘密会とすることができる。

2　委員会を秘密会とする委員長又は委員の発議については、討論を用いないで委員会に諮つて決める。

（出席説明の要求）

第十九条　委員会は、審査又は調査のため、町（村）長、教育委員会の教育長、選挙管理委員会の委員長、公平委員会の委員長、農業委員会の会長及び監査委員その他法律に基づく委員会の代表者又は委員並びにその委任又は嘱託を受けた者に対し、説明のため出席を求めようとするときは、議長を経てしなければならない。

（秩序保持に関する措置）

第二十条　委員会において地方自治法（昭和二十二年法律第六十七号）、会議規則又はこの条例に違反し、その他委員会の秩序を乱す委員があるときは、委員長は、これを制止し、又は発言を取り消させることができる。

2　委員が前項の規定による命令に従わないときは、委員長は、当日の委員会が終わるまで発言を禁止し、又は退場させることができる。

3　委員長は、委員会が騒然として整理することが困難であると認めるときは、委員会を閉じ、又は中止することができる。

第三章　公聴会

（公聴会開催の手続）

第二十一条　委員会が、公聴会を開こうとするときは、議長の承認を得なければならない。

2　議長は、前項の承認をしたときは、その日時、場所及び意見を聴こうとする案件その他必要な事項を公示する。

（意見を述べようとする者の申出）

第二十二条　公聴会に出席して意見を述べようとする者は、文書であらかじめその理由及び案件に対する賛否を、その委員会に申し出なければならない。

（公述人の決定）

第二十三条　公聴会において意見を聴こうとする利害関係者及び学識経験者等（以下「公述人」という。）は、前条の規定によりあらかじめ申し出た者及びその他の者の中から、委員会において定め、議長を経て、本人にその旨を通知する。

2　あらかじめ申し出た者の中に、その案件に対して、賛成者及び反対者があるときは、一方に偏らないように公述人を選ばなければならない。

（公述人の発言）

第二十四条　公述人が発言しようとするときは、委員長の許可を得なければならない。

2　前項の発言は、その意見を聴こうとする案件の範囲を超えてはならない。

3　公述人の発言がその範囲を超え、又は公述人に不穏当な言動があるときは、委員長は、発言を制止し、又は退席させることができる。

（委員と公述人の質疑）

第二十五条　委員は、公述人に対して質疑をすることができる。

2　公述人は、委員に対して質疑をすることができない。

（代理人又は文書による意見の陳述）

第二十六条　公述人は、代理人に意見を述べさせ、又は文書で意見を提示することができない。ただし、委員会が特に許可した場合は、この限りでない。

第四章　参考人

（参考人）

第二十六条の二　委員会が、参考人の出席を求めるには、議長を経なければならない。

2　前項の場合において、議長は、参考人にその日時、場所及び意見を聴こうとする案件その他必要な事項を通知しなければならない。

3　参考人については、第二十四条《公述人の発言》、第二十五条《委員と公述人の質疑》及び第二十六条《代理人又は文書による意見の陳述》の規定を準用する。

第五章　記録

（記録）

第二十七条　委員長は、職員をして会議の概要、出席委員の氏名等必要な事項を記載した記録を作成させ、これに署名又は記名押印しなければならない。

2　前項の記録は、議長が保管する。

第六章　補則

（会議規則との関係）

第二十八条　この条例に定めるもののほか、委員会に関しては、会議規則の定めるところによる。

附　則

この条例は、　　年　　月　　日から施行する。

○「標準」町村議会傍聴規則

（平成三〇年一〇月二四日）

（この規則の目的）

第一条　この規則は、地方自治法（昭和二十二年法律第六十七号）第百三十条第三項の規定に基づき、傍聴に関し必要な事項を定めることを目的とする。

（傍聴席の区分）

第二条　傍聴席は、一般席及び報道関係者席に分ける。

（傍聴人の定員）

第三条　一般席の定員は、○○人とする。

（傍聴の手続）

第四条　会議を傍聴しようとする者は、所定の場所で自己の住所、氏名及び年齢を傍聴人受付票に記入しなければならない。

（傍聴券）

第五条　議長は、必要があると認めるときは、前条の規定にかかわらず傍聴券を交付することができる。

2　傍聴券は、会議当日所定の場所で先着順により交付する。

3　傍聴券の交付を受けた者は、傍聴券に住所、氏名及び年齢を記入しなければならない。

4　傍聴券の交付を受けた者は、傍聴券に記載された日に限り傍聴することができる。

5　傍聴人が入場しようとするときは、所定の入口で傍聴券を提示しなければならない。

6　傍聴人は、係員から要求を受けたときは、傍聴券を提示しなければならない。

7　傍聴券の交付を受けた者は、傍聴を終え退場しようとするときは、これを返還しなければならない。

（議場への入場禁止）

第六条　傍聴人は、議場に入ることができない。

（傍聴席に入ることができない者）

第七条　次に該当する者は、傍聴席に入ることができない。

一　銃器、棒その他人に危害を加え、又は迷惑を及ぼすおそれのある物を携帯している者

二　張り紙、ビラ、掲示板、プラカード、旗、のぼり、垂れ幕、かさの類を携帯している者

三　鉢巻、腕章、たすき、リボン、ゼッケン、ヘルメットの類を着用し、又は携帯している者

四　ラジオ、拡声器、無線機、マイク、録音機、写真機、映写機の類を携帯している者。ただし、第九条の規定により、撮影又は録音することにつき議長の許可を得た者を除く。
五　笛、ラッパ、太鼓その他の楽器の類を携帯している者
六　下駄、木製サンダルの類を履いている者
七　酒気を帯びていると認められる者
八　異様な服装をしている者
九　その他議事を妨害することを疑うに足りる顕著な事情が認められる者

2　議長は、必要と認めたときは、傍聴人に対し、係員をして、前項第一号から第五号までに規定する物品を携帯しているか否かを質問させることができる。

3　議長は、前項の質問を受けた者がこれに応じないときは、その者の入場を禁止することができる。

4　児童及び乳幼児は、傍聴席に入ることができない。ただし、議長の許可を得た場合は、この限りでない。

（傍聴人の守るべき事項）

第八条　傍聴人は、傍聴席にあるときは、静粛を旨とし、次の事項を守らなければならない。

一　議場における言論に対して拍手その他の方法により公然と可否を表明しないこと。
二　談論し、放歌し、高笑し、その他騒ぎ立てないこと。
三　鉢巻、腕章、たすき、リボン、ゼッケン、ヘルメットの類を着用し、又は張り紙、旗、垂れ幕の類を掲げる等示威的行為をしないこと。
四　帽子、外とう、襟巻の類を着用しないこと。ただし、病気その他の理由により議長の許可を得た場合は、この限りでない。
五　飲食又は喫煙をしないこと。
六　みだりに席を離れないこと。
七　不体裁な行為又は他人の迷惑となる行為をしないこと。
八　その他議場の秩序を乱し、又は議事の妨害となるような行為をしないこと。

（写真、映画等の撮影及び録音等の禁止）

第九条　傍聴人は、傍聴席において写真、映画等を撮影し又は録音等をしてはならない。ただし、特に議長の許可を得た場合は、この限りでない。

（係員の指示）

第十条　傍聴人は、すべて係員の指示に従わなければならない。

（違反に対する措置）

第十一条　傍聴人がこの規則に違反するときは、議長は、これを制止し、その命令に従わないときは、これを退場させることができる。

附　則

この規則は、　年　月　日から施行する。

○町村議会の運営に関する基準

（昭和60年2月制定
昭和62年1月改正
昭和63年10月改正
平成7年3月改正
平成19年3月改正
平成21年2月改正
平成25年5月改正
平成27年10月改正
平成30年10月改正
令和4年10月改正
全国町村議会議長会）

まえがき

地方の時代の確立が望まれる今日、地方行政の多様化、専門化と相まって、議会の責務と役割は一層重いものとなっており、議会活動の充実と効率化が強く求められている。

議会活動の充実と効率化を一層図るためには、適正かつ円滑な議会運営が行われることが必要である。

もとより、それぞれの町村議会においては、地方自治法、会議規則、委員会条例等に基づいて、よりよい議会運営に努めているところであり、また、全国町村議会議長会においても、全国の町村議会の参考に供するため、昭和三一年に「標準町村議会会議規則」及び「標準町村議会委員会条例」を作成したところであるが、更に、より実務的な指針を求める声が強かった。

そこで、本会では、昭和五八年七月以来、全国各ブロックから選出された都道府県町村議会議長会事務局長で構成する小委員会を設け、鋭意その「町村議会の運営に関する基準」について審議、検討してきたが、今般成案を得、全国都道府県町村議会議長会会長及び事務局長の了解のもとに、ここに上梓することとした次第である。

その後、昭和六一年一二月に「標準」町村議会会議規則及び同委員会条例を全面改正したのに伴い、関係する部分の見直しを行ったのをはじめ、地方自治法の改正等を踏まえ、所要の改正を行ったところである。

今後この資料が、町村議会の一層民主的かつ効率的な運営に寄与できれば幸いである。

凡例

1　この基準の配列は、「標準」町村議会会議規則の規定にそって編集した。
2　各項目のうち、根拠規定があるものについては、これを末尾に表示し、その他のものについては、関係ある条文を参照条文として参考の便に供した。
3　法令等の名称は、次の略語を用いた。
法……地方自治法
令……地方自治法施行令
標規……「標準」町村議会会議規則
標委……「標準」町村議会委員会条例
様式……書式例第五次改訂版

第一章　総則

第一節　議会の呼称

1　議会の呼称は、会期ごとに順次回数を追って定例会、臨時会の別に令和○年第○回○○町（村）議会定例会（臨時会）とし、暦年更新する。（法一〇二）
（注）　回数は、定例会、臨時会を通算し暦年更新する方法もある。

第二節　議会の招集

2　定例会は、年○回とし、○月、○月、○月…及び○月に招集されるのが通例である。（法一〇二）
（注）　招集月を定める規則を制定している場合は、規則の定めによる。
3　議員の一般選挙があったときは、任期起算日からおおむね一〇日以内に議会構成のための初議会が招集されるのが通例である。（法一〇三、標委七）
4　町（村）長が議会を招集しようとするときは、あらかじめ議長（一般選挙後の最初に招集される議会においては事務局長）と協議し、招集告示をしたときは、その写しを添えて議長（事務局長）に通知される。（法一〇一、一〇二）
5　議長（一般選挙後の最初に招集される議会において

は事務局長）は、町（村）長から議会招集の通知を受理したときは、その旨を議員に通知する。

（法一〇一、様式三）

第三節　告示依頼

6　臨時会において、議員又は委員会が発議する事件並びに請願（陳情）及び継続審査中の事件を付議するときは、議長から町（村）長に対し、告示を依頼する。ただし、開会中に緊急を要する事件があるときは、この限りでない。
（法一〇二）

第四節　参　集

7　応招及び出席の通告は、事務局に備え付けの議員応招通告簿及び出席簿に押印して行う。
（標規一）

（注）名札式によっている議会にあっては、それにより表示する。

8　議員が会議に出席できないときは、その理由を記した欠席届を議長に提出する。ただし、その開議時刻までに届け出ができない場合は、あらかじめ電話等で届け出る。
（標規二）

9　議員が会議に遅参するときは、電話等により議長に届け出る。

（注）閉会中においても、議会外の用務のため○日間以上町（村）を離れるときは、議長に通知する。

第五節　議　席

10　一般選挙後の最初の会議における仮議席は、開議前に協議又はくじで定めたとおりとし、臨時議長が指定する。
（標規四）

11　議席は、一般選挙後最初の会議において、議長が指定する。
（標規四）

12　議長の議席は最終○番、副議長の議席は最終○番とする。
（標規四）

（注）一般選挙後最初の会議においては副議長の選挙後に、また、議長又は副議長に欠員が生じた後の当該選挙の後に議長及び副議長が当該議席でないときは、当該議席の議員とそれぞれ議席の変更を行う。

第六節　会　期

13　会期は、あらかじめ議会運営委員会において協議し、議長が会議に諮って決める。
（法一〇二、標規五）

14　会期の延長は、会期終了の当日議決する。
（法一〇二、標規六）

（注）会期の延長を議決したときは、当日の欠席議員に通知する。

15　会期及び会期の延長は、期間及び日数を議決する。

運営基準

第七節　議会の開閉

16　議会の開閉は、議長が宣告する。ただし、閉会については、議長の宣告がなくても会期の終了により閉会となる。
（法一〇二、標規五、六）

第八節　会議時間

17　会議時間の変更は、議長が前日の会議において宣告する。ただし、招集日の会議時間の変更は、あらかじめその旨を議員に通知する。
　会議時間の延長は、議長が会議中随時宣告することができる。
（標規九）

18　会議の開始は、チャイム又はブザーで報じ、開議定刻五分前に予鈴を、開議定刻に本鈴を鳴らす。
　会議に出席した議員は、氏名標を立て、会議が終わったときは倒して退場する。
（標規四、九）

第九節　休　会

19　休会の議決をするときは、あらかじめ議会運営委員会で協議し、議長が会議に諮って決める。
　休会中の休日は、これを休会日数に算入する。
（標規一〇）

20　休会を議決したときは、議決時に不在の議員に通知する。
（標規一〇）

第二章　議案及び動議

第一節　議案等の提出

21　議員及び委員会提出議案（条例、会議規則、意見書、決議等）は、暦年ごとにそれぞれ発議第〇号、発委第〇号と一連番号を付ける。
（法一〇九、一一二、標規一四）

22　町（村）長提出議案及び諮問等は、暦年ごとに、議案第〇号及び諮問第〇号等と、その種別により一連番号を付ける。
（注）番号は議会で付ける場合もある。
参考　議案等の提出は、次の例示による。

1. 議員提出議案	発議第〇号
2. 委員会提出議案	発委第〇号
3. 長提出議案	議案第〇号
4. 諮　問	諮問第〇号
5. 承認（法第一七九条の専決処分）	承認第〇号
6. 認　定（決　算）	認定第〇号
7. 同意（人事案件）	同意第〇号
8. 請　願（陳　情）	請願（陳情）第〇号
9. 報告（法第一八〇条の専決処分等）	

報告第○号

(注)(1)　9の報告の（　）内の等とは、議会に報告（提出）を義務付けられたものをいう。

①　継続費繰越計算書及び継続費精算書の報告（令一四五）
②　繰越明許費繰越計算書及び事故繰越計算書の報告（令一四六、一五〇）
③　監査及び検査に関する通知及び報告（法一九九、二三五の二、二四二）
④　土地開発公社等の政令で定める法人の経営状況報告書（法二四三の三）
⑤　健全化判断比率の報告（地方公共団体の財政の健全化に関する法律三）
⑥　資金不足比率の報告（地方公共団体の財政の健全化に関する法律二二）
⑦　教育に関する事務の管理及び執行の状況の点検及び評価の報告（地方教育行政の組織及び運営に関する法律二六）

(2)　(注)の(1)については、諸般の報告で行う場合もある。

23　町（村）長から提出される議案等の写しは、その必要部数を印刷し、議長に送付される。（法一四九）

24　議長は、議案等の写しを議員に配布する。

25　議長は、同一趣旨の意見書案、決議案等が同時に提出されたときは、議会運営委員会において調整する。（標規一四）

第二節　動議の提出

26　事件の撤回を求める動議、審議不要の動議等法令に反する動議は、議長はこれをとりあげることができない。（標規一六）

27　議長の宣告に対する異議は、法律又は会議規則に規定するもの以外は、申し立てできない。（法一一四、一一八、標規九、一九、三七、五六、八一、八七、八八、一三〇）

第三節　修正案の提出

28　付託議案に対する委員会の報告が修正の場合、又は議員から修正の動議が提出された場合は、それぞれ修正案の写しを議員に配布する。（法一一五の三、標規一七）

第四節　議案等の撤回及び訂正

29　議会が受理した事件を撤回し、又は訂正しようとするときは、議長に対し提出者から文書により請求する。（標規二〇、様式四〇、四一）

運営基準

30　会議に提出された議案等の誤植訂正をするときは、正誤表を議員に配布する。

第三章　議事日程

第一節　議事日程の作成及び配布

31　議事日程に記載する事件は、おおむね次のとおりとする。（標規二一）

(1)　議席の指定及び変更（標規四）
(2)　会議録署名議員の指名（標規一二七）
(3)　会期の決定及び延長（標規五、六）
(4)　諸般の報告
(5)　行政報告
(6)　議長及び副議長の選挙並びに辞職（法一〇三、一〇八、標規九八）
(7)　仮議長の選挙（法一〇六）
(8)　議員の辞職（法一二六、標規九九）
(9)　常任委員の選任、所属変更及び辞任（標委七、一二）
(10)　議会運営委員の選任及び辞任（標委七、一二）
(11)　一般質問（標規六一）
(12)　議案等
(13)　事件の撤回及び訂正（標規二〇）
(14)　委員会報告書が提出された議案等（標規四〇）
(15)　委員会の閉会中の継続審査又は調査（標規七五）
(16)　委員会の審査又は調査の期限（標規四六）
(17)　委員会の中間報告（標規四七）
(18)　特別委員会の設置（法一〇九、標委五）
(19)　特別委員の選任及び辞任（標委七、一二）
(20)　選挙管理委員の罷免（法一八四の二）
(21)　監査委員の罷免（法一九七の二）

32　議事日程は、一議案一日程として作成し、一日ごとに順次番号をつける。（標規二一）

33　一般選挙後の最初の会議においては、臨時議長が議長選挙までの議事日程を作成する。（標規二一）

参考　一般選挙後最初の会議の議事日程は、おおむね次のとおりとする。

(1)　臨時議長が作成する議事日程
①　仮議席の指定（標規四）
②　議長選挙（法一〇三）

(2)　議長が作成する追加議事日程
①　議席の指定（標規四）
②　会議録署名議員の指名（標規一二七）
③　会期の決定（標規五）
④　副議長選挙（法一〇三）

⑤　常任委員の選任（標委七）
⑥　議会運営委員の選任（標委七）
⑦　一部事務組合の議会議員の選挙（法二八六）
⑧　監査委員の選任同意（法一九六）

34　議事日程はおそくとも当日の開議までに議員に配布する。（標規二一）

35　議事が終わらなかったため延会したときは、その事件は、原則として他の事件に先行して翌日（次の会議日）の議事日程に記載する。（標規二四）

第二節　日程の順序変更及び追加

36　日程の順序変更は、議長の発議又は議員の動議により、討論を用いないで会議に諮って行う。（標規二二）

37　会議を開いた後、新たな事件が提出されたときは、議長の発議により、討論を用いないで会議に諮って日程に追加する。

議員から新たな事件を追加する動議が提出されたときは、討論を用いないで会議に諮って日程に追加する。（標規二二）

38　新たな事件を日程に追加し、その順序を変更して直ちに議題とする必要がある場合は、議長の発議又は議員の動議により、討論を用いないで会議に諮って行う。

39　日程の追加を要する事件が提出され、その日程追加が否決されたときは、議長は、後日の議事日程に記載し、議題とする。（標規二二）

40　日程の追加を要する事件が、会期の最終日に提出され、その日程追加が否決されたときは、その事件は会期の終了により審議未了（廃案）となる。

第四章　選　挙

第一節　選挙の方法

41　選挙の方法は、投票を原則とする。ただし、指名推選によることもできる。（法一一八）

42　投票をもってする選挙（又は表決）は、日を単位として行い、二日間にわたって行うことはできない。この場合は、翌日改めて投票を行う。

43　指名推選の方法により選挙を行うときは、議長発議又は議員の動議により、会議に諮って、異議がなければ、次の方法による。（法一一八）

(1)　議長指名による場合

議長発議又は議員の動議により、議長が指名することを会議に諮って、異議がないときは、議長が指名し、その指名を受けた者を会議に諮って、異議がなければ、その者を当選人とする。

(2)　議員の動議による場合

議員の動議により、指名者を会議に諮って、異議がないときは、指名者が指名し、その指名を受けた者を議長が会議に諮って、異議がなければ、その者を当選人とする。

第二節　投票及び開票

44　投票に当たっては、事務局長（職員）に点呼させる。（標規三〇）

45　議員は、点呼に応じ、議長席に向かって右（左）方から順次登壇して、投票用紙を投票箱に投入し、議席に復する。

議長は、点呼の最後に議長席において投票する。（標規三〇）

46　立会人は、議席順を原則として議長が順次指名する。（標規三一）

第三節　選挙の結果

47　投票の効力に関し異議がある場合は、次の議事に入る前までに申し出る。（法一一八）

48　当選人が議場にいるときの当選告知は、選挙結果の報告後直ちに議長が口頭により行う。（標規三三）

49　議会における選挙により当選した議員は、当選の告知を受けた後、就任のあいさつを行う。この場合、就任のあいさつにより当選を承諾したものとみなす。（標規三三）

50　当選人が議場にいないときの当選の告知は、文書により行い、当選人から当選承諾書の提出を求める。（標規三三）

第五章　議　事

第一節　説明員

51　議場における説明員の出席要求は、あらかじめ文書により、議長から町（村）長又は行政委員会の長に対して行う。ただし、緊急の場合は口頭により行う。（法一二一）

52　説明のための議場出席者の範囲は、町（村）長及び行政委員会の長などのほか、原則としてこれらの者から委任又は嘱託を受けた課長職以上の者とし、議長に通知のあった者とする。（法一二一）

第二節　諸般の報告

53　諸般の報告は、法令に定めのあるもののほか、議長が必要と認めるものについて行う。

〔報告事項例示〕

(1)　議員の異動

(2) 閉会中の副議長、議員の辞職許可　（標規九八、九九）
(3) 委員長、副委員長の選任及び辞任
(4) 閉会中の委員の選任、所属変更及び辞任　（標委七、一二）
(5) 議案等の受理及び撤回（法一四九、標規二〇）
(6) 請願、陳情の受理及び付託前の取下げ
(7) 監査、検査結果（法一九九、二三五の二）
(8) 請願、陳情の処理経過及び結果（法一二五）
(9) 議員派遣結果
(10) 一部事務組合議会に関する事項
(11) 開発公社等に関する事項
(12) 系統議長会関係に関する事項
(13) 慶弔に関する事項
(14) 説明員に関する事項（法一二一）
(15) その他報告すべき事項

（注）諸般の報告は、開議宣告後議事に入る前に行う。
なお、必要により議事に入った後に行うこともある。

54　諸般の報告のうち、議長において必要と認めたものについては、事務局長（職員）に朗読させる。

55　法令に基づく報告書等は執行機関において作成し、議員に配布される。

56　町（村）長等の行政報告は、議長の諸般の報告の次に行う。

57　諸般の報告及び行政報告に対する質疑は、原則として行わない。

第三節　議題及び議案等の説明

58　議員又は委員会が提案する議案等のうち、意見書案及び決議案で、内容の明解なものについては、趣旨説明を行わない。　（標規三九）

59　決算を議題に供したときは、町（村）長の説明の後、決算審査意見書について、必要に応じ監査委員に説明を求める。　（法一四九、二三三）

第四節　除　斥

60　議長は、除斥を必要とする場合は、その事件が議題に供されたときに除斥の宣告を行う。　（法一一七）

61　除斥に該当するかどうかについて疑義があるときは、議長は会議に諮って決定する。　（法一一七）

62　除斥された議員は、その会議を傍聴することは適当ではない。

第五節　委員会付託

63　議長は、常任委員会に付託する事件で所管の委員会

が明確でないものは、議会運営委員会に諮問し、あらかじめ調整のうえその所管を決定する。（標規三九）

64　議長は、議案を委員会に付託するときは、本会議中心主義の場合は議決により付託し、委員会中心主義の場合は議案付託表を配布して付託する。（標規三九）

65　二以上の委員会に関連する議案は、議会運営委員会の協議を経て主たる委員会又は特別委員会に付託する。（標規三九）

第六節　委員会の中間報告

66　委員会は、審査又は調査中の事件について、中間報告をするときは、あらかじめ議長に申し出る。（標規四七）

第七節　委員長報告

67　委員会報告書及び少数意見報告書は、その写しを議員に配布する。（標規七七）

68　常任委員長の報告は、委員会条例第二条に規定する順序による。（標規四一）

69　委員長報告の原稿は、原則として委員長が作成する。（標規四一）

70　副委員長が委員長の職務を行った場合は、委員長は委員長報告を副委員長に行わせることができる。（標規四一）

71　委員長報告の補足発言は、他の発言に優先して許可する。（標規四一）

72　委員長報告及び少数意見報告を省略するときは、委員会で決定し、議長に申し出る。（標規四一）

73　委員長報告の中で、付帯決議・希望意見等の表明があったものについては、必要に応じて、議長の発議又は議員の動議により会議に諮って決定することができる。

第八節　少数意見の報告

74　少数意見の留保があったときは、委員長が委員会報告書に付記して議長に提出する。（標規七六、七七、様式一〇三）

75　委員会において二個以上の少数意見が留保されたときは、議長は少数意見報告書の議長への提出順序によって報告の順序を定めて発言を許可する。（標規四一）

76　少数意見の留保者に事故のあるときは、代理報告は認めない。また、委員長報告の中に少数意見を併せて報告することで、あらかじめ少数意見者の了解を得たときは、会議に諮って少数意見の報告は省略する。（標規四一）

第六章　発　言

第一節　発言及び発言通告

77　執行機関が特に発言しようとするときは、あらかじめ議長に申し出る。（標規五〇）

78　議員の発言は、すべて議長の許可を得た後、登壇して行うのが原則であるが、再質問、質疑及び議事進行に関する発言については、議席で起立して発言することができる。（標規五〇）

79　議事進行に関する発言を求めるときは、「議事進行」と呼称し、議長の許可を得る。（標規五一、五七）

80　議事進行に関する発言は、議長は、直ちに許可するが、他の議員の発言中は、その発言が終わるまで許可しない。（標規五七）

81　質問又は質疑に対して、執行機関が直ちに答弁できないものについては、後刻答弁させることができる。

第二節　一般質問

82　一般質問は、会期の始めに行う。（標規六一）

83　一般質問の通告は、開会日〇日前までに行う。

なお、通告にあたっては、質問の内容を具体的に記載しなければならない。（標規六一）

84　一般質問の順序は、原則として通告順による。（標規六一）

85　一般質問に対する関連質問は、許可しない。（標規六一）

86　議長は、一般質問通告一覧表を作成し議員及び関係者に配布する。（標規六一）

87　質問者は原則として原稿を作成し、それによって発言する。

第三節　緊急質問

88　緊急質問をしようとする者は、原則としてあらかじめ文書で議長に申し出る。（標規六二）

89　緊急質問は、議会の同意を得て日程に追加し、順序を変更して行う。（標規二二、六二）

第四節　発言の取消し及び訂正

90　会議における議員の発言について、不穏当（不適当）な言辞があったように思われるときは、議長が「不穏当（不適当）な言辞があったように思われますので、後刻記録を調査の上措置します。」と宣告し、記録を調査の上、不穏当（不適当）であると認めた場合は、その部分は配布用の会議録に掲載しない。なお、当該議員にはこの旨を説明しておくことが望ましい。（標規六四）

運営基準

91　執行機関の発言の取消し及び訂正については、議員の発言に準じて取扱う。

第七章　質疑・討論及び表決

第一節　質　疑

92　二件以上の事件を一括して議題とした場合でも、質疑の回数は、同一議題として会議規則の定める回数とする。（標規五五）

93　議員は、自己の所属する委員会の委員長報告については、質疑をしない。（標規四三）

94　委員長の報告に対する質疑は、審査の経過と結果に対する疑義にとどめ、付託された議案に対し、提出者に質疑することはできない。（標規四三）

第二節　討　論

95　討論は、おおむね次の順序により行い、修正案に対する討論は、原案に対する討論と併せて、これを行う。（標規五二）

(1)　委員会に付託しない場合
①　修正案のない場合＝原案反対者―原案賛成者
②　修正案のある場合＝原案賛成者―原案及び修正案反対者―原案賛成者―修正案賛成者

(2)　委員会に付託した場合
①　報告が可決の場合＝原案反対者―原案賛成者
②　報告が否決の場合＝原案賛成者―原案反対者
③　報告が修正の場合＝原案賛成者―原案及び修正案反対者―原案賛成者―修正案賛成者
④　委員長報告後修正案のある場合＝原案賛成者―原案及び修正案反対者―原案賛成者―修正案賛成者
⑤　報告が可決で少数意見のある場合＝原案賛成者―少数意見賛成者（原案反対者）
⑥　報告が否決で少数意見のある場合＝原案反対者―少数意見賛成者（原案賛成者）

96　討論においては、冒頭に賛否を明らかにしてから、その理由を述べる。（標規五二）

97　一括議題とした事件に対する討論は、一括して行うことができる。（標規三七）

98　法及び会議規則に規定されているもののほか、次に掲げるものについては、おおむね討論を用いない。

(1)　会期決定の議決（標規五）
(2)　会期延長の議決（標規六）
(3)　休会の議決（標規一〇）
(4)　休会の日の開議の議決（標規一〇）
(5)　事件の撤回又は訂正及び動議の撤回の許可（標規

一〇）
(6) 議決事件の字句及び数字等の整理を議長に委任する議決（標規四五）
(7) 委員会の審査又は調査に対して期限を付ける議決（標規四六）
(8) 中間報告を求める議決（標規四七）
(9) 発言取消しの許可（標規六四）
(10) 請願の特別委員会付託の議決（標規九二）
(11) 請願の委員会付託省略の議決（標規九二）
(12) 会議規則の疑義に関する決定（標規一三〇）
(13) 議事進行の動議の議決
（参考） 法及び会議規則に規定されているもの
(1) 秘密会とする議決（法一一五）
(2) 会議時間の変更に異議あるときの決定（標規九）
(3) 先決動議の表決順序に異議あるときの決定（標規一九）
(4) 議事日程の順序変更及び追加の議決（標規二二）
(5) 延会の議決（標規二五）
(6) 一括議題とすることに異議あるときの決定（標規三七）
(7) 議案等の説明省略及び委員会付託の議決（標規三九）
(8) 委員長及び少数意見の報告の省略（標規四一）
(9) 発言時間の制限に異議あるときの決定（標規五六）
(10) 質疑・討論の終結動議の決定（標規五九）
(11) 緊急質問の同意（標規六二）
(12) 表決の順序に異議あるときの決定（標規八八）
(13) 議長及び副議長の辞職許可（標規九八）
(14) 議員の辞職許可（標規九九）
(15) 規律に関する問題の決定（標規一〇九）

第3節　表　決

99　委員長の報告が可決の場合の表決は、委員長報告のとおり決するかを採決し、委員長の報告が否決の場合は原案について採決する。（標規八一）

100　委員長報告が修正の場合又は議員から修正案が提出されたときは、まず修正案を採決した後、修正議決した部分を除く原案について採決する。ただし、修正案が否決されたときは、原案について採決する。（標規八八）

101　数個の修正案が提出されたときの表決の順序は、次のとおりとする。（標規八八）
(1) 議員のみの修正案で共通部分がない場合
原案に最も遠いものから先に表決をとる。

(2)　議員のみの修正案で共通部分がある場合

まず、共通部分を表決に付するのが通例である。しかし、共通部分が極めて小部分であるときは、各案ごとに表決に付することもある。

(3)　議員の修正案と委員会の修正案で、共通部分がない場合

議員の修正案から先に表決をとる。

(4)　議員の修正案と委員会の修正案で、共通部分がある場合

まず、議員の修正案中、委員会の修正案と共通の部分を除く修正部分について表決に付する。

次に、議員の修正案と委員会の修正案の共通部分について表決に付する。

最後に、議員の修正案と委員会の修正案と共通部分を除く委員会の修正案を表決に付する。

102　一括議題とした議案等に対する表決は、一件ごとに採決するのが原則である。ただし、異議がないと認められるときは、一括して採決することができる。（標規三七、八七）

103　全員が、異議がないと認められる軽易な事件の表決は、簡易表決による。（標規八七）

第八章　委員会

104　常任委員の選任にあたっては、あらかじめ議長が議会運営委員会又は全員協議会において調整のうえ会議に諮って指名する。（標委七）

105　議長は、委員長及び副委員長の互選の結果を本会議において報告する。（参照条文　標委八）

106　議長は、常任委員になった後、議会の同意を得て当該常任委員を辞任することができる。（法一〇九）

107　常任委員の所属変更は、相互の変更を希望する当該委員が議長に申し出、議長が会議に諮って、その所属を変更する。

変更を希望する委員会の委員に欠員があるときは、当該委員の申し出のみによって、議長が会議に諮って、その所属を変更する。（標委七、様式一一〇）

108　議長は、特別委員にならないのを原則とする。

109　特別委員会の名称は、審査又は調査若しくは設置の目的を冠して呼称する。（標委五）

110　特別委員の選任は、委員会設置の議決の当日行うのを原則とする。（標委五、七）

111　特別委員会の委員長及び副委員長の互選は、委員会設置の議決の当日行うのを原則とする。（標委五、八）

112　連合審査会を開く旨の議長への通知は、関係委員長の連名で行う。（様式一〇〇）

113　連合審査会の開催通知は、関係委員長の連名で行う。（標規七一）

114　連合審査会の議事は、主たる委員会の委員長が主宰する。（標規七一）

115　連合審査会に付した事件の表決は、主たる委員会において行う。（標規七一）

116　委員会に付託された審査又は調査事件を、閉会中もなお継続して行おうとするときは、委員会から申し出るのが原則であるが、委員会に付託する際に、これを議決することもできる。（標規七五）

なお、特別委員会等にあっては、長期にわたって調査の必要があるときは、調査終了まで閉会中もこれを行う旨の議決をすることもできる。

第九章　請　願（陳　情）

117　議長は、請願の紹介議員にならないのを原則とする。また、当該事項を所管する委員会の委員長についても同様とする。（法一二四）

118　請願者が、請願書を取り下げようとする場合は、取下申出書を議長に提出しなければならない。（標規二〇、様式四四）

119　受理後の請願は、請願者であっても原則として訂正することができない。

120　委員会付託を省略して本会議で審議する請願について、必要があるときは、紹介議員に説明をさせる。（標規九三）

121　請願を議決したときは、その結果を請願者に通知する。（様式四九）

122　採択すべきものと決定した請願で、執行機関にその処理経過及び結果の報告を請求するときは、その旨を委員会で決定し、報告書に付記する。

123　町（村）長等から、請願の処理経過及び結果の報告書が提出されたときは、議長は、次の会議において議員に配布し、報告する。（標規九四、様式一〇二）

124　議案に関連する請願については、その議案が可決又は否決されたときは、「みなし採択（不採択）」とする。（法一二五、標規九四）

125　同一会期中において、請願がすでに議決した請願の内容と同一のものについては、「みなし採択」又は「みなし不採択」として取扱う。ただし、必要がある場合は、議決することができる。

126　請願の内容が数項目にわたる場合で、内容が採択できる項目については、その項目をとりあげて、一部採択として採決することができる。

127　閉会中の継続審査に付された請願について、取下げの申し出があったときは、議長は所管の委員長にこの旨を通知し、次の会議において、許可を求める。（標規一二〇）

128　陳情書又はこれに類するもので、議長が必要と認めるものは、請願書の例により処理し、請願書の例により処理する必要がないと認めるものについては、議会運営委員会に諮って、その写し、又は、その要旨を印刷し、議員に配布する。（標規九五）

第一〇章　辞　職

129　議長、副議長及び議員の辞職を許可したときは、次の方法により措置する。（標規九八、九九、様式五六）

(1)　議長の場合

議事堂に登庁しているときは、直ちに口頭により告げ、欠席しているときは、文書でその旨を本人に通知する。

(2)　副議長の場合

議事堂に登庁しているときは、直ちに口頭により告げ、閉会中又は欠席しているときは、文書でその旨を本人に通知する。

(3)　議員の場合

議員の辞職を許可したときは、直ちに文書でその旨を本人に通知する。

130　議会の許可を得て辞職した議長及び副議長は、その会議においてあいさつをするのを通例とする。

第一一章　会　議　録

131　会議録署名議員は、会期を通じて議席順により議長が指名し、又は、会議日ごとに議席順により議長が指名する。ただし、事故あるときは、次の議席にある者を指名する。（標規一一七）

132　会議において議長の職務を行った臨時議長、仮議長及び副議長は、会議録に署名する。（法一二三）

133　会議において発言の取消しが許可されたときは、その発言は、配布（閲覧用を含む）する会議録には記載又は記録しない。ただし、会議録の原本にはそのまま記載又は記録する。（標規六四、一一六）

執行機関等の関連する発言についても、同様である。

134　会議において、議長が取消しを命じた発言でも、会議録の原本にはそのまま記載又は記録する。ただし、配布（閲覧用を含む）する会議録には、その発言は掲載又は記録しない。

（法一二九、標規一二六）

135　会議において自ら発言を訂正したとき、又は当該議員から訂正の申し出があって、議長がこれを許可したときは、会議録の原本には、その部分について傍線し、訂正した発言を記載する。

（法一二三、標規六四、一二八）

第一二章　議会運営委員会

136　長から議会招集の申入れがあったときは、速やかに議会運営委員会を開き、執行機関から付議事件の概要について報告を求め、所要の協議を行い、諸般の態勢を整える。

137　議長は、議会運営委員会の委員にならないのが適当である。

138　議会運営委員会は、議会運営に関する諸般の協議を目的として、おおむね次に掲げる事項について協議する。

Ⅰ　議会の運営に関する事項

(1)　会期及び会期延長の取扱い

(2)　会期中における会議日程

(3)　議事日程

(4)　議席の決定及び変更

(5)　発言の取扱い（発言順序、発言者、発言時間等）

(6)　議事進行の取扱い

(7)　説明員の出席の取扱い

(8)　議会の施設の取扱い（議員控室、委員会室、傍聴席等）

(9)　議長、副議長の選挙の取扱い

(10)　一般質問の取扱い

(11)　緊急質問の取扱い

(12)　特別委員会設置の取扱い

(13)　委員会の構成の取扱い

(14)　委員会の閉会中の継続審査（又は調査）の取扱い

(15)　議長、副議長及び議員の辞職の取扱い

(16)　休会の取扱い

(17)　議会内の秩序の取扱い

(18)　議案の取扱い

(19)　動議の取扱い（修正動議を含む）

(20)　議員及び委員会提出議案（条例、意見書、決議）の取扱い

(21)　長の不信任決議の取扱い

(22)　議員の資格の取扱い

(23) 請願、陳情の取扱い
(24) 専門的事項に係る調査
(25) 公聴会及び参考人
(26) その他議会運営上必要と認められる事項

Ⅱ 議会の会議規則、委員会に関する条例等に関する事項
(1) 会議規則、委員会条例の制定、改正
(2) 議会事務局、議会図書室設置条例の制定、改正
(3) その他規則、条例等これに類すると認められる事項

Ⅲ 議長の諮問に関する事項
(1) 議長の臨時会の招集請求
(2) 議会の諸規程等の起草及び先例解釈運用等
(3) 傍聴規則の制定、改正
(4) 常任委員会間の所管の調整
(5) 慶弔等
(6) 議員派遣
(7) その他議長が必要と認める事項

139 議会運営委員会で決定された議会の運営等に関する事項等については、あらかじめ議員全員に周知する措置を講ずる。

140 議会運営委員会の協議の結果については、議員はこれを遵守する。

第一三章　参　考　人

141 参考人の出席を求める場合は、あらかじめ本人の了承を得ておく。

142 請願、陳情等の審査に際し、必要がある場合は、提出者に参考人として説明を求めることができる。

第一四章　全員協議会

143 全員協議会は、議長が主宰する。

144 全員協議会は、議長の許可を得た者が傍聴することができる。ただし、議長は必要があると認めるときは、傍聴人の退場を命じることができる。

145 議長は、職員をして会議の概要、出席議員の氏名等必要な事項を記載した記録を作成させ、これに署名又は記名押印しなければならない。

146 議長は、町（村）長その他必要があると認める者に対し、全員協議会への出席を求めることができる。

147 その他、全員協議会の運営に関して必要な事項は、議長が全員協議会に諮って決定する。

第一五章　慶　弔

148　議員が叙勲され、又は議員として受賞したときは、会議において議長が報告する。

149　議員が逝去したときは、会議において同僚議員が追悼演説を行った後、黙とうを行う。

第一六章　その他

150　議場における議員に対する呼称は、「○○議員」の他「○○君」又は「○○さん」と呼ぶのを例とする。

151　臨時議長の紹介は、事務局長が行う。（法一〇七）

152　議員は、在職中所定の記章をはい用する。

153　議会選出の一部事務組合等議会議員が組合等議会に出席したときは、その経過及び結果を議長に報告する。

154　開発公社等の理事会に出席した議員は、その経過及び結果を議長に報告する。

155　議員が議会を代表して出席した会議については、その経過及び結果を議長に報告する。

156　議場の本会議以外の使用は、原則としてこれを許可しない。

157　傍聴人受付票は記入後、受付箱に投函させるなど個人情報保護の対策を講じる。

付録

○日本国憲法

昭二一・一一・三

日本国民は、正当に選挙された国会における代表者を通じて行動し、われらとわれらの子孫のために、諸国民との協和による成果と、わが国全土にわたつて自由のもたらす恵沢を確保し、政府の行為によつて再び戦争の惨禍が起ることのないやうにすることを決意し、ここに主権が国民に存することを宣言し、この憲法を確定する。そもそも国政は、国民の厳粛な信託によるものであつて、その権威は国民に由来し、その権力は国民の代表者がこれを行使し、その福利は国民がこれを享受する。これは人類普遍の原理であり、この憲法は、かかる原理に基くものである。われらは、これに反する一切の憲法、法令及び詔勅を排除する。

日本国民は、恒久の平和を念願し、人間相互の関係を支配する崇高な理想を深く自覚するのであつて、平和を愛する諸国民の公正と信義に信頼して、われらの安全と生存を保持しようと決意した。われらは、平和を維持し、専制と隷従、圧迫と偏狭を地上から永遠に除去しようと努めてゐる国際社会において、名誉ある地位を占めたいと思ふ。われらは、全世界の国民が、ひとしく恐怖と欠乏から免かれ、平和のうちに生存する権利を有することを確認する。

われらは、いづれの国家も、自国のことのみに専念して他国を無視してはならないのであつて、政治道徳の法則は、普遍的なものであり、この法則に従ふことは、自国の主権を維持し、他国と対等関係に立たうとする各国の責務であると信ずる。

日本国民は、国家の名誉にかけ、全力をあげてこの崇高な理想と目的を達成することを誓ふ。

第一章　天皇

第一条　天皇は、日本国の象徴であり日本国民統合の象徴であつて、この地位は、主権の存する日本国民の総意に基く。

第二条　皇位は、世襲のものであつて、国会の議決した皇室典範の定めるところにより、これを継承する。

第三条　天皇の国事に関するすべての行為には、内閣の助言と承認を必要とし、内閣が、その責任を負ふ。

第四条　天皇は、この憲法の定める国事に関する行為のみを行ひ、国政に関する権能を有しない。

②　天皇は、法律の定めるところにより、その国事に関

する行為を委任することができる。

第五条 皇室典範の定めるところにより摂政を置くときは、摂政は、天皇の名でその国事に関する行為を行ふ。この場合には、前条第一項の規定を準用する。

第六条 天皇は、国会の指名に基いて、内閣総理大臣を任命する。

② 天皇は、内閣の指名に基いて、最高裁判所の長たる裁判官を任命する。

第七条 天皇は、内閣の助言と承認により、国民のために、左の国事に関する行為を行ふ。

一 憲法改正、法律、政令及び条約を公布すること。

二 国会を召集すること。

三 衆議院を解散すること。

四 国会議員の総選挙の施行を公示すること。

五 国務大臣及び法律の定めるその他の官吏の任免並びに全権委任状及び大使及び公使の信任状を認証すること。

六 大赦、特赦、減刑、刑の執行の免除及び復権を認証すること。

七 栄典を授与すること。

八 批准書及び法律の定めるその他の外交文書を認証すること。

九 外国の大使及び公使を接受すること。

十 儀式を行ふこと。

第八条 皇室に財産を譲り渡し、又は皇室が、財産を譲り受け、若しくは賜与することは、国会の議決に基かなければならない。

第二章 戦争の放棄

第九条 日本国民は、正義と秩序を基調とする国際平和を誠実に希求し、国権の発動たる戦争と、武力による威嚇又は武力の行使は、国際紛争を解決する手段としては、永久にこれを放棄する。

② 前項の目的を達するため、陸海空軍その他の戦力は、これを保持しない。国の交戦権は、これを認めない。

第三章 国民の権利及び義務

第十条 日本国民たる要件は、法律でこれを定める。

第十一条 国民は、すべての基本的人権の享有を妨げられない。この憲法が国民に保障する基本的人権は、侵すことのできない永久の権利として、現在及び将来の国民に与へられる。

第十二条 この憲法が国民に保障する自由及び権利は、国民の不断の努力によつて、これを保持しなければならない。又、国民は、これを濫用してはならないのであつて、常に公共の福祉のためにこれを利用する責任を負ふ。

第十三条　すべて国民は、個人として尊重される。生命、自由及び幸福追求に対する国民の権利については、公共の福祉に反しない限り、立法その他の国政の上で、最大の尊重を必要とする。

第十四条　すべて国民は、法の下に平等であつて、人種、信条、性別、社会的身分又は門地により、政治的、経済的又は社会的関係において、差別されない。

② 華族その他の貴族の制度は、これを認めない。

③ 栄誉、勲章その他の栄典の授与は、いかなる特権も伴はない。栄典の授与は、現にこれを有し、又は将来これを受ける者の一代に限り、その効力を有する。

第十五条　公務員を選定し、及びこれを罷免することは、国民固有の権利である。

② すべて公務員は、全体の奉仕者であつて、一部の奉仕者ではない。

③ 公務員の選挙については、成年者による普通選挙を保障する。

④ すべて選挙における投票の秘密は、これを侵してはならない。選挙人は、その選択に関し公的にも私的にも責任を問はれない。

第十六条　何人も、損害の救済、公務員の罷免、法律、命令又は規則の制定、廃止又は改正その他の事項に関し、平穏に請願する権利を有し、何人も、かかる請願をしたためにいかなる差別待遇も受けない。

第十七条　何人も、公務員の不法行為により、損害を受けたときは、法律の定めるところにより、国又は公共団体に、その賠償を求めることができる。

第十八条　何人も、いかなる奴隷的拘束も受けない。又、犯罪に因る処罰の場合を除いては、その意に反する苦役に服させられない。

第十九条　思想及び良心の自由は、これを侵してはならない。

第二十条　信教の自由は、何人に対してもこれを保障する。いかなる宗教団体も、国から特権を受け、又は政治上の権力を行使してはならない。

② 何人も、宗教上の行為、祝典、儀式又は行事に参加することを強制されない。

③ 国及びその機関は、宗教教育その他いかなる宗教的活動もしてはならない。

第二十一条　集会、結社及び言論、出版その他一切の表現の自由は、これを保障する。

② 検閲は、これをしてはならない。通信の秘密は、これを侵してはならない。

第二十二条 何人も、公共の福祉に反しない限り、居住、移転及び職業選択の自由を有する。

② 何人も、外国に移住し、又は国籍を離脱する自由を侵されない。

第二十三条 学問の自由は、これを保障する。

第二十四条 婚姻は、両性の合意のみに基いて成立し、夫婦が同等の権利を有することを基本として、相互の協力により、維持されなければならない。

② 配偶者の選択、財産権、相続、住居の選定、離婚並びに婚姻及び家族に関するその他の事項に関しては、法律は、個人の尊厳と両性の本質的平等に立脚して、制定されなければならない。

第二十五条 すべて国民は、健康で文化的な最低限度の生活を営む権利を有する。

② 国は、すべての生活部面について、社会福祉、社会保障及び公衆衛生の向上及び増進に努めなければならない。

第二十六条 すべて国民は、法律の定めるところにより、その能力に応じて、ひとしく教育を受ける権利を有する。

② すべて国民は、法律の定めるところにより、その保護する子女に普通教育を受けさせる義務を負ふ。義務教育は、これを無償とする。

第二十七条 すべて国民は、勤労の権利を有し、義務を負ふ。

② 賃金、就業時間、休息その他の勤労条件に関する基準は、法律でこれを定める。

③ 児童は、これを酷使してはならない。

第二十八条 勤労者の団結する権利及び団体交渉その他の団体行動をする権利は、これを保障する。

第二十九条 財産権は、これを侵してはならない。

② 財産権の内容は、公共の福祉に適合するやうに、法律でこれを定める。

③ 私有財産は、正当な補償の下に、これを公共のために用ひることができる。

第三十条 国民は、法律の定めるところにより、納税の義務を負ふ。

第三十一条 何人も、法律の定める手続によらなければ、その生命若しくは自由を奪はれ、又はその他の刑罰を科せられない。

第三十二条 何人も、裁判所において裁判を受ける権利を奪はれない。

第三十三条　何人も、現行犯として逮捕される場合を除いては、権限を有する司法官憲が発し、且つ理由となつている犯罪を明示する令状によらなければ、逮捕されない。

第三十四条　何人も、理由を直ちに告げられ、且つ、直ちに弁護人に依頼する権利を与へられなければ、抑留又は拘禁されない。又、何人も、正当な理由がなければ、拘禁されず、要求があれば、その理由は、直ちに本人及びその弁護人の出席する公開の法廷で示されなければならない。

第三十五条　何人も、その住居、書類及び所持品について、侵入、捜索及び押収を受けることのない権利は、第三十三条の場合を除いては、正当な理由に基いて発せられ、且つ捜索する場所及び押収する物を明示する令状がなければ、侵されない。

② 捜索又は押収は、権限を有する司法官憲が発する各別の令状により、これを行ふ。

第三十六条　公務員による拷問及び残虐な刑罰は、絶対にこれを禁ずる。

第三十七条　すべて刑事事件においては、被告人は、公平な裁判所の迅速な公開裁判を受ける権利を有する。

② 刑事被告人は、すべての証人に対して審問する機会を充分に与へられ、又、公費で自己のために強制的手続により証人を求める権利を有する。

③ 刑事被告人は、いかなる場合にも、資格を有する弁護人を依頼することができる。被告人が自らこれを依頼することができないときは、国でこれを附する。

第三十八条　何人も、自己に不利益な供述を強要されない。

② 強制、拷問若しくは脅迫による自白又は不当に長く抑留若しくは拘禁された後の自白は、これを証拠とすることができない。

③ 何人も、自己に不利益な唯一の証拠が本人の自白である場合には、有罪とされ、又は刑罰を科せられない。

第三十九条　何人も、実行の時に適法であつた行為又は既に無罪とされた行為については、刑事上の責任を問はれない。又、同一の犯罪について、重ねて刑事上の責任を問はれない。

第四十条　何人も、抑留又は拘禁された後、無罪の裁判を受けたときは、法律の定めるところにより、国にその補償を求めることができる。

第四章　国会

第四十一条　国会は、国権の最高機関であつて、国の唯一の立法機関である。

第四十二条　国会は、衆議院及び参議院の両議院でこれを構成する。

第四十三条　両議院は、全国民を代表する選挙された議員でこれを組織する。

②　両議院の議員の定数は、法律でこれを定める。

第四十四条　両議院の議員及びその選挙人の資格は、法律でこれを定める。但し、人種、信条、性別、社会的身分、門地、教育、財産又は収入によつて差別してはならない。

第四十五条　衆議院議員の任期は、四年とする。但し、衆議院解散の場合には、その期間満了前に終了する。

第四十六条　参議院議員の任期は、六年とし、三年ごとに議員の半数を改選する。

第四十七条　選挙区、投票の方法その他両議院の議員の選挙に関する事項は、法律でこれを定める。

第四十八条　何人も、同時に両議院の議員たることはできない。

第四十九条　両議院の議員は、法律の定めるところにより、国庫から相当額の歳費を受ける。

第五十条　両議院の議員は、法律の定める場合を除いては、国会の会期中逮捕されず、会期前に逮捕された議員は、その議院の要求があれば、会期中これを釈放しなければならない。

第五十一条　両議院の議員は、議院で行つた演説、討論又は表決について、院外で責任を問はれない。

第五十二条　国会の常会は、毎年一回これを召集する。

第五十三条　内閣は、国会の臨時会の召集を決定することができる。いづれかの議院の総議員の四分の一以上の要求があれば、内閣は、その召集を決定しなければならない。

第五十四条　衆議院が解散されたときは、解散の日から四十日以内に、衆議院議員の総選挙を行ひ、その選挙の日から三十日以内に、国会を召集しなければならない。

②　衆議院が解散されたときは、参議院は、同時に閉会となる。但し、内閣は、国に緊急の必要があるときは、参議院の緊急集会を求めることができる。

③　前項但書の緊急集会において採られた措置は、臨時のものであつて、次の国会開会の後十日以内に、衆議院の同意がない場合には、その効力を失ふ。

第五十五条　両議院は、各〻その議員の資格に関する争訟を裁判する。但し、議員の議席を失はせるには、出席議員の三分の二以上の多数による議決を必要とする。

第五十六条　両議院は、各〻その総議員の三分の一以上の出席がなければ、議事を開き議決することができない。
② 両議院の議事は、この憲法に特別の定のある場合を除いては、出席議員の過半数でこれを決し、可否同数のときは、議長の決するところによる。
第五十七条　両議院の会議は、公開とする。但し、出席議員の三分の二以上の多数で議決したときは、秘密会を開くことができる。
② 両議院は、各〻その会議の記録を保存し、秘密会の記録の中で特に秘密を要すると認められるもの以外は、これを公表し、且つ一般に頒布しなければならない。
③ 出席議員の五分の一以上の要求があれば、各議員の表決は、これを会議録に記載しなければならない。
第五十八条　両議院は、各〻その議長その他の役員を選任する。
② 両議院は、各〻その会議その他の手続及び内部の規律に関する規則を定め、又、院内の秩序をみだした議員を懲罰することができる。但し、議員を除名するには、出席議員の三分の二以上の多数による議決を必要とする。
第五十九条　法律案は、この憲法に特別の定のある場合を除いては、両議院で可決したとき法律となる。
② 衆議院で可決し、参議院でこれと異なつた議決をした法律案は、衆議院で出席議員の三分の二以上の多数で再び可決したときは、法律となる。
③ 前項の規定は、法律の定めるところにより、衆議院が、両議院の協議会を開くことを求めることを妨げない。
④ 参議院が、衆議院の可決した法律案を受け取つた後、国会休会中の期間を除いて六十日以内に、議決しないときは、衆議院は、参議院がその法律案を否決したものとみなすことができる。
第六十条　予算は、さきに衆議院に提出しなければならない。
② 予算について、参議院で衆議院と異なつた議決をした場合に、法律の定めるところにより、両議院の協議会を開いても意見が一致しないとき、又は参議院が、衆議院の可決した予算を受け取つた後、国会休会中の期間を除いて三十日以内に、議決しないときは、衆議院の議決を国会の議決とする。
第六十一条　条約の締結に必要な国会の承認については、前条第二項の規定を準用する。
第六十二条　両議院は、各〻国政に関する調査を行ひ、これに関して、証人の出頭及び証言並びに記録の提出を要求することができる。

第六十三条　内閣総理大臣その他の国務大臣は、両議院の一に議席を有すると有しないとにかかはらず、何時でも議案について発言するため議院に出席することができる。又、答弁又は説明のため出席を求められたときは、出席しなければならない。

第六十四条　国会は、罷免の訴追を受けた裁判官を裁判するため、両議院の議員で組織する弾劾裁判所を設ける。

② 弾劾に関する事項は、法律でこれを定める。

第五章　内閣

第六十五条　行政権は、内閣に属する。

第六十六条　内閣は、法律の定めるところにより、その首長たる内閣総理大臣及びその他の国務大臣でこれを組織する。

② 内閣総理大臣その他の国務大臣は、文民でなければならない。

③ 内閣は、行政権の行使について、国会に対し連帯して責任を負ふ。

第六十七条　内閣総理大臣は、国会議員の中から国会の議決で、これを指名する。この指名は、他のすべての案件に先だつて、これを行ふ。

② 衆議院と参議院とが異なつた指名の議決をした場合に、法律の定めるところにより、両議院の協議会を開いても意見が一致しないとき、又は衆議院が指名の議決をした後、国会休会中の期間を除いて十日以内に、参議院が、指名の議決をしないときは、衆議院の議決を国会の議決とする。

第六十八条　内閣総理大臣は、国務大臣を任命する。但し、その過半数は、国会議員の中から選ばれなければならない。

② 内閣総理大臣は、任意に国務大臣を罷免することができる。

第六十九条　内閣は、衆議院で不信任の決議案を可決し、又は信任の決議案を否決したときは、十日以内に衆議院が解散されない限り、総辞職をしなければならない。

第七十条　内閣総理大臣が欠けたとき、又は衆議院議員総選挙の後に初めて国会の召集があつたときは、内閣は、総辞職をしなければならない。

第七十一条　前二条の場合には、内閣は、あらたに内閣総理大臣が任命されるまで引き続きその職務を行ふ。

第七十二条　内閣総理大臣は、内閣を代表して議案を国会に提出し、一般国務及び外交関係について国会に報告し、並びに行政各部を指揮監督する。

第七十三条　内閣は、他の一般行政事務の外、左の事務を行ふ。

一　法律を誠実に執行し、国務を総理すること。

二　外交関係を処理すること。

三　条約を締結すること。但し、事前に、時宜によつては事後に、国会の承認を経ることを必要とする。

四　法律の定める基準に従ひ、官吏に関する事務を掌理すること。

五　予算を作成して国会に提出すること。

六　この憲法及び法律の規定を実施するために、政令を制定すること。但し、政令には、特にその法律の委任がある場合を除いては、罰則を設けることができない。

七　大赦、特赦、減刑、刑の執行の免除及び復権を決定すること。

第七十四条　法律及び政令には、すべて主任の国務大臣が署名し、内閣総理大臣が連署することを必要とする。

第七十五条　国務大臣は、その在任中、内閣総理大臣の同意がなければ、訴追されない。但し、これがため、訴追の権利は、害されない。

第六章　司法

第七十六条　すべて司法権は、最高裁判所及び法律の定めるところにより設置する下級裁判所に属する。

②　特別裁判所は、これを設置することができない。行政機関は、終審として裁判を行ふことができない。

③　すべて裁判官は、その良心に従ひ独立してその職権を行ひ、この憲法及び法律にのみ拘束される。

第七十七条　最高裁判所は、訴訟に関する手続、弁護士、裁判所の内部規律及び司法事務処理に関する事項について、規則を定める権限を有する。

②　検察官は、最高裁判所の定める規則に従はなければならない。

③　最高裁判所は、下級裁判所に関する規則を定める権限を、下級裁判所に委任することができる。

第七十八条　裁判官は、裁判により、心身の故障のために職務を執ることができないと決定された場合を除いては、公の弾劾によらなければ罷免されない。裁判官の懲戒処分は、行政機関がこれを行ふことはできない。

第七十九条　最高裁判所は、その長たる裁判官及び法律の定める員数のその他の裁判官でこれを構成し、その長たる裁判官以外の裁判官は、内閣でこれを任命する。

② 最高裁判所の裁判官の任命は、その任命後初めて行はれる衆議院議員総選挙の際国民の審査に付し、その後十年を経過した後初めて行はれる衆議院議員総選挙の際更に審査に付し、その後も同様とする。

③ 前項の場合において、投票者の多数が裁判官の罷免を可とするときは、その裁判官は、罷免される。

④ 審査に関する事項は、法律でこれを定める。

⑤ 最高裁判所の裁判官は、法律の定める年齢に達した時に退官する。

⑥ 最高裁判所の裁判官は、すべて定期に相当額の報酬を受ける。この報酬は、在任中、これを減額することができない。

第八十条 下級裁判所の裁判官は、最高裁判所の指名した者の名簿によつて、内閣でこれを任命する。その裁判官は、任期を十年とし、再任されることができる。但し、法律の定める年齢に達した時には退官する。

② 下級裁判所の裁判官は、すべて定期に相当額の報酬を受ける。この報酬は、在任中、これを減額することができない。

第八十一条 最高裁判所は、一切の法律、命令、規則又は処分が憲法に適合するかしないかを決定する権限を有する終審裁判所である。

第八十二条 裁判の対審及び判決は、公開法廷でこれを行ふ。

② 裁判所が、裁判官の全員一致で、公の秩序又は善良の風俗を害する虞があると決した場合には、対審は、公開しないでこれを行ふことができる。但し、政治犯罪、出版に関する犯罪又はこの憲法第三章で保障する国民の権利が問題となつてゐる事件の対審は、常にこれを公開しなければならない。

第七章 財政

第八十三条 国の財政を処理する権限は、国会の議決に基いて、これを行使しなければならない。

第八十四条 あらたに租税を課し、又は現行の租税を変更するには、法律又は法律の定める条件によることを必要とする。

第八十五条 国費を支出し、又は国が債務を負担するには、国会の議決に基くことを必要とする。

第八十六条 内閣は、毎会計年度の予算を作成し、国会に提出して、その審議を受け議決を経なければならない。

第八十七条 予見し難い予算の不足に充てるため、国会の議決に基いて予備費を設け、内閣の責任でこれを支出することができる。

② すべて予備費の支出については、内閣は、事後に国会の承諾を得なければならない。

第八十八条　すべて皇室財産は、国に属する。すべて皇室の費用は、予算に計上して国会の議決を経なければならない。

第八十九条　公金その他の公の財産は、宗教上の組織若しくは団体の使用、便益若しくは維持のため、又は公の支配に属しない慈善、教育若しくは博愛の事業に対し、これを支出し、又はその利用に供してはならない。

第九十条　国の収入支出の決算は、すべて毎年会計検査院がこれを検査し、内閣は、次の年度に、その検査報告とともに、これを国会に提出しなければならない。

② 会計検査院の組織及び権限は、法律でこれを定める。

第九十一条　内閣は、国会及び国民に対し、定期に、少くとも毎年一回、国の財政状況について報告しなければならない。

第八章　地方自治

第九十二条　地方公共団体の組織及び運営に関する事項は、地方自治の本旨に基いて、法律でこれを定める。

第九十三条　地方公共団体には、法律の定めるところにより、その議事機関として議会を設置する。

② 地方公共団体の長、その議会の議員及び法律の定めるその他の吏員は、その地方公共団体の住民が、直接これを選挙する。

第九十四条　地方公共団体は、その財産を管理し、事務を処理し、及び行政を執行する権能を有し、法律の範囲内で条例を制定することができる。

第九十五条　一の地方公共団体のみに適用される特別法は、法律の定めるところにより、その地方公共団体の住民の投票においてその過半数の同意を得なければ、国会は、これを制定することができない。

第九章　改正

第九十六条　この憲法の改正は、各議院の総議員の三分の二以上の賛成で、国会が、これを発議し、国民に提案してその承認を経なければならない。この承認には、特別の国民投票又は国会の定める選挙の際行はれる投票において、その過半数の賛成を必要とする。

② 憲法改正について前項の承認を経たときは、天皇は、国民の名で、この憲法と一体を成すものとして、直ちにこれを公布する。

第十章　最高法規

第九十七条　この憲法が日本国民に保障する基本的人権は、人類の多年にわたる自由獲得の努力の成果であつて、これらの権利は、過去幾多の試錬に堪へ、現在及び将来の国民に対し、侵すことのできない永久の権利として信託されたものである。

第九十八条　この憲法は、国の最高法規であつて、その条規に反する法律、命令、詔勅及び国務に関するその他の行為の全部又は一部は、その効力を有しない。

② 日本国が締結した条約及び確立された国際法規は、これを誠実に遵守することを必要とする。

第九十九条　天皇又は摂政及び国務大臣、国会議員、裁判官その他の公務員は、この憲法を尊重し擁護する義務を負ふ。

第十一章　補則

第百条　この憲法は、公布の日から起算して六箇月を経過した日〔昭二二・五・三〕から、これを施行する。

② この憲法を施行するために必要な法律の制定、参議院議員の選挙及び国会召集の手続並びにこの憲法を施行するために必要な準備手続は、前項の期日よりも前に、これを行ふことができる。

第百一条　この憲法施行の際、参議院がまだ成立してゐないときは、その成立するまでの間、衆議院は、国会としての権限を行ふ。

第百二条　この憲法による第一期の参議院議員のうち、その半数の者の任期は、これを三年とする。その議員は、法律の定めるところにより、これを定める。

第百三条　この憲法施行の際現に在職する国務大臣、衆議院議員及び裁判官並びにその他の公務員で、その地位に相応する地位がこの憲法で認められてゐる者は、法律で特別の定をした場合を除いては、この憲法施行のため、当然にはその地位を失ふことはない。但し、この憲法によつて、後任者が選挙又は任命されたときは、当然その地位を失ふ。

○地方自治法（抄）

昭二二・四・一七
法　　六　　七

最終改正　令四・一二・一六法一〇四

第一編　総則

〔地方公共団体の法人格とその事務〕

第二条　地方公共団体は、法人とする。

② 普通地方公共団体は、地域における事務及びその他の事務で法律又はこれに基づく政令により処理することとされるものを処理する。

③ 市町村は、基礎的な地方公共団体として、第五項において都道府県が処理するものとされているものを除き、一般的に、前項の事務を処理するものとする。

④ 市町村は、前項の規定にかかわらず、次項に規定する事務のうち、その規模又は性質において一般の市町村が処理することが適当でないと認められるものについては、当該市町村の規模及び能力に応じて、これを処理することができる。

⑤ 都道府県は、市町村を包括する広域の地方公共団体として、第二項の事務で、広域にわたるもの、市町村に関する連絡調整に関するもの及びその規模又は性質において一般の市町村が処理することが適当でないと認められるものを処理するものとする。

⑥ 都道府県及び市町村は、その事務を処理するに当つては、相互に競合しないようにしなければならない。

⑦ 特別地方公共団体は、この法律の定めるところにより、その事務を処理する。

⑧ この法律において「自治事務」とは、地方公共団体が処理する事務のうち、法定受託事務以外のものをいう。

⑨ この法律において「法定受託事務」とは、次に掲げる事務をいう。

一　法律又はこれに基づく政令により都道府県、市町村又は特別区が処理することとされる事務のうち、国が本来果たすべき役割に係るものであつて、国においてその適正な処理を特に確保する必要があるものとして法律又はこれに基づく政令に特に定めるもの（以下「第一号法定受託事務」という。）

二　法律又はこれに基づく政令により市町村又は特別区が処理することとされる事務のうち、都道府県が本来果たすべき役割に係るものであつて、都道府県においてその適正な処理を特に確保する必要があるものとして法律又はこれに基づく政令に特に定めるもの（以下「第二号法定受託事務」という。）

⑩　この法律又はこれに基づく政令に規定するもののほか、法律に定める法定受託事務は第一号法定受託事務にあつては別表第一の上欄に掲げる法律についてそれぞれ同表の下欄に、第二号法定受託事務にあつては別表第二の上欄に掲げる法律についてそれぞれ同表の下欄に掲げるとおりであり、政令に定める法定受託事務はこの法律に基づく政令に示すとおりである。

⑪　地方公共団体に関する法令の規定は、地方自治の本旨に基づき、かつ、国と地方公共団体との適切な役割分担を踏まえたものでなければならない。

⑫　地方公共団体に関する法令の規定は、地方自治の本旨に基づいて、かつ、国と地方公共団体との適切な役割分担を踏まえて、これを解釈し、及び運用するようにしなければならない。この場合において、特別地方公共団体に関する法令の規定は、この法律に定める特別地方公共団体の特性にも照応するように、これを解釈し、及び運用しなければならない。

⑬　法律又はこれに基づく政令により地方公共団体が処理することとされる事務が自治事務である場合においては、国は、地方公共団体が地域の特性に応じて当該事務を処理することができるよう特に配慮しなければならない。

⑭　地方公共団体は、その事務を処理するに当つては、住民の福祉の増進に努めるとともに、最少の経費で最大の効果を挙げるようにしなければならない。

⑮　地方公共団体は、常にその組織及び運営の合理化に努めるとともに、他の地方公共団体に協力を求めてその規模の適正化を図らなければならない。

⑯　地方公共団体は、法令に違反してその事務を処理してはならない。なお、市町村及び特別区は、当該都道府県の条例に違反してその事務を処理してはならない。

⑰　前項の規定に違反して行つた地方公共団体の行為は、これを無効とする。

〔地方公共団体の休日〕

第四条の二　地方公共団体の休日は、条例で定める。

②　前項の地方公共団体の休日は、次に掲げる日について定めるものとする。

一　日曜日及び土曜日

二　国民の祝日に関する法律（昭和二十三年法律第百七十八号）に規定する休日

三　年末又は年始における日で条例で定めるもの

③　前項各号に掲げる日のほか、当該地方公共団体において特別な歴史的、社会的意義を有し、住民がこぞつ

て記念することが定着している日で、当該地方公共団体の休日とすることについて広く国民の理解を得られるようなものは、第一項の地方公共団体の休日として定めることができる。この場合においては、当該地方公共団体の長は、あらかじめ総務大臣に協議しなければならない。

④　地方公共団体の行政庁に対する申請、届出その他の行為の期限で法律又は法律に基づく命令で規定する期間（時をもつて定める期間を除く。）をもつて定めるものが第一項の規定に基づき条例で定められた地方公共団体の休日に当たるときは、地方公共団体の休日の翌日をもつてその期限とみなす。ただし、法律又は法律に基づく命令に別段の定めがある場合は、この限りでない。

第二編　普通地方公共団体

第三章　条例及び規則

注）次条中、点線の左側は、令和四年六月一七日から起算して三年を超えない範囲内において政令で定める日から施行となる。

〔条例の制定及び罰則〕

第十四条　普通地方公共団体は、法令に違反しない限りにおいて第二条第二項の事務に関し、条例を制定することができる。

②　普通地方公共団体は、義務を課し、又は権利を制限するには、法令に特別の定めがある場合を除くほか、条例によらなければならない。

③　普通地方公共団体は、法令に特別の定めがあるものを除くほか、その条例中に、条例に違反した者に対し、二年以下の懲役若しくは禁錮《こ》 拘禁刑、百万円以下の罰金、拘留、科料若しくは没収の刑又は五万円以下の過料を科する旨の規定を設けることができる。

〔規則〕

第十五条　普通地方公共団体の長は、法令に違反しない限りにおいて、その権限に属する事務に関し、規則を制定することができる。

②　普通地方公共団体の長は、法令に特別の定めがあるものを除くほか、普通地方公共団体の規則中に、規則に違反した者に対し、五万円以下の過料を科する旨の規定を設けることができる。

〔条例・規則等の公布〕

第十六条　普通地方公共団体の議会の議長は、条例の制定又は改廃の議決があつたときは、その日から三日以内にこれを当該普通地方公共団体の長に送付しなければならない。

② 普通地方公共団体の長は、前項の規定により条例の送付を受けた場合は、その日から二十日以内にこれを公布しなければならない。ただし、再議その他の措置を講じた場合は、この限りでない。

③ 条例は、条例に特別の定があるものを除く外、公布の日から起算して十日を経過した日から、これを施行する。

④ 当該普通地方公共団体の長の署名、施行期日の特例その他条例の公布に関し必要な事項は、条例でこれを定めなければならない。

⑤ 前二項の規定は、普通地方公共団体の規則並びにその機関の定める規則及びその他の規程で公表を要するものにこれを準用する。但し、法令又は条例に特別の定があるときは、この限りでない。

第五章　直接請求

第一節　条例の制定及び監査の請求

〔条例の制定又は改廃の請求とその処置〕

第七十四条　普通地方公共団体の議会の議員及び長の選挙権を有する者（以下この編において「選挙権を有する者」という。）は、政令の定めるところにより、その総数の五十分の一以上の者の連署をもつて、その代表者から、普通地方公共団体の長に対し、条例（地方税の賦課徴収並びに分担金、使用料及び手数料の徴収に関するものを除く。）の制定又は改廃の請求をすることができる。

② 前項の請求があつたときは、当該普通地方公共団体の長は、直ちに請求の要旨を公表しなければならない。

③ 普通地方公共団体の長は、第一項の請求を受理した日から二十日以内に議会を招集し、意見を付けてこれを議会に付議し、その結果を同項の代表者（以下この条において「代表者」という。）に通知するとともに、これを公表しなければならない。

④ 議会は、前項の規定により付議された事件の審議を行うに当たつては、政令の定めるところにより、代表者に意見を述べる機会を与えなければならない。

⑤ 第一項の選挙権を有する者とは、公職選挙法（昭和二十五年法律第百号）第二十二条第一項又は第三項の規定による選挙人名簿の登録が行われた日において選挙人名簿に登録されている者とし、その総数の五十分の一の数は、当該普通地方公共団体の選挙管理委員会

において、その登録が行われた日後直ちにこれを告示しなければならない。

⑥　選挙権を有する者のうち次に掲げるものは、代表者となり、又は代表者であることができない。

一　公職選挙法第二十七条第一項又は第二項の規定により選挙人名簿にこれらの項の表示をされている者（都道府県に係る請求にあつては、同法第九条第三項の規定により当該都道府県の議会の議員及び長の選挙権を有するものとされた者（同法第十一条第一項若しくは第二百五十二条又は政治資金規正法（昭和二十三年法律第百九十四号）第二十八条の規定により選挙権を有しなくなつた旨の表示をされている者を除く。）を除く。）

二　前項の選挙人名簿の登録が行われた日以後に公職選挙法第二十八条の規定により選挙人名簿から抹消された者

三　第一項の請求に係る普通地方公共団体（当該普通地方公共団体が、都道府県である場合には当該都道府県の区域内の市町村並びに第二百五十二条の十九第一項に規定する指定都市（以下この号において「指定都市」という。）の区及び総合区を含み、指定都市である場合には当該市の区及び総合区を含む。）の選挙管理委員会の委員又は職員である者

⑦　第一項の場合において、当該地方公共団体の区域内で衆議院議員、参議院議員又は地方公共団体の議会の議員若しくは長の選挙が行われることとなるときは、政令で定める期間、当該選挙が行われる区域内においては請求のための署名を求めることができない。

⑧　選挙権を有する者は、心身の故障その他の事由により条例の制定又は改廃の請求者の署名簿に署名することができないときは、その者の属する市町村の選挙権を有する者（代表者及び代表者の委任を受けて当該市町村の選挙権を有する者に対し当該署名簿に署名することを求める者を除く。）に委任して、自己の氏名（以下「請求者の氏名」という。）を当該署名簿に記載させることができる。この場合において、委任を受けた者による当該請求者の氏名の記載は、第一項の規定による請求者の署名とみなす。

⑨　前項の規定により委任を受けた者（以下「氏名代筆者」という。）が請求者の氏名を条例の制定又は改廃の請求者の署名簿に記載する場合には、氏名代筆者は、当該署名簿に氏名代筆者としての署名をしなければならない。

第六章　議会

第一節　組織

〔議会の設置〕

第八十九条　普通地方公共団体に議会を置く。

〔都道府県議会の議員の定数〕

第九十条　都道府県の議会の議員の定数は、条例で定める。

② 前項の規定による議員の定数の変更は、一般選挙の場合でなければ、これを行うことができない。

③ 第六条の二第一項の規定による処分により、著しく人口の増加があつた都道府県においては、前項の規定にかかわらず、議員の任期中においても、議員の定数を増加することができる。

④ 第六条の二第一項の規定により都道府県の設置をしようとする場合において、その区域の全部が当該新たに設置される都道府県の区域の一部となる都道府県（以下本条において「設置関係都道府県」という。）は、その協議により、あらかじめ、新たに設置される都道府県の議会の議員の定数を定めなければならない。

⑤ 前項の規定により新たに設置される都道府県の議会の議員の定数を定めたときは、設置関係都道府県は、直ちに当該定数を告示しなければならない。

⑥ 前項の規定により告示された新たに設置される都道府県の議会の議員の定数は、第一項の規定に基づく当該都道府県の条例により定められたものとみなす。

⑦ 第四項の協議については、設置関係都道府県の議会の議決を経なければならない。

〔市町村議会の議員の定数〕

第九十一条　市町村の議会の議員の定数は、条例で定める。

② 前項の規定による議員の定数の変更は、一般選挙の場合でなければ、これを行うことができない。

③ 第七条第一項又は第三項の規定による処分により、著しく人口の増減があつた市町村においては、前項の規定にかかわらず、議員の任期中においても、議員の定数を増減することができる。

④ 前項の規定により議員の任期中にその定数を減少した場合において当該市町村の議会の議員の職に在る者の数がその減少した定数を超えているときは、当該議員の任期中は、その数を以て定数とする。但し、議員に欠員を生じたときは、これに応じて、その定数は、当該定数に至るまで減少するものとする。

⑤ 第七条第一項又は第三項の規定により市町村の設置

を伴う市町村の廃置分合をしようとする場合において、その区域の全部又は一部が当該廃置分合により新たに設置される市町村の区域の全部又は一部となる市町村（以下本条において「設置関係市町村」という。）は、設置関係市町村が二以上のときは設置関係市町村の協議により、設置関係市町村が一のときは当該設置関係市町村の議会の議決を経て、あらかじめ、新たに設置される市町村の議会の議員の定数を定めなければならない。

⑥　前項の規定により新たに設置される市町村の議会の議員の定数を定めたときは、設置関係市町村は、直ちに当該定数を告示しなければならない。

⑦　前項の規定により告示された新たに設置される市町村の議会の議員の定数は、第一項の規定に基づく当該市町村の条例により定められたものとみなす。

⑧　第五項の協議については、設置関係市町村の議会の議決を経なければならない。

〔兼職の禁止〕

第九十二条　普通地方公共団体の議会の議員は、衆議院議員又は参議院議員と兼ねることができない。

②　普通地方公共団体の議会の議員は、地方公共団体の議会の議員並びに常勤の職員及び地方公務員法（昭和二十五年法律第二百六十一号）第二十二条の四第一項に規定する短時間勤務の職を占める職員（以下「短時間勤務職員」という。）と兼ねることができない。

〔議員の兼業禁止〕

第九十二条の二　普通地方公共団体の議会の議員は、当該普通地方公共団体に対し請負（業として行う工事の完成若しくは作業その他の役務の給付又は物件の納入その他の取引で当該普通地方公共団体が対価の支払をすべきものをいう。以下この条、第百四十二条、第百八十条の五第六項及び第二百五十二条の二十八第三項第十二号において同じ。）をする者（各会計年度において支払を受ける当該請負の対価の総額が普通地方公共団体の議会の適正な運営の確保のための環境の整備を図る観点から政令で定める額を超えない者を除く。）及びその支配人又は主として同一の行為をする法人の無限責任社員、取締役、執行役若しくは監査役若しくはこれらに準ずべき者、支配人及び清算人たることができない。

〔任期〕

第九十三条　普通地方公共団体の議会の議員の任期は、四年とする。

②　前項の任期の起算、補欠議員の在任期間及び議員の

定数に異動を生じたためあらたに選挙された議員の在任期間については、公職選挙法第二百五十八条及び第二百六十条の定めるところによる。

〔町村総会〕

第九十四条　町村は、条例で、第八十九条の規定にかかわらず、議会を置かず、選挙権を有する者の総会を設けることができる。

〔町村総会に対する準用〕

第九十五条　前条の規定による町村総会に関しては、町村の議会に関する規定を準用する。

第二節　権限

〔議決事件〕

第九十六条　普通地方公共団体の議会は、次に掲げる事件を議決しなければならない。

一　条例を設け又は改廃すること。

二　予算を定めること。

三　決算を認定すること。

四　法律又はこれに基づく政令に規定するものを除くほか、地方税の賦課徴収又は分担金、使用料、加入金若しくは手数料の徴収に関すること。

五　その種類及び金額について政令で定める基準に従い条例で定める契約を締結すること。

六　条例で定める場合を除くほか、財産を交換し、出資の目的とし、若しくは支払手段として使用し、又は適正な対価なくしてこれを譲渡し、若しくは貸し付けること。

七　不動産を信託すること。

八　前二号に定めるものを除くほか、その種類及び金額について政令で定める基準に従い条例で定める財産の取得又は処分をすること。

九　負担付きの寄附又は贈与を受けること。

十　法律若しくはこれに基づく政令又は条例に特別の定めがある場合を除くほか、権利を放棄すること。

十一　条例で定める重要な公の施設につき条例で定める長期かつ独占的な利用をさせること。

十二　普通地方公共団体がその当事者である審査請求その他の不服申立て、訴えの提起（普通地方公共団体の行政庁の処分又は裁決（行政事件訴訟法第三条第二項に規定する処分又は同条第三項に規定する裁決をいう。以下この号、第百五条の二、第百九十二条及び第百九十九条の三第三項において同じ。）に係る同法第十一条第一項（同法第三十八条第一項（同法第四十三条第二項において準用する場合を含む。）又は同法第四十三条第一項において準用する場合を含む。）の規定による普通地方公共団体を被告とする訴訟（以下この号、第百五条の二、第百九十二条及び第百九十九条の三第三項において「普通地方公共団体を被告とする訴訟」という。）に係るものを除く。）、和解（普通地方公共団体の行政庁の処分又は裁決に係る普通地方公共団体を被告とする訴訟に係るものを除く。）、あつせん、調停及び仲裁に関すること。

十三　法律上その義務に属する損害賠償の額を定めること。

十四　普通地方公共団体の区域内の公共的団体等の活動の総合調整に関すること。

十五　その他法律又はこれに基づく政令（これらに基づく条例を含む。）により議会の権限に属する事項

②　前項に定めるものを除くほか、普通地方公共団体は、条例で普通地方公共団体に関する事件（法定受託事務に係るものにあつては、国の安全に関することその他の事由により議会の議決すべきものとすることが適当でないものとして政令で定めるものを除く。）につき議会の議決すべきものを定めることができる。

〔選挙及び予算の増額修正〕

第九十七条　普通地方公共団体の議会は、法律又はこれに基く政令によりその権限に属する選挙を行わなければならない。

②　議会は、予算について、増額してこれを議決することを妨げない。但し、普通地方公共団体の長の予算の提出の権限を侵すことはできない。

〔検査及び監査の請求〕

第九十八条　普通地方公共団体の議会は、当該普通地方公共団体の事務（自治事務にあつては労働委員会及び収用委員会の権限に属する事務で政令で定めるものを除き、法定受託事務にあつては国の安全を害するおそれがあることその他の事由により議会の検査の対象とすることが適当でないものとして政令で定めるものを除く。）に関する書類及び計算書を検閲し、当該普通地方公共団体の長、教育委員会、選挙管理委員会、人事委員会若しくは公平委員会、公安委員会、労働委員会、農業委員会又は監査委員その他法律に基づく委員会又は委員の報告を請求して、当該事務の管理、議決の執行及び出納を検査することができる。

②　議会は、監査委員に対し、当該普通地方公共団体の事務（自治事務にあつては労働委員会及び収用委員会の権限に属する事務で政令で定めるものを除き、法定受託事務にあつては国の安全を害するおそれがあるこ

とその他の事由により本項の監査の対象とすることが適当でないものとして政令で定めるものを除く。）に関する監査を求め、監査の結果に関する報告を請求することができる。この場合における監査の実施については、第百九十九条第二項後段の規定を準用する。

（意見書の提出）

第九十九条　普通地方公共団体の議会は、当該普通地方公共団体の公益に関する事件につき意見書を国会又は関係行政庁に提出することができる。

法）次条中、点線の左側は令和四年六月一七日から起算して三年を超えない範囲内において政令で定める日から、実線の左側は令和四年五月二五日から起算して四年を超えない範囲内において政令で定める日から施行となる。

（調査権・刊行物の送付・図書室の設置等）

第百条　普通地方公共団体の議会は、当該普通地方公共団体の事務（自治事務にあつては労働委員会及び収用委員会の権限に属する事務で政令で定めるものを除き、法定受託事務にあつては国の安全を害するおそれがあることその他の事由により議会の調査の対象とすることが適当でないものとして政令で定めるものを除く。次項において同じ。）に関する調査を行うことができる。この場合において、当該調査を行うため特に必要があると認めるときは、選挙人その他の関係人の出頭及び証言並びに記録の提出を請求することができる。

②　民事訴訟に関する法律の規定中証人の訊問に関する規定
尋問に関する規定
規定（過料、罰金、拘留又は勾引に関する規定を除く。）は、この法律に特別の定めがあるものを除くほか、前項後段の規定により議会が当該普通地方公共団体の事務に関する調査のため選挙人その他の関係人の証言を請求する場合に、これを準用する。ただし、過料、罰金、拘留又は勾引に関する規定は、この限りではない。
この場合において、民事訴訟法第二百五条第二項中「、最高裁判所規則で」とあるのは「、議会が」と、「最高裁判所規則で定める電子情報処理組織を使用してファイルに記録し、又は当該書面に記載すべき事項に係る電磁的記録を記録した記録媒体を提出する」とあるのは「電磁的方法（電子情報処理組織を使用する方法その他の情報通信の技術を利用する方法をいう。）により提供する」と、同条第三項中「ファイルに記録された事項若しくは同項の記録媒体に記録された」とあるのは「提供された」と読み替えるものとする。

③　第一項後段の規定により出頭又は記録の提出の請求を受けた選挙人その他の関係人が、正当の理由がないのに、議会に出頭せず若しくは記録を提出しないとき又は証言を拒んだときは、六箇月以下の禁錮／拘禁刑又は十万円以下の罰金に処する。

④　議会は、選挙人その他の関係人が公務員たる地位において知り得た事実については、その者から職務上の秘密に属するものである旨の中立／申立てを受けたときは、当該官公署の承認がなければ、当該事実に関する証言又は記録の提出を請求することができない。この場合において当該官公署が承認を拒むときは、その理由を疏明／疎明しなければならない。

⑤　議会が前項の規定による疏明／疎明を理由がないと認めるときは、当該官公署に対し、当該証言又は記録の提出が公の利益を害する旨の声明を要求することができる。

⑥　当該官公署が前項の規定による要求を受けた日から二十日以内に声明をしないときは、選挙人その他の関係人は、証言又は記録の提出をしなければならない。

⑦　第二項において準用する民事訴訟に関する法令の規定により宣誓した選挙人その他の関係人が虚偽の陳述をしたときは、これを三箇月以上五年以下の禁錮／拘禁刑に処する。

⑧　前項の罪を犯した者が議会において調査が終了した旨の議決がある前に自白したときは、その刑を減軽し又は免除することができる。

⑨　議会は、選挙人その他の関係人が、第三項又は第七項の罪を犯したものと認めるときは、告発しなければならない。但し／ただし、虚偽の陳述をした選挙人その他の関係人が、議会の調査が終了した旨の議決がある前に自白したときは、告発しないことができる。

⑩　議会が第一項の規定による調査を行うため当該普通

地方公共団体の区域内の団体等に対し照会をし又は記録の送付を求めたときは、当該団体等は、その求めに応じなければならない。

⑪　議会は、第一項の規定による調査を行う場合においては、予め《あらかじめ》、予算の定額の範囲内において、当該調査のため要する経費の額を定めて置かなければならない。その額を超えて経費の支出を必要とするときは、更に議決を経なければならない。

⑫　議会は、会議規則の定めるところにより、議案の審査又は議会の運営に関し協議又は調整を行うための場を設けることができる。

⑬　議会は、議案の審査又は当該普通地方公共団体の事務に関する調査のためその他議会において必要があると認めるときは、会議規則の定めるところにより、議員を派遣することができる。

⑭　普通地方公共団体は、条例の定めるところにより、その議会の議員の調査研究その他の活動に資するため必要な経費の一部として、その議会における会派又は議員に対し、政務活動費を交付することができる。この場合において、当該政務活動費の交付の対象、額及び交付の方法並びに当該政務活動費を充てることができる経費の範囲は、条例で定めなければならない。

⑮　前項の政務活動費の交付を受けた会派又は議員は、条例の定めるところにより、当該政務活動費に係る収入及び支出の報告書を議長に提出するものとする。

⑯　議長は、第十四項の政務活動費については、その使途の透明性の確保に努めるものとする。

⑰　政府は、都道府県の議会に官報及び政府の刊行物を、市町村の議会に官報及び市町村に特に関係があると認める政府の刊行物を送付しなければならない。

⑱　都道府県は、当該都道府県の区域内の市町村の議会及び他の都道府県の議会に、公報及び適当と認める刊行物を送付しなければならない。

⑲　議会は、議員の調査研究に資するため、図書室を附置し前二項の規定により送付を受けた官報、公報及び刊行物を保管して置かなければならない。

⑳　前項の図書室は、一般にこれを利用させることができる。

〔専門的事項に係る調査〕

第百条の二　普通地方公共団体の議会は、議案の審査又は当該普通地方公共団体の事務に関する調査のために必要な専門的事項に係る調査を学識経験を有する者等にさせることができる。

第三節　招集及び会期

〔招集〕

第百一条　普通地方公共団体の議会は、普通地方公共団体の長がこれを招集する。

② 議長は、議会運営委員会の議決を経て、当該普通地方公共団体の長に対し、会議に付議すべき事件を示して臨時会の招集を請求することができる。

③ 議員の定数の四分の一以上の者は、当該普通地方公共団体の長に対し、会議に付議すべき事件を示して臨時会の招集を請求することができる。

④ 前二項の規定による請求があつたときは、当該普通地方公共団体の長は、請求のあつた日から二十日以内に臨時会を招集しなければならない。

⑤ 第二項の規定による請求のあつた日から二十日以内に当該普通地方公共団体の長が臨時会を招集しないときは、第一項の規定にかかわらず、議長は、臨時会を招集することができる。

⑥ 第三項の規定による請求のあつた日から二十日以内に当該普通地方公共団体の長が臨時会を招集しないときは、第一項の規定にかかわらず、議長は、第三項の規定による請求をした者の申出に基づき、当該申出のあつた日から、都道府県及び市にあつては十日以内、町村にあつては六日以内に臨時会を招集しなければならない。

⑦ 招集は、開会の日前、都道府県及び市にあつては七日、町村にあつては三日までにこれを告示しなければならない。ただし、緊急を要する場合は、この限りでない。

⑧ 前項の規定による招集の告示をした後に当該招集に係る開会の日に会議を開くことが災害その他やむを得ない事由により困難であると認めるときは、当該告示をした者は、当該招集に係る開会の日の変更をすることができる。この場合においては、変更後の開会の日及び変更の理由を告示しなければならない。

〔定例会・臨時会及び会期〕

第百二条　普通地方公共団体の議会は、定例会及び臨時会とする。

② 定例会は、毎年、条例で定める回数これを招集しなければならない。

③ 臨時会は、必要がある場合において、その事件に限りこれを招集する。

④ 臨時会に付議すべき事件は、普通地方公共団体の長があらかじめこれを告示しなければならない。

⑤ 前条第五項又は第六項の場合においては、前項の規

定にかかわらず、議長が、同条第二項又は第三項の規定による請求において示された会議に付議すべき事件を臨時会に付議すべき事件として、あらかじめ告示しなければならない。

⑥ 臨時会の開会中に緊急を要する事件があるときは、前三項の規定にかかわらず、直ちにこれを会議に付議することができる。

⑦ 普通地方公共団体の議会の会期及びその延長並びにその開閉に関する事項は、議会がこれを定める。

〔通年の会期〕

第百二条の二 普通地方公共団体の議会は、前条の規定にかかわらず、条例で定めるところにより、定例会及び臨時会とせず、毎年、条例で定める日から翌年の当該日の前日までを会期とすることができる。

② 前項の議会は、第四項の規定により招集しなければならないものとされる場合を除き、前項の条例で定める日の到来をもつて、普通地方公共団体の長が当該日にこれを招集したものとみなす。

③ 第一項の会期中において、議員の任期が満了したとき、議会が解散されたとき又は議員が全てなくなつたときは、同項の規定にかかわらず、その任期満了の日、その解散の日又はその議員が全てなくなつた日をもつて、会期は終了するものとする。

④ 前項の規定により会期が終了した場合には、普通地方公共団体の長は、同項に規定する事由により行われた一般選挙により選出された議員の任期が始まる日から三十日以内に議会を招集しなければならない。この場合においては、その招集の日から同日後の最初の第一項の条例で定める日の前日までを会期とするものとする。

⑤ 第三項の規定は、前項後段に規定する会期について準用する。

⑥ 第一項の議会は、条例で、定期的に会議を開く日（以下「定例日」という。）を定めなければならない。

⑦ 普通地方公共団体の長は、第一項の議会の議長に対し、会議に付議すべき事件を示して定例日以外の日において会議を開くことを請求することができる。この場合において、議長は、当該請求のあつた日から、都道府県及び市にあつては七日以内、町村にあつては三日以内に会議を開かなければならない。

⑧ 第一項の場合における第七十四条第三項、第百二十一条第一項、第二百四十三条の三第二項及び第三項並びに第二百五十二条の三十九第四項の規定の適用については、第七十四条第三項中「二十日以内に議会を招

集し、」とあるのは「二十日以内に」と、第百二十一条第一項中「議会の審議」とあるのは「定例日に開かれる会議の審議又は議案の審議」と、第二百四十三条の三第二項及び第三項中「次の議会」とあるのは「次の定例日に開かれる会議」と、第二百五十二条の三十九第四項中「二十日以内に議会を招集し」とあるのは「二十日以内に」とする。

第四節　議長及び副議長

〔議長及び副議長〕
第百三条　普通地方公共団体の議会は、議員の中から議長及び副議長一人を選挙しなければならない。
② 議長及び副議長の任期は、議員の任期による。

〔議長の議事整理権・議会代表権〕
第百四条　普通地方公共団体の議会の議長は、議場の秩序を保持し、議事を整理し、議会の事務を統理し、議会を代表する。

〔議長の委員会への出席〕
第百五条　普通地方公共団体の議会の議長は、委員会に出席し、発言することができる。

〔議長の訴訟の代表〕
第百五条の二　普通地方公共団体の議会又は議長の処分又は裁決に係る普通地方公共団体を被告とする訴訟については、議長が当該普通地方公共団体を代表する。

〔議長の代理及び仮議長〕
第百六条　普通地方公共団体の議会の議長に事故があるとき、又は議長が欠けたときは、副議長が議長の職務を行う。
② 議長及び副議長にともに事故があるときは、仮議長を選挙し、議長の職務を行わせる。
③ 議会は、仮議長の選任を議長に委任することができる。

〔臨時議長〕
第百七条　第百三条第一項及び前条第二項の規定による選挙を行う場合において、議長の職務を行う者がないときは、年長の議員が臨時に議長の職務を行う。

〔議長及び副議長の辞職〕
第百八条　普通地方公共団体の議会の議長及び副議長は、議会の許可を得て辞職することができる。但し、副議長は、議会の閉会中においては、議長の許可を得て辞職することができる。

第五節　委員会

〔常任委員会、議会運営委員会及び特別委員会〕
第百九条　普通地方公共団体の議会は、条例で、常任委員会、議会運営委員会及び特別委員会を置くことができる。

② 常任委員会は、その部門に属する当該普通地方公共団体の事務に関する調査を行い、議案、請願等を審査する。

③ 議会運営委員会は、次に掲げる事項に関する調査を行い、議案、請願等を審査する。

一 議会の運営に関する事項

二 議会の会議規則、委員会に関する条例等に関する事項

三 議長の諮問に関する事項

④ 特別委員会は、議会の議決により付議された事件を審査する。

⑤ 第百十五条の二の規定は、委員会について準用する。

⑥ 委員会は、議会の議決すべき事件のうちその部門に属する当該普通地方公共団体の事務に関するものにつき、議会に議案を提出することができる。ただし、予算については、この限りでない。

⑦ 前項の規定による議案の提出は、文書をもつてしなければならない。

⑧ 委員会は、議会の議決により付議された特定の事件については、閉会中も、なお、これを審査することができる。

⑨ 前各項に定めるもののほか、委員の選任その他委員会に関し必要な事項は、条例で定める。

第百十条及び第百十一条　削除

第六節　会議

〔議員の議案提出権〕

第百十二条　普通地方公共団体の議会の議員は、議会の議決すべき事件につき、議会に議案を提出することができる。但し、予算については、この限りでない。

② 前項の規定により議案を提出するに当たつては、議員の定数の十二分の一以上の者の賛成がなければならない。

③ 第一項の規定による議案の提出は、文書を以てこれをしなければならない。

〔定足数〕

第百十三条　普通地方公共団体の議会は、議員の定数の半数以上の議員が出席しなければ、会議を開くことができない。但し、第百十七条の規定による除斥のため半数に達しないとき、同一の事件につき再度招集してもなお半数に達しないとき、又は招集に応じても出席議員が定数を欠き議長において出席を催告してもなお半数に達しないとき若しくは半数に達してもその後半数に達しなくなつたときは、この限りでない。

〔議員の請求による開議〕

第百十四条　普通地方公共団体の議会の議員の定数の半数以上の者から請求があるときは、議長は、その日の会議を開かなければならない。この場合において議長がなお会議を開かないときは、第百六条第一項又は第二項の例による。

② 前項の規定により会議を開いたとき、又は議員中に異議があるときは、議長は、会議の議決によらない限り、その日の会議を閉じ又は中止することができない。

〔議事の公開の原則及び秘密会〕

第百十五条　普通地方公共団体の議会の会議は、これを公開する。但し、議長又は議員三人以上の発議により、出席議員の三分の二以上の多数で議決したときは、秘密会を開くことができる。

② 前項但書の議長又は議員の発議は、討論を行わないでその可否を決しなければならない。

〔公聴会及び参考人〕

第百十五条の二　普通地方公共団体の議会は、会議において、予算その他重要な議案、請願等について公聴会を開き、真に利害関係を有する者又は学識経験を有する者等から意見を聴くことができる。

② 普通地方公共団体の議会は、会議において、当該普通地方公共団体の事務に関する調査又は審査のため必要があると認めるときは、参考人の出頭を求め、その意見を聴くことができる。

〔修正の動議〕

第百十五条の三　普通地方公共団体の議会が議案に対する修正の動議を議題とするに当たつては、議員の定数の十二分の一以上の者の発議によらなければならない。

〔表決〕

第百十六条　この法律に特別の定がある場合を除く外、普通地方公共団体の議会の議事は、出席議員の過半数でこれを決し、可否同数のときは、議長の決するところによる。

② 前項の場合においては、議長は、議員として議決に加わる権利を有しない。

〔議長及び議員の除斥〕

第百十七条　普通地方公共団体の議会の議長及び議員は、自己若しくは父母、祖父母、配偶者、子、孫若しくは兄弟姉妹の一身上に関する事件又は自己若しくはこれらの者の従事する業務に直接の利害関係のある事件については、その議事に参与することができない。但し、議会の同意があつたときは、会議に出席し、発言することができる。

〔投票による選挙・指名推選及び投票の効力の異議〕

第百十八条　法律又はこれに基づく政令により普通地方公共団体の議会において行う選挙については、公職選挙法第四十六条第一項及び第四項、第四十七条、第四十八条、第六十八条第一項並びに普通地方公共団体の議会の議員の選挙に関する第九十五条の規定を準用する。その投票の効力に関し異議があるときは、議会がこれを決定する。

② 議会は、議員中に異議がないときは、前項の選挙につき指名推選の方法を用いることができる。

③ 指名推選の方法を用いる場合においては、被指名人を以て当選人と定めるべきかどうかを会議に諮り、議員の全員の同意があつた者を以て当選人とする。

④ 一の選挙を以て二人以上を選挙する場合においては、被指名人を区分して前項の規定を適用してはならない。

⑤ 第一項の規定による決定に不服がある者は、決定があつた日から二十一日以内に、都道府県にあつては総務大臣、市町村にあつては都道府県知事に審査を申し立て、その裁決に不服がある者は、裁決のあつた日から二十一日以内に裁判所に出訴することができる。

⑥ 第一項の規定による決定は、文書を以てし、その理由を附けてこれを本人に交付しなければならない。

〔会期不継続の原則〕

第百十九条　会期中に議決に至らなかつた事件は、後会に継続しない。

〔会議規則〕

第百二十条　普通地方公共団体の議会は、会議規則を設けなければならない。

〔長及び委員長等の出席義務〕

第百二十一条　普通地方公共団体の長、教育委員会の教育長、選挙管理委員会の委員長、人事委員会の委員長又は公平委員会の委員長、公安委員会の委員長、労働委員会の委員、農業委員会の会長及び監査委員その他法律に基づく委員会の代表者又は委員並びにその委任又は嘱託を受けた者は、議会の審議に必要な説明のため議長から出席を求められたときは、議場に出席しなければならない。ただし、出席すべき日時に議場に出席できないことについて正当な理由がある場合において、その旨を議長に届け出たときは、この限りでない。

② 第百二条の二第一項の議会の議長は、前項本文の規定により議場への出席を求めるに当たつては、普通地方公共団体の執行機関の事務に支障を及ぼすことのないよう配慮しなければならない。

〔長の説明書提出〕

第百二十二条　普通地方公共団体の長は、議会に、第二百十一条第二項に規定する予算に関する説明書その他当該普通地方公共団体の事務に関する説明書を提出しなければならない。

〔会議録〕

第百二十三条　議長は、事務局長又は書記長（書記長を置かない町村においては書記）に書面又は電磁的記録（電子的方式、磁気的方式その他人の知覚によつては認識することができない方式で作られる記録であつて、電子計算機による情報処理の用に供されるものをいう。以下同じ。）により会議録を作成させ、並びに会議の次第及び出席議員の氏名を記載させ、又は記録させなければならない。

② 会議録が書面をもつて作成されているときは、議長及び議会において定めた二人以上の議員がこれに署名しなければならない。

③ 会議録が電磁的記録をもつて作成されているときは、議長及び議会において定めた二人以上の議員が当該電磁的記録に総務省令で定める署名に代わる措置をとらなければならない。

④ 議長は、会議録が書面をもつて作成されているときはその写しを、会議録が電磁的記録をもつて作成されているときは当該電磁的記録に記録された事項を記載した書面又は当該事項を記録した磁気ディスク（これに準ずる方法により一定の事項を確実に記録することができる物を含む。）を添えて会議の結果を普通地方公共団体の長に報告しなければならない。

第七節　請願

〔請願の提出〕

第百二十四条　普通地方公共団体の議会に請願しようとする者は、議員の紹介により請願書を提出しなければならない。

〔採択請願の処置〕

第百二十五条　普通地方公共団体の議会は、その採択した請願で当該普通地方公共団体の長、教育委員会、選挙管理委員会、人事委員会若しくは公平委員会、公安委員会、労働委員会、農業委員会又は監査委員その他法律に基づく委員会又は委員において措置することが適当と認めるものは、これらの者にこれを送付し、かつ、その請願の処理の経過及び結果の報告を請求することができる。

第八節　議員の辞職及び資格の決定

〔辞職〕

第百二十六条　普通地方公共団体の議会の議員は、議会の許可を得て辞職することができる。但し、閉会中においては、議長の許可を得て辞職することができる。

〔失職及び資格決定〕

第百二十七条　普通地方公共団体の議会の議員が被選挙権を有しない者であるとき、又は第九十二条の二（第二百八十七条の二第七項において準用する場合を含む。以下この項において同じ。）の規定に該当するときは、その職を失う。その被選挙権の有無又は第九十二条の二の規定に該当するかどうかは、議員が公職選挙法第十一条、第十一条の二若しくは第二百五十二条又は政治資金規正法第二十八条の規定に該当するため被選挙権を有しない場合を除くほか、議会がこれを決定する。この場合においては、出席議員の三分の二以上の多数によりこれを決定しなければならない。

②　前項の場合においては、議員は、第百十七条の規定にかかわらず、その会議に出席して自己の資格に関し弁明することはできるが決定に加わることができない。

③　第百十八条第五項及び第六項の規定は、第一項の場合について準用する。

〔失職の時期〕

第百二十八条　普通地方公共団体の議会の議員は、公職選挙法第二百二条第一項若しくは第二百六条第一項の規定による異議の申出、同法第二百二条第二項若しくは第二百六条第二項の規定による審査の申立て、同法第二百三条第一項、第二百七条第一項、第二百十条若しくは第二百十一条の訴訟の提起に対する決定、裁決又は判決が確定するまでの間（同法第二百十条第一項の規定による訴訟を提起することができる場合において、当該訴訟が提起されなかつたとき、当該訴訟についての訴えを却下し若しくは訴状を却下する裁判が確定したとき、又は当該訴訟が取り下げられたときは、それぞれ同項に規定する出訴期間が経過するまで、当該裁判が確定するまで又は当該取下げが行われるまでの間）は、その職を失わない。

第九節　紀律

〔議場の秩序維持〕

第百二十九条　普通地方公共団体の議会の会議中この法律又は会議規則に違反しその他議場の秩序を乱す議員があるときは、議長は、これを制止し、又は発言を取り消させ、その命令に従わないときは、その日の会議が終るまで発言を禁止し、又は議場の外に退去させることができる。

②　議長は、議場が騒然として整理することが困難であると認めるときは、その日の会議を閉じ、又は中止す

ることができる。

〔会議の傍聴〕

第百三十条　傍聴人が公然と可否を表明し、又は騒ぎ立てる等会議を妨害するときは、普通地方公共団体の議会の議長は、これを制止し、その命令に従わないときは、これを退場させ、必要がある場合においては、これを当該警察官に引き渡すことができる。

② 傍聴席が騒がしいときは、議長は、すべての傍聴人を退場させることができる。

③ 前二項に定めるものを除くほか、議長は、会議の傍聴に関し必要な規則を設けなければならない。

〔議長の注意の喚起〕

第百三十一条　議場の秩序を乱し又は会議を妨害するものがあるときは、議員は、議長の注意を喚起することができる。

〔品位の保持〕

第百三十二条　普通地方公共団体の議会の会議又は委員会においては、議員は、無礼の言葉を使用し、又は他人の私生活にわたる言論をしてはならない。

〔侮辱に対する処置〕

第百三十三条　普通地方公共団体の議会の会議又は委員会において、侮辱を受けた議員は、これを議会に訴えて処分を求めることができる。

第十節　懲罰

〔懲罰理由〕

第百三十四条　普通地方公共団体の議会は、この法律並びに会議規則及び委員会に関する条例に違反した議員に対し、議決により懲罰を科することができる。

② 懲罰に関し必要な事項は、会議規則中にこれを定めなければならない。

〔懲罰の種類及び除名の手続〕

第百三十五条　懲罰は、左の通りとする。

一　公開の議場における戒告

二　公開の議場における陳謝

三　一定期間の出席停止

四　除名

② 懲罰の動議を議題とするに当つては、議員の定数の八分の一以上の者の発議によらなければならない。

③ 第一項第四号の除名については、当該普通地方公共団体の議会の議員の三分の二以上の者が出席し、その四分の三以上の者の同意がなければならない。

〔除名議員の再当選〕

第百三十六条　普通地方公共団体の議会は、除名された議員で再び当選した議員を拒むことができない。

〔欠席議員の懲罰〕

第百三十七条　普通地方公共団体の議会の議員が正当な理由がなくて招集に応じないため、又は正当な理由がなくて会議に欠席したため、議長が、特に招状を発しても、なお故なく出席しない者は、議長において、議会の議決を経て、これに懲罰を科することができる。

第十一節　議会の事務局及び事務局長、書記長、書記その他の職員

〔事務局の設置及び議会の職員〕

第百三十八条　都道府県の議会に事務局を置く。

② 市町村の議会に条例の定めるところにより、事務局を置くことができる。

③ 事務局に事務局長、書記その他の職員を置く。

④ 事務局を置かない市町村の議会に書記長、書記その他の職員を置く。ただし、町村においては、書記長を置かないことができる。

⑤ 事務局長、書記長、書記その他の職員は、議長がこれを任免する。

⑥ 事務局長、書記長、書記その他の常勤の職員の定数は、条例でこれを定める。ただし、臨時の職については、この限りでない。

⑦ 事務局長及び書記長は議長の命を受け、書記その他の職員は上司の指揮を受けて、議会に関する事務に従事する。

⑧ 事務局長、書記長、書記その他の職員に関する任用、人事評価、給与、勤務時間その他の勤務条件、分限及び懲戒、服務、退職管理、研修、福祉及び利益の保護その他身分取扱いに関しては、この法律に定めるものを除くほか、地方公務員法の定めるところによる。

第七章　執行機関

第二節　普通地方公共団体の長

第二款　権限

〔長の統轄代表権〕

第百四十七条　普通地方公共団体の長は、当該普通地方公共団体を統轄し、これを代表する。

〔担任事務〕

第百四十九条　普通地方公共団体の長は、概ね左に掲げる事務を担任する。

一　普通地方公共団体の議会の議決を経べき事件につきその議案を提出すること。

二　予算を調製し、及びこれを執行すること。

三　地方税を賦課徴収し、分担金、使用料、加入金又は手数料を徴収し、及び過料を科すること。

四　決算を普通地方公共団体の議会の認定に付すること。
五　会計を監督すること。
六　財産を取得し、管理し、及び処分すること。
七　公の施設を設置し、管理し、及び廃止すること。
八　証書及び公文書類を保管すること。
九　前各号に定めるものを除く外、当該普通地方公共団体の事務を執行すること。

第三款　補助機関

〔副知事及び副市長村長の選任〕
第百六十二条　副知事及び副市町村長は、普通地方公共団体の長が議会の同意を得てこれを選任する。

第四款　議会との関係

〔議会の瑕疵ある議決又は選挙に対する長の処置〕
第百七十六条　普通地方公共団体の議会の議決について異議があるときは、当該普通地方公共団体の長は、この法律に特別の定めがあるものを除くほか、その議決の日（条例の制定若しくは改廃又は予算に関する議決については、その送付を受けた日）から十日以内に理由を示してこれを再議に付することができる。
②　前項の規定による議会の議決が再議に付された議決と同じ議決であるときは、その議決は、確定する。
③　前項の規定による議決のうち条例の制定若しくは改廃又は予算に関するものについては、出席議員の三分の二以上の者の同意がなければならない。
④　普通地方公共団体の議会の議決又は選挙がその権限を超え又は法令若しくは会議規則に違反すると認めるときは、当該普通地方公共団体の長は、理由を示してこれを再議に付し又は再選挙を行わせなければならない。
⑤　前項の規定による議会の議決又は選挙がなおその権限を超え又は法令若しくは会議規則に違反すると認めるときは、都道府県知事にあつては総務大臣、市町村長にあつては都道府県知事に対し、当該議決又は選挙があつた日から二十一日以内に、審査を申し立てることができる。
⑥　前項の規定による申立てがあつた場合において、総務大臣又は都道府県知事は、審査の結果、議会の議決又は選挙がその権限を超え又は法令若しくは会議規則に違反すると認めるときは、当該議決又は選挙を取り消す旨の裁定をすることができる。
⑦　前項の裁定に不服があるときは、普通地方公共団体の議会又は長は、裁定のあつた日から六十日以内に、裁判所に出訴することができる。

⑧　前項の訴えのうち第四項の規定による議会の議決又は選挙の取消しを求めるものは、当該議会を被告として提起しなければならない。

〔収入又は支出に関する議決に対する長の処置〕

第百七十七条　普通地方公共団体の議会において次に掲げる経費を削除し又は減額する議決をしたときは、その経費及びこれに伴う収入について、当該普通地方公共団体の長は、理由を示してこれを再議に付さなければならない。

一　法令により負担する経費、法律の規定に基づき当該行政庁の職権により命ずる経費その他の普通地方公共団体の義務に属する経費

二　非常の災害による応急若しくは復旧の施設のために必要な経費又は感染症予防のために必要な経費

②　前項第一号の場合において、議会の議決がなお同号に掲げる経費を削除し又は減額したときは、当該普通地方公共団体の長は、その経費及びこれに伴う収入を予算に計上してその経費を支出することができる。

③　第一項第二号の場合において、議会の議決がなお同号に掲げる経費を削除し又は減額したときは、当該普通地方公共団体の長は、その議決を不信任の議決とみなすことができる。

〔不信任議決と長の処置〕

第百七十八条　普通地方公共団体の議会において、当該普通地方公共団体の長の不信任の議決をしたときは、直ちに議長からその旨を当該普通地方公共団体の長に通知しなければならない。この場合においては、普通地方公共団体の長は、その通知を受けた日から十日以内に議会を解散することができる。

②　議会において当該普通地方公共団体の長の不信任の議決をした場合において、前項の期間内に議会を解散しないとき、又はその解散後初めて招集された議会において再び不信任の議決があり、議長から当該普通地方公共団体の長に対しその旨の通知があつたときは、普通地方公共団体の長は、同項の期間が経過した日又は議長から通知があつた日においてその職を失う。

③　前二項の規定による不信任の議決については、議員数の三分の二以上の者が出席し、第一項の場合においてはその四分の三以上の者の、前項の場合においてはその過半数の者の同意がなければならない。

〔長の専決処分〕

第百七十九条　普通地方公共団体の議会が成立しないとき、第百十三条ただし書の場合においてなお会議を開くことができないとき、普通地方公共団体の長におい

て議会の議決すべき事件について特に緊急を要するため議会を招集する時間的余裕がないことが明らかであると認めるとき、又は議会において議決すべき事件を議決しないときは、当該普通地方公共団体の長は、その議決すべき事件を処分することができる。ただし、第百六十二条の規定による副知事又は副市町村長の選任の同意及び第二百五十二条の二十の二第四項の規定による第二百五十二条の十九第一項に規定する指定都市の総合区長の選任の同意については、この限りでない。

② 議会の決定すべき事件に関しては、前項の例による。

③ 前二項の規定による処置については、普通地方公共団体の長は、次の会議においてこれを議会に報告し、その承認を求めなければならない。

④ 前項の場合において、条例の制定若しくは改廃又は予算に関する処置について承認を求める議案が否決されたときは、普通地方公共団体の長は、速やかに、当該処置に関して必要と認める措置を講ずるとともに、その旨を議会に報告しなければならない。

〔議会の委任による専決処分〕

第百八十条　普通地方公共団体の議会の権限に属する軽易な事項で、その議決により特に指定したものは、普通地方公共団体の長において、これを専決処分にすることができる。

② 前項の規定により専決処分をしたときは、普通地方公共団体の長は、これを議会に報告しなければならない。

第三節　委員会及び委員

第四款　選挙管理委員会

〔失職〕

第百八十四条　選挙管理委員は、選挙権を有しなくなったとき、第百八十条の五第六項の規定に該当するとき又は第百八十二条第四項に規定する者に該当するときは、その職を失う。その選挙権の有無又は第百八十条の五第六項の規定に該当するかどうかは、選挙管理委員が公職選挙法第十一条若しくは同法第二百五十二条又は政治資金規正法第二十八条の規定に該当するため選挙権を有しない場合を除くほか、選挙管理委員会がこれを決定する。

② 第百四十三条第二項から第四項までの規定は、前項の場合にこれを準用する。

〔罷免〕

第百八十四条の二　普通地方公共団体の議会は、選挙管理委員が心身の故障のため職務の遂行に堪えないと認めるとき、又は選挙管理委員に職務上の義務違反その他選挙管理委員たるに適しない非行があると認めるときは、議決によりこれを罷免することができる。この場合においては、議会の常任委員会又は特別委員会において公聴会を開かなければならない。

② 委員は、前項の規定による場合を除くほか、その意に反して罷免されることがない。

第五款　監査委員

〔監査委員の設置及び定数〕

第百九十五条　普通地方公共団体に監査委員を置く。

② 監査委員の定数は、都道府県及び政令で定める市にあつては四人とし、その他の市及び町村にあつては二人とする。ただし、条例でその定数を増加することができる。

〔選任及び兼職の禁止〕

第百九十六条　監査委員は、普通地方公共団体の長が、議会の同意を得て、人格が高潔で、普通地方公共団体の財務管理、事業の経営管理その他行政運営に関し優れた識見を有する者（議員である者を除く。以下この款において「識見を有する者」という。）及び議員のうちから、これを選任する。ただし、条例で議員のうちから監査委員を選任しないことができる。

② 識見を有する者のうちから選任される監査委員の数が二人以上である普通地方公共団体にあつては、少なくともその数から一を減じた人数以上は、当該普通地方公共団体の職員で政令で定めるものでなかつた者でなければならない。

③ 監査委員は、地方公共団体の常勤の職員及び短時間勤務職員と兼ねることができない。

④ 識見を有する者のうちから選任される監査委員は、常勤とすることができる。

⑤ 都道府県及び政令で定める市にあつては、識見を有する者のうちから選任される監査委員のうち少なくとも一人以上は、常勤としなければならない。

⑥ 議員のうちから選任される監査委員の数は、都道府県及び前条第二項の政令で定める市にあつては二人又は一人、その他の市及び町村にあつては一人とする。

〔任期〕

第百九十七条　監査委員の任期は、識見を有する者のうちから選任される者にあつては四年とし、議員のうちから選任される者にあつては議員の任期による。ただし、後任者が選任されるまでの間は、その職務を行うことを妨げない。

〔罷免〕

第百九十七条の二　普通地方公共団体の長は、監査委員が心身の故障のため職務の遂行に堪えないと認めるとき、又は監査委員に職務上の義務違反その他監査委員たるに適しない非行があると認めるときは、議会の同意を得て、これを罷免することができる。この場合においては、議会の常任委員会又は特別委員会において公聴会を開かなければならない。

② 監査委員は、前項の規定による場合を除くほか、その意に反して罷免されることがない。

〔退職〕

第百九十八条　監査委員は、退職しようとするときは、普通地方公共団体の長の承認を得なければならない。

〔親族の就職禁止〕

第百九十八条の二　普通地方公共団体の長又は副知事若しくは副市町村長と親子、夫婦又は兄弟姉妹の関係にある者は、監査委員となることができない。

② 監査委員は、前項に規定する関係が生じたときは、その職を失う。

〔服務〕

第百九十八条の三　監査委員は、その職務を遂行するに当たつては、法令に特別の定めがある場合を除くほか、監査基準（法令の規定により監査委員が行うこととされている監査、検査、審査その他の行為（以下この項において「監査等」という。）の適切かつ有効な実施を図るための基準をいう。次条において同じ。）に従い、常に公正不偏の態度を保持して、監査等をしなければならない。

② 監査委員は、職務上知り得た秘密を漏らしてはならない。その職を退いた後も、同様とする。

〔監査基準の策定等及び指針〕

第百九十八条の四　監査基準は、監査委員が定めるものとする。

② 前項の規定による監査基準の策定は、監査委員の合議によるものとする。

③ 監査委員は、監査基準を定めたときは、直ちに、これを普通地方公共団体の議会、長、教育委員会、選挙管理委員会、人事委員会又は公平委員会、公安委員会、労働委員会、農業委員会その他法律に基づく委員会及び委員に通知するとともに、これを公表しなければならない。

④ 前二項の規定は、監査基準の変更について準用する。

⑤ 総務大臣は、普通地方公共団体に対し、監査基準の策定又は変更について、指針を示すとともに、必要な助言を行うものとする。

〔職務権限〕

第百九十九条　監査委員は、普通地方公共団体の財務に関する事務の執行及び普通地方公共団体の経営に係る事業の管理を監査する。

② 監査委員は、前項に定めるもののほか、必要があると認めるときは、普通地方公共団体の事務（自治事務にあつては労働委員会及び収用委員会の権限に属する事務で政令で定めるものを除き、法定受託事務にあつては国の安全を害するおそれがあることその他の事由により監査委員の監査の対象とすることが適当でないものとして政令で定めるものを除く。）の執行について監査をすることができる。この場合において、当該監査の実施に関し必要な事項は、政令で定める。

③ 監査委員は、第一項又は前項の規定による監査をするに当たつては、当該普通地方公共団体の財務に関する事務の執行及び当該普通地方公共団体の経営に係る事業の管理又は同項に規定する事務の執行が第二条第十四項及び第十五項の規定の趣旨にのつとつてなされているかどうかについて、特に、意を用いなければならない。

④ 監査委員は、毎会計年度少なくとも一回以上期日を定めて第一項の規定による監査をしなければならない。

⑤ 監査委員は、前項に定める場合のほか、必要があると認めるときは、いつでも第一項の規定による監査をすることができる。

⑥ 監査委員は、当該普通地方公共団体の長から当該普通地方公共団体の事務の執行に関し監査の要求があつたときは、その要求に係る事項について監査をしなければならない。

⑦ 監査委員は、必要があると認めるとき、又は普通地方公共団体の長の要求があるときは、当該普通地方公共団体が補助金、交付金、負担金、貸付金、損失補償、利子補給その他の財政的援助を与えているものの出納その他の事務の執行で当該財政的援助に係るものを監査することができる。当該普通地方公共団体が出資しているもので政令で定めるもの、当該普通地方公共団体が借入金の元金又は利子の支払を保証しているもの、当該普通地方公共団体が受益権を有する信託で政令で定めるものの受託者及び当該普通地方公共団体が第二百四十四条の二第三項の規定に基づき公の施設の管理を行わせているものについても、同様とする。

⑧ 監査委員は、監査のため必要があると認めるときは、関係人の出頭を求め、若しくは関係人について調査し、若しくは関係人に対し帳簿、書類その他の記録の提出

を求め、又は学識経験を有する者等から意見を聴くことができる。

⑨　監査委員は、第九十八条第二項の請求若しくは第六項の要求に係る事項についての監査又は第一項、第二項若しくは第七項の規定による監査について、監査の結果に関する報告を決定し、これを普通地方公共団体の議会及び長並びに関係のある教育委員会、選挙管理委員会、人事委員会若しくは公平委員会、公安委員会、労働委員会、農業委員会その他法律に基づく委員会又は委員に提出するとともに、これを公表しなければならない。

⑩　監査委員は、監査の結果に基づいて必要があると認めるときは、当該普通地方公共団体の組織及び運営の合理化に資するため、第七十五条第三項又は前項の規定による監査の結果に関する報告に添えてその意見を提出することができる。この場合において、監査委員は、当該意見の内容を公表しなければならない。

⑪　監査委員は、第七十五条第三項の規定又は第九項の規定による監査の結果に関する報告のうち、普通地方公共団体の議会、長、教育委員会、選挙管理委員会、人事委員会若しくは公平委員会、公安委員会、労働委員会、農業委員会その他法律に基づく委員会又は委員において特に措置を講ずる必要があると認める事項については、その者に対し、理由を付して、必要な措置を講ずべきことを勧告することができる。この場合において、監査委員は、当該勧告の内容を公表しなければならない。

⑫　第九項の規定による監査の結果に関する報告の決定、第十項の規定による意見の決定又は前項の規定による勧告の決定は、監査委員の合議によるものとする。

⑬　監査委員は、第九項の規定による監査の結果に関する報告の決定について、各監査委員の意見が一致しないことにより、前項の合議により決定することができない事項がある場合には、その旨及び当該事項についての各監査委員の意見を普通地方公共団体の議会及び長並びに関係のある教育委員会、選挙管理委員会、人事委員会若しくは公平委員会、公安委員会、労働委員会、農業委員会その他法律に基づく委員会又は委員に提出するとともに、これらを公表しなければならない。

⑭　監査委員から第七十五条第三項の規定又は第九項の規定による監査の結果に関する報告の提出があつた場合において、当該監査の結果に関する報告の提出を受けた普通地方公共団体の議会、長、教育委員会、選挙管理委員会、人事委員会若しくは公平委員会、公安委

員会、労働委員会、農業委員会その他法律に基づく委員会又は委員は、当該監査の結果に基づき、又は当該監査の結果を参考として措置（次項に規定する措置を除く。以下この項において同じ。）を講じたときは、当該措置の内容を監査委員に通知しなければならない。この場合において、監査委員は、当該措置の内容を公表しなければならない。

⑮　監査委員から第十一項の規定による勧告を受けた普通地方公共団体の議会、長、教育委員会、選挙管理委員会、人事委員会若しくは公平委員会、公安委員会、労働委員会、農業委員会その他法律に基づく委員会又は委員は、当該勧告に基づき必要な措置を講ずるとともに、当該措置の内容を監査委員に通知しなければならない。この場合において、監査委員は、当該措置の内容を公表しなければならない。

〔監査執行上の除斥〕

第百九十九条の二　監査委員は、自己若しくは父母、祖父母、配偶者、子、孫若しくは兄弟姉妹の一身上に関する事件又は自己若しくはこれらの者の従事する業務に直接の利害関係のある事件については、監査することができない。

〔代表監査委員〕

第百九十九条の三　監査委員は、識見を有する者のうちから選任される監査委員の一人（監査委員の定数が二人の場合において、そのうち一人が議員のうちから選任される監査委員であるときは、識見を有する者のうちから選任される監査委員）を代表監査委員としなければならない。

②　代表監査委員は、監査委員に関する庶務及び次項又は第二百四十二条の三第五項に規定する訴訟に関する事務を処理する。

③　代表監査委員又は監査委員の処分又は裁決に係る普通地方公共団体を被告とする訴訟については、代表監査委員が当該普通地方公共団体を代表する。

④　代表監査委員に事故があるとき、又は代表監査委員が欠けたときは、監査委員の定数が三人以上の場合には代表監査委員の指定する監査委員が、二人の場合には他の監査委員がその職務を代理する。

〔事務局の設置等〕

第二百条　都道府県の監査委員に事務局を置く。

②　市町村の監査委員に条例の定めるところにより、事務局を置くことができる。

③　事務局に事務局長、書記その他の職員を置く。

④　事務局を置かない市町村の監査委員の事務を補助さ

せるため書記その他の職員を置く。
⑤　事務局長、書記その他の職員は、代表監査委員がこれを任免する。
⑥　事務局長、書記その他の常勤の職員の定数は、条例でこれを定める。ただし、臨時の職については、この限りでない。
⑦　事務局長は監査委員の命を受け、書記その他の職員又は第百八十条の三の規定による職員は上司の指揮を受け、それぞれ監査委員に関する事務に従事する。

〔監査専門委員〕
第二百条の二　監査委員に常設又は臨時の監査専門委員を置くことができる。
②　監査専門委員は、専門の学識経験を有する者の中から、代表監査委員が、代表監査委員以外の監査委員の意見を聴いて、これを選任する。
③　監査専門委員は、監査委員の委託を受け、その権限に属する事務に関し必要な事項を調査する。
④　監査専門委員は、非常勤とする。

〔準用規定〕
第二百一条　第百四十一条第一項、第百五十四条、第百五十九条、第百六十四条及び第百六十六条第一項の規定は監査委員に、第百五十三条第一項の規定は代表監査委員に、第百七十二条第四項の規定は監査委員の事務局長、書記その他の職員にこれを準用する。

〔条例への委任〕
第二百二条　法令に特別の定めがあるものを除くほか、監査委員に関し必要な事項は、条例でこれを定める。

第八章　給与その他の給付

〔議員報酬及び費用弁償〕
第二百三条　普通地方公共団体は、その議会の議員に対し、議員報酬を支給しなければならない。
②　普通地方公共団体の議会の議員は、職務を行うため要する費用の弁償を受けることができる。
③　普通地方公共団体は、条例で、その議会の議員に対し、期末手当を支給することができる。
④　議員報酬、費用弁償及び期末手当の額並びにその支給方法は、条例でこれを定めなければならない。

〔報酬、費用弁償及び期末手当〕
第二百三条の二　普通地方公共団体は、その委員会の非常勤の委員、非常勤の監査委員、自治紛争処理委員、審査会、審議会及び調査会等の委員その他の構成員、専門委員、監査専門委員、投票管理者、開票管理者、選挙長、投票立会人、開票立会人及び選挙立会人その他普通地方公共団体の非常勤の職員（短時間勤務職員及び地方公務員法第二十二条の二第一項第二号に掲げる職員を除く。）に対し、報酬を支給しなければならない。

② 前項の者に対する報酬は、その勤務日数に応じてこれを支給する。ただし、条例で特別の定めをした場合は、この限りでない。

③ 第一項の者は、職務を行うため要する費用の弁償を受けることができる。

④ 普通地方公共団体は、条例で、第一項の者のうち地方公務員法第二十二条の二第一項第一号に掲げる職員に対し、期末手当を支給することができる。

⑤ 報酬、費用弁償及び期末手当の額並びにその支給方法は、条例でこれを定めなければならない。

〔給料、手当及び旅費〕

第二百四条 普通地方公共団体は、普通地方公共団体の長及びその補助機関たる常勤の職員、委員会の常勤の委員（教育委員会にあつては、教育長）、常勤の監査委員、議会の事務局長又は書記長、書記その他の常勤の職員、委員会の事務局長若しくは書記長、委員の事務局長又は委員会若しくは委員の事務を補助する書記その他の常勤の職員その他普通地方公共団体の常勤の職員並びに短時間勤務職員及び地方公務員法第二十二条の二第一項第二号に掲げる職員に対し、給料及び旅費を支給しなければならない。

② 普通地方公共団体は、条例で、前項の者に対し、扶養手当、地域手当、住居手当、初任給調整手当、通勤手当、単身赴任手当、特殊勤務手当、特地勤務手当（これに準ずる手当を含む。）、へき地手当（これに準ずる手当を含む。）、時間外勤務手当、宿日直手当、管理職員特別勤務手当、夜間勤務手当、休日勤務手当、管理職手当、期末手当、勤勉手当、寒冷地手当、特定任期付職員業績手当、任期付研究員業績手当、義務教育等教員特別手当、定時制通信教育手当、産業教育手当、農林漁業普及指導手当、災害派遣手当（武力攻撃災害等派遣手当及び新型インフルエンザ等緊急事態派遣手当を含む。）又は退職手当を支給することができる。

③ 給料、手当及び旅費の額並びにその支給方法は、条例でこれを定めなければならない。

〔実費弁償〕

第二百七条 普通地方公共団体は、条例の定めるところにより、第七十四条の三第三項及び第百条第一項後段（第二百八十七条の二第七項において準用する場合を含む。）の規定により出頭した選挙人その他の関係人、第百十五条の二第二項（第百九条第五項において準用する場合を含む。）の規定により出頭した参考人、第百九十九条第八項の規定により出頭した関係人、第二百五十一条の二第九項の規定により出頭した当事者及び関係人並びに第百十五条の二第一項（第百九条第五項において準用する場合を含む。）の規定による公聴会に参加した者の要した実費を弁償しなければならない。

第九章　財務

第一節　会計年度及び会計の区分

（会計年度及びその独立の原則）

第二百八条　普通地方公共団体の会計年度は、毎年四月一日に始まり、翌年三月三十一日に終わるものとする。

2　各会計年度における歳出は、その年度の歳入をもつて、これに充てなければならない。

（会計の区分）

第二百九条　普通地方公共団体の会計は、一般会計及び特別会計とする。

2　特別会計は、普通地方公共団体が特定の事業を行なう場合その他特定の歳入をもつて特定の歳出に充て一般の歳入歳出と区分して経理する必要がある場合において、条例でこれを設置することができる。

第二節　予算

（総計予算主義の原則）

第二百十条　一会計年度における一切の収入及び支出は、すべてこれを歳入歳出予算に編入しなければならない。

（予算の調製及び議決）

第二百十一条　普通地方公共団体の長は、毎会計年度予算を調製し、年度開始前に、議会の議決を経なければならない。この場合において、普通地方公共団体の長は、遅くとも年度開始前、都道府県及び第二百五十二条の十九第一項に規定する指定都市にあつては三十日、その他の市及び町村にあつては二十日までに当該予算を議会に提出するようにしなければならない。

2　普通地方公共団体の長は、予算を議会に提出するときは、政令で定める予算に関する説明書をあわせて提出しなければならない。

（継続費）

第二百十二条　普通地方公共団体の経費をもつて支弁する事件でその履行に数年度を要するものについては、予算の定めるところにより、その経費の総額及び年割額を定め、数年度にわたつて支出することができる。

2 前項の規定により支出することができる経費は、これを継続費という。

（繰越明許費）

第二百十三条 歳出予算の経費のうちその性質上又は予算成立後の事由に基づき年度内にその支出を終わらない見込みのあるものについては、予算の定めるところにより、翌年度に繰り越して使用することができる。

2 前項の規定により翌年度に繰り越して使用することができる経費は、これを繰越明許費という。

（債務負担行為）

第二百十四条 歳出予算の金額、継続費の総額又は繰越明許費の金額の範囲内におけるものを除くほか、普通地方公共団体が債務を負担する行為をするには、予算で債務負担行為として定めておかなければならない。

（予算の内容）

第二百十五条 予算は、次の各号に掲げる事項に関する定めから成るものとする。

一 歳入歳出予算

二 継続費

三 繰越明許費

四 債務負担行為

五 地方債

六 一時借入金

七 歳出予算の各項の経費の金額の流用

（歳入歳出予算の区分）

第二百十六条 歳入歳出予算は、歳入にあつては、その性質に従つて款に大別し、かつ、各款中においてはこれを項に区分し、歳出にあつては、その目的に従つてこれを款項に区分しなければならない。

（予算の送付及び公表）

第二百十九条 普通地方公共団体の議会の議長は、予算を定める議決があつたときは、その日から三日以内にこれを当該普通地方公共団体の長に送付しなければならない。

2 普通地方公共団体の長は、前項の規定により予算の送付を受けた場合において、再議その他の措置を講ずる必要がないと認めるときは、直ちに、その要領を住民に公表しなければならない。

第五節 決算

（決算）

第二百三十三条 会計管理者は、毎会計年度、政令の定めるところにより、決算を調製し、出納の閉鎖後三箇月以内に、証書類その他政令で定める書類と併せて、普通地方公共団体の長に提出しなければならない。

2　普通地方公共団体の長は、決算及び前項の書類を監査委員の審査に付さなければならない。
3　普通地方公共団体の長は、前項の規定により監査委員の審査に付した決算を監査委員の意見を付けて次の通常予算を議する会議までに議会の認定に付さなければならない。
4　前項の規定による意見の決定は、監査委員の合議によるものとする。
5　普通地方公共団体の長は、第三項の規定により決算を議会の認定に付するに当たつては、当該決算に係る会計年度における主要な施策の成果を説明する書類その他政令で定める書類を併せて提出しなければならない。
6　普通地方公共団体の長は、第三項の規定により議会の認定に付した決算の要領を住民に公表しなければならない。
7　普通地方公共団体の長は、第三項の規定による決算の認定に関する議案が否決された場合において、当該議決を踏まえて必要と認める措置を講じたときは、速やかに、当該措置の内容を議会に報告するとともに、これを公表しなければならない。

（歳計剰余金の処分）

第二百三十三条の二　各会計年度において決算上剰余金を生じたときは、翌年度の歳入に編入しなければならない。ただし、条例の定めるところにより、又は普通地方公共団体の議会の議決により、剰余金の全部又は一部を翌年度に繰り越さないで基金に編入することができる。

第六節　契約

（契約の締結）

第二百三十四条　売買、貸借、請負その他の契約は、一般競争入札、指名競争入札、随意契約又はせり売りの方法により締結するものとする。
2　前項の指名競争入札、随意契約又はせり売りは、政令で定める場合に該当するときに限り、これによることができる。
3　普通地方公共団体は、一般競争入札又は指名競争入札（以下この条において「競争入札」という。）に付する場合においては、政令の定めるところにより、契約の目的に応じ、予定価格の制限の範囲内で最高又は最低の価格をもつて申込みをした者を契約の相手方とするものとする。ただし、普通地方公共団体の支出の原因となる契約については、政令の定めるところにより、予定価格の制限の範囲内の価格をもつて申込みをした者のうち最低の価格をもつて申込みをした者以外の者を契約の相手方とすることができる。

4　普通地方公共団体が競争入札につき入札保証金を納付させた場合において、落札者が契約を締結しないときは、その者の納付に係る入札保証金（政令の定めるところによりその納付に代えて提供された担保を含む。）は、当該普通地方公共団体に帰属するものとする。

5　普通地方公共団体が契約につき契約書又は契約内容を記録した電磁的記録を作成する場合においては、当該普通地方公共団体の長又はその委任を受けた者が契約の相手方とともに、契約書に記名押印し、又は契約内容を記録した電磁的記録に当該普通地方公共団体の長若しくはその委任を受けた者及び契約の相手方の作成に係るものであることを示すために講ずる措置であつて、当該電磁的記録が改変されているかどうかを確認することができる等これらの者の作成に係るものであることを確実に示すことができるものとして総務省令で定めるものを講じなければ、当該契約は、確定しないものとする。

6　競争入札に加わろうとする者に必要な資格、競争入札における公告又は指名の方法、随意契約及びせり売りの手続その他契約の締結の方法に関し必要な事項は、政令でこれを定める。

第九節　財産

（財産の管理及び処分）

第二百三十七条　この法律において「財産」とは、公有財産、物品及び債権並びに基金をいう。

2　第二百三十八条の四第一項の規定の適用がある場合を除き、普通地方公共団体の財産は、条例又は議会の議決による場合でなければ、これを交換し、出資の目的とし、若しくは支払手段として使用し、又は適正な対価なくしてこれを譲渡し、若しくは貸し付けてはならない。

3　普通地方公共団体の財産は、第二百三十八条の五第二項の規定の適用がある場合で議会の議決によるとき又は同条第三項の規定の適用がある場合でなければ、これを信託してはならない。

第一款　公有財産

（公有財産の範囲及び分類）

第二百三十八条　この法律において「公有財産」とは、普通地方公共団体の所有に属する財産のうち次に掲げるもの（基金に属するものを除く。）をいう。

一　不動産

二　船舶、浮標、浮桟橋及び浮ドック並びに航空機
三　前二号に掲げる不動産及び動産の従物
四　地上権、地役権、鉱業権その他これらに準ずる権利
五　特許権、著作権、商標権、実用新案権その他これらに準ずる権利
六　株式、社債（特別の法律により設立された法人の発行する債券に表示されるべき権利を含み、短期社債等を除く。）、地方債及び国債その他これらに準ずる権利
七　出資による権利
八　財産の信託の受益権

2　前項第六号の「短期社債等」とは、次に掲げるものをいう。
一　社債、株式等の振替に関する法律（平成十三年法律第七十五号）第六十六条第一号に規定する短期社債
二　投資信託及び投資法人に関する法律（昭和二十六年法律第百九十八号）第百三十九条の十二第一項に規定する短期投資法人債
三　信用金庫法（昭和二十六年法律第二百三十八号）第五十四条の四第一項に規定する短期債
四　保険業法（平成七年法律第百五号）第六十一条の十第一項に規定する短期社債
五　資産の流動化に関する法律（平成十年法律第百五号）第二条第八項に規定する特定短期社債
六　農林中央金庫法（平成十三年法律第九十三号）第六十二条の二第一項に規定する短期農林債

3　公有財産は、これを行政財産と普通財産とに分類する。

4　行政財産とは、普通地方公共団体において公用又は公共用に供し、又は供することと決定した財産をいい、普通財産とは、行政財産以外の一切の公有財産をいう。

（行政財産の管理及び処分）

第二百三十八条の四　行政財産は、次項から第四項までに定めるものを除くほか、これを貸し付け、交換し、売り払い、譲与し、出資の目的とし、若しくは信託し、又はこれに私権を設定することができない。

2　行政財産は、次に掲げる場合には、その用途又は目的を妨げない限度において、貸し付け、又は私権を設定することができる。
一　当該普通地方公共団体以外の者が行政財産である土地の上に政令で定める堅固な建物その他の土地に定着する工作物であつて当該行政財産である土地の

供用の目的を効果的に達成することに資すると認められるものを所有し、又は所有しようとする場合（当該普通地方公共団体と一棟の建物を区分して所有する場合を除く。）において、その者（当該行政財産を管理する普通地方公共団体が当該行政財産の適正な方法による管理を行う上で適当と認める者に限る。）に当該土地を貸し付けるとき。

二　普通地方公共団体が国、他の地方公共団体又は政令で定める法人と行政財産である土地の上に一棟の建物を区分して所有するためその者に当該土地を貸し付ける場合

三　普通地方公共団体が行政財産である土地及びその隣接地の上に当該普通地方公共団体以外の者と一棟の建物を区分して所有するためその者（当該建物のうち行政財産である部分を管理する普通地方公共団体が当該行政財産の適正な方法による管理を行う上で適当と認める者に限る。）に当該土地を貸し付ける場合

四　行政財産のうち庁舎その他の建物及びその附帯施設並びにこれらの敷地（以下この号において「庁舎等」という。）についてその床面積又は敷地に余裕がある場合として政令で定める場合において、当該普通地方公共団体以外の者（当該庁舎等を管理する普通地方公共団体が当該庁舎等の適正な方法による管理を行う上で適当と認める者に限る。）に当該余裕がある部分を貸し付けるとき（前三号に掲げる場合に該当する場合を除く。）。

五　行政財産である土地を国、他の地方公共団体又は政令で定める法人の経営する鉄道、道路その他政令で定める施設の用に供する場合において、その者のために当該土地に地上権を設定するとき。

六　行政財産である土地を国、他の地方公共団体又は政令で定める法人の使用する電線路その他政令で定める施設の用に供する場合において、その者のために当該土地に地役権を設定するとき。

3　前項第二号に掲げる場合において、当該行政財産である土地の貸付けを受けた者が当該土地の上に所有する一棟の建物の一部（以下この項及び次項において「特定施設」という。）を当該普通地方公共団体以外の者に譲渡しようとするときは、当該特定施設を譲り受けようとする者（当該行政財産を管理する普通地方公共団体が当該行政財産の適正な方法による管理を行う上で適当と認める者に限る。）に当該土地を貸し付けることができる。

4　前項の規定は、同項（この項において準用する場合を含む。）の規定により行政財産である土地の貸付けを受けた者が当該特定施設を譲渡しようとする場合について準用する。
5　前三項の場合においては、次条第四項及び第五項の規定を準用する。
6　第一項の規定に違反する行為は、これを無効とする。
7　行政財産は、その用途又は目的を妨げない限度においてその使用を許可することができる。
8　前項の規定による許可を受けてする行政財産の使用については、借地借家法（平成三年法律第九十号）の規定は、これを適用しない。
9　第七項の規定により行政財産の使用を許可した場合において、公用若しくは公共用に供するため必要を生じたとき、又は許可の条件に違反する行為があると認めるときは、普通地方公共団体の長又は委員会は、その許可を取り消すことができる。

（普通財産の管理及び処分）

第二百三十八条の五　普通財産は、これを貸し付け、交換し、売り払い、譲与し、若しくは出資の目的とし、又はこれに私権を設定することができる。
2　普通財産である土地（その土地の定着物を含む。）は、当該普通地方公共団体を受益者として政令で定める信託の目的により、これを信託することができる。
3　普通財産のうち国債その他の政令で定める有価証券（以下この項において「国債等」という。）は、当該普通地方公共団体を受益者として、指定金融機関その他の確実な金融機関に国債等をその価額に相当する担保の提供を受けて貸し付ける方法により当該国債等を運用することを信託の目的とする場合に限り、信託することができる。
4　普通財産を貸し付けた場合において、その貸付期間中に国、地方公共団体その他公共団体において公用又は公共用に供するため必要を生じたときは、普通地方公共団体の長は、その契約を解除することができる。
5　前項の規定により契約を解除した場合においては、借受人は、これによつて生じた損失につきその補償を求めることができる。
6　普通地方公共団体の長が一定の用途並びにその用途に供しなければならない期日及び期間を指定して普通財産を貸し付けた場合において、借受人が指定された期日を経過してもなおこれをその用途に供せず、又はこれをその用途に供した後指定された期間内にその用途を廃止したときは、当該普通地方公共団体の長は、その契約を解除することができる。
7　第四項及び第五項の規定は貸付け以外の方法により普通財産を使用させる場合に、前項の規定は普通財産を売り払い、又は譲与する場合に準用する。
8　第四項から第六項までの規定は、普通財産である土地（その土地の定着物を含む。）を信託する場合に準用する。
9　第七項に定めるもののほか普通財産の売払いに関し必要な事項及び普通財産の交換に関し必要な事項は、政令でこれを定める。

第二款　物品

（物品）
第二百三十九条　この法律において「物品」とは、普通地方公共団体の所有に属する動産で次の各号に掲げるもの以外のもの及び普通地方公共団体が使用のために保管する動産（政令で定める動産を除く。）をいう。
一　現金（現金に代えて納付される証券を含む。）
二　公有財産に属するもの
三　基金に属するもの
2　物品に関する事務に従事する職員は、その取扱いに係る物品（政令で定める物品を除く。）を普通地方公共団体から譲り受けることができない。
3　前項の規定に違反する行為は、これを無効とする。
4　前二項に定めるもののほか、物品の管理及び処分に関し必要な事項は、政令でこれを定める。
5　普通地方公共団体の所有に属しない動産で普通地方公共団体が保管するもの（使用のために保管するものを除く。）のうち政令で定めるもの（以下「占有動産」という。）の管理に関し必要な事項は、政令でこれを定める。

第三款　債権

（債権）
第二百四十条　この章において「債権」とは、金銭の給付を目的とする普通地方公共団体の権利をいう。
2　普通地方公共団体の長は、債権について、政令の定めるところにより、その督促、強制執行その他その保全及び取立てに関し必要な措置をとらなければならない。
3　普通地方公共団体の長は、債権について、政令の定めるところにより、その徴収停止、履行期限の延長又は当該債権に係る債務の免除をすることができる。
4　前二項の規定は、次の各号に掲げる債権については、これを適用しない。
一　地方税法の規定に基づく徴収金に係る債権

二　過料に係る債権
三　証券に化体されている債権（国債に関する法律（明治三十九年法律第三十四号）の規定により登録されたもの及び社債、株式等の振替に関する法律の規定により振替口座簿に記載され、又は記録されたものを含む。）
四　電子記録債権法（平成十九年法律第百二号）第二条第一項に規定する電子記録債権
五　預金に係る債権
六　歳入歳出外現金となるべき金銭の給付を目的とする債権
七　寄附金に係る債権
八　基金に属する債権

第四款　基金

（基金）
第二百四十一条　普通地方公共団体は、条例の定めるところにより、特定の目的のために財産を維持し、資金を積み立て、又は定額の資金を運用するための基金を設けることができる。
2　基金は、これを前項の条例で定める特定の目的に応じ、及び確実かつ効率的に運用しなければならない。
3　第一項の規定により特定の目的のために財産を取得し、又は資金を積み立てるための基金を設けた場合においては、当該目的のためでなければこれを処分することができない。
4　基金の運用から生ずる収益及び基金の管理に要する経費は、それぞれ毎会計年度の歳入歳出予算に計上しなければならない。
5　第一項の規定により特定の目的のために定額の資金を運用するための基金を設けた場合においては、普通地方公共団体の長は、毎会計年度、その運用の状況を示す書類を作成し、これを監査委員の審査に付し、その意見を付けて、第二百三十三条第五項の書類と併せて議会に提出しなければならない。
6　前項の規定による意見の決定は、監査委員の合議によるものとする。
7　基金の管理については、基金に属する財産の種類に応じ、収入若しくは支出の手続、歳計現金の出納若しくは保管、公有財産若しくは物品の管理若しくは処分又は債権の管理の例による。
8　第二項から前項までに定めるもののほか、基金の管理及び処分に関し必要な事項は、条例でこれを定めなければならない。

第十章　公の施設

（公の施設）

第二百四十四条　普通地方公共団体は、住民の福祉を増進する目的をもつてその利用に供するための施設（これを公の施設という。）を設けるものとする。

2　普通地方公共団体（次条第三項に規定する指定管理者を含む。次項において同じ。）は、正当な理由がない限り、住民が公の施設を利用することを拒んではならない。

3　普通地方公共団体は、住民が公の施設を利用することについて、不当な差別的取扱いをしてはならない。

（公の施設の設置、管理及び廃止）

第二百四十四条の二　普通地方公共団体は、法律又はこれに基づく政令に特別の定めがあるものを除くほか、公の施設の設置及びその管理に関する事項は、条例でこれを定めなければならない。

2　普通地方公共団体は、条例で定める重要な公の施設のうち条例で定める特に重要なものについて、これを廃止し、又は条例で定める長期かつ独占的な利用をさせようとするときは、議会において出席議員の三分の二以上の者の同意を得なければならない。

3　普通地方公共団体は、公の施設の設置の目的を効果的に達成するため必要があると認めるときは、条例の定めるところにより、法人その他の団体であつて当該普通地方公共団体が指定するもの（以下本条及び第二百四十四条の四において「指定管理者」という。）に、当該公の施設の管理を行わせることができる。

4　前項の条例には、指定管理者の指定の手続、指定管理者が行う管理の基準及び業務の範囲その他必要な事項を定めるものとする。

5　指定管理者の指定は、期間を定めて行うものとする。

6　普通地方公共団体は、指定管理者の指定をしようとするときは、あらかじめ、当該普通地方公共団体の議会の議決を経なければならない。

7　指定管理者は、毎年度終了後、その管理する公の施設の管理の業務に関し事業報告書を作成し、当該公の施設を設置する普通地方公共団体に提出しなければならない。

8　普通地方公共団体は、適当と認めるときは、指定管理者にその管理する公の施設の利用に係る料金（次項において「利用料金」という。）を当該指定管理者の収入として収受させることができる。

9　前項の場合における利用料金は、公益上必要があると認める場合を除くほか、条例の定めるところにより、指定管理者が定めるものとする。この場合において、指定管理者は、あらかじめ当該利用料金について当該普通地方公共団体の承認を受けなければならない。

10　普通地方公共団体の長又は委員会は、指定管理者の管理する公の施設の管理の適正を期するため、指定管理者に対して、当該管理の業務又は経理の状況に関し報告を求め、実地について調査し、又は必要な指示をすることができる。

11　普通地方公共団体は、指定管理者が前項の指示に従わないときその他当該指定管理者による管理を継続することが適当でないと認めるときは、その指定を取り消し、又は期間を定めて管理の業務の全部又は一部の停止を命ずることができる。

第十三章　外部監査契約に基づく監査

第一節　通則

（議会による説明の要求又は意見の陳述）

第二百五十二条の三十四　普通地方公共団体の議会は、外部監査人の監査に関し必要があると認めるときは、外部監査人又は外部監査人であつた者の説明を求めることができる。

2　普通地方公共団体の議会は、外部監査人の監査に関し必要があると認めるときは、外部監査人に対し意見を述べることができる。

第二節　包括外部監査契約に基づく監査

（包括外部監査契約の締結）

第二百五十二条の三十六　次に掲げる普通地方公共団体の長は、政令で定めるところにより、毎会計年度、当該会計年度に係る包括外部監査契約を、速やかに、一の者と締結しなければならない。この場合においては、あらかじめ監査委員の意見を聴くとともに、議会の議決を経なければならない。

一　都道府県

二　政令で定める市

2　前項第二号に掲げる市以外の市又は町村で、契約に基づく監査を受けることを条例により定めたものの長は、同項の政令で定めるところにより、条例で定める会計年度において、当該会計年度に係る包括外部監査契約を、速やかに、一の者と締結しなければならない。この場合においては、あらかじめ監査委員の意見を聴くとともに、議会の議決を経なければならない。

3　前二項の規定による意見の決定は、監査委員の合議によるものとする。

4　第一項又は第二項の規定により包括外部監査契約を締結する場合には、第一項各号に掲げる普通地方公共団体及び第二項の条例を定めた第一項第二号に掲げる市以外の市又は町村（以下「包括外部監査対象団体」という。）は、連続して四回、同一の者と包括外部監査契約を締結してはならない。

5　包括外部監査契約には、次に掲げる事項について定めなければならない。

一　包括外部監査契約の期間の始期

二　包括外部監査契約を締結した者に支払うべき監査に要する費用の額の算定方法

三　前二号に掲げる事項のほか、包括外部監査契約に基づく監査のために必要な事項として政令で定めるもの

6　包括外部監査対象団体の長は、包括外部監査契約を締結したときは、前項第一号及び第二号に掲げる事項その他政令で定める事項を直ちに告示しなければならない。

7　包括外部監査契約の期間の終期は、包括外部監査契約に基づく監査を行うべき会計年度の末日とする。

8　包括外部監査対象団体は、包括外部監査契約の期間を十分に確保するよう努めなければならない。

第三節　個別外部監査契約に基づく監査

（第七十五条の規定による監査の特例）

第二百五十二条の三十九　第七十五条第一項の請求に係る監査について、監査委員の監査に代えて契約に基づく監査によることができることを条例により定める普通地方公共団体の同項の選挙権を有する者は、政令で定めるところにより、同項の請求をする場合には、併せて監査委員の監査に代えて個別外部監査契約に基づく監査によることを求めることができる。

2・3〔略〕

4　前項の規定による通知があつたときは、当該普通地方公共団体の長は、当該通知があつた日から二十日以内に議会を招集し、同項の規定による監査委員の意見を付けて、当該事務の監査の請求に係る個別外部監査契約に基づく監査によることについて監査委員の監査に代えて個別外部監査契約に基づく監査によることについて、議会に付議し、その結果を監査委員に通知しなければならない。

5　事務の監査の請求に係る個別外部監査の請求について監査委員の監査に代えて個別外部監査契約に基づく監査によることについて議会の議決を経た場合には、当該普通地方公共団体の長は、政令で定めるところにより、当該事務の監査の請求に係る個別外部監査の請

求に係る事項についての個別外部監査契約を一の者と締結しなければならない。

6　前項の個別外部監査契約を締結する場合には、当該普通地方公共団体の長は、あらかじめ監査委員の意見を聴くとともに、議会の議決を経なければならない。

7～15〔略〕

（第九十八条第二項の規定による監査の特例）

第二百五十二条の四十　第九十八条第二項の請求に係る監査について監査委員の監査に代えて契約に基づく監査によることができることを条例により定める普通地方公共団体の議会は、同項の請求をする場合において、特に必要があると認めるときは、その理由を付して、併せて監査委員の監査に代えて個別外部監査契約に基づく監査によることを求めることができる。この場合においては、あらかじめ監査委員の意見を聴かなければならない。

2　前項の規定により個別外部監査契約に基づく監査によることが求められた第九十八条第二項の請求（以下本条において「議会からの個別外部監査の請求」という。）については、監査委員は、当該議会からの個別外部監査の請求に係る事項についての監査及び監査の結果に関する報告は行わない。

3　議会からの個別外部監査の請求があつたときは、監査委員は、直ちにその旨を当該普通地方公共団体の長に通知しなければならない。

4　前条第五項から第十一項までの規定は、前項の規定による通知があつた場合について準用する。この場合において、同条第五項中「事務の監査の請求に係る個別外部監査の請求について監査委員の監査に代えて個別外部監査契約に基づく監査によることについて議会の議決を経た」とあるのは「次条第三項の規定による通知があつた」と、「事務の監査の請求に係る個別外部監査の請求に係る」とあるのは「同条第二項に規定する議会からの個別外部監査の請求に係る」と、同条第七項中「第三項」とあるのは「次条第一項」と、同条第八項第一号中「事務の監査の請求に係る個別外部監査の請求」とあるのは「次条第二項に規定する議会からの個別外部監査の請求」と読み替えるものとする。

5・6〔略〕

第十四章　補則

（長、議長の連合組織）

第二百六十三条の三　都道府県知事若しくは都道府県の議会の議長、市長若しくは市の議会の議長又は町村長

自治法

若しくは町村の議会の議長が、その相互間の連絡を緊密にし、並びに共通の問題を協議し、及び処理するためのそれぞれの全国的連合組織を設けた場合においては、当該連合組織の代表者は、その旨を総務大臣に届け出なければならない。

② 前項の連合組織で同項の規定による届出をしたものは、地方自治に影響を及ぼす法律又は政令その他の事項に関し、総務大臣を経由して内閣に対し意見を申し出、又は国会に意見書を提出することができる。

③ 内閣は、前項の意見の申出を受けたときは、これに遅滞なく回答するよう努めるものとする。

④ 前項の場合において、当該意見が地方公共団体に対し新たに事務又は負担を義務付けると認められる国の施策に関するものであるときは、内閣は、これに遅滞なく回答するものとする。

⑤ 各大臣は、その担任する事務に関し地方公共団体に対し新たに事務又は負担を義務付けると認められる施策の立案をしようとする場合には、第二項の連合組織が同項の規定により内閣に対して意見を申し出ることができるよう、当該連合組織に当該施策の内容となるべき事項を知らせるために適切な措置を講ずるものとする。

○地方自治法施行令（抄）

昭二二・五・三
政令一六

最終改正　令五・三・一政令四二

第三章　議会

第百二十一条の二　地方自治法第九十二条の二に規定する政令で定める額は、三百万円とする。

第百二十一条の二の二　地方自治法第九十六条第一項第五号に規定する政令で定める基準は、契約の種類については、別表第三上欄に定めるものとし、その金額については、その予定価格の金額が同表下欄に定める金額を下らないこととする。

②　地方自治法第九十六条第一項第八号に規定する政令で定める基準は、財産の取得又は処分の種類については、別表第四上欄に定めるものとし、その金額については、その予定価格の金額が同表下欄に定める金額を下らないこととする。

第百二十一条の三　地方自治法第九十六条第二項に規定する議会の議決すべきものとすることが適当でないものとして政令で定めるものは、次のとおりとする。

一　武力攻撃事態等における国民の保護のための措置に関する法律（平成十六年法律第百十二号）第八条第一項（同法第百八十三条において準用する場合を含む。）、第十一条第四項（同法第百七十七条第三項において準用する場合を含む。）、第十二条第一項（同法第十八条第二項（同法第百八十三条において準用する場合を含む。）及び第百八十三条において準用する場合を含む。）、第十四条第一項及び第十五条第一項（これらの規定を同法第百八十三条において準用する場合を含む。）、第十六条第四項及び第五項（これらの規定を同法第百七十八条第三項において準用する場合を含む。）、第十七条第一項、第十八条第一項及び第二十条（これらの規定を同法第百八十三条において準用する場合を含む。）、第二十一条第二項及び第三項（これらの規定を同法第百七十九条第二項において準用する場合を含む。）、第二十六条及び第二十九条第二項（これらの規定を同法第百八十三条において準用する場合を含む。）、第五十四条第六項（同法第五十八条第六項（同法第百八十三条において準用する場合を含む。）及び第百八十三条において準用する場合を含む。）、第五十八条第一項から第三項まで、第五十九条第一項及び第六十一条第一項（これらの規定を同法第百八十三条におい

自治令

て準用する場合を含む。）、第六十二条第四項（同条第五項及び同法第六十九条第二項（これらの規定を同法第百八十三条において準用する場合を含む。）並びに第百八十三条において準用する場合を含む。）、第六十三条、第六十四条第一項、第六十九条第一項、第七十五条第一項及び第二項、第七十六条第二項、第七十七条第三項、第八十一条第一項及び第四項、第八十五条第一項、第八十九条第二項、第九十六条第二項、第九十七条第四項、第六項及び第七項並びに第百二条第一項、第三項及び第四項（これらの規定を同法第百八十三条において準用する場合を含む。）並びに第百三条第一項（同条第五項（同法第百八十三条において準用する場合を含む。）及び同法第百八十三条において準用する場合を含む。）の規定、同法第百五条第十三項（同法第百八十三条において準用する場合を含む。）において準用する原子力災害対策特別措置法（平成十一年法律第百五十六号）第二十六条第二項及び第二十七条第二項の規定並びに武力攻撃事態等における国民の保護のための措置に関する法律第百七条第二項及び第三項並びに第百十九条第一項（これらの規定を同法第百八十三条において準用する場合を含む。）、第百二十九条、第百三十四条第二項及び第百三十九条から第百四十一条まで（これらの規定を同法第百八十三条において準用する場合を含む。）、第百四十二条、第百四十三条及び第百四十四条（これらの規定を同法第百八十三条において準用する場合を含む。）、第白四十五条並びに第百五十一条第一項並びに第百五十二条第一項及び第二項（これらの規定を同法第百八十三条において準用する場合を含む。）の規定により地方公共団体が処理することとされている事務に係る事件

二　災害救助法施行令（昭和二十二年政令第二百二十五号）第三条第二項の規定により同令第十八条に規定する都道府県等が処理することとされている事務に係る事件

第百二十一条の四　地方自治法第九十八条第一項に規定する労働委員会及び収用委員会の権限に属する事務で政令で定めるものは、労働組合法（昭和二十四年法律第百七十四号）の規定による労働争議のあつせん、調停及び仲裁その他労働委員会の権限に属する事務（その組織に関する事務及び庶務を除く。）並びに土地収用法（昭和二十六年法律第二百十九号）の規定による収用に関する裁決その他収用委員会の権限に属する事

務（その組織に関する事務及び庶務を除く。）とする。

② 地方自治法第九十八条第一項に規定する議会の検査の対象とすることが適当でないものとして政令で定めるものは、当該検査に際して開示をすることにより、国の安全を害するおそれがある事項に関する事務（当該国の安全を害するおそれがある部分に限る。）及び個人の秘密を害することとなる事項に関する事務（当該個人の秘密を害することとなる部分に限る。）並びに土地収用法の規定による収用に関する裁決その他収用委員会の権限に属する事務とする。

③ 第一項の規定は、地方自治法第九十八条第二項に規定する労働委員会及び収用委員会の権限に属する事務で政令で定めるものについて準用する。

④ 第二項の規定は、地方自治法第九十八条第二項に規定する同項の監査の対象とすることが適当でないものとして政令で定めるものについて準用する。この場合において、第二項中「検査」とあるのは、「監査」と読み替えるものとする。

第百二十一条の五　前条第一項の規定は、地方自治法第百条第一項に規定する労働委員会及び収用委員会の権限に属する事務で政令で定めるものについて準用する。

② 前条第二項の規定は、地方自治法第百条第一項に規定する議会の調査の対象とすることが適当でないものとして政令で定めるものについて準用する。この場合において、前条第二項中「検査」とあるのは、「調査」と読み替えるものとする。

第四章　執行機関

第二節　委員会及び委員

第三款　監査委員

第百四十条の三　地方自治法第百九十六条第二項に規定する当該普通地方公共団体の職員で政令で定めるものは、当該普通地方公共団体の常勤の職員（同条第四項に規定する監査委員を除くものとし、地方分権の推進を図るための関係法律の整備等に関する法律（平成十一年法律第八十七号）第一条の規定による改正前の地方自治法附則第八条の規定により官吏とされていた職員及び警察法（昭和二十九年法律第百六十二号）第五十六条第一項に規定する地方警務官を含む。）及び地方公務員法第二十二条の四第一項に規定する短時間勤務の職を占める職員とする。

第百四十条の四　地方自治法第百九十六条第五項に規定する政令で定める市は、人口二十五万以上の市とする。

第百四十条の五　第百二十一条の四第一項の規定は、地方自治法第百九十九条第二項に規定する労働委員会及び収用委員会の権限に属する事務で政令で定めるものについて準用する。

② 第百二十一条の四第二項の規定は、地方自治法第百九十九条第二項に規定する監査委員の監査の対象とすることが適当でないものとして政令で定めるものについて準用する。この場合において、第百二十一条の四第二項中「検査」とあるのは、「監査」と読み替えるものとする。

第百四十条の六　地方自治法第百九十九条第二項の規定による監査の実施に当たつては、同条第三項の規定によるほか、同条第二項に規定する事務の執行が法令の定めるところに従つて適正に行われているかどうかについて、適時に監査を行わなければならない。

第百四十条の七　地方自治法第百九十九条第七項後段に規定する当該普通地方公共団体が出資しているもので政令で定めるものは、当該普通地方公共団体が資本金、基本金その他これらに準ずるものの四分の一以上を出資している法人とする。

② 当該普通地方公共団体及び一又は二以上の第百五十二条第一項第二号に掲げる法人（同条第二項の規定により同号に掲げる法人とみなされる法人を含む。）が資本金、基本金その他これらに準ずるものの四分の一以上を出資している法人は、前項に規定する法人とみなす。

③ 地方自治法第百九十九条第七項後段に規定する当該普通地方公共団体が受益権を有する信託で政令で定めるものは、当該普通地方公共団体が受益権を有する不動産の信託とする。

第百四十一条　第百二十三条、第百二十四条、第百二十八条、第百三十条及び第百三十一条の規定は、監査委員にこれを準用する。ただし、第百二十三条第二項中「副知事又は副市町村長」とあるのは、「監査委員の一人」と読み替えるものとする。

○令和三年「標準」町村議会会議規則における改正の考え方について

（全国町村議会議長会
令和三年二月九日決定）

一　第二条（欠席の届出）関係

1　改正の趣旨

近年、町村議会においては、議員のなり手不足が喫緊の課題となっており、本会としても、なり手不足の解消に向け、議会の機能強化を図るとともに、女性や若者をはじめ多様な層の住民が議員に立候補し活躍できる環境を早急に整備するよう、町村議会議長全国大会などあらゆる場において、政府・国会に対して要請を行ってきたところである。

このような中、平成三〇年五月に「政治分野における男女共同参画の推進に関する法律」が施行され、公選による公職等としての活動と家庭生活との円滑かつ継続的な両立が可能となるようにすること等が基本原則として明記された。

さらに、本会会長をはじめ三議長会の代表がメンバーの一員となって審議を行いとりまとめられた第三二次地方制度調査会の答申（令和二年六月）並びに総務省の地方議会・議員のあり方に関する研究会の報告書（同年九月）においては、出産、育児、介護等の議会への欠席事由の整備を図ることが求められている。

また、本会をはじめ三議長会は、令和二年一二月二三日、女性活躍担当大臣や与党から、女性議員の活躍支援のため産休期間に配慮した標準会議規則の改正を求める要請を受けた。

このような中、同月二五日には、「第五次男女共同参画基本計画」が閣議決定され、同計画の中においては、出産に係る産前・産後期間にも配慮した会議規則の整備や、育児・介護等の欠席事由としての会議規則への明文化が促進されるよう、三議長会に対し標準会議規則の改正を要請することが明記された。

こうした状況を踏まえ、議員活動と家庭生活との両立支援策をはじめ、男女の議員が活躍しやすい環境整備として、出産、育児、介護など議員として活動するに当たっての諸要因に配慮するため、「標準」町村議会会議規則第二条を改正し、第一項において育児、介護など議会への欠席事由を整備するとともに、第二項において出産については医学的な知見を踏まえ母性保護の観点から出産に係る産前・産後の欠席期間を規定するものである。

2　改正案及び考え方

(一)　事故について

現行第二条第一項中の「事故」については、出産を除く会議に出席することができない一切の場合を指すものであるが、社会通念としての「事故」は、一般的に思いがけず生じた悪い出来事や物事の正常な活動・進行を妨げる不慮の事態の意で用いられることが多く、誤解を招く可能性があるという指摘がかねてよりある。

よって、「事故」を「公務、傷病、出産、育児、看護、介護、配偶者の出産補助その他のやむを得ない事由」に改めるものである。

(二)　公務、傷病、出産、育児、看護、介護、配偶者の出産補助について

改正案において、欠席事由として、公務、傷病、出産、育児、看護、介護、配偶者の出産補助を例示するものである。これらに関しては、男女の議員ともに、議員活動と家庭生活との円滑かつ継続的な両立を可能とする観点から、その象徴となる欠席事由を例示し、多様な人材の町村議会への参画を促進する環境整備を図るとともに、公務については個人的な事情である欠席事由との均衡を図るため例示するものである。

もとより議員は会議に出席することが第一の職務であるが、議会の公務活動によりやむを得ず会議を欠席する場合もある。例えば、会議を欠席しても議員派遣や委員派遣が必要とされる事態が生じた場合や一部事務組合・広域連合の議会への出席並びに議長が各議長会や国等の会議等へ出席するため出張する場合等を想定するものである。

傷病については、議員が病気や負傷により会議を欠席する場合である。

出産については、平成二七年の「標準」町村議会会議規則改正の際に、「事故」には含めない解釈とし、その取扱いについては第二項に別建てしたところである。

しかしながら、今回の改正により、第一項中「事故」を「やむを得ない事由」に改めることにより、出産も「やむを得ない事由」に含まれるものと解釈することが妥当であり、より明確に分かりやすくするため、第一項の欠席事由に出産も明記するものである。

また、第二項において、出産の場合の届け出については、第一項の例外として、産前・産後の欠席期間を明らかにしてあらかじめ議長に欠席届を提出することができ

るとするものである。

育児、看護、介護については、議員の家族に対する育児、看護、介護が必要な場合に、それぞれの理由で会議を欠席する場合である。

配偶者の出産補助については、議員の配偶者が出産する場合、病院の入院・退院、出産等の付添い等のために会議を欠席する場合である。

なお、各欠席事由の具体的な要件については、各町村議会の実情に応じてその判断に委ねられるものであり、「標準」町村議会会議規則に一律に規定することは適当でないと考えられるので規定していないが、欠席に関する届け出処理等を円滑に行うため、当該要件を各町村の会議規則や要綱、申し合わせ等に規定することも考えられる。

その際、育児、看護、介護について対象となる家族の範囲や欠席期間等の要件を検討するにあたっては、議員に「育児休業、介護休業等育児又は家族介護を行う労働者の福祉に関する法律」(育児・介護休業法)は適用されないが、同法の規定を目安の一つとして参考とすることもあり得るものと考える。

例示以外の欠席事由については、その他のやむを得ない事由とするものであり、何をやむを得ない事由として想定するかは各町村議会の判断とする。

また、欠席の議長への届出に関しては、例えば、育児や介護による欠席事由で欠席期間が会期を超え又は複数の会期にわたる場合、一回の届出でそれを認めるかどうか、また、その届出により閉会中の委員会等についても届け出されたものとみなすかどうかについても、各町村議会の判断によるものとする。

㈢　出産に係る産前・産後の欠席期間等について

本会は、社会情勢などを勘案し、平成二七年五月二八日に「標準」町村議会会議規則第二条を改正し、出産の場合の欠席の届出に関する規定を第二項として追加するとともに、同年七月二三日付け全町村議第二一九号にて、各都道府県町村議会議長会事務局長宛に本会としての本規定に係る考え方を示し、その中において、議員に労働基準法は適用されないが、各町村議会が欠席の日数を検討するにあたり、労働基準法第六五条(産前産後)の規定は一つの目安になるものと考えられるとしたところである。

こうした経過の中で、前述の「1　改正の趣旨」にあるような状況を踏まえ、女性が議員として活動するための諸要因に配慮するとともに、議会への参画を一層促進するための環境整備の一環として、出産に係る産前・産後に配慮した欠席期間について、「標準」町村議会会議規則に規定するものである。

欠席期間については、出産に係る母性の保護は、職業や就業形態により取扱いが変わるものではなく、医学的な知見を踏まえ、すべての母体に適用すべきものと考えられることから、議員に労働基準法は適用されないが、労働基準法第六五条の規定を参酌し、母性の保護措置として、産前は出産予定日の六週間前（多胎妊娠の場合は一四週間）、産後は出産の翌日から八週間を経過する日までの範囲内とするものである。産前・産後それぞれの期間の範囲内で、連続した欠席日数により一回でまとめて欠席届を提出するだけでなく、必要な期間の範囲内でその都度欠席届を提出することも可能と解する。また、出産が予定日より遅れ産前の欠席期間が六週間を超えた場合は、新たに欠席届を提出し当該超えた期間についても産前休暇として扱うことができると解する。

なお、出産に係る欠席届の取扱いに関して、出産に関する医師の証明書類や母子手帳の写し等の添付を求めるかについては、各町村議会の判断によるものとする。

㈣　欠席期間中の議員報酬の減額について

議員が病気等により会議を長期欠席する場合、その期間に応じ議員報酬を減額する条例改正を行っている町村がある。

今回の改正により「標準」町村議会会議規則に例示した欠席事由に関しても、欠席が長期に及ぶ場合の議員報酬の減額の要否については、条例事項のため最終的には各町村議会の判断に委ねられるものである。

なお、出産に関しては、条例で減額の適用除外として明記している町村もある。

議員報酬の減額の要否に関わらず、欠席期間中の活動や行為が、それぞれの欠席事由の趣旨に照らし、住民からの議会に対する信頼の失墜や批判を招かないよう留意する必要がある。

【改正案】

（欠席の届出）

第二条　議員は、公務、傷病、出産、育児、看護、介護、配偶者の出産補助その他のやむを得ない事由のため出席できないときは、その理由を付け、当日の開議時刻までに議長に届け出なければならない。

2　前項の規定にかかわらず、議員が出産のため出席できないときは、出産予定日の六週間（多胎妊娠の場合にあつては、十四週間）前の日から当該出産の日後八週間を経過する日までの範囲内において、その期間を明らかにして、あらかじめ議長に欠席届を提出することができる。

【現行】

（欠席の届出）

第二条　議員は、事故のため出席できないときは、その理由を付け、当日の開議時刻までに議長に届け出なければならない。

2　議員が出産のため出席できないときは、日数を定めて、あらかじめ議長に欠席届を提出することができる。

二　第八九条（請願書の記載事項等）関係

1　改正の趣旨

政府においては、規制改革実施計画（令和二年七月一七日閣議決定）等に基づき、全ての行政手続における押印義務を廃止する方向で検討が行われているところであり、こうした動きも踏まえ、議会への請願手続きについても、請願者の利便性の向上を図るため、押印を義務付けている「標準」町村議会会議規則第八九条を改正するものである。

2　改正案及び考え方

現行は、請願者の押印を一律に義務付けているが、請願者の利便性の向上を図るため、請願者が自署している場合は押印を不要とするものである。

なお、請願者の氏名が活字やゴム印により記載されている場合や複写されている場合は、請願の真正性を確保するため、押印を必要とするものである。加えて、心身の故障その他の事由により署名することができない請願者に対する配慮の観点から記名押印でもよいとするものである。

請願者にとっては、それぞれの事情により署名又は記名押印を選択できることになる。

なお、請願の紹介議員については、紹介議員としての役割と責任に鑑み、現行規定どおり請願書の表紙に署名又は記名押印のどちらかを行うものとし、改正しないこととする。

【改正案】	【現行】
（請願書の記載事項等） 第八十九条　請願書には、邦文を用い、請願の趣旨、提出年月日及び請願者の住所（法人の場合にはその所在地）を記載し、請願者（法人の場合にはその名称を記載し、代表者）が署名又は記名押印しなければならない。 2・3　略	（請願書の記載事項等） 第八十九条　請願書には、邦文を用い、請願の趣旨、提出年月日、請願者の住所及び氏名（法人の場合にはその名称及び代表者の氏名）を記載し、押印しなければならない。 2・3　略

○通年の会期制の導入に伴う会期等に関する条例（例）及び会議規則等の改正（例）

平成二四年の地方自治法の一部改正に伴い、通年の会期制度が創設された。この制度の導入は各議会の判断に委ねられることから、全国町村議会議長会では導入に当たって参考となる会期等に関する条例の例、会議規則等の改正例を平成二四年一一月九日付全町村議第三九七号にて示している。

（留意点）

(1)　会期等に関する条例（例）について

一般的に、住民の権利義務に係る案件は、条例化すべきとされていることから、「○○町（村）議会の会期等に関する条例」では、改正法に明記されている基本的事項にとどめ、会議の名称等、運用の詳細事項については、実施要領で定めることとする。

また、招集日の会議開催について、現行では、招集日に定数の半数以上が出席し会議を開かないと流会になるが、改正法の通年の会期制度を導入した場合、条例で定めた日の到来をもって招集したものとみなされるため、当該日に参集する必要はなくなる。

ただし、一般選挙後の初議会に関しては、長が任期満了の日から三十日以内に議会を招集し、議員は当該日に参集することとなる。

(2)　会議規則（例）について

①　標準会議規則第五条～第八条（会期に関する事項）については、通年の会期は一年を単位として条例で定められているため、会期の始期及び終期は条例で定められているため、削除するものとする。

②　標準会議規則第一五条（一事不再議）の規定について、改正法の通年の会期制度を導入した場合、会期の長期化に伴い、一度議決され議会の意思が確定した事件と同一の事項に係る事件が、同一会期中には議案として提出される事態が想定されるため、一事不再議の原則の例外である事情変更の原則を明記する必要があると考えられる。

一方、事情変更の原則は、現行会議規則において、明文化されていないにもかかわらず、通年の会期を採用した場合にのみ会議規則（例）に明記することとなると、安易に事情変更の原則が適用されることとなるとの懸念や、事情変更の原則の適用は客観的事実を基とした政治判断であるので会議規則に明記することは適当ではないという意見もある。

事情変更の原則の安易な適用を防ぐため、事情の変更の認定にあたって「真にやむをえない」など加重要件を課することも考えられる。

また、一事不再議の原則の適用をめぐる混乱を避けるため、一定期間の経過後は議決議案についても同一会期中における再提出を認める、という方法も検討に値すると考えられる。

③　標準会議規則第六四条（発言の取消し又は訂正）について、現行では、「その会期中に限り」議会の許可を得て発言を取り消すことができるとしているが、改正法の通年の会期制度において、会期中であればいつでも発言を取り消すことができることとすると、会議録の作成、会議録の公開に支障が生ずることとなる。そのため、第一案「議長が別に定める日までは」、第二案「議員は、前項の許可を得ようとするときは、発言のあつた日から○日以内に議長に申し出なければならない。」のいずれかの方法が考えられる。

④　標準会議規則第一二四条（会議録の記載事項）について、通年の会期制度を導入した場合、会期終了まで会議録を作成しないことは現実的ではなく、会議録作成期間に関する条文が必要となると考えられる。

そのため、新たに会議録作成期間に関する条文として、第一案「議長が別に定める日までに」、第二案「定例日又はその他の会議を閉じた日から○日以内に作成するものとする。」を加える方法が考えられる。

一方、第三案として、会議録は原則として会議日を単位に作成するものであり、現行どおり作成期限を規定しない方法も考えられる。

(3)　**委員会条例（例）について**

標準委員会条例第七条（閉会中の委員の議長指名・所属変更）ただし書き及び第一二条（閉会中の委員辞任の議長許可）ただし書きについては、改正法の通年の会期制度を導入した場合、議員の任期が終了するまでは、一年ずつの会期が切れ目なく連続することになり、実態として「閉会」は存在せず、現行の規定は不要となると考えられる。

○○町（村）議会の会期等に関する条例（例）

（会期）

第一条　地方自治法（昭和二十二年法律第六十七号。以下「法」という。）第百二条の二第一項の規定に基づき、○○町（村）議会の会期は、○月○日から翌年の当該日の前日までとする。

（定例日）

第二条　法第百二条の二第六項に定める定期的に会議を開く日（以下「定例日」という。）は、

（例）⑴毎月第三水曜日、木曜日及び金曜日とする。
⑵○月○日、△月△日…とする。
⑶三月、六月、九月及び十二月の第三水曜日、木曜日及び金曜日とする。

2　前項の定例日が町（村）の休日に当たるときは、当該日以後の最初の平日を定例日とみなす。

（その他）

第三条　この条例に定めるもののほか必要な事項は、議長が別に定める。

附　則

この条例は、　年　月　日から施行する。

○○町（村）議会の会期等に関する条例に係る実施要領（例）

（総則）

第一条　この要領は、○○町（村）議会の会期等に関する条例に基づき必要な事項を定めるものとする。

（会議の名称）

第二条　会議の名称は、令和○年○○町（村）議会第○回会議とする。

（議案等の番号）

第三条　議会へ提出のあった議案等は、会期ごとに提出者別に一連の番号を付けるものとする。

（議事日程）

第四条　議事日程は、会期ごとに一連の番号を付けるものとする。

（協議）

第五条　この要領に定めるもののほか必要が生じたとき及びこの要領を改正するときは、あらかじめ議長が町（村）長の意見を聴くものとする。

附　則

この要領は、　年　月　日から施行する。

【「標準」町村議会会議規則】	【通年会期の場合の会議規則（例）】
第一章　通則	第一章　通則
（会期） 第五条　会期は、毎会期の初めに議会の議決で定める。 2　会期は、招集された日から起算する。	第五条　削除
（会期の延長） 第六条　会期は、議会の議決で延長することができる。	第六条　削除
（会期中の閉会） 第七条　会議に付された事件をすべて議了したときは、会期中でも議会の議決で閉会することができる。	第七条　削除
（議会の開閉） 第八条　議会の開閉は、議長が宣告する。	第八条　削除
第九条～第十三条　（略）	第五条～第九条　（略）
第二章　議案及び動議	第二章　議案及び動議
第十四条　（略）	第十条　（略）
（一事不再議） 第十五条　議会で議決された事件については、同一会期中は、再び提出することができない。	（一事不再議） 第十一条　議会で議決された事件については、同一会期中は、再び提出することができない。ただし、事情の変更があったと認められるときは、この限りでない。
第十六条～第六十三条　（略）	第十二条～第五十九条　（略）
第六章　発言	第六章　発言
（発言の取消し又は訂正） 第六十四条　議員は、その会期中に限り、議会の許可を得て自己の発	1案（発言の取消し又は訂正） 第六十条　議員は、議長が別に定める日までは、議会の許可を得て自己

【「標準」町村議会会議規則】	【通年会期の場合の会議規則（例）】
言を取り消し、又は議長の許可を得て発言の訂正をすることができる。ただし、発言の訂正は、字句に限るものとし、発言の趣旨を変更することはできない。	の発言を取り消し、又は議長の許可を得て発言の訂正をすることができる。ただし、発言の訂正は、字句に限るものとし、発言の趣旨を変更することはできない。
	2案 （発言の取消し又は訂正） 第六十条　議員は、議会の許可を得て自己の発言を取り消し、又は議長の許可を得て発言の訂正をすることができる。ただし、発言の訂正は、字句に限るものとし、発言の趣旨を変更することはできない。 2　議員は、前項の許可を得ようとするときは、発言のあった日から○日以内に議長に申し出なければならない。
第六十五条～第七十四条　（略）	第六十一条～第七十条　（略）
（閉会中の継続審査） 第七十五条　委員会は、閉会中もなお審査又は調査を継続する必要があると認めるときは、その理由を付け、議長に申し出なければならない。	（会期終了後の継続審査） 第七十一条　委員会は、次の会期においてもなお審査又は調査を継続する必要があると認めるときは、その理由を付け、議長に申し出なければならない。
第七十六条～第九十七条　（略）	第七十二条～第九十三条　（略）
（議長及び副議長の辞職）	（議長及び副議長の辞職）

【「標準」町村議会会議規則】	【通年会期の場合の会議規則（例）】
第九十八条　（略）	第九十四条　（略）
2　（略）	2　（略）
3　閉会中に副議長の辞職を許可した場合は、議長は、その旨を次の議会に報告しなければならない。	3　（削除）
（議員の辞職）	（議員の辞職）
第九十九条　（略）	第九十五条　（略）
2　前条第二項及び第三項の規定は、議員の辞職について、準用する。	2　前条第二項の規定は、議員の辞職について、準用する。
第百条～第百二十三条　（略）	第九十六条～第百十九条　（略）
第十六章　会議録	第十六章　会議録
	1案　（会議録作成期間） 第百二十条　会議録は、議長が別に定める日までに作成するものとする。
	2案　（会議録作成期間） 第百二十条　会議録は、定例日又はその他の会議を閉じた日から○日以内に作成するものとする。
	3案　会議録作成期間は規定しない。
第百二十四条～百三十条　（略）	第百二十一条～第百二十六条　（略）

【「標準」町村議会委員会条例】	【通年会期の場合の委員会条例（例）】
第一章　通則	第一章　通則
（委員の選任）	（委員の選任）
第七条　（略）	第七条　（略）
2　（略）	2　（略）
3　（略）	3　（略）
4　常任委員、議会運営委員及び特別委員（以下「委員」という。）は、議長が会議に諮って指名する。ただし、閉会中においては、議長が指名することができる。	4　常任委員、議会運営委員及び特別委員（以下「委員」という。）は、議長が会議に諮って指名する。
5　（略）	5　（略）
6　議長は、常任委員の申出があるときは、会議に諮って当該委員の委員会の所属を変更することができる。ただし、閉会中においては、議長が変更することができる。	6　議長は、常任委員の申出があるときは、会議に諮って当該委員の委員会の所属を変更することができる。
7　（略）	7　（略）
（委員長、副委員長及び委員の辞任）	（委員長、副委員長及び委員の辞任）
第十二条　（略）	第十二条　（略）
2　委員が辞任しようとするときは、議会の許可を得なければならない。ただし、閉会中においては、議長が許可することができる。	2　委員が辞任しようとするときは、議会の許可を得なければならない。

○地方議会議員の公務災害補償制度のあらまし

（令和四・四現在）

地方議会議員の災害補償制度については、地方公務員災害補償法（昭和四二年法律第一二一号）第七章に規定する非常勤の地方公務員に係る補償制度として、昭和四二年一二月一日から地方公共団体が条例をもって定めることとされている。

特に町村議会議員の災害補償の取扱いについては、統一的な認定、財政上の問題などから、地方自治法上の一部事務組合による事務の共同処理が最も適切であるとされ、多くの都道府県において、この組合方式が活用されている。さらに、補償資金の共同管理、補償の支払責任の相互救済を目的とした財団法人町村議会議員公務災害補償等組合連合会が昭和四三年八月に設立され、現在、公益法人改革により一般財団法人市町村議会議員公務災害補償等組合連合会と名称変更し、一九都道府県の一部事務組合と議会議員にかかる補償資金の支払い契約を締結している。

一　公務災害補償制度

1　制度の目的

議員が公務上の災害（負傷、疾病、障害又は死亡をいう。）を受けたときは、迅速かつ公正にその補償を行い、議員及びその遺族の生活の安定と福祉の向上に寄与することを目的としている。

2　補償基礎額

補償基礎額（補償の額の算定の基礎となる額）は、各町村で議長が町村長と協議して定める額とされているが、一般的には、報酬月額の1/30の額とされている。

3　補償の実施機関

町村が条例により実施している場合は、議長が認定委員会の意見をきき認定し、補償することになるが、一部事務組合が条例により実施している場合は、組合長（管理者）が認定委員会の意見をきき認定し、補償を実施する。

4　公務上の取扱い

議員の活動は、複雑多岐にわたっており、公務の範囲の特定には難しい面があるが、議員の職務ないしは活動の特殊性を勘案して、次のとおり考えられている。（昭和四三年五月六日自治給第五〇号全国町村議会議長会事務局長あて自治省給与課長回答）

なお、公務上の災害の具体的な取扱いに関しては、ケース・バイ・ケースにより慎重に対処する必要がある。

㈠　負傷の場合

負傷については、その負傷の原因である事故が公務上のものであるかどうかによって認定する。次に掲げる場合は、原則として公務上とする。

(1)　議会の会期中、会議場（本会議場及び委員会室等。以下同じ）又はその附属建物（構内を含む）内において、議会活動に従事中に事故が発生した場合（事故が天災地変による場合を除く。以下(6)まで同じ）

(2)　議会の閉会中、正規の手続きを経て開かれた委員会については、(1)に準ずる。

(3)　(1)又は(2)において、会議に出席するため会議場又はその附属建物に参集中に、その設備の不完全又は管理上の不注意により事故が発生した場合

(4)　緊急急施を要する議会の会議に出席する途上において事故が発生した場合

(5)　委員会に付議された特定の事件又は委員会の所管事務について調査のため出張中に事故が発生した場合

(6)　国、公共団体又は公共的団体の主催する会合又は式典に議会の代表としての資格において出席するための往復の途上及び出席中に事故が発生した場合

(7)　職務遂行に伴う怨恨により、第三者から加害を受け事故が発生した場合

(8)　罹災地域外から罹災地域内に調査のため出張中に事故が天災地変により発生した場合

㈡　疾病の場合

次に掲げる場合の疾病は、公務上のものとする。

(1)　公務上の負傷による疾病については、次のいずれかに該当する場合の疾病

㋐　負傷した時全く健康であって何ら疾病の素因を有しなかった者が、その負傷によって発病した場合

㋑　負傷した当時疾病の素因はあったが発病する程度でなかった者が、その負傷によりその素因が刺激されて発病した場合

(ウ)　負傷した当時疾病の素因があり、しかも早晩発病する程度であった者が、その負傷により発病の時期を著しく促進した場合

(エ)　負傷した当時既に発病していた者が、その負傷によりその疾病を著しく増悪した場合

(2)　その他公務に起因することが明らかに認められる場合の疾病。なお、次に掲げる疾病は、本号によって取り扱うこととする。

(ア)　国、公共団体又は公共的団体の主催する会合又は式典に議会の代表としての資格において出席した場合、その会合又は式典において提供された飲食物による食中毒

(イ)　感染症に罹患のおそれのある地域に出張することにより罹患した場合の当該疾病

5　補償の種類

補償の種類は、常勤職員と同じく、次のとおりである。

(一)　療養補償

議員が公務上又は通勤により負傷若しくは疾病にかかった場合においては、必要な療養を行い、又は必要な療養の費用を支給する。ここにいう費用は、診療、薬剤又は治療材料の支給、処置、手術その他の治療、居宅における療養上の管理及びその療養に伴う世話その他の看護、病院又は診療所への入院及びその療養に伴う世話その他の看護及び移送に要する費用である。

(二)　休業補償

議員が公務上又は通勤により負傷若しくは疾病にかかり、療養のため公務その他の業務に従事することができない場合において、報酬その他の収入を得ることができないときは、その期間一日につき次により、補償基礎額の六割以内を支給する。この場合、報酬その他の収入の日割額として計算する。なお、故意の犯罪行為又は重大な過失により公務上の負傷若しくは疾病若しくは通勤による負傷若しくは疾病又はこれらの原因となった事故を生じさせた場合は、三年以内の期間で30/100を減ずることがある。

(三)　傷病補償年金

議員が公務上又は通勤による当該負傷若しくは疾病にかかる療養の開始後、一年六カ月を経過した日に次のいずれにも該当する場合には傷病補償年金を支給する。

(1)　当該負傷又は疾病が治っていないこと。

(2)　障害の程度が第一級から第三級の傷病等級に該当すること。

(注)　障害の状態により次の額を支給する。

第一級　補償基礎額×三一三
第二級　〃　×二七七
第三級　〃　×二四五

なお、故意の犯罪行為又は重大な過失により公務上の負傷若しくは疾病若しくは通勤による負傷若しくは疾病又はこれらの原因となった事故を生じさせた場合は、その療養を開始した日から三年以内の期間で30/100を減ずることがある。

傷病補償年金を受ける者には、休業補償は行わない。

㈣　障害補償

議員が公務上又は通勤により負傷若しくは疾病にかかり、治ったとき、第一級から第七級までの障害等級に該当する障害が存する場合には、障害補償年金を、第八級から第一四級までの障害等級に該当する障害が存する場合には、障害補償一時金を、それぞれ支給する。

なお、故意の犯罪行為又は重大な過失により公務上の負傷若しくは疾病若しくは通勤による負傷若しくは疾病又はこれらの原因となった事故を生じさせた場合は、その療養を開始した日から三年以内の期間で30/100を減ずることがある。

(1)　障害補償年金

障害等級（重度、中等度の障害）により、補償基礎額の三一三倍（第一級）から一三一倍（第七級）を支給する。なお、この場合、町村議会議員共済会の行う特例及び旧公務傷病年金の恩給法別表を準用する加算額は調整される。

また、障害補償年金の受給権者が死亡した場合には、障害補償年金差額一時金として補償基礎額の一、三四〇倍（第一級）から五六〇倍（第七級）をすでに支給された年金及び前払一時金の合計額を控除した額を遺族に対し支給する。

障害補償年金の受給権者が年金支給決定通知があった日の翌日から起算して一年間のうちに前払一時金を申出たときは、障害等級に応じ、補償基礎額の一、二〇〇倍を限度として支払うこととされている。この場合、支払った一時金の額に達するまでの間、年金の支給は停止される。

(2)　障害補償一時金

障害等級（軽度の障害）により、補償基礎額の五〇三倍（第八級）から五六倍（第一四級）を支給する。

㈤　介護補償

傷病補償年金又は障害補償年金を受ける権利を有する者が、当該傷病補償年金又は障害補償年金を支給すべき事由となった障害であって規則で定める程度のものにより、常時又は随時介護を要する状態にあり、かつ、常時又は随時介護を受けている場合において、当該介護を受けている期間、常時又は随時介護を受ける場合に通常要する費用を考慮して組合長（管理者）が定める金額を支給する。

(六)　遺族補償

議員が公務上又は通勤により死亡した場合、その遺族に対して、遺族補償年金又は遺族補償一時金を支給する。

(1)　遺族補償年金

年金を受けることのできる遺族は、配偶者、子、父母、孫、祖父母及び兄弟姉妹（ただし、妻以外の者にあっては、一八歳未満、六〇歳以上又は一定の障害の状態にある者）で、議員の死亡当時その収入によって生計を維持していた者とする。

年金の額は、補償基礎額の一五三倍から二四五倍の額。

なお、この場合、町村議会議員共済会の行う特例及び旧遺族年金の公務傷病に基づく加算額は調整される。

遺族補償年金の受給権者が年金支給決定通知があった日の翌日から起算して一年間のうちに前払一時金を申出たときは、補償基礎額の一、〇〇〇倍以内の額を遺族に支給する。この場合、支払った一時金の額に達するまでの間、年金の支給は停止される。

(2)　遺族補償一時金

議員の死亡当時、年金を受けることができる遺族がいない場合には、補償基礎額の四〇〇倍の額を支給し、年金の受給権が消滅した場合において、他に年金受給権を有する遺族がいない場合には、補償基礎額の四〇〇倍の額から既支給の年金の合計額を控除した額を支給する。

なお、当分の間、特例として、受給者の区分に応じ、一時金の額の一倍から二・五倍の額を支給する。

(七)　葬祭補償

議員が公務上又は通勤により死亡した場合、葬祭を行う者に対して、三一万五千円に、補償基礎額の三〇倍を加えた額（その額が補償基礎額の六〇倍の金額に満たないときは、当分の間、補償基礎額の六〇倍の金額）を支給する。

また、(一)から(七)までの補償のほか、福祉事業として、外科処置に関する事業、補装具に関する事業、遺族特別支給金の支給などが行われている。

6　他の法令による給付との調整

傷病補償年金、障害補償年金又は遺族補償年金の額は、これらの補償の事由となった障害又は死亡について、国民年金法等他の法令による給付が行われる場合には、補償の年額に次の調整率を乗じた額が支給される。

補償の種類	併給される年金	調整率
傷病補償年金	厚生年金保険法（昭和二九年法律第一一五号）による障害厚生年金又は被用者年金制度の一元化等を図るための厚生年金保険法等の一部を改正する法律（平成二四年法律第六三号。以下「平成二四年一元化法」という。）附則第四一条第一項の規定による障害共済年金若しくは平成二四年一元化法附則第六五条第一項の規定による障害共済年金（以下単に「障害厚生年金等」という。）及び国民年金法（昭和三四年法律第一四一号）による障害基礎年金（同法第三〇条の四の規定による障害基礎年金を除く。以下単に「障害基礎年金」という。）	〇・七三
	障害厚生年金等（当該補償の事由となった障害について障害基礎年金が支給される場合を除く。）	〇・八八
	障害基礎年金（当該補償の事由となった障害について障害厚生年金等又は平成二四年一元化法附則第三七条第一項に規定する給付のうち障害共済年金（以下「平成二四年一元化法改正前国共済法による障害共済年金」という。）若しくは平成二四年一元化法附則第六一条第一項に規定する給付のうち障害共済年金（以下「平成二四年一元化法改正前地共済法による障害共済年金」という。）が支給される場合を除く。）	〇・八八
	国民年金法等の一部を改正する法律（昭和六〇年法律第三四号。以下「国民年金等改正法」という。）附則第八七条第一項に規定する年金たる保険給付のうち障害年金（以下「旧船員保険法による障害年金」という。）	〇・七五
	国民年金等改正法附則第七八条第一項に規定する年金たる保険給付のうち障害年金（以下「旧厚生年金保険法による障害年金」という。）	〇・七五
	国民年金等改正法附則第三二条第一項に規定する年金たる給付のうち障害年金（以下	〇・八九

	「旧国民年金法による障害年金」という。）	
障害補償年金	障害厚生年金等及び障害基礎年金	〇・七三
	障害厚生年金等（当該補償の事由となった障害について障害基礎年金が支給される場合を除く。）	〇・八三
	障害基礎年金（当該補償の事由となった障害について障害厚生年金等又は平成二四年一元化法改正前国共済法による障害共済年金若しくは平成二四年一元化法改正前地共済法による障害共済年金が支給される場合を除く。）	〇・八八
	旧船員保険法による障害年金	〇・七四
	旧厚生年金保険法による障害年金	〇・七四
	旧国民年金法による障害年金	〇・八九
遺族補償年金	厚生年金保険法による遺族厚生年金又は平成二四年一元化法附則第四一条第一項の規定による遺族共済年金若しくは平成二四年一元化法附則第六五条第一項の規定による遺族共済年金（以下単に「遺族厚生年金等」という。）及び国民年金法による遺族基礎年金（国民年金等改正法附則第二八条第一項の規定による遺族基礎年金を除く。以下単に「遺族基礎年金」という。）	〇・八〇
	遺族厚生年金等（当該補償の事由となった死亡について遺族基礎年金が支給される場合を除く。）	〇・八四
	遺族基礎年金（当該補償の事由となった死亡について遺族厚生年金等又は平成二四年一元化法附則第三七条第一項に規定する給付のうち遺族共済年金（以下「平成二四年一元化法改正前国共済法による遺族共済年金」という。）若しくは平成二四年一元化法附則第六一条第一項に規定する給付のうち遺族共済年金（以下「平成二四年一元化法改正前地共済法による遺族共済年金」という。）が支給される場合を除く。）又は国民年金法による寡婦年金	〇・八八
	国民年金等改正法附則第八七条第一項に規定する年金たる保険給付のうち遺族年金	〇・八〇
	国民年金等改正法附則第七八条第一項に規定する年金たる保険給付のうち遺族年金	〇・八〇
	国民年金等改正法附則第三二条第一項に規定する年金たる給付のうち母子年金、準母子年金、遺児年金又は寡婦年金	〇・九〇

7　その他

(1)　地方公務員災害補償法に基づく補償を受けることができるときは、国民健康保険法の規定による療養の給付は行わないこととされている。

(2)　補償の原因である災害が第三者の行為によって生じた場合、たとえば、自動車事故等の場合は、自動車損害賠償保障法（自賠法）が優先することとなる。

二　通勤途上災害補償制度

議員の通勤途上災害補償制度は、昭和四八年一二月一日から施行され、これにより「住居」と「勤務場所」との間の往復途上の災害が補償の対象に追加された。

補償給付は、公務上の災害にかかるものに準じて行うものとされている。

また、平成一八年四月一日からは、複数の就業場所から勤務場所への移動も新たに通勤災害補償制度の対象とされることとなった。

(1)　通勤途上の取扱い

議員が会議等のため、議会へ出席する場合の災害については、それが公務の性質を有する場合——たとえば会議規則で定める開議時刻を一時間以上著しく繰り上げて開く会議に出席する場合、閉議時刻を著しく繰り下げて帰宅が深夜に及ぶ場合、さらに休会の日に開く会議に出席する場合など——においては、公務上の災害として取り扱われることとされ、上記以外の一般的な通常の議会の会議へ出席する場合の往復途上の災害が、通勤途上災害として取り扱われる。

通常の議会の会議への出席であっても、自宅と会議場所との間において、合理的な経路及び方法によることを基本としており、私用等のため迂回したり、中途で大幅な時間を消費した場合については、一般的には、対象とはされない。

(2)　就業場所が複数の場合の通勤途上災害

複数就業者の通勤災害は、相互主義が原則であり、「就業場所」は何らかの災害補償制度が適用される事業所であること、さらに議員自身もその適用を受けることが必要となる。

(3)　一部負担金等

通勤途上災害の対象となり、療養補償の支給を受ける者は、二〇〇円を一部負担金として負担しなければならないものとされ、また、通勤途上災害補償を受ける場合は、他の同種類の補償と調整される。

議員必携

昭和 29 年 6 月 10 日	初　版　発　行
昭和 50 年 3 月 20 日	全　訂　新　版　発　行
昭和 58 年 4 月 1 日	第二次全訂新版発行
昭和 62 年 5 月 1 日	第三次全訂新版発行
平成 3 年 6 月 15 日	第四次全訂新版発行
平成 7 年 5 月 20 日	第五次改訂新版発行
平成 11 年 5 月 10 日	第六次改訂新版発行
平成 12 年 2 月 25 日	第六次改訂新版補訂版発行
平成 15 年 3 月 31 日	第七次改訂新版発行
平成 19 年 4 月 25 日	第八次改訂新版発行
平成 24 年 4 月 15 日	第九次改訂新版発行
平成 27 年 3 月 20 日	第十次改訂新版発行
平成 31 年 3 月 28 日	第 11 次改訂新版発行
令和 5 年 4 月 20 日	第 12 次改訂新版発行
令和 6 年 10 月 30 日	第12次改訂新版 2 刷発行

編集　全国町村議会議長会

発行者　佐久間重嘉

発行所　学陽書房

（営業）　東京都千代田区飯田橋 1-9-3
TEL　03（3261）1111
https://www.gakuyo.co.jp/

不許複製　印刷／文唱堂印刷　製本／東京美術紙工

ISBN978-4-313-18112-0 C2031

乱丁・落丁本はお取り替え致します。